TOSCANES

Pierre-Jean Remy est né en 1937 à Angoulême. Il a fait ses études à Paris et, diplomate, il s'est retrouvé en poste à Hong-Kong, à Pékin, à Londres et à Florence.
Il est actuellement ambassadeur auprès de l'Unesco.
Pierre-Jean Remy est l'auteur de nombreux romans et d'essais.
Il a obtenu le Prix Renaudot 1971 pour Le Sac du Palais d'Été *et le Grand Prix du roman de l'Académie française 1986 pour* Une ville immortelle.
Il a été élu à l'Académie française en juin 1988.

Et si j'avais tout joué sur une seule carte, et que j'aie perdu? Telle est la question que se pose un homme, la cinquantaine inquiète, qui n'a jamais vécu que pour l'émotion face à la beauté.
Lorsque c'est soudain le silence et que ni le *Don Juan* de Mozart, ni une Vierge de Bellini ne l'émeuvent plus, il ne lui reste rien. D'où les dérisoires et monstrueuses angoisses qui l'assaillent.
Il lui faudra retrouver l'Italie, Florence et surtout la Toscane – toutes les Toscanes... – pour reprendre goût à ce qu'il avait perdu. De village en musée, amitiés, rencontres, à la recherche d'hypothétiques manuscrits de Stendhal, et puis de femme en femme, de souvenir en souvenir, cet homme qui n'avait plus rien – vide et sec, nu et seul – réapprendra à aimer.
A travers cette fable qui est aussi une méditation sur la beauté et le bonheur, l'auteur nous transmet son éblouissement devant le grand soleil toscan et l'harmonie de tant de paysages et de cités qui chacune sont un moment de légende. C'est à un fascinant voyage en Italie que nous convie Pierre-Jean Remy, dont on connaît les affinités pour le Stendhal des *Chroniques italiennes* ou le Morand de *Venises.*

Paru dans Le Livre de Poche :

UNE VILLE IMMORTELLE.

COMÉDIES ITALIENNES.

DES CHÂTEAUX EN ALLEMAGNE.

PIERRE-JEAN REMY
de l'Académie française

Toscanes

ROMAN

ALBIN MICHEL

Pour Sophie,
au cœur de toutes les Toscanes

I

J'ai donc atteint l'âge des vrais regrets. Non ceux qui vous taraudent vingt ans parce que, notaire, vous avez choisi un jour de n'être pas diplomate ou comédien — et qu'une fois le ver découvert dans le fruit qu'on croyait sain, il le rongera tout entier, et vous avec ; ni la poignante douleur qui vous saisit au souvenir de la femme aimée à jamais disparue, du voyage qu'on n'a pas fait et qui aurait changé une vie : ce sont là des angoisses presque métaphysiques au regard de mes nostalgiques amertumes. Toute ma vie, la nuit et cherchant le sommeil, je me suis raconté des histoires : j'inventais des aventures qui pouvaient m'arriver. Cette femme aperçue dans le hall de l'hôtel ou l'inconnue dont je croisais le regard à travers une salle de concert ; la petite choriste remarquée au lever du rideau : pendant toute la pièce, on n'a regardé qu'elle et c'est elle, au souper, qui viendra s'asseoir à la table voisine ; on parlera de tout, de rien, elle vous suivra sans façon, avec aux lèvres le même sourire énigmatique et lointain que dans son opéra. Adolescent, avant de m'endormir, je réussissais ainsi des examens, une jolie voisine à côté de moi, que j'aidais un peu ; j'entreprenais des voyages en compagnie de belles étrangères ou, plus prosaïquement, j'abordais la sœur d'un camarade, j'osais lui parler, c'était elle qui faisait les premiers pas, tout se terminait le mieux du monde. Que ce fût musique ou voyages, les femmes, on le voit, jouaient toujours le rôle principal dans ces histoires ; leur conquête passait par des phases que je compliquais à plaisir mais où, dès la lumière éteinte, je me plongeais avec une subtile délectation : ce n'était, je l'ai dit, que des aventures qui pouvaient somme toute très bien m'arriver. Puis l'âge est venu, et avec lui le temps des aventures qui auraient pu m'arriver.

Ce conditionnel passé est bien à l'image des regrets qui rongent ces longs moments de la nuit où le sommeil m'échappe. Couché alors sur le dos ou serrant à deux mains mon oreiller comme lorsque j'avais quinze ans, je me rappelle une à une, avec une vilaine amertume, toutes les femmes que j'ai laissées partir ou simplement passer, et je ressens à tant d'années de distance, une infinie tristesse. Dès lors, je me souviens de celle-ci ou de celle-là, voilà très longtemps : nous avions passé ensemble un début de soirée, beaucoup parlé, un peu bu, à moins que ç'ait été l'inverse — et puis je n'avais pas tenté (lassitude, timidité, fatigue...) le geste qui l'aurait amenée dans mes bras. Ç'avait alors été sans importance : une autre, le lendemain la remplacerait probablement, mais à revoir jusque dans leurs moindres détails des scènes d'il y a vingt ans qui se sont seulement achevées d'un baiser sur la joue, un au revoir, une porte fermée, le sentiment que j'éprouve aujourd'hui est celui d'une frustration que je n'ai sûrement pas ressentie alors, il y a vingt ans ou plus, quand celle-ci ou celle-là m'a gentiment souri avant de refermer la porte sur elle. Ainsi, la nuit dernière, me suis-je souvenu d'Anne. Nous avions dîné du côté de Montparnasse, la nuit était tombée très tard, nous avions marché dans un jardin public encore ouvert et regardé une fontaine, l'eau coulait devant nous ; elle habitait à deux pas, c'est elle qui m'a raccompagné jusqu'à ma porte et je l'ai quittée là. Dix minutes plus tard, et tout plein du déplaisir d'une soirée inachevée, je lui téléphonai ; elle me répondit qu'elle était sur le point de se coucher, elle était fatiguée, il était tard : il était trop tard. Je n'ai jamais revu cette Anne, je l'ai oubliée et seul le souvenir de ses épaules nues m'est revenu hier : des épaules rondes, hâlées, charnues, où je n'ai jamais posé les lèvres. C'est dans ces moments que le regret m'envahit ; et savoir qu'elle répondrait aujourd'hui à un appel — Anne serait une femme mûre aux traits bien sûr changés, aux formes plus lourdes, une femme de mon âge, en somme, ou presque — me rend plus douloureux encore, en quelque sorte deux fois inaccessible, le bonheur très simple et sûrement très fugitif auquel, voilà vingt ans, après une promenade dans le jardin de l'Observatoire un soir de juin à Paris, je n'ai pas su atteindre.

Anne serait-elle la seule ! Mais il y a Cécile ou Valérie, Jane à Londres un samedi de pluie, Pauline dans un bois en Bretagne, et toutes celles dont les noms me reviennent au cours de ces insomnies autrefois si riches de bonheurs encore possibles et que je me racontais avec un luxe de précisions tel que je m'endormais souvent sans être parvenu au-delà de la conversation téléphonique qui allait, à coup sûr, amener dans mes bras la femme croisée dans le hall de l'hôtel ou la sœur de ce camarade. Je finis bien par m'endormir, maintenant, mais au matin, je n'ai pas plus oublié Cécile ou Valérie qu'Anne aujourd'hui, et mes regrets ne sont rien d'autre que d'inutiles et absurdes larmes sur des occasions perdues. Comme je vois passer tous les jours près de moi les filles de ces Cécile et de ces Valérie sans oser les aborder tant est profonde la conscience que j'ai désormais de mon âge et du leur, je ne sais plus dès lors fabriquer d'autres rêves que ceux des femmes ou des jeunes filles que j'ai laissées m'échapper ; et puisque ce sont elles, en somme — tellement plus, tellement mieux que l'envie de réussir une carrière ou d'écrire un livre — qui, toute ma vie, ont été mon plus secret désir, c'est ma vie entière qui, pendant ces nuits blanches passées à me souvenir, me paraît vide et ratée. Les femmes qu'on a possédées sont de bien peu de poids auprès de celles qu'on n'a pas eues.

J'ai tenu à commencer mon récit par l'évocation d'immenses regrets qui ne sont, après tout, que de grotesques angoisses, afin de ne tromper personne : j'ai toujours été d'une effarante futilité. Mais, jadis, je savais donner le change. Semblable à ce personnage d'un roman de Thomas Mann, je crois, qui n'a jamais appris qu'une chose — en l'occurrence, le rôle du dieu Hermès dans la mythologie — mais sait l'art de s'en servir en toute occasion, j'ai pu, moi aussi, faire illusion. J'ai lu beaucoup, oui, mais mal ; j'ai vu des musées, visité des palais, des jardins ; j'ai parlé de ces livres et de ces monuments. J'ai écouté beaucoup de musique, oui, distraitement mais assidûment : j'ai parlé de ces musiques, j'ai écrit des livres où ces opéras et ces palais, l'Angleterre, la Chine, l'Italie constituaient une toile de fond fort convenable. On me lisait, on m'écoutait ;

et lorsque je ne parlais pas de moi-même, on me faisait parler, on me faisait écrire. Pourtant, des musées en question, des toiles de maîtres que je décrivais complaisamment, de ces musiques, de ces voix, je ne connaissais, au fond, rien d'autre que l'émotion simplement ressentie en les écoutant — fût-ce distraitement, plus occupé que j'étais à aimer les entendre qu'à vraiment les écouter —, tout en observant de loin cette jeune femme à l'autre bout du rang dont le profil se découpait si délicieusement dans la pénombre. Mais il y avait alors tant de musiques à aimer, tant de pays à voir et de jeunes filles à épier dans la demi-obscurité d'une salle de concert que j'accumulais ces émotions, que j'en parlais plus encore et que les autres — mes amis eux-mêmes — croyaient que je savais tout de ces musiques-là et de ces palais, pour ne pas dire de ces pays. Ainsi ai-je passé vingt ou trente ans à tromper mon monde : qu'importait puisqu'au fond de moi j'aimais voir, regarder, caresser ? et que j'étais le seul à connaître si bien ma futilité. Et puis l'âge est venu où les musiques aussi, peu à peu, se sont tues. Depuis dix ans peut-être, je les écoute bien encore, comme je parcours le monde et lis des livres, comme je visite des palais, des musées — mais c'est avec la terrible certitude que la violente émotion qui m'emportait autrefois devant un Titien ou un Giorgione, dans la salle du Festspielhaus de Bayreuth ou simplement quelque part en France au milieu d'un champ de lavande, est désormais aussi inaccessible que la petite Anne du jardin de l'Observatoire. Pourtant, Anne est probablement devenue cette femme vieillie que je ne reconnaîtrais peut-être pas, le Giorgione de la galerie de l'Académie existe encore, lui ; le duo du deuxième acte de *Tristan*, la montagne bleue du plateau du Vaucluse parlent toujours la même langue à qui sait l'écouter : c'est moi qui ne l'entends plus ; c'est moi qui ai vieilli, comme Anne ou Cécile, comme cette petite Jane en Angleterre qui avait dix-sept ans lorsque j'en avais quarante et qui voulait me conduire dans un château du Dorset où je ne suis jamais allé.

Certaines soirées, des moments d'abord sans importance — un verre dans un bar, un dîner chez des amis, le souper qui suit une pièce où l'on s'est ennuyé —, ressemblent tellement à tous les autres dîners en ville et à tous les soupers d'après le théâtre, qu'ils peuvent décider du reste de nos vies, tant l'envie de vivre autrement peut subitement nous foudroyer. Cet ami que je ne nommerai pas quitta femme et enfants après dix ans de loyaux et conjugaux services au lendemain d'un cocktail d'ambassade où, jusqu'au moment de prendre congé, il avait cru qu'il lui était impossible de ne pas se rendre. La réception ressembla à toutes les autres, il savait depuis vingt ans quels petits fours au chocolat il préférait ; depuis dix ans quel diplomate verbeux éviter ; depuis deux ou trois ans à quelle jeune femme en détresse se raccrocher : il fut parfait, invita la jeune femme à s'approcher du buffet, croqua les petits fours qu'il aimait, laissant son épouse aux prises avec le conseiller diplomatique du gouvernement qui énonçait ses maximes verbeuses, puis prit congé après avoir accepté deux dîners pour la semaine suivante. Dans la voiture qui le ramenait chez lui, il ne pensa à rien ; sa femme conduisait en silence, elle était encore belle, ses enfants l'avaient attendu pour se coucher, il regarda le dernier journal télévisé puis s'endormit très vite auprès d'une épouse aimée. C'est en se rasant le lendemain — m'avoua-t-il plus tard — qu'il se rendit à l'évidence : il ne pourrait plus jamais voir, fût-ce de très loin, le diplomate obséquieux et pontifiant ; la dame un peu triste qu'il avait consolée de paroles sans conséquence était une oie et les petits fours de chez Lenôtre lui étaient, au bout du compte, insupportables. Il se regarda dans la glace et se trouva si laid qu'eût-il eu en main un rasoir d'autrefois, il se serait là, sur-le-champ, tranché la gorge : l'entaille rouge et nette dans le savon à barbe aurait été, le peu de temps qu'il aurait pu la voir, du plus heureux effet : son rasoir n'était que mécanique, il prit sa voiture pour se rendre à son bureau mais se dirigea vers l'autoroute du Sud. Le reste n'est que péripéties, je voulais seulement raconter ce départ, après un cocktail trop semblable à trois ou quatre cents autres jusque-là subis : le dîner chez Marie-Laure a peut-être été de cette espèce-là.

J'ai longtemps souri du prénom de Marie-Laure qui lui va trop bien : à vingt ans, il faisait d'elle une jeune fille un peu snob dont on disait, parmi ses amis, qu'il émanait d'elle une forme de poésie. Elle était blonde et portait des capelines, des bracelets, des blouses de dentelle ancienne qu'elle achetait sur des marchés ; en hiver, elle s'enveloppait de fourrures ramenées de lointains voyages, elle traversait la Mongolie comme d'autres se rendent à Chartres à travers la Beauce. Ses parents avaient une villa au cap Ferrat où nous passions de courts étés entre deux festivals, les jeunes femmes qu'on y rencontrait étaient étrangères, Milanaises aux très riches parents ou New-Yorkaises orphelines à jamais de tous leurs milliardaires de papas. Souvent, elles portaient le nom d'anciennes familles de la plus vieille Europe et leurs compagnons étaient des gigolos, champions de courses automobiles ou de polo. D'autres amis venaient aussi à Récamier (c'était le nom de la maison du Cap) pour un week-end ou un peu plus ; il y avait Stéphane, mon ami peintre qui s'est, depuis, suicidé ; Bruno, devenu écrivain et célèbre ; Serge Lensky promenait sur eux son regard acéré. Je retrouvais parfois Marie-Laure le temps d'une sieste ou d'un week-end entre deux amants ; nu, son corps était plus frêle encore que dans mes souvenirs, elle sentait l'amande amère, des parfums exotiques et bon marché qu'elle payait très cher car elle les faisait venir de loin ; nous avions des étreintes sages, elle pleurait parfois un peu, sans raison, et s'endormait vite. Puis survenait le tennisman argentin qu'elle avait prévu pour l'été et je regagnais ma chambre étroite, au dernier étage d'une tour 1900 d'où la vue s'étendait à trois côtés de l'horizon.

Mariée à Henry, qui porte lui aussi un beau nom, Marie-Laure a peu à peu appris à mériter vraiment son prénom ; ceux qui l'ont connue à vingt ans disent qu'elle a gardé cette poésie que nous aimions en elle ; les autres n'ont pas le moyen de le savoir — aussi, pour le leur prouver quand même, elle écrit de courts poèmes que Daniel, notre ami commun, éditeur, publie toujours et vend si peu. Henry lui-même a fait beaucoup de ski et joué au tennis, au polo ; il a conduit des bolides en compétition et préside aux destinées d'une illustre maison de parfums. Il ne joue plus qu'au tennis et garde l'élégance naturelle de sa mère qui avait, dans le bas de la rue Saint-Guillaume, l'un des derniers salons de l'après-guerre : elle observait en souriant ces animaux étranges qu'elle recevait parce qu'on l'avait éduquée pour cela ; elle les nourrissait, entretenait parfois les plus démunis dont les chemises pourtant venaient de chez Charvet et la montre de Boucheron : ils ne l'ennuyaient pas vraiment. A son tour, Henry observe et parle peu. Il est désespérément amoureux de sa femme, m'a-t-il confié un jour en insistant sur le mot désespoir mais sans vouloir m'en expliquer davantage ; je crois pourtant que je l'ai compris, quand bien même ces désespoirs-là ne sont que nos menus chagrins. Il reçoit chez lui en veste d'intérieur bleu de nuit, j'ai tendrement aimé Marie-Laure, j'aime Henry plus tendrement peut-être : à cause, précisément, de ce désespoir dont il ne m'a jamais plus reparlé.

Marie-Laure avait invité trente ou trente-cinq personnes à l'un de ces grands dîners dont ses amis assurent qu'elle seule possède encore le secret : la chère est excellente ; les vins choisis par Henry, qui les connaît tous ; les hôtes, eux, se connaissent depuis longtemps, elle y joint parfois deux ou trois têtes nouvelles pour apporter du piquant ; et un musicien un peu mondain, voire un quatuor tout entier donne souvent un bref concert après le café. C'était Mathilde de F. qui devait jouer hier soir. Comme Henry, plus qu'Henry, Mathilde porte, haut et gravement, un nom illustre ; avant d'être une pianiste connue, sinon reconnue, elle a fait les beaux jours des magazines féminins, on l'a souvent photographiée sur les tours d'un château en Bretagne, elle a épousé un prince de sang royal, allemand, cela s'entend : tout cela vous avait déjà une sacrée allure ; mais elle avait « fait » le Conservatoire et avait un gentil talent. Elle a donné ses premiers récitals dans des maisons amies où nous

nous retrouvions, c'était alors pour le plaisir et j'en éprouvais aussi, à finir ainsi une soirée avec elle, en compagnie de Schubert ou Mozart ; puis on a songé à lui organiser une carrière, elle a quitté les salons pour les petites salles, elle a joué à Gaveau, une année à Salzbourg — dans un château baroque un peu loin du Festival, mais là n'était pas la question : ses amis étaient au rendez-vous ; d'aucuns, ignorant superbement les grandes soirées d'opéra du Festspielhaus, n'avaient fait le voyage que pour elle. Nul n'a oublié sa naissance ni son nom, mais pour les initiés, ce nom est devenu nom d'artiste ; on a même osé affirmer que nul mieux qu'elle ne savait jouer la musique du jeune Mozart, de Mozart enfant avant que fût le vrai Mozart, celui qui nous bouleverse. On disait à ce propos — la presse l'a écrit — qu'elle était d'une « admirable modestie » et n'avait jamais songé à défier les dieux. C'était la première fois, pourtant, que Marie-Laure la conviait à jouer chez elle, préférant offrir aux siens les talents de ceux qu'elle appelait ses artistes à elle, jeunes gens plus tout à fait débutants, pas encore célèbres, dont elle pouvait à l'occasion faire des amants. Mais Mathilde de F. avait été élève à Sainte-Marie en même temps que Marie-Laure, notre amie ne pouvait faire autrement qu'inviter la jeune femme, dont on parlait dans les salons, à jouer un soir dans le sien.

Servi sur des nappes de couleurs assorties aux tapisseries des murs, le dîner avait été parfait : je ne m'étais, en somme, que délicieusement ennuyé. L'ambassadeur De Vries, placé à la gauche de la maîtresse de maison, avait saisi l'occasion pour être d'une belle insolence ; on le disait volontiers arrogant, qualité qu'il cultivait avec une passion appliquée — et il s'en était donné à cœur joie ce soir-là, ne trouvant pas de mots assez blessants pour fustiger les hommes au pouvoir qu'il avait si longtemps servis et qui l'en avaient si mal remercié, puisqu'on lui avait refusé la dignité d'ambassadeur de France. Spécialiste des questions de désarmement, on l'avait vu dans toutes les conférences internationales de l'après-guerre et la presse avait inventé une doctrine qui portait son nom ; je l'avais connu insolent et drôle : l'amertume aidant et avec les années, il était devenu insolent et pontifiant. Renvoyant dos à dos président de la République et Premier ministre, il ressassait sans fin ses théories — qui n'avaient plus cours — et promettait mieux encore dans les Mémoires qu'il ne manquerait pas de publier. Henry avait le sens de l'humour, il l'avait fait parler ; croyant qu'on l'écoutait, l'ambassadeur y était allé de ses volées de bois vert ; d'autres conversations s'étaient engagées autour de la table, il ne s'en était pas rendu compte et ne s'était tu qu'au terme d'un long exposé que nul, hormis Henry, n'avait vraiment suivi. L'ambassadeur avait été ce qu'il est convenu d'appeler un jeune et fringant diplomate, multipliant les conquêtes et possédant à la perfection cet art bien oublié que fut la rédaction du télégramme diplomatique ; il était devenu un vieux radoteur, mais portait toujours beau sa moustache argentée, et Lucille, sa femme, le regardait à travers la table avec la même tendresse éperdue.

Je les avais retrouvés par hasard un jour, en Italie ; c'était chez les V., dans leur villa de Lucca. L'ambassadeur pérorait déjà autant, mais il avait quinze ans de moins et le gouvernement le tenait encore en haute estime ; à l'heure du café, il m'avait alors étonné par une démonstration aussi superbe qu'inattendue sur les peintres siennois, évoquant la décadence de Simone Martini, les ors lumineux de Sassetta, les formes tourmentées de Giovanni di Paolo, le méconnu ; il avait aussi cité un peintre alors pour moi parfaitement inconnu — et qui l'est resté, ce Francesco di Giorgio — dont une *Sainte Dorothée* enfantine tient le Christ enfant sur un panneau de bois de la National Gallery à Londres. Avec un sourire qui m'avait subitement ému, il nous avait avoué avoir appelé sa fille Dorothée à cause de cette peinture ; nous savions tous que la petite fille était morte d'une maladie contractée au Pakistan où, entre deux conférences internationales, on avait dû l'envoyer quelques mois en exil. Lucille, sa femme, avait soudain pleuré et j'avais aimé la douceur extrême avec laquelle il avait subitement interrompu sa dissertation pour se lever et s'agenouiller devant elle, prendre sa main, l'embrasser. Nous savions qu'il avait une maîtresse dans la place, une quelconque comtesse vénitienne et ce geste — autant que l'intérêt de ses propos sur une peinture que je déclarais hautement aimer sans pour autant bien la connaître, je l'ai déjà dit — m'avait fait découvrir un autre De Vries, humain et cultivé : moi qui ne le prenais que pour un Norpois, il s'était subitement révélé un Bergotte sensible. Lorsque je m'étais ouvert de ma surprise à Vivienne — ma plus ancienne amie —, elle avait eu un sourire pas du tout ironique pour m'affirmer que la peinture italienne accomplissait parfois de tels miracles.

Pendant les sarcasmes de l'ambassadeur, Vivienne, qui était aussi du dîner de Marie-Laure, n'avait cessé de l'observer avec ironie. Le jeune romancier placé à sa gauche devait l'ennuyer et elle trouvait sûrement plus amusant d'écouter le discours d'un diplomate sans emploi devenu un iconoclaste rageur.

« L'âge est sans pitié pour les techniciens dont la technique a progressé plus vite qu'eux ; mais que dire des grands chasseurs devant l'Éternel qui se sont transformés en vieux beaux ? » me glissa-t-elle en me montrant l'ancien ambassadeur soudain empressé auprès d'une jeune femme blonde et sans conséquence qui n'avait à montrer qu'un beau décolleté et des perles autour.

Depuis le début du dîner, celle-ci n'avait pourtant eu d'yeux que pour notre ami Anselme, et c'est peut-être ça qui m'avait déplu en elle. Anselme a dix ans de plus que moi, il a écrit sur Wagner et Bayreuth un ouvrage qu'on affirme définitif, et beaucoup de romans ; Wagner est l'une de mes spécialités — j'entends par là, l'un de ces domaines où j'ai longtemps brillé sans en savoir vraiment beaucoup — et les romans d'Anselme sont faciles mais à succès alors que je prétends les miens difficiles — ce qui ne veut rien dire — et que mon éditeur les vend mal. Anselme a toujours eu pour moi une affabilité extrême ; il est, en outre, académicien, ce qui lui donne envers les autres, voire à l'égard de lui-même, une liberté qu'avec les années je me suis surpris à lui envier. Son âge n'a en rien entamé le nombre de ses conquêtes et j'ai peu à peu appris à le détester franchement : il le sait, en abuse et n'en est que plus amical envers moi. Prenant le relais de l'ambassadeur, il a longuement commenté, tout le temps du second service, le *Ring* de l'été prochain à Bayreuth. Ayant vu deux fois celui que produisirent en leurs temps MM. Boulez et Chéreau — auquel j'ai moi-même assisté cinq fois avec un enthousiasme qui n'avait, à l'époque, rien de feint —, c'est à cette aune qu'il juge après dix ans toutes les nouvelles mises en scène de

Wagner pour affirmer aujourd'hui que le spectacle de juillet prochain sera naturellement détestable.

Tout le temps qu'a duré son discours, Anselme affectait de s'adresser à moi, déclarant à plusieurs reprises que j'étais le spécialiste et lui — ancien élève du Conservatoire — le modeste amateur. Lui ai-je avoué, en veine de confidences un soir devant une choucroute d'après le spectacle, que je ne savais même pas lire une partition ? Se gardant d'en tirer d'autre avantage que celui de le savoir, Anselme prend à étaler ma science de Wagner un trop subtil plaisir pour que ce ne soit sa manière secrète de railler mon incompétence. Parlant ainsi pour moi, c'était pourtant à la jeune femme au collier de perles qu'il débitait ses lieux communs ; celle-ci — j'avais cru comprendre qu'elle s'appelait Florence : nul, jusqu'ici ne l'avait jamais rencontrée — l'avait bien compris, qui l'écoutait en silence et buvait ses paroles. Au moment de passer à table je l'avais probablement trouvée belle, hiératique peut-être, sculpturale en tout cas (autant d'adjectifs que j'emploie depuis toujours pour qualifier ce qu'autrefois on appelait une « belle femme ») et j'avais dû éprouver une forme de désir devant sa poitrine généreusement offerte ; mais elle avait répondu par monosyllabes à mes quelques questions, le visage au contraire empourpré pour répondre à celles de mon ami Anselme. Du coup, j'avais fini par me désintéresser d'elle et c'est encore Vivienne — on a compris que Vivienne est, en somme ma mauvaise conscience — qui m'a fait remarquer que les « raisins étaient peut-être trop verts ». J'ai pris le temps de boire deux gorgées de pétrus avant de répondre à Vivienne que les fruits en question n'étaient plus si verts que cela. Je ne me voulais même pas spirituel — c'est un jeu auquel je ne joue pas avec

Vivienne — mais j'avais remarqué au coin des yeux, des lèvres aussi de cette Florence, les minuscules plis qui marquent chez une femme belle le commencement des plus grandes défaites, aussi me vengeais-je comme je le pouvais — maladroitement — de son indifférence. Vivienne a souri, sans répondre : il est des propos qu'elle ne relève pas ; si, depuis vingt ans, Vivienne est ma mauvaise conscience, j'ai soudain pensé que, depuis vingt ans, sa bonne conscience à elle m'était parfois odieuse. Mais Vivienne souriait à nouveau, d'un autre sourire — bon, celui-là : le précédent n'était d'ailleurs pas vraiment méchant —, et j'ai su que j'avais besoin des jugements sévères qu'elle porte parfois sur moi pour m'éviter à moi-même bien des ridicules.

On servait une gigue de chevreuil aux airelles et le gibier a toujours eu sur notre ami Anselme de surprenants effets ; mis en verve par l'attention de la jeune femme, il parlait des très jeunes filles — c'est là son moindre défaut. Avec une belle innocence, il affirme qu'il a, toute sa vie, été fidèle sinon à une seule femme, du moins à un seul type de femme ; d'un air navré, il avoue alors sa faiblesse : à quinze ans et pour son malheur il n'avait pas su aimer les amies de sa mère — fort belles, pourtant, et qui n'auraient demandé que ça — et leur préférait déjà allégrement ses petites cousines. Pour les décrire, sa voix, dès lors, tremble : il se souvient. Les gamines avaient quinze ans comme lui, portaient longs cous et cheveux longs sur seins menus, hanches étroites encore : le rêve, quoi ! conclut-il. Et depuis cet âge, il n'a cessé de rêver et d'aimer les mêmes nymphettes. Jamais les mamans ne le lui ont pardonné : au début, parce qu'il était — affirme-t-il, pince-sans-rire — « mignon » ; ensuite parce que ce n'était plus de son âge ; après parce que ça ne l'était que trop. Avec un beau sens de la provocation, Anselme connaît l'art de raconter ses fantasmes à celles qui ont trente ans, quarante, et pourraient prétendre à mieux qu'à des discours. Je sais que c'est stratégie de sa part : d'entrée de jeu, il s'avoue à elles inabordable, pour mieux se laisser aborder ; mais je sais aussi qu'il n'en pense pas moins. Ainsi ce jour d'été à Aix à la terrasse des Deux Garçons où nous prenions à midi le café du matin. Autour de nous, c'était une volée de moinelles, gamines de quinze ans, un peu plus, un peu moins, qui sirotaient leur Perrier-menthe en affichant une superbe insolence ; leurs compagnons avaient leur âge, c'étaient des enfants : elles l'étaient aussi mais d'une autre manière, se levant d'un bond, traversant le café, embrassant une amie, se perchant sur un banc avant de revenir à leur place, sans un coup d'œil pour Anselme qui les dévorait des yeux. Ou encore l'hiver précédent à Marrakech, dans les vastes salons de la Mamounia où les reines du jour avaient aussi cet âge ; elles discouraient très haut et cambraient des reins moulés dans des jeans pâlis sous l'œil découragé de leurs mamans de trente-cinq ans qui avaient baissé les bras : elles étaient déjà de vieilles femmes.

« Voyez-vous, me dit Anselme lorsqu'il se laisse aller à des confidences plus précises, je sais que ces gamines ne savent rien, elles se doutent seulement de tout et, face à elles, je me surprends à ressembler à ce jeune professeur que j'avais en classe de sixième ; devenu philosophe et quinquagénaire, il m'a interpellé un soir sur le boulevard du Montparnasse ; il m'avait reconnu, je l'avais oublié, il m'a rappelé les jours anciens de Stanislas pour m'apprendre qu'il était devenu censeur dans un collège de jeunes filles : “On a bien des tentations, soupira-t-il en me quittant : le tout est de savoir ne pas trop y résister.” J'ai appris par hasard qu'il avait été chassé de son collège et j'ai failli l'envier : il avait su ne pas résister à ces petites déesses qui, parce que c'est l'usage (et sans plaisir : sans plaisir, bien sûr, rassurons-nous), offrent tout ce qu'elles ont à des gamins boutonneux qui n'en prennent qu'un petit bout, mais elles nous feraient flanquer en tôle si nous passions seulement le doigt sur le quart de la moitié du commencement de ce qu'ils n'ont pas pris. »

Puis, la bouche gourmande mais le regard amusé car Anselme savait toujours prendre à l'endroit de lui-même une distance suffisante pour qu'on pût en toute circonstance douter de son sérieux — et par là même lui pardonner —, il avait eu des mots plus précis encore pour me décrire ces corps d'enfants, leurs caprices, leurs foucades ; lyrique, il racontait un sourire presque innocent et l'odeur fraîche de savon qui flottait autour ; il m'amusait, je n'aurais su le contredire. D'ailleurs, si un étranger surprenait la fin de son discours, il enchaînait tout naturellement sur les Filles du Rhin de Wagner, les nymphes de l'*Armida* et toutes les Filles-Fleurs de la mythologie musicale, il devenait pédant, m'adressait un clin d'œil afin que je ne m'y trompe pas ; l'importun nous quittait plein d'admiration pour sa culture de vieux musicologue : Anselme n'était, aurait dit ma grand-mère, qu'un vieux dégoûtant — mais ceci m'amusait plus que cela. Ainsi les propos qu'en toute impunité il tenait ce soir-là à sa voisine empourpraient-ils les joues de la jeune femme aux belles perles, qui voyait là un défi qu'elle se ferait un devoir de relever, et amenait-il sur les lèvres de Vivienne le sourire qu'elle a si souvent pour moi.

J'y répondis, mais Anselme était académicien et nul n'y pouvait rien.

L'heure était aux lieux communs qu'on nous servait dans du limoges aux armes de notre ami Henry. Non loin de moi, le jeune romancier faisait preuve de peu d'humour et de trop de littérature et Vivienne, une fois de plus, a murmuré tout haut ce que je pensais sans le dire : nous avons sur ce jeune homme, et depuis qu'il est né à la célébrité, la même opinion : mauvaise.

« Ce petit Wolf est un faiseur, a remarqué Vivienne : et pourtant il fait partie lui aussi de la caste des veaux sacrés. » C'est entre elle et moi une ancienne plaisanterie. Les veaux sacrés, qu'on appelle aussi les intouchables, sont quelques messieurs-dames au talent plus que surestimé dont nous osons nous moquer, mais que les autres, toutes opinions confondues, admirent sans réserve. Ils sont une poignée dans la littérature, au cinéma, voire dans l'industrie ou ce qu'on appelle les médias (barbarisme hélas latin qu'on assortit au pluriel d'un *s* grotesque), à réunir ainsi sur leur personne une belle unanimité. Les journaux bien-pensants comme les magazines de droite — on a saisi la nuance — leur décernent d'identiques louanges, et les moins zélés des bouffons de la télévision leur consacrent des émissions spéciales. Ainsi couverts de tous les lauriers, ils affectent une grande indifférence à l'endroit de leurs laudateurs et n'en recueillent que davantage de couronnes : dès lors, prononcer un seul mot critique à leur endroit est une forme de blasphème. Après deux livres publiés à deux ans d'intervalle avec la même bonne fortune, Wolf est ainsi devenu intouchable et veau par la même occasion. Peut-être qu'en mon temps, voilà bien des lustres et le temps de quelques printemps, j'ai moi-même été de cette caste. Ces dames et autres messieurs qui font les réputations sous diverses bannières mais avec les mêmes armes ont peut-être tenu alors sur mon compte les propos flatteurs qui conduisent à ce statut enviable ; peut-être n'ai-je pas su assez les courtiser ; peut-être ai-je eu à leur endroit trop de désinvolture, ai-je refusé un dîner de trop, que sais-je ? Au moment où j'allais atteindre au but que je ne m'étais pourtant pas fixé, quelqu'un, ou quelqu'une, s'est avisé de ce je-ne-sais-plus-quoi qui faisait vraiment que, décidément, non, mes livres n'étaient pas si bien que ça. On avait donné le ton, le *la*, en somme, et les instruments s'accordèrent : ceux qui avaient refréné leurs critiques par religion — le culte de l'intouchable — s'en sont dès lors donné à cœur joie et c'est devenu une manière de sport, parmi les faiseurs de réputation, que de défaire la mienne.

Bien souvent, bien après, Vivienne a raillé cette trop belle démonstration ; elle a prononcé des mots que je ne comprends pas vraiment, paranoïa, complaisance, vanité même — et je ne lui en ai pas voulu. Ayant frôlé, ou cru frôler, le statut d'intouchable, je savais ce qu'il en était de me retrouver au bas d'un piédestal où je n'étais jamais monté. Aussi ce Wolf me déplaisait-il d'autant plus que — je le devinais — la statue de sa jeune gloire ne tomberait jamais du socle où on l'avait hissée : il était trop prudent et ménageait sa gloire ; tout au plus deviendrait-il une vieille gloire... C'était d'ailleurs déjà un petit vieux qui, tout en bâfrant la gigue de chevreuil que Marie-Laure agrémentait d'une sauce aux truffes venues de son Périgord, avait commenté pour un jeune ministre croisé jadis quand il n'était que technocrate plein d'avenir, la triste condition d'écrivain en la France où il vivait.

On aurait dit un vieil acteur fatigué en train de répéter sans conviction un rôle écrit pour un autre : un barbon, en somme, du répertoire classique, dans l'emploi de l'amoureux — ou le contraire ; il usait de mots qui n'étaient même pas ceux de son répertoire : régime fiscal, déductions plafonnées, Sécurité sociale de l'écrivain ; et le jeune ministre, flatté qu'un intellectuel de cette réputation s'adressât à lui et le prît à témoin, lui qui n'était qu'un élu du peuple, énarque, au demeurant, et choisi par un ministre plus malin que lui dont les caprices étaient raison d'État, l'écoutait avec une humilité qui n'avait rien de feint, parfaitement décidé, à l'issue d'un prochain Conseil des ministres, à interpeller son collègue de la Culture sur ce point précis. Très bête, son épouse le regardait de loin et devinait qu'il avait avec le jeune mais célèbre romancier une de ces conversations historiques qu'il transcrirait le soir sur le cahier d'écolier où, depuis dix ans, il notait chaque rencontre, convaincu que ce journal sommaire lui serait d'une grande utilité dans la fulgurante carrière politique qu'il ne manquerait pas de faire, comme pour la rédaction des mémoires qui s'ensuivraient bien plus tard.

Presque en face du jeune romancier plus si jeune que cela, un vieux critique roublard avait prêté à ses propos la même oreille attentive. Qu'est-ce que ce Vannier, bien revenu de tout, pouvait espérer du jeune homme ? Je suis convaincu qu'il n'en espérait rien : ayant choisi une fois pour toutes d'être dans le clan des laudateurs, il ne se départait pas de son rôle, fût-ce par un silence rempli d'admiration. Lorsque Wolf se tut enfin, pour saucer — eh oui : il sauça ! — ce qu'il restait de miettes de truffes dans son assiette, Vannier lança quelques remarques pertinentes sur la littérature de son temps ; ce faisant, il prit soin de ne pas omettre Anselme dans son éloge puis, croisant mon regard, il cita un très ancien livre de moi, pour ajouter que c'était ce que j'avais écrit de plus beau ; j'étais de son avis, et lui en voulus : peut-être précisément parce que je pensais comme lui. C'est alors qu'une voix s'est élevée pour le contredire : le livre en question était beau, certes, mais j'en avais depuis écrit beaucoup d'autres qui le valaient bien. Il y a eu un silence et je me suis retourné vers Danièle. Assise en face de moi, je ne lui avais jusque-là adressé qu'un rapide sourire, et c'est pourtant l'une de mes plus chères amies. Mariée à Jean-Claude, que j'ai connu à Sciences-Po, elle sait l'art d'être l'épouse d'un mari qui fait de la politique comme d'autres de la boxe : en prenant des coups. Entre deux sessions parlementaires, Jean-Claude bourlingue à travers le monde, solitaire au milieu de l'Atlantique ou en battle-dress à la frontière afghane ; avocate, Danièle plaide et l'attend. Toute sa vie, elle s'est battue bec et ongles contre toutes les injustices et c'est peut-être pour ça qu'elle est soudain venue à mon secours. Le regard de Vivienne a croisé le mien, ensemble nous avons regardé Danièle, elle portait à son tour un verre à ses lèvres et affectait n'avoir rien remarqué du plaisir qu'elle m'avait fait. Le jeune Wolf renchérit alors sur cette déclaration, on s'intéressa un peu à moi, Marie-Laure ajouta quelques remarques si pleines de son habituelle gentillesse qu'on passa très vite à un autre sujet. On retirait les assiettes, on apportait des plateaux de fromages ; Henry s'éclaircissait la voix comme chaque fois qu'il souhaite qu'on l'écoute ; épouse attentive, Marie-Laure promena son regard autour de la table pour s'assurer que ses hôtes l'avaient compris.

Henry s'est adressé à moi. Il doit rester dans la

défroque que je traîne depuis tant d'années quelques-uns de ces rubans qui sont le signe de reconnaissance des anciens fonctionnaires : ni pour leur bonheur ni pour le mien, j'ai géré jadis un peu des choses de la culture et la culture est de l'argent, elle a une odeur, ça laisse des traces. Posément, avec ce rien de préciosité qui est le propre de ces hommes d'affaires dont l'unique regret est de n'avoir pas été inspecteur des Finances ou conseiller d'État — fût-ce pour pantoufler très vite, mais avec les avantages de ceci joints aux agréments de cela —, Henry a évoqué ce qu'il a qualifié de grave problème pour se lancer dans un long discours sur l'indifférence du gouvernement à l'endroit du mécénat d'entreprise. On devenait technique, je n'écoutais plus. Le jeune ministre a passé très vite sur les carences du cabinet auquel il appartenait, citant des exemples américains ; De Vries a pris le relais : « Tenez, plus près de nous, en Italie... » ; il était lié à Giovanni Agnelli, qu'il appelait le Commendatore, et savait de quoi il parlait ; à la plus grande joie de l'ambassadeur qui pouvait enfin disserter pour toute une assemblée, la conversation est devenue générale tandis que le zélé mari de mon amie Marie-Laure devait se féliciter d'avoir fait au vieux diplomate un plaisir qu'il attendait depuis le commencement du dîner. Au dessert, il y avait une charlotte aux poires nappée de chocolat chaud, on a servi un yquem comme j'aime en boire à la fin des repas, Vivienne a cherché mon regard pour lever son verre en même temps que moi mais c'est seulement plus tard dans la nuit que j'ai compris l'allusion à cet autre yquem doré comme du vieux miel dont je m'étais à proprement parler soûlé dans un château ami, quelque part dans le Bordelais, voilà vingt ans ; notre hôte était poète, on le prenait pour un homme d'affaires avisé, il faisait l'un des grands vins de ce monde et traduisait en vers légers, légers, Hölderlin et Novalis.

La conversation a pris alors le tour que je n'attendais plus, on a fini par parler politique. C'est en général le moment où je recule quelque peu ma chaise pour mieux m'y caler et montrer, par un déplacement très physique, la distance que je tiens à prendre à l'endroit de ceux que ces jeux-là divertissent. Les mots au goût du jour ont volé dans l'air, ouverture et petites phrases, société civile, majorité minoritaire. Quelqu'un a lancé le nom d'un homme politique qui réussit le tour de force d'être à peu près universellement honni, gauche et droite confondues. C'est Bernard, le jeune ministre, qui a prononcé le premier le nom abhorré pour aussitôt le vouer aux gémonies : de lui viendraient naturellement tous les maux qui accablent la France. Il y a eu un silence ; l'heure était aux beaux paradoxes, comme il est plaisant à ceux qui ne courent aucun risque d'en professer à la fin d'un dîner. L'ambassadeur a ouvert le feu, demandant à Marie-Laure la permission d'allumer une cigarette avant de se lancer dans l'une des belles démonstrations où il excelle. Chaque religion, a-t-il expliqué, se choisit un bouc émissaire ; celle de l'humanisme à tout va qui remplace aujourd'hui les mysticismes passés de mode a ainsi fabriqué un monstre à son image : on s'en sert d'un côté pour diviser, de l'autre pour récupérer ce qu'on peut, chacun en a sa part, tous le récusent tout entier. Il n'est pourtant personne dans les allées du pouvoir, a poursuivi De Vries, qui ne le sache intimement : l'homme de sang est un homme de paille, les foudres qu'il brandit sont des pétards mouillés.

L'indignation du jeune ministre devant de tels

propos n'a plus connu de bornes. « Voudriez-vous dire, monsieur l'ambassadeur, qu'il n'y a pas là un véritable danger ? » Le vieux diplomate s'est de nouveau raclé la gorge, j'en ai profité pour reculer d'un cran encore mon siège : les unanimités m'ennuient, je le dis trop souvent, on finit par ne plus me le pardonner. L'ambassadeur, pervers, saisissait cependant la balle au bond : « Bien loin de moi les idées que vous me prêtez, mais on nous fabrique aujourd'hui à tour de bras des forêts de tabous et j'ai trop vécu à l'ombre des totems pour ne pas les honnir tous, où qu'ils soient plantés. » Il a ajouté avec un sourire narquois : « Et puis, pendant plus de quarante ans on m'a trop bien appris à me taire ; j'ai été mis à la retraite d'office ; vous comprendrez aisément que je veuille enfin pouvoir parler de tout ! » Le jeune Wolf est long de jambes, court de buste : assis, il semble inachevé ; aussi s'est-il redressé pour exprimer son indignation : « Il y a des sujets, monsieur... » De Vries lui a coupé la parole, l'a repris : « ... Monsieur l'ambassadeur, s'il vous plaît ! Oui, je sais, il est des sujets sur lesquels les gens comme vous ne tolèrent pas chez les autres le droit de s'exprimer. Du temps du petit père Combes, on ne faisait pas mieux, mais le bon peuple en riait ; un sourire est devenu aujourd'hui pis qu'une faute : un péché capital. »

De Vries avait bu, il a vidé encore un verre du fabuleux yquem que nous servait Henry et, du regard égrillard d'un maquignon en train de rouler son monde, a contemplé la tempête qui déferlait autour de lui. J'étais le seul à ne pas partager cette vertueuse réprobation, il me crut son allié, m'adressa un clin d'œil, je détournai lâchement les yeux : je ne suis plus d'aucun combat et renvoie dos à dos tous les adversaires ; à vingt ans, je l'aurais insulté comme les autres : je me dis, sans en être vraiment sûr, que je suis devenu plus sage. Au fond, je n'ai pas beaucoup d'idées et n'en suis pas fier pour autant, mais j'aime encore moins celles des autres. L'ambassadeur avait mauvais esprit, chacun trouvait son plaisir dans ce débat, il me semblait bien inutile. Il dura d'ailleurs encore un peu puis, l'ambassadeur et ceux qu'il avait provoqués se réconcilièrent à propos d'une nouvelle initiative américaine au Proche-Orient qu'ils condamnaient avec un même ensemble. Ils avaient les graves et importantes conversations des gens qui se savent graves ou importants et l'unique satisfaction que j'éprouvais à les entendre était de ne pas leur ressembler.

Voilà quinze ou vingt ans, je reculais déjà ma chaise de la même manière quand on parlait de ce qui ne m'intéressait pas, mais je m'amusais : qu'ils causent, qu'ils causent ! Ni le destin d'un parti, ni celui d'une entreprise publique, ni, déjà, les problèmes de la télévision ne suscitaient en moi la plus petite curiosité ; alors que trois notes de Wagner ou une Vierge de Giovanni Bellini dans une église de Venise suffisaient à épuiser mes passions. Alors, je les contemplais avec curiosité et amusement raisonnant à l'infini, eux, ceux qui savent, qui ont le pouvoir ou l'argent : leur race n'était pas la mienne et j'avais mes bonheurs à moi, simplement faits d'autre chose.

Il est vrai que c'était peut-être un temps heureux où les plus sérieux des écrivains se donnaient le luxe de paraître légers, où nous avions des ministres désinvoltes et élégants pour qui le pouvoir n'était qu'un accessoire de la panoplie d'homme du monde, au même titre que la ceinture Gucci ou le briquet Boucheron ; des hauts fonctionnaires qui avaient trouvé leur poste le plus naturellement et qui n'avaient pas besoin de s'étonner, nouveaux riches du pouvoir, d'être montés si haut et si vite. Il est vrai que j'avais trente ans, quarante : j'en ai cinquante et un depuis huit jours.

Le dîner s'est achevé dans un remue-ménage poli de chaises repoussées. Marie-Laure a pris mon bras et m'a entraîné vers un canapé pour me quitter aussitôt et s'approcher d'Anselme que la jeune femme aux perles suivait maintenant de trop près. Vivienne, une cigarette déjà allumée aux lèvres, m'a rejoint ; à ses amis qui comptent, avec un accent de reproche dans la voix, ses mégots de Gitanes écrasés dans des cendriers, Vivienne répond simplement que la fumée ne la dérange pas. « Et puis, mes parents sont partis en fumée : je sais de quoi je parle », a-t-elle ajouté un soir à la fin d'un dîner ; ceux qui savaient comment sont morts les parents de Vivienne l'avaient regardée drôlement ; Vivienne avait alors tiré une ultime Gitane et demandé du feu à la ronde.

Elle a renversé sa tête en arrière sur le canapé : « Ça t'amuse, hein, de retrouver notre Café du Commerce ? » Elle appelle ainsi les dîners en ville : comme moi, les conversations politiques l'ont toujours ennuyée et elle est trop grave pour prendre au sérieux la gravité des autres ; mais lorsque je parle musique, peinture, elle hausse les épaules et ne s'amuse guère plus. « Allons, dit-elle, quand tout dérive sinistrement autour de toi, tu as au moins tes petites émotions auxquelles te raccrocher ; tandis que moi, je n'ai que mes cigarettes ! » A vingt ans, regardant dans les yeux un jeune homme trop empressé, elle affirmait : « Je ne fume que lorsque je m'ennuie » — et tirait aussitôt une cigarette de son sac. Vivienne fume deux paquets et demi par jour, toutes les conversations la désolent, personne n'en conclut pour autant qu'elle s'ennuie : nous savons tous qu'elle n'avait pas quatorze ans quand on lui a appris à regarder autour d'elle ; depuis, Vivienne pose son regard sur nous, et nous n'avons bien souvent qu'à nous taire. A sa remarque sur le Café du Commerce, je n'ai pas répondu ; j'ai refusé la cigarette qu'elle me tend par habitude depuis que nous nous connaissons, pour allumer une blonde à filtre qu'elle méprise — « On ose prendre son plaisir ou on ne fume pas ! » affirme-t-elle aussi. On parlait autour de nous par petits groupes. Un maître d'hôtel a fait circuler les alcools blancs dont Henry est, à juste titre, très fier : c'est son père, retiré depuis longtemps des affaires qu'il avait dirigées avant lui, qui les distille lui-même dans la grande maison de Normandie où ils passent leurs fins de semaine. Henry dit de son père : « C'est un bouilleur de cru » ; il y a une nuance d'orgueil dans sa voix et, comme le législateur a fini par mettre fin à un privilège qu'on se passait jadis de père en fils, le père d'Henry distille désormais à tour de bras, il empile les bouteilles dans sa cave et affirme le plus sérieusement du monde qu'il travaille encore pour ses enfants. J'ai bu ainsi une poire fameuse, du début des années soixante ; après le pétrus du dîner, un krugg savamment millésimé qui avait servi d'apéritif, je me sentais un peu ivre, gai en tout cas, et puis c'était — krugg et pétrus, cette poire fabriquée par l'un des plus grands industriels de France — une gaieté parfaitement honorable : distinguée, auraient dit ceux à qui le mot ne répugne pas. Pour un peu, j'aurais somnolé.

J'ai brusquement sursauté. Cela faisait un moment que la pianiste jouait et je ne m'étais pas rendu compte que ce qu'elle égrenait, dans le salon en rotonde de cet hôtel sur le parc Monceau, c'était Liszt et *Les Années de pèlerinage*, l'*Italie* qui ont bercé tant de moments de lecture, de travail — ou de simple plaisir. J'étais pourtant déjà en Italie ; des images, des souvenirs revenaient à moi, dans le désordre et, l'un amenant l'autre, je m'étais brusquement retrouvé à Urbino. J'aime Venise, j'aime Florence et la Toscane ; mais d'une certaine manière, c'est peut-être à Urbino que j'ai eu, pour la première fois, le souffle à proprement parler coupé par la beauté de ce qui m'entourait. Le palais ducal, les cours de Laurana, les deux tableaux de Piero della Francesca — et la ville autour. Le souvenir d'une nuit à Urbino me revenait surtout ; la lune éclairait la longue place en pente ; seul m'échappait le visage de la femme qui, cette nuit-là, s'avançait avec moi sous les hautes murailles : plus je m'appliquai à vouloir me souvenir, plus son visage, ses traits, son nom s'éloignaient. Assis dans ce salon à écouter une musique que je n'entendais pas, j'en avais soudain oublié jusqu'à la splendeur du palais des Montefeltre : c'était seulement le nom de cette femme que j'aurais désiré retrouver et dont l'absence me pesait soudain plus durement que toute la beauté d'Urbino qui m'avait pourtant écrasé de bonheur. Que ce nom, ce visage m'aient échappé m'avait fait oublier jusqu'à l'Italie que jouait la pianiste et qui avait si longtemps, à travers le piano de Liszt, accompagné des morceaux de ma vie.

A vingt ans, j'avais cru découvrir que je travaillais mieux en écoutant de la musique ; aujourd'hui, je ne suis pas certain que ce ne soit pas seulement qu'à vingt ans, je travaillais bien, et voilà tout. Mais pendant près d'un quart de siècle, j'ai entretenu cette illusion et *Les Années de pèlerinage*, comme cette sonate de Liszt, les derniers quatuors de Mozart ou le grand quintette à deux violoncelles de Schubert ont alimenté, m'en persuadais-je, mon énergie. D'ailleurs, chaque période de ma vie se plaçait sous le signe d'un morceau bien précis ; au début, il y a eu un concerto de Mozart ; plus tard, le quintette pour clarinette que j'avais découvert sur l'un des premiers disques microsillons que j'ai possédés ; il portait la marque d'une Guilde du Disque depuis lors disparue et une peinture de Watteau en illustrait la pochette. De même, le concerto pour violon de Beethoven, et singulièrement son premier mouvement, me tira des larmes — et de fort belles pages, ma foi ! Les derniers temps, c'étaient des harmonies moins convenues, Bartok par exemple, comme si j'avais eu à prendre une revanche contre trop de sensiblerie. Et puis, chaque type de travail avait aussi sa musique : les sonates et les partitas pour violon de Bach convenaient à une écriture rapide, fiévreuse ; les *Variations Goldberg*, au contraire, à la réflexion ; *L'Art de la Fugue* à ce que je croyais être l'alchimie du verbe et qui n'en devint bientôt que l'appauvrissement. Mais *Les Années de pèlerinage* — la seconde année, surtout — ont traversé le temps ; à vingt-cinq ans, je les écoutais sur un mauvais tourne-disques Teppaz ; à quarante-cinq ans sur une chaîne haute fidélité au dessin (on dit « design », je crois) aussi parfait que la profondeur des graves ; c'était Arrau, ce fut Brendel, je n'en avais pas vraiment honte.

Un jour, j'ai décidé que ce n'était plus vrai, que la musique m'empêchait de travailler ; j'ai prétendu qu'on ne pouvait pas faire deux choses à la fois (cet « on » pour m'abriter derrière des vérités premières !) et j'ai cessé d'écouter Liszt en travaillant. Ai-je mieux travaillé pour cela ? C'est une question que je n'ai pas voulu me poser. Mais *Les Années de pèlerinage* résonnaient encore en moi : voilà que ce soir, je n'avais rien entendu. Mathilde de F. est une pianiste médiocre, là n'est pas la question ; assis dans un fauteuil crapaud tapissé d'indienne, un verre de poire à la main, je n'écoutais pas, je n'entendais rien ; tout au plus ressassais-je des bribes de cette conversation du dîner sans même voir dans la verrière derrière la pianiste les grands arbres du parc agités par le vent qui m'ont fait appeler un jour le salon de Marie-Laure un balcon en forêt.

Autour de moi, on écoutait pourtant ; du moins, en faisait-on mine, on avait le visage grave qui convient à cette musique-là. Anselme était sûrement perdu dans une méditation sérieuse où le cours de la vie de Liszt traversait peut-être la sienne ; le visage de Marie-Laure était tendu par une émotion qui lui rendait les traits de petit félin qu'elle avait à vingt ans ; distrait, son mari devait penser au prochain concert qu'avec l'argent de ses parfums il organiserait à Pâques pour une poignée de privilégiés comme vous et moi qui croiraient œuvrer pour le mieux de la musique en France — et moi (je souligne le mot en ce qu'il a de débraillé), je rêvassais.

J'ai bien tenté de me raccrocher à quelques mesures qui évoquaient pour moi une image précise, voire un moment de ma vie : après la calme réflexion du premier morceau, ce *Sposalizio* tout embué d'une tendresse grave et souriante qui était déjà le souvenir de mes promenades dans ces musées déserts de petites cités toscanes écrasées de chaleur, c'était le *Penseroso*, placé sous le signe de Florence, de Michel-Ange et de Laurent de Médicis :

la beauté pure et sereine. Dans un cloître de l'Oltrarno — je crois bien que c'était celui des Carmine — une jeune pianiste, pas plus mauvaise en somme que celle qui nous distrayait ce soir, en avait entamé les premières notes, sombres et pensives, dans une nuit d'été : une manière de miracle avait subitement pris son vol ; médiocre peut-être, tout juste « bonne », la jeune pianiste d'alors était devenue l'artisan d'un moment d'extase parfaite ; son visage même, aux traits ingrats, s'était trouvé transfiguré et les quelques minutes qu'avait duré la courte pièce de Liszt avaient été un immense et long, fulgurant bonheur. Il y avait des amis autour de moi, seulement des amis, me semble-t-il aujourd'hui, et Franca avait posé sa main sur la mienne ; son mari était à deux rangs de nous, elle savait qu'il était mon ami : nous vivions des instants de très grande beauté et son geste n'avait d'autre but que la partager plus profondément encore. La suite du concert avait été sans importance : pendant trois minutes et cinquante secondes, entouré d'amis et près d'une femme que j'aurais pu aimer, j'avais entrevu l'éternité.

C'était ce souvenir qui me revenait soudain, mais brûlant comme une blessure qu'on a rouverte : en cet instant précis, je n'aurais pu rien désirer d'autre que retrouver un peu de ce bonheur ; mais Mathilde de F. jouait, et c'était tout : quelques mesures encore, et je n'écouterais plus. Pis : Marie-Laure était plongée dans l'attitude réfléchie qui convenait à son rôle de maîtresse de maison ; Vivienne, distraite, jouait avec son briquet ; je soupçonnais Anselme de dormir ; j'étais seul, une angoisse sourde m'envahissait ; ce n'est qu'en croisant le regard de Danièle, la femme de mon ami Jean-Claude, que je parvins à l'éloigner un peu : Danièle n'avait pourtant fait que me sourire, je me souvins qu'elle était belle.

On ne l'a que trop compris : mes plus intenses émotions musicales — mais je pourrais dire la même chose d'une peinture, d'un film — sont toujours étroitement pétries d'autre chose : un parfum, un paysage, le calme d'une soirée d'été ou, plus souvent, le souvenir d'une femme. C'est probablement pour cela que la musique, et singulièrement le chant, l'opéra — ou une peinture de Tiepolo à Venise — ont pu m'apporter tant de joies ambiguës dont je suis le seul à connaître la vérité. Ainsi cette grande fille un peu pâle en compagnie de qui j'entendis mon premier *Pelléas* (je devrais dire : ma première *Mélisande*) : se souvient-elle de l'émotion que nous partagions au dernier balcon de la salle Favart lorsque Irène Joachim (je jurerais aujourd'hui que c'était elle, mais n'en suis plus certain) entama la litanie, depuis ce jour sacrée pour moi : « Je suis née un dimanche, un dimanche à midi... » Je serrais dans la mienne la main de Brigitte qui transpirait un peu, je frôlais ses genoux, elle était Mélisande et les mots de Maeterlinck, les harmonies debusséennes se mêlaient étroitement à sa présence à côté de moi. A la différence de Swann qui retrouvait Odette par la petite phrase de Vinteuil, c'est par Brigitte que j'arrivai à Debussy. Plus tard, sur le divan de sa chambre à coucher, j'ai maladroitement tripoté ses seins qui étaient lourds et blancs : j'avais sûrement le cœur qui battait fort, mais ce que j'éprouvais alors n'était que très simple, très ordinaire, à côté de l'émoi qui m'avait frappé de plein fouet dans la salle moite de l'Opéra-Comique. J'ai entendu beaucoup d'autres Mélisande après celle-là mais chaque fois, le même intense et douloureux plaisir m'a traversé, parce qu'il y avait eu, au tout début des choses, cette jeune fille à mon côté que je croyais aimer et le chant d'Irène Joachim qui l'avait modelé pour moi.

Les premiers accords, joyeux, presque triviaux de la *Canzonetta de Salvator Rosa* m'ont à nouveau ramené sur terre. En face de moi, un petit couple que je n'avais pas remarqué jusque-là, se tenait étroitement enlacé. La jeune femme, un peu lourde — j'ai pensé à de gros seins blancs — ressemblait peut-être à Brigitte qui doit avoir aujourd'hui cinquante ans, trois ou quatre enfants, être grand-mère peut-être et en être si fière ; quant au jeune mari, des lunettes et le cheveu court et blond, c'était moi, bien sûr, perdu dans un rêve qui avait été le mien : la *Canzonettu* de Liszt serait désormais son *Air des Cheveux* à lui, et, pour peu qu'il ait de la chance, il se souviendrait longtemps de cette musique et de sa jeune femme (sûrement enceinte) appuyée contre lui. Le dirai-je ? Ils avaient failli m'attendrir : je les ai trouvés tout d'un coup grotesques, sans parvenir pourtant à haïr ni même à écouter la *Canzonetta.*

Après le temps de *Pelléas*, ç'avait été celui de Wagner. Des solistes et un chef étaient venus donner à Paris deux cycles du *Ring*. Hans Knappertsbusch dirigeait l'orchestre de l'Opéra, Wotan s'appelait Hans Hotter, sa Brünnhilde était Martha Mödl ; j'avais vingt ans, j'assistai aux deux séries de représentations en compagnie d'une jeune fille dont j'étais alors amoureux transi. C'était Sabine, elle avait mon âge et des cheveux en tresses qui me faisaient trembler : je n'aspirais qu'à les dénouer, comme j'aurais inventé pour elle des guêpières, des jupons délicieux et compliqués pour nulle autre raison que de faire émerger ses épaules et son buste de la dentelle et la voir alors ; simplement la regarder nue : on aura deviné que je l'aimais à la folie.

Gagner le Palais-Garnier à cinq heures un après-midi du début de l'été était déjà une manière de fête ; Sabine portait des robes roses qui laissaient entrevoir de plongeants décolletés, elle était longue et solide, l'air d'une grande petite fille sage — qui me trahirait pourtant si bien, mais c'est de musique que je veux parler. Nous avancions, main dans la main dans les rues d'un Paris ensoleillé : je me disais qu'on nous prenait pour de vrais amoureux et jamais le substantif « amoureux », avec toutes ses connotations un peu puériles, un peu sottes — charmantes, à peine démodées... —, ne m'a paru si bien me ressembler. Dès le perron nous retrouvions les visages bientôt connus d'inconnus à qui nous liait le même mystère : ensemble, nous allions communier en Wagner. Car c'était bien d'une messe qu'il s'agissait, dont j'avais appris peu à peu les paroles sacramentelles que sont ces leitmotive faits pour nous guider, pendant seize heures de musique, parmi les dieux, les géants et les hommes. Nous prenions place au deuxième rang d'orchestre, juste derrière le chef aux cheveux blancs — sur des strapontins pourtant : qu'importe ! —, et nous déployions sur nos genoux la grande partition dont nous étions munis. Les lumières de la salle baissaient lentement, l'immense et hiératique silhouette de Knappertsbusch se découpait à contre-jour sur les loupiotes des pupitres et la célébration du culte commençait : nos mains se frôlaient en tournant les pages de la musique que nous suivions ensemble. *L'Or du Rhin* déjà me fascinait, d'abord par ces quelque cent vingt mesures d'un même accord longuement tenu qui figurait pour moi la naissance du monde ; plus tard, à Bayreuth, j'ai vu ainsi, dans l'obscurité du Festspielhaus, la vie monter à la surface des choses, et j'en ai fait un roman. Et puis il y avait dans *L'Or du Rhin* la rigueur de ses enchaînements, les thèmes qui naissaient l'un de l'autre, transformés, comme à l'infini ; que le Rhin devînt l'antre des Niebelungen, une caverne et le feu, puis le feu la demeure des dieux, me paraissait tenir du prodige. Mais en ces années de mon adolescence c'était le premier acte de *La Walkyrie* qui me bouleversait. Le temps n'était pas venu où les versions discographiques, nouvelles ou retrouvées, se succéderaient à une cadence telle que je ne pourrais plus suivre, et je ne possédais alors, de tout l'opéra, que des bribes — dont un premier acte fameux enregistré en Allemagne un peu avant que Bruno Walter ne choisisse l'exil. Lotte Lehmann et Lauritz Melchior étaient les jumeaux bénis en même temps que maudits : l'hymne au printemps de Siegmund, la réponse haletante, passionnée, de Sieglinde sont restés inégalés et c'étaient bien eux, à peine moins grands, que je retrouvais vivants sur la scène du Palais-Garnier. Léonie Rysanek chante encore, Ludwig Suthaus s'est tu depuis longtemps ; leur poème d'amour entendu auprès de Sabine en cette fin des années cinquante touchait au sublime. Je ne perdais certes rien de la musique de Wagner, mais c'était peut-être plus encore l'inceste miraculeux des enfants retrouvés de Wotan qui me touchait ; je ne sais pas si la main de Sabine était moite, je la frôlais et je m'inventais en elle une petite sœur que j'aurais aimée depuis notre premier jour.

Cet amour que Musil a pu appeler l'unique amour, je l'ai retrouvé un peu plus tard dans une brève nouvelle d'un autre géant venu d'Allemagne, *Sang réservé*, où Thomas Mann raconte lui aussi le défi lancé au monde et aux dieux par un frère et une sœur. Aussi, à mon tour, j'ai voulu réinventer cet amour ; mais si, dix fois dans des livres, j'ai joué avec un thème qui m'était devenu précieux entre tous, riche de passion, d'espoir et de mort, c'est parce que, juste derrière la crinière blanche du colosse qui savait déchaîner ces tempêtes, la main de Sabine rencontrait la mienne quand nous tournions les pages d'une vieille partition publiée au tournant du siècle : j'aimais Wagner au-delà de sa musique, sa musique était un trésor où je puisais d'autres trésors : comme lui, j'ai tenté d'écrire à l'infini, d'entrelacer des motifs, en somme de raconter le monde.

Les Années de pèlerinage ne sont pas l'océan wagnérien, ce n'est qu'une promenade passionnée où je n'ai pourtant pas pu m'avancer ce soir. J'ai eu beau tenter désespérément de retrouver mon chemin, les *Sonnets de Pétrarque* qu'égrenait la pianiste mondaine n'appelaient plus rien, ni Rome, ni Vaucluse, ni le souvenir d'une Laure inaccessible : commande-t-on le désir ? Et cependant, voilà qu'à l'instant précis où, vainement caressé par une fade demoiselle, Liszt se taisait en moi, j'ai brusquement ressenti au côté un pincement familier. La pianiste reprenait son souffle, elle dégourdissait ses mains : assise derrière le piano, une jeune fille fumait en soufflant la fumée dans l'interstice de ses lèvres à peine ouvertes. Je ne l'avais pas vue entrer : elle avait tout au plus dix-sept ans ; est-il nécessaire d'ajouter qu'elle était jolie ?

Agité de tant d'interrogations, le cinquième mouvement de cette *Année de pèlerinage* a pris son élan, tout en appels timides qui s'achèvent en suaves glissements, et j'ai observé le visage qui m'était apparu à travers la largeur du salon ; il me semblait si proche que je devinais le grain de sa peau, un peu de salive aux commissures de ses lèvres drôlement arrondies autour du filtre de la cigarette ; son regard était oblique par rapport à la pianiste et j'ai vu distinctement sa pupille qui s'élargissait à mesure que la musique l'envahissait. Car c'était bien de cela qu'il s'agissait : Liszt et Pétrarque prenaient littéralement possession de ce visage de petite fille qu'un bonheur, si semblable à ceux que j'avais connus jadis dans tant de salles de concert et d'opéra, illuminait à chaque mesure davantage.

On avait éteint presque toutes les lampes et celle de la pianiste avait un abat-jour or ou orangé ; quand la rêverie lisztienne est devenue si poignante que moi-même j'aurais pu y succomber, ce sont des ors et des couleurs très chaudes qui ont éclairé ce visage d'enfant que l'extase gagnait. Elle écoutait comme j'avais écouté, comme Brigitte ou Sabine avaient pu écouter : suspendue à chaque note, à la moindre inflexion de la mélodie ; et ce que je lus bientôt en elle — ces ultimes glissements d'où naît la dernière strophe — était bien la joie sereine et si pleine, si pure, que j'aspirais depuis tant d'années à retrouver. J'ai jeté un coup d'œil autour de moi : les autres invités, perdus chacun dans son silence, ne soupçonnaient rien de ce que je voyais moi et qui me ramenait très loin à des émotions très anciennes et très pures.

Lorsque le poème s'est tu, on a échangé quelques mots, allumé des cigarettes ; la petite fille avait laissé mourir la sienne entre ses doigts et l'a simplement déposée dans un cendrier à portée de sa main, le regard toujours aussi fixe, habité : la présence en elle s'appelait Liszt, musique, beauté. Au moment précis où les mains de la pianiste se sont élevées au-dessus du clavier, nos regards se sont croisés ; il m'a bien semblé alors qu'elle souriait ; aussitôt la musique a repris.

On sait l'exemple connu par les psychiatres sous le nom de « rêve de la guillotine ». Un dormeur rêve une succession très précise de scènes : il dort au soleil, les gendarmes l'arrêtent — c'est au temps des gendarmes en bicorne, bien sûr —, on le traîne en prison, on le juge, le condamne ; il doit avoir la tête tranchée ; la charrette s'arrête devant la prison, il s'assied sur le banc, on le traîne dans la ville et le peuple le conspue, puis il monte les marches de l'échafaud, se couche et le couperet s'abat. Le dormeur se réveille alors en sursaut car le bois de son lit vient en tombant de frôler sa tête : le rêve n'a duré qu'une fraction de seconde, le temps de sentir le bois du lit — et c'est pendant cette seconde qu'il a élaboré toute son histoire ; cet infime morceau de seconde est une petite éternité. Voilà ce que j'ai dû éprouver pendant les six ou sept minutes d'une mélodie bouleversante jouée par une pianiste sans importance, puisque tour à tour sont passés devant moi les visages de toutes celles que j'avais ainsi vues transfigurées à mes côtés, une Celia à Pleyel, une petite Marie à Aix un soir d'été, et puis Michèle, Claude, Françoise, toutes. Ainsi Cordelia dans le théâtre de Glyndebourne pendant une ouverture — ce n'était rien : que l'ouverture de *Don Juan* ! — et dont les larmes avaient ruisselé sur les joues ; plus tard, après l'opéra, un peu ivre de trop de Pimm's au champagne, elle s'était étendue derrière une haie, à deux pas des messieurs en smoking, des dames en robe longue qui se hâtaient vers leurs voitures et là, dans l'herbe déjà fraîche, presque humide, là, penché sur elle dans la pénombre d'un fourré, j'avais vu sur son visage très blanc aux lèvres gonflées le même bonheur éperdu que quelques heures auparavant sous la grande ombre de Mozart. Eh bien, en cet instant de Liszt qui durait éperdument, ce que je déchiffrais sur le visage d'une jeune fille inconnue, c'était le même immense bonheur. Subitement et comme autrefois, la musique me gagnait à mon tour : dans ce salon ami où chaque visage ne m'était que trop connu, une grande vague étrangère et neuve, ancienne comme mes premiers émois, me soulevait, me roulait, m'emportait.

Je ne peux que très mal dire ce que fut la folle excitation de ces quelques minutes ; j'écoutais Liszt, passionnément, dans le même temps je me souvenais de tout ce que j'avais cru oublier et, dans le même temps encore, je regardais cette petite fille. Au dernier sonnet de Pétrarque, a succédé la longue et grave lecture de Dante — c'était l'Enfer, bien sûr, et le Paradis. Peut-être ai-je baissé les yeux un instant : pendant quelques secondes, j'ai cessé d'observer ma petite inconnue — et lorsque j'ai regardé à nouveau dans sa direction, il était trop tard : elle m'avait échappé. Un gamin de son âge était venu s'asseoir près d'elle, elle avait posé sa joue sur son épaule, il lui parlait à l'oreille, je n'entendais que lui, elle riait, elle devenait plus belle encore, illuminée cette fois d'un vrai plaisir d'enfant, et moi je la trouvais laide, et je la haïssais, et je me haïssais — et sans chercher à en voir davantage ni à m'expliquer ce qui se passait en moi, je suis très vite parti sans saluer personne.

Dans le taxi qui me ramenait, je n'étais plus

capable d'aucune pensée. En quelques instants, j'avais oublié le visage de la jeune fille : je me souvenais seulement de celui du garçon, blafard, boutonneux, aux cheveux hérissés en une manière de crête. Il portait des vêtements trop amples, une chemise à carreaux, un cordonnet noir en guise de cravate : qu'il y ait eu dans sa façon d'être — de se pencher et d'embrasser la gamine — une aisance un peu crispée ne me le rendait que plus odieux ; que les traits de son visage émacié, ses pommettes saillantes lui aient donné une aura romantique, plus haïssable. Je traversais un Paris que je ne reconnaissais plus ; des groupes de jeunes gens se tenaient à l'angle d'un café, d'autres arpentaient un boulevard. La gare Saint-Lazare m'apparut tout d'un coup, avec ses grotesques valises, ses horloges empilées par un sculpteur que j'avais aimé ; le taxi freina brusquement pour éviter une moto montée par deux silhouettes casquées qui apostrophèrent mon chauffeur ; celui-ci, jeune encore et le teint basané, leur répondit d'un juron en une langue étrangère : j'avais envie de les injurier tous, mon genou droit avait porté sur un angle du siège avant, réveillant une vieille douleur. Arrivés boulevard Saint-Germain, j'ai tendu un billet et je me suis engouffré sous mon porche sans attendre la monnaie.

Chaque fois que je sors le soir, je laisse chez moi une ou deux lampes allumées : mise en garde à d'hypothétiques cambrioleurs, besoin de me rassurer dès mon retour, de retrouver tout de suite une ambiance chaleureuse ? Aussitôt la porte refermée à double tour — cette barre transversale qu'une amie décida d'installer pour moi car, affirmait-elle sentencieusement, les quartiers les plus tranquilles et les mieux protégés (le ministère des Armées sous mes fenêtres...) sont les plus exposés aux plus insidieuses des aventures —, je sentis que ma colère retombait. Je pénétrai dans ma bibliothèque, cette longue pièce à trois hautes fenêtres que des verres épais isolent des arbres du boulevard — et le calme, en même temps, revint : mes livres étaient là, qui montaient autour de moi leur garde silencieuse.

Des livres, il y en a partout dans les quelques trois cents mètres carrés de cet appartement où, depuis le départ d'Hélène qui l'avait choisi avec moi et n'a pas pris le temps d'en finir l'aménagement, des amies éphémères n'ont jamais fait que passer. Un jour de grande inspiration, je me suis dit : « Les femmes passent, les livres restent... » J'étais satisfait de ma formule et l'ai notée quelque part sur un carnet pour m'en servir à l'occasion, l'occasion vient ce soir et je n'en suis plus si content ; les livres sont là, oui : ils me rassurent, avec les strates de mon passé qu'ils évoquent tour à tour, de rayon en rayon. Tout le fond de la grande pièce est couvert de ces reliures dorées, fauves, qui sont les témoins d'un XVIIIe siècle romanesque pour lequel je m'étais pris d'une ferveur gratuite : il y a vingt ans, trente ans, qui s'intéressait à ce qu'il était convenu d'appeler « les petits romans du XVIIIe siècle », sinon ceux qui les confondaient allégrement avec les quelques dizaines d'ouvrages licencieux publiés alors et qu'il était parfois de bon ton de collectionner sous le nom de *curiosa* ? Ainsi, aux côtés des *Liaisons dangereuses* de rigueur et autre *Paysan perverti*, après les rangées entières de Rétif qui s'étendent sur la moitié d'un mur, ai-je acheté par douzaines ces romans inconnus ou anonymes dont j'essayais de découvrir les auteurs ou bien le grand dictionnaire de Barbier et que j'alignais d'abord soigneusement côte à côte, puis, leur nombre s'accroissant sans mesure, que j'empilais dans le désordre, au hasard des rayons. Je me délectais alors des *Mémoires d'une femme de qualité qui s'est retirée du monde* ou des *Lettres de deux demoiselles* ; rien de ces correspondances apocryphes, de ces souvenirs galamment réinventés ne m'était étranger ; aussi, pendant longtemps, l'un de mes plus beaux titres de gloire — je l'avouais à mes amis avec une fausse modestie triomphante — a-t-il été de voir, dans une bibliographie du genre romanesque français au XVIIIe siècle publiée aux États-Unis, mon nom cité en regard de quelques titres dont j'étais le seul à posséder une édition à la bonne date. Puis tous ces volumes ont fini par trop se ressembler, les marquises en larmes et les petites comtesses abandonnées ne m'ont plus amusé ; du roman du XVIIIe, je suis alors passé aux contes gothiques et aux romans noirs ; ce fut mon époque Anne Radcliffe, celle de *Vathek* et de ses avatars français ; je ne les lisais pas tous, mais je les recherchais dans le monde entier. La découverte d'une *Pauliska* de Réveroni Saint-Syr ou d'une première édition française du *Château d'Otrante* me faisait frissonner de bonheur. De même que j'avais publié sur la période précédente de petites études (fort peu savantes mais on les disait « personnelles » : sans appareil universitaire pour étayer une thèse, je ne développais que mes idées), j'ai participé à deux ou trois ouvrages collectifs sur le roman noir. On m'a dit spécialiste de la question et le fatras des titres que je pouvais citer — après tout, j'en possédais l'édition originale ! — faisait illusion : si la culture des uns se mesure parfois au nombre de livres qu'ils ont lus — ce dont je ne suis pas sûr, mais là n'est pas la question —, la mienne s'identifiait en tout cas au poids de ceux que j'avais achetés ; ce n'était même pas le savoir au kilo, c'en était le vernis au quintal.

Dans une autre pièce qui me sert à l'occasion de salle à manger — encore qu'il n'y ait plus guère de place que pour la longue table de ferme recouverte de papiers, de dossiers inachevés, de lettres pas toujours ouvertes —, j'ai rangé, au hasard de mes visites, de mes voyages et des coups de foudre qui ont pu en naître, des livres d'art, des monographies de peintres et de sculpteurs, des catalogues de musées et d'expositions. Lorsque j'ai besoin de chercher une référence, de découvrir le tableau aperçu à Dresde ou le rêve fait un jour à Mantoue où je pourrais trouver le sujet d'un chapitre, je me lance dans d'improbables explorations, incapable que je suis de rien trouver au milieu du fatras de gros volumes et de minces plaquettes qui s'alignent dans le plus parfait désordre sur deux longs murs entiers, face à une haute grisaille néo-classique — la légende de Psyché achetée aux Puces —, à l'assaut de laquelle montent déjà d'autres piles de livres. C'est là pourtant, enfermé dans des ouvrages que je n'ai souvent jamais ouverts, que gît mon amour de la peinture.

Celui de la musique s'étale dans une autre pièce encore, tapissée celle-là de disques, de programmes et de partitions, de brochures, de revues spécialisées — et de livres encore, livres de musique, biographies, dictionnaires : tout l'appareil qui me permet — faute d'avoir jamais tenté d'en savoir davantage — de jouer le rôle d'amateur éclairé où je me suis longtemps complu avec béatitude.

Mais c'est vers une autre muraille de livres que je me suis dirigé ce soir de grande détresse où je voulais me rassurer. Depuis quelques années, j'accumule les éditions originales de Balzac, de Stendhal ou de Chateaubriand, voire de Delécluze et de Méry comme de tous ceux qui ont vécu dans leur sillage, jusqu'à l'étonnant Victor Jacquemont, ami de notre ami Beyle, qui mourut en Inde d'où il avait écrit de si belles lettres. A Paris, je cours les librairies ; en province, dans chaque ville étrangère où je me rends, je cherche avidement ; j'épluche les catalogues, j'achète, j'achète encore. Je remonte d'*Armance* à Mme de Duras en passant par l'*Olivier* de Latouche, non pas en universitaire qui recherche des sources, mais en maniaque des volumes mêmes qui les abritent : d'une édition à l'autre, brochée, reliée à l'époque ou plus tard, je m'invente de coûteux itinéraires — ces livres-là sont chers... — qui sont *aussi* les chemins de la littérature. D'aucuns ont tout lu de Stendhal — et j'en suis, probablement — mais je mets ma vanité (une vanité qui est aussi plaisir ambigu, inachevé) à posséder tout Stendhal en édition originale, voire en édition annotée par Stendhal lui-même, enrichie d'un envoi ou d'une simple signature. Parcourant les rayons de ma bibliothèque je me dis qu'*Il* est là, je l'effleure du doigt, j'ouvre parfois (rarement) un volume, je sais surtout qu'il me rassure. Que ces livres soient précieux ou non importe peu : ce qui compte, c'est d'abord de les avoir trouvés, puis de les aligner sur ces rayons déjà trop étroits pour les tous contenir ; je me persuade qu'il émane d'eux une force, une présence qui, tel le *numen* antique, est déjà tout Stendhal, dans sa vie, ses œuvres, sa lumière. Ce n'est plus le texte qui devient sacré, mais l'objet — le livre, bien sûr, la reliure, les feuillets plus ou moins jaunis — qui le renferme ; et les trésors d'érudition bibliographique que je dépense dans cette quête jamais finie me tiennent lieu d'érudition tout court, dont je ne retiens que des bribes. Il m'importe d'ailleurs plus de savoir que j'ai côte à côte trois ou quatre exemplaires si semblables et différents pourtant de la première édition de *Rome, Naples et Florence* ou les deux mises en vente de l'originale de *De l'amour*, que d'en relire ne fût-ce qu'un chapitre entier. En exergue du livre que je n'oserai jamais écrire et qui raconterait ma vie, je sais que je pourrais placer une bien plaisante et bien cruelle formule : « En matière de culture, possession vaut titre. » Je caresse donc mes livres, je les soupèse, je les mesure (on ferait de même, poissonnier, d'un kilo de harengs) et les remets en place, puis je m'endors. Titre prémonitoire ? Mon premier roman s'appelait *Et Gulliver mourut de sommeil*. Semblable au Fafner de Wagner, le géant devenu dragon qui veillait sur l'Or du Rhin acquis au prix de combien de morts, « *Ich lieg und besitz — lasst mich schlafen* : « Je suis là, je possède — laissez-moi dormir. »

Ainsi ce soir, après avoir caressé un moment les deux volumes précieux entre tous de cette *Armance* que j'avais enfin su dénicher au fond d'une librairie de Buenos Aires, et dont la reliure romantique mauve aux fins entrelacs dorés me donnait à coup sûr beaucoup plus de satisfaction, en cet instant précis, que ces premières lignes qui sont pourtant la porte ouverte aux plus fulgurantes ambiguïtés de la première moitié du XIXe siècle, « A peine âgé de vingt ans, Octave venait de sortir de l'École polytechnique », ou que le récit tout entier des amours d'Octave de Malivert et d'Armance de Zohiloff, sa cousine ; après avoir effleuré les quatre tomes d'un Balzac rapporté de Montevideo où on ne sait quelles infortunes l'avaient égaré jusque-là, intact et sans rousseur — grandes marges avec, au dos, le monogramme HS, celui d'Henry Seymour, Lord Seymour qui possédait une bibliothèque fameuse et devint plus célèbre encore sous le sobriquet de Milord l'Arsouille —, j'ai éteint les lampes de la bibliothèque pour gagner ma chambre tout au bout du long couloir flanqué lui aussi de livres — le tout-venant : les romans d'amis que j'ai lus, ceux d'inconnus que je lirai peut-être un jour. J'ai avalé le comprimé de Temesta sans lequel je ne saurais dormir, j'ai ouvert n'importe où l'un des sept ou huit volumes tombés en vrac au pied du lit, lu quelques pages de n'importe quoi et me suis endormi en pensant à un paysage toscan ; dans les instants qui précèdent le sommeil, une phrase du Président de Brosses sur Florence et les Offices joua dans ma mémoire : « Ah ! nous y voici donc : serai-je assez hardi pour mettre le pied dans cet abîme de véritables curiosités ? mais si j'y entre, dites-moi, dites-moi adieu ; je suis un homme confisqué, noyé. » — et je me suis souvenu que c'était un passage des *Lettres* du cher Président que j'avais relu distraitement avant d'éteindre la lampe.

II

D'abord, j'ai cru que j'avais dormi longtemps ; par superstition, pour ne pas repousser l'instant où le sommeil peut encore revenir, je n'ai pas regardé le réveil sur la tablette à côté de moi ; j'ai seulement saisi mon oreiller à deux mains et m'y suis plongé le visage.

Les traits de la petite fille du salon de musique se recomposaient peu à peu dans ma mémoire. Oubliant que ce devait être une souffrance, j'ai pris quelques secondes de bonheur à la retrouver si parfaitement : c'était bien la Cordelia des années d'Angleterre, son long profil clair et ses lèvres gonflées, qu'une lumière mordorée enflammait de l'intérieur ; puis je me suis souvenu du reste, le garçon a surgi à côté d'elle, la tête posée sur son épaule, et la vieille crispation des anciennes angoisses m'a alors saisi. Encore à demi endormi, j'ai voulu lutter, oublier ; je connais bien, désormais, ces combats nocturnes avec le mauvais ange. Presque à voix haute, je me suis répété que cette gamine n'était rien, la soirée écoulée une soirée banale et mondaine : que j'aie pu un instant imaginer autre chose était d'une effarante vanité ;

j'ai tenté de trouver d'autres mots pour effacer ceux qui battaient à mes tempes, d'autres images que celles qui m'éclataient dans la tête : une amie revue l'avant-veille, pulpeuse (j'insistais en moi-même sur l'adjectif *pulpeuse* si bien daté, qui a toujours fait naître d'autres clichés précis, troubles) — et que je retrouverai le lendemain pour dîner ; mais les traits de cette Annette en qui je mettais subitement tous mes espoirs m'échappaient ; ses épaules, le dessin de sa gorge (pulpeuse, donc), que j'avais devinée sous un chemisier clair et qui serait peut-être bientôt à portée de ma main, s'évanouissaient ; alors que les pommettes hautes de la petite fille derrière le piano, ses joues un peu creuses, ses lèvres à demi entrouvertes devenaient plus douloureusement précises — et quand j'ai vu le geste du garçon pour l'attirer contre lui, ce geste qui m'avait échappé deux heures avant et que j'inventais soudain avec un luxe insupportable de détails, je me suis réveillé tout à fait. Il était à peine une heure et demie du matin, la nuit ne faisait que commencer. Elle a duré, cette nuit, le temps du rêve de la guillotine : une longue éternité.

Ma chambre donne sur une terrasse, la terrasse sur des jardins, ce sont ceux d'un ministère ; par les fenêtres de l'hôtel voisin, j'aperçois parfois de jeunes femmes qui ne travaillent guère ; on a installé des néons sous des lambris, des casiers métalliques le long des moulures anciennes et le jardin, où nul ne s'aventure, est une jungle d'herbes folles, de rosiers mal taillés, de buis en désordre. Le silence qui monte de cet abîme vert est si profond que je l'écoute souvent la nuit ; du boulevard pourtant tout proche, de la rue de Lille au-delà des maisons qui le clôturent, aucun bruit ne vient le troubler ; je jurerais qu'en été j'y ai entendu des cigales ou des criquets : cette fois, ce silence m'a subitement étouffé, comme une cagoule qu'on m'aurait enfoncée sur le visage et à travers laquelle rien, ni son ni image, n'aurait filtré. Seules grondaient en moi les voix de la soirée passée, des bribes de conversation, de musique ; et les images de ces deux enfants en train de s'aimer émergeaient seules de cette nuit.

Ce doit être la haine un instant ressentie qui a d'abord explosé en moi. Une haine aiguë, mortelle, pour ces deux gosses et tous ceux qui leur ressemblaient dont la jeunesse me défiait brutalement, m'agressait ou — pis — m'ignorait. Je les ai dès lors vus partout, ces enfants insolents qui sont si peu ce que j'ai moi-même été lorsque j'avais leur âge : ils sont calmes et sûrs d'eux, j'étais inquiet, maladroit ; ils ont confiance et j'avais peur ; ils lisent des livres, voient des images, se repaissent de musique que je n'aurais pour rien au monde lus, regardées, écoutée ; ils sont beaux, j'étais chétif, lunetteux, sans grâce.

Subitement, le regard que Marie-Laure a eu pour la petite fille, et que je n'avais pas non plus remarqué sur le moment, m'est revenu à l'esprit : elle la contemplait comme moi et comme moi la trouvait belle ; mais lorsque le garçon l'a rejointe, il y a eu dans les yeux de mon amie cette tendresse absurde, cette admiration forcenée qu'ils — *ils*, oui, *ils* — ont tous pour *eux*, les enfants, les gosses, ceux qu'ils appellent « les jeunes ». Ces égards alors qu'ils ont pour « la jeunesse », ces prévenances, cette adoration... La presse, les hommes politiques comme les publicitaires l'ont bien compris, qu'il fallait les courtiser, les adorer, leur faire croire que nulle jeunesse avant la leur n'avait eu leur courage, leur beauté, leur enthousiasme, leur générosité. Et nous, donc ? Et l'Indochine, et l'Algérie ? Et les combats que nous avons cru mener : oubliés ? passés à l'as, bons pour du beurre ?

Sans m'en apercevoir, j'use soudain du ton qui était celui de ma colère, mieux : de mon indignation. Mon cœur battait plus vite et mille exemples de la servilité des journalistes comme des princes qui les gouvernent me traversaient l'esprit, plus grotesques, plus dérisoires les uns que les autres. C'est parce qu'on leur répète à l'infini qu'ils sont généreux que leur générosité me fait pitié — mais une pitié douloureuse ; et c'est à cause d'eux que j'ai peu à peu oublié les élans que j'ai eus, moi aussi, et qui étaient les mêmes. C'est parce qu'on me donne en exemple leur charité que je suis devenu mesquin, leur abnégation que me voilà calculateur, leur noblesse que je me sens vulgaire, leur dévouement que je suis devenu égoïste. Effaré par ce que je découvrais de haine en moi, je continuais ma litanie, faisant des deux gosses du salon de musique les boucs émissaires de mes médiocrités. C'est parce qu'on les trouve beaux que je me sens laid ; et cette litanie devenait chapelet de haine : c'est parce qu'on les aimait tant que je les haïssais si fort et que je me haïssais plus encore.

Étendu sur le dos, mes oreillers tassés sous la nuque et la fenêtre ouverte sur la terrasse et ses jardins, j'étais partagé entre cette fantastique hargne que j'éprouvais contre eux, et le mépris que j'avais pour ceux qui les avaient faits tels. Je me souvenais d'un ministre qui avait dit..., d'un autre qui... — ou de cet article de journal bien-pensant, de cet autre qui pensait comme j'en étais arrivé à penser moi-même et qui, pourtant... Les mots se bousculaient en moi, inachevés parce que trop pressés de jaillir, en même temps que les idées, les images. L'espèce de fureur qui m'agitait, la jalousie aveugle qui me faisait ainsi haleter devenait peu à peu une vraie douleur physique ; partie du cœur, elle irradiait tout mon corps ; j'étais en sueur, je ricanais, je soufflais, je souffrais. Seule la demi-conscience de la nuit peut conduire à de tels enragements. J'échafaudais les discours que je ferais contre eux, dont l'insolence me bravait — et plus encore contre les adultes qui rampaient à leurs genoux ; j'énumérais les mollesses de ceux qu'avec un accent d'émotion dans la voix on appelle « la jeunesse », leurs ignorances, leur débraillé — et je me surpris à rire : combien d'entre eux, par exemple, avaient lu Stendhal ? Ignorer Stendhal était subitement le pire de tous les crimes et j'en riais dans le même temps car je percevais bien, avec une redoutable lucidité, ce qu'il y avait de grotesque dans le sujet de mes haines ou de mon mépris. J'ai tenté de saisir le verre d'eau que je place chaque soir sur ma table de nuit, ma main a tâtonné dans le noir car je ne voulais pas ouvrir les yeux ; elle n'a rencontré que le vide, puis un objet qui a glissé sur la tablette pour tomber sur le sol. Je me suis redressé d'un coup.

C'était un réveil que j'avais balayé de la main ; il marquait une heure trente-cinq et il était cassé. Dans un beau roman qu'il a publié voilà peu, Michel Déon raconte comment c'est une canne perdue, une assiette cassée qui marquent, pour un homme de mon âge, le début de la chute : incident sans importance, la perte de la canne du promeneur est le point de départ de dix catastrophes véritables dont aucune, cependant, ne semble plus grave au narrateur que la disparition de sa canne de bois au cours d'une promenade en montagne. Mon réveil de plastique, aux aiguilles lumineuses et dont la sonnerie s'éteint au son de la voix du dormeur réveillé, était ma canne de promeneur. Agenouillé sur la descente de lit, j'en ai ramassé les morceaux. Toute colère brusquement retombée, ma main tremblait en tentant d'ajuster les aiguilles éparses. Ce calme retrouvé me semblait cependant plus intolérable que l'agitation qui l'avait précédé : en rassemblant les débris d'un réveille-matin de pacotille, je me rendais compte avec une terrible clairvoyance que ce n'était pas « la » jeunesse qui avait changé, mais bien moi. Leurs enthousiasmes avaient été les miens, leurs violentes intolérances comme leurs mansuétudes extrêmes ; et si, à vingt ans, je n'écoutais pas leur rock que je déteste si fort, entre Wagner et Mozart, j'écoutais parfois Miles Davis ou John Coltrane, des *folksongs* américains, je découvrais le *blues* et Huddie Ledbetter — dit Leadbelly ; quant à la petite fille haïe parce qu'elle riait avec un gamin dans un salon sur le parc Monceau, elle avait d'abord écouté Liszt avec ferveur : combien de fois, sortant moi-même d'un concert où j'avais été ému aux larmes, n'avais-je pas ri aux éclats en compagnie d'une fille que je voulais entraîner dans ma chambre ?

Je suis allé jusqu'à la salle de bains, rempli d'un immense désespoir : année après année, mois après mois, minute après minute — ces longues minutes d'une nuit qui ne finissait pas —, j'étais devenu cet homme qui avait pu haïr si violemment parce qu'il se haïssait tant.

J'ai fait couler un peu d'eau, je me suis aspergé

le visage et j'ai pissé. Puis je suis revenu me coucher. Machinalement, j'ai voulu regarder l'heure, les aiguilles lumineuses du réveil gisaient désarticulées sur la table de nuit, ma montre est une montre précieuse et Boucheron n'a pas la vulgarité de fabriquer des cadrans qu'on peut lire la nuit, je ne voulais pas allumer de lampe : j'étais seul et hors du temps.

C'est sur cette solitude que je me suis recouché. D'autres pensées m'ont alors assailli. Tout à l'heure, chez Marie-Laure, nous étions trente, quarante, que sais-je ? J'étais seul. Vivienne, peut-être, a deviné, ou Danièle. Mais les autres ? Anselme enfoncé dans ses aphorismes et ses fantasmes ; De Vries et sa provocation ; la blonde jeune femme au collier de perles : des inconnus. Sans parler de la petite fille près du piano à qui j'avais pardonné mais que je pouvais, moins que quiconque, invoquer. Solitude, dès lors, de cet auditeur inattentif qui n'était que moi, au milieu d'une assemblée d'étrangers — jusqu'à Marie-Laure... — que j'appelais pourtant mes amis.

D'autres souvenirs sont revenus en ordre de bataille, pour mieux me terrasser ; d'autres musiques jadis entendues en compagnie d'autres qui étaient aussi mes amis ; d'autres moments... Cette soirée où nous nous étions retrouvés dans un théâtre de province pour écouter Mozart : il y avait Serge, Anne, Stéphane, Bruno, il y avait même Marie-Laure qui portait une capeline à fleurs car c'était le plein été ; il y avait Hélène — et j'écoutais passionnément le chant des deux sœurs que deux amis vont douloureusement tromper parce que, simplement, un soir d'été à Naples, *cosi fan tutte* : j'insistais alors sur le pluriel universel du masculin. La brise venait de la mer, une galère voguait vers un Orient de pacotille et le plus suave des adieux s'envolait avec elle. Musset, dès lors, dans la cour d'honneur du palais des Papes à Avignon, « Adieu la gaieté de ma jeunesse, l'insouciante folie, la vie libre et joyeuse... », et la blanche silhouette d'Octave, Gérard Philipe à jamais disparu que ni le film ni le disque ne sauront nous rendre et qui disait à Marianne : « Je ne vous aime pas, Marianne, c'était Célio qui vous aimait. » Marie-Laure avait quitté Stéphane pour Bruno, et Stéphane était mort cet été-là près d'Avignon, nous étions tous ses amis.

Aix, alors, un soir de notre histoire — tant de soirées dans cette histoire — où se hâtaient lentement vers la cour de l'Archevêché, à travers les ruelles en pente et les places aux platanes triomphants, sous le regard d'atlantes de pierre dorée et d'une Cérès caressée par le dieu Amour, des femmes aux épaules nues, de longs messieurs nostalgiques, des jeunes filles, des jeunes gens qui étaient tous un peu moi. On avait dîné à la terrasse des Deux-Garçons en regardant passer d'autres amis, on s'était rencontrés, on avait échangé, déjà, des souvenirs : Ah ! Stich-Randall l'an passé ! Et l'autre Teresa hier : nous en avions tremblé de bonheur. Jamais la lumière de la fin du jour en Provence n'a été plus douce que sous les grands arbres de la place de l'Ancien-Archevêché en ces années-là. Violaine, Vivienne, Marie-Laure et leurs fiancés, leurs amis, leurs maris qui leur ressemblaient. Un vieux monsieur affable nous recevait chez lui, les sièges étaient inconfortables, des martinets traversaient le ciel et le rideau se levait sur un nouveau *Cosi*, sur d'autres Fiordiligi amoureuses et trompées qu'on consolait doucement dans d'ineffables musiques : au deuxième rang, nous étions dix, nous étions vingt serrés les uns contre les autres car le mistral se levait peut-être et que la soirée était miraculeuse ; ensemble nous partagions ce bonheur.

Je suis revenu à Aix, à Avignon, à Orange. A Aix, de longs messieurs inconnus portant rosette ou foulard de soie, de grosses dames, hâlées par les mille soleils d'un Luberon surpeuplé, donnent des fêtes, oui ; des ministres passent, se ressemblent, se haïssent et hantent ces lieux parce que musique et théâtre sont culture et que toute culture est devenue politique — ou objet de politique, sollicitude, égards, subventions, reconnaissances, publicité. Les ministres se croisent et se toisent, se retrouvent à dix sur la même case, fous du roi qui jouent à être des reines avant de se retrouver en échec — et mat. Des hôtesses parlent haut, seules les petites filles aux terrasses des cafés sont demeurées les mêmes : elles ont seize ans, ne me regardent plus, mais ce n'est pas leur faute ; c'est la mienne. Je suis devenu, pantin parmi les fantoches, cet amateur de musique éclairé... Stéphane qui peignait la mort est mort en citant Bossuet : « Et je puis dire, Messieurs, que les mortels n'ont pas moins de souci d'ensevelir les pensées de la mort que d'enterrer les morts mêmes » : solitaire, je danse sur un cimetière d'amis morts et d'émotions éteintes.

J'avais cru m'endormir. Pendant quelques instants, la grandeur de Bossuet et le souvenir de Fiordiligi et de Dorabella unies dans une même ferveur m'ont apporté un peu de sérénité. Mais, déchirantes, leurs larmes ont à nouveau frôlé mon visage et j'ai compris que je ne dormais pas : je pleurais. Au milieu de cette nuit parisienne qui n'en finissait pas de ne pas finir, nu et déjà gras, mal à l'aise dans un corps d'homme de cinquante ans au poil gris sur la poitrine — et je ne parle que de la poitrine ! — je pleurais ! Et je pleurais sur moi... Qui a dit que les larmes apaisent ? Les vraies larmes d'une vraie douleur, peut-être ; mais pas ces sanglots ridicules d'un homme de cinquante ans qui s'apitoie sur son sort. De fiévreuse et amère, la nuit est alors devenue intolérable. Cette haine que j'avais éprouvée pour deux gosses et pour tous les gosses du monde, c'était la haine que je ressentais contre moi, à ne plus être des leurs ; c'est moi, je l'ai dit, qui avais changé. De la même manière, cette nostalgie douloureuse que j'avais d'un temps où musique, peinture, beauté s'accordaient si bien avec amour et amitié n'était que le regret de l'âge où je savais écouter, voir, aimer.

Subitement, la vérité m'est apparue. J'avais été hargneux, plaintif, je devenais d'une effroyable lucidité : je ne savais plus ni voir, ni entendre, ni aimer. Pendant trente ans et plus, j'avais caressé dans le sens du poil ce que j'appelais ma légèreté ; les autres pouvaient bien discourir, s'enivrer de leur propre gravité, de leurs inquiétudes politiques, de leurs ambitions ou de leur médiocrité : je possédais, moi, un trésor. C'était, en vrac, Wagner et Schubert, Teresa Stich-Randall et Teresa Berganza à Aix, Wagner à Bayreuth, mais aussi bien Bellini et Carpaccio à Venise ou la silhouette du clocher de Méséglise perdue et retrouvée, quelques lignes de Baudelaire, deux répliques des *Caprices de Marianne*. J'en tirais du plaisir d'abord, des rêves ensuite, des livres enfin. C'était ma force et ma faiblesse, ma seule raison d'aimer : j'aimais pour donner à celles que j'aimais — le souvenir fulgurant d'Hélène... — un peu, beaucoup de ce que je croyais posséder.

Et puis, peu à peu, sans que j'y prenne d'abord garde, j'ai moins écouté, j'ai moins vu, moins aimé :

j'assistais et je pensais à autre chose, je ne pensais à rien. Les musiques avaient beau déferler, plus nombreuses parce que je pouvais en écouter davantage, elles ne pénétraient plus en moi. Ou si peu ; ou si mal. Comme les femmes bleues à force d'être brunes de Tiepolo ne m'atteignaient plus que distraitement, en passant. J'allais jusqu'au bout du Frioul à la recherche d'une fresque dans un palais épiscopal, et je regardais, certes : je ne voyais pas. Balzac et Stendhal ont remplacé Proust, Thomas Mann, Baudelaire, j'en ai accumulé les éditions originales non pour les relire, mais à peine les feuilleter, puis — je l'ai dit — les ranger côte à côte dans une bibliothèque.

Je me suis à nouveau redressé sur mon lit ; nul bruit ne venait me distraire de ce que j'aurais voulu ne pas entendre : cette voix en moi répétant que tant de voix s'étaient tues. Pendant trente ans, je n'avais eu qu'elles, elles étaient mortes, je ne possédais plus rien. J'étais seulement ce pantin nu comme un gros ver blanc dans un lit trempé de sueur au milieu d'un bel appartement du VIIe arrondissement. Avec beaucoup de livres, suffisamment d'argent pour m'en payer d'autres (comme on paie une fille !) et trop d'amis qui n'étaient que passagers sur la même galère. Mais eux, ils avaient leurs inquiétudes, leurs politiques, l'ivresse qu'ils tiraient de leurs conversations oiseuses — leurs plaisirs honteux ; moi, je n'avais plus rien.

Je me suis levé pour fermer la fenêtre, tirer les rideaux, oublier le jardin en friche du ministère et le calme des beaux quartiers qui était devenu mon seul univers. Le battant a résisté, j'ai forcé, une vitre s'est cassée, le verre est tombé, un peu de sang a coulé sur mon bras. J'ai quand même réussi à refermer la fenêtre, ramener les voilages et les doubles rideaux et je me suis abattu sur mon lit. La coupure à mon bras saignait : j'en éprouvais une étrange jouissance. J'ai commencé par rire, rire très haut, très fort, dans le silence désormais clos de la chambre. Les rais de lumière bleue qui filtraient à travers les persiennes avaient disparu, au silence s'ajoutait un noir total. Je me suis mis en boule dans mon lit et j'ai fermé les yeux.

Encore une fois, j'ai d'abord cru que je dormais. Des images passaient devant moi, trop décousues, ce coup-ci, pour être le produit d'un esprit en éveil. Après les fantômes de ma jeunesse, c'était une autre génération qui s'avançait vers moi : celle de mes amis morts. Je voyais des visages perdus depuis longtemps. Ceux de Marc et de Stéphane, le visage de Marcellina, celui de Charles. Le rire un peu sardonique du pauvre Otrick, si bien oublié, a retenti tout près de mon oreille. C'était un cortège d'ombres : j'en avais aimé, j'en avais haï d'autres. Ils tournaient dans la chambre comme ils avaient circulé dans ma vie, si vite que je n'avais su les retenir, quand bien même certains avaient vécu longtemps près de moi, Charles et ses sarcasmes, Peter Walsh qui agonisait encore (mais pour combien de temps ?) dans la loge pelucheuse d'un théâtre moisi — ou Hélène, Hélène, toujours elle, déjà revenue tant de nuits poser simplement une main sur mon front ; c'était sa main, en cet instant précis, que je sentais sur mon bras où la coupure ouverte devait saigner encore. J'ai voulu l'écarter sans y parvenir. Je me suis redressé en sursaut. Je ne dormais pas, la lampe que je savais ne pas avoir allumée l'était pourtant sur la table de nuit et le Président de Brosses glissé à terre était toujours entre mes mains. Je l'ai à nouveau rejeté au loin, j'ai éteint la lumière et je suis resté étendu sur le dos — à attendre. Aucune image ne montait plus en moi. Un instant j'ai seulement revu la place d'Urbino, figée sous la lune et j'ai de nouveau, désespérément, cherché le visage de la femme qui était près de moi ; elle aussi, comme les autres, ce soir m'avait quitté et les hautes murailles du château des Montefeltre était un théâtre vide, abandonné. Soudain dans le silence de cette nuit d'hiver en Italie, j'ai entendu des coups sourds, venus de très loin. J'ai pensé à un camion qui serait tombé en panne sur le boulevard Saint-Germain et qu'un chauffeur aurait voulu remettre en marche avec une manivelle. Mais les camions ne tombent plus en panne dans les rues de Paris et leurs chauffeurs n'ont plus de manivelle. Après la guerre, j'habitais boulevard Malesherbes, près du parc Monceau, et toutes les nuits, à la même heure, un camion mettait dix minutes, parfois plus, à démarrer. C'était un camion à gazogène dont les tremblements ébranlaient tout le quartier. Je n'ai jamais su ce que pouvait transporter ce camion dans les rues du Paris de la guerre : j'étais un enfant, certes ; peut-être que j'aurais dû avoir la curiosité de me poser la question.

Après une accalmie, les coups ont repris de plus belle ; plus réguliers aussi, semblables cette fois aux grondements qui secouent parfois les conduites d'eau dans les vieux immeubles. Boulevard Malesherbes aussi, les tuyaux se révoltaient de la sorte. J'avais chaud, j'ai voulu rejeter une couverture et je ne l'ai pu. Tout le haut de mon corps m'a paru paralysé. Alors, j'ai eu peur. Peur, parce que les coups réguliers et de plus en plus forts que j'entendais dans ma chambre étaient les battements de mon cœur. Ma poitrine résonnait comme un vieux tambour à la peau tendue à se déchirer. C'est cela que j'ai pensé : ma poitrine va se déchirer. Au prix d'un effort surhumain, j'ai réussi à y porter une main ; j'avais beau appuyer à l'écraser, le tambour continuait à tonner. En vain tentais-je d'entendre autre chose, de me raccrocher à une pensée, à une image : toutes celles qui avaient si bien défilé autour de moi depuis que, tout à l'heure, j'avais éteint la lampe, s'étaient enfuies ; n'importe laquelle pourtant, fût-ce la plus douloureuse, Charles qui me disait au revoir, Hélène qui refermait la porte — m'aurait apaisé. Mais les vraies souffrances faisaient elles aussi partie d'un monde inaccessible. Autour de moi, il n'y avait plus que la nuit — et le fracas de ce tambour. Bientôt, les coups se sont faits moins réguliers, plus hachés, et j'ai eu plus peur encore. Aurais-je voulu crier, appeler, qu'aucun son, je le savais, ne serait sorti de ma bouche. Mais je n'avais personne à appeler et la lampe près de moi était à nouveau allumée. J'ai pensé à la mort. Vaneck, qui est un ami mais aussi le médecin qui me soigne depuis quinze ans, m'a dit un jour : « Rassure-toi : quand ça t'arrivera, tu ne sentiras rien ; alors, n'aie pas peur et continue comme avant, mieux qu'avant ! » C'était au lendemain de ce premier incident cardiaque qui m'avait tenu un bon mois sur un lit d'hôpital, mais Vaneck se moquait de moi, des mille et un maux que je m'invente, cette douleur ici, cette raideur là. Je lui avais dit en manière de boutade : « Fasse le ciel que ça se passe pendant la nuit ! » La nuit, cette nuit, était si profonde et mon angoisse si grande que je me suis dit : « Ce sera donc cette nuit. » Je me suis lentement replié, je me suis roulé en boule sur moi-même dans l'attitude de ces momies indiennes qu'on retrouve racornies, minuscules, dans des jarres peintes, et j'ai attendu.

Je ne suis pas mort. Les terribles coups de tambour se sont peu à peu faits plus sourds, plus lointains, pour lentement s'éteindre. Il n'y avait plus autour de moi que le vide. Le vide a duré : je l'écoutais, je l'entendais durer. Puis, lentement, des mots sont revenus dans ma tête : pas encore des images, mais des bribes de phrases ; l'anglais haché, haletant de Cordelia qui me disait non, qui me disait oui dans l'herbe de Glyndebourne ou, de plus loin encore dans ma mémoire, une petite fille sur un banc du parc Monceau et dont je tenais la main. Tout cela était si ancien, si bien enterré, oublié, que j'ai pensé : « Je retombe en enfance. » Je me suis souvenu de cette pièce de Beckett, *La Dernière Bande*, où un vieillard écoute et réécoute sans fin l'enregistrement qu'il a fait un jour, voilà longtemps, d'un souvenir d'amour vécu plus longtemps encore, beaucoup plus longtemps auparavant : de sa vie, de sa jeunesse, de l'homme et de l'enfant qu'il a été, il ne reste que les fragments de phrases inachevés, des mots qui disent une promenade en barque, une jeune fille à ses côtés, son ombrelle, je crois, et le grain de sa peau. Et puis plus rien : la bande enregistrée s'éteint, il ne reste plus rien.

Je ne suis pas mort. J'ai vu la lumière du jour percer peu à peu à travers les persiennes, j'ai pensé à Hélène qui disait que c'était l'heure où tout redevenait possible : elle aurait été là, quelque chose, peut-être, aurait été possible. J'ai enfin éteint la lampe, qui ne s'est plus rallumée. Il y a eu des bruits dans la maison ; les enfants dans l'appartement au-dessus du mien ont couru dans le corridor. Mes deux mains étaient toujours crispées autour de mes genoux, mes genoux ramenés contre ma poitrine, glacés comme mes mains. J'avais soif, mais je ne pouvais faire le geste de prendre le verre d'eau qui était bien là, à sa place, sur la table de nuit — ce verre en cristal de Bohême acheté dans le Waldviertel, chez Lena, la fille de Lotte que les Allemands ont décapitée à coups de hache dans une prison de Berlin alors qu'à Paris on accrochait les drapeaux bleu-blanc-rouge aux balcons et aux réverbères.

Pendant la guerre, j'étais encore un enfant ; je n'avais pas bougé de chez moi, à Paris, ou en Auvergne ; et le seul acte de résistance dont j'ai été témoin a été celui d'un oncle. Il avait caché chez nous quelques semaines un ami de Charles, que je ne connaissais pas encore. Pendant ce temps, Charles, Simon, les autres, se battaient en plein jour ou dans l'ombre. L'ami de Charles était un Polonais ; je ne l'ai jamais vu sourire quand, une fois par jour, enfant, je lui portais du pain, une gamelle de lentilles et des saucisses : c'était sa main qui retenait la mienne lorsque je voulais prendre le verre près de moi cette nuit. Mon oncle dînait chaque soir avec des officiers allemands et nul ne l'aurait soupçonné d'abriter un terroriste. Je ne risquais donc rien — mais j'avais peur. J'avais sept ans, huit tout au plus, et c'était pour cela qu'on m'envoyait à travers les escaliers de service et les corridors glacés, mais je ne me sentais en rien un héros ; pour un peu, j'en aurais fait dans ma culotte ! Je tendais au Polonais le sac, la bouteille d'eau ou de vin, je ne sais plus, et je m'enfuyais très vite, redoutant qu'il veuille me parler, me retenir... Trois jours après avoir quitté le boulevard Malesherbes, il avait été pris par la Gestapo et fusillé. Je n'avais jamais su son nom et plus tard, lorsque, adolescent, j'ai connu Charles, je ne lui ai posé aucune question et Charles ne m'a jamais parlé de lui. Charles avait dix-sept ans, il avait été arrêté lui aussi, torturé. Sa plus grande joie, après la guerre, avait été, m'a-t-il dit, de voir *Le Faucon maltais*. Étendu sur mon lit, j'entendais la voix de mon ami qui répétait : « Tu te souviens, petit père, des gouttes de sueur sur le front de Peter Lorre qui faisait dans son froc en tenant Bogart en joue avec le revolver qu'il lui avait repris ? C'est ça la trouille, petit père ! C'est ça la trouille ! » Il ne parlait pas de moi, il parlait du film qu'il avait revu vingt fois, mais je savais que cette trouille-là avait été la mienne pendant tout le séjour du Polonais dans son cagibi.

La nuit qui venait de s'écouler, ce matin qui n'en finissait pas de blanchir davantage la chambre : j'avais sur le front les mêmes gouttes de sueur que lorsque je montais sa gamelle au Polonais. J'aurais voulu répondre à Charles : « La trouille, oui, petit frère : la trouille de crever ! » Mais Charles était mort le premier, dans l'avion qui le ramenait de Londres, et il venait d'achever son dernier film. Qu'aurais-je moi-même à achever ?

J'ai enfin réussi à atteindre le verre. Je l'ai porté à mes lèvres et tout de suite j'ai senti qu'un peu de chaleur — l'eau était tiédasse... — revenait en moi. Je me suis redressé, étonné d'y parvenir. Je me suis levé. J'ai passé la vieille robe de chambre que cent fois ma femme de ménage a voulu jeter et qui ressemble plus à un châle dépenaillé qu'on aurait percé de trous pour les bras qu'au vêtement de cachemire acheté rue de Rivoli par Hélène. Je me suis levé. Je tenais sur mes jambes. J'ai marché jusqu'à la salle de bains et j'ai vu un visage dans la glace. Pauvre Walsh qui se regarde mourir depuis six mois dans le miroir de sa loge, entouré de petites ampoules rondes ! Heureux Peter dont le masque est celui d'un vieil acteur en train de jouer sa dernière scène : Peter agonisant est maigre, émacié, superbe, grandiose ! Les yeux enfoncés dans les orbites bordées de rouge, cernées de bleu et enfin de jaune, j'étais un vieux clown sale et triste. Je puais de la bouche, des aisselles, la sueur, l'odeur du tabac que je traîne derrière moi, qui s'accroche à mes vêtements, qui imprègne ma robe de chambre trouée de brûlures de cigarettes.

A ce moment précis, comme dans une pièce dont Peter aurait été à la fois le personnage principal et le metteur en scène soucieux de ménager un coup de théâtre final, le téléphone a sonné. C'était une amie de Londres qui m'annoncait la mort de mon ami anglais — et c'était sa mort à lui que je venais de vivre. Un ami de plus était tombé à ma place : lui qui portait ce masque jaune et bleu sur le visage la dernière fois que je l'avais vu dans ce cottage du Yorkshire où il s'était réfugié, parce qu'il ne voulait plus qu'on la voie, sa gueule, comme il disait. Une fois encore, je m'en tirais à bon compte. La mort de Peter ne m'a rien fait : cela faisait tant de mois qu'il l'attendait, comme une ennemie familière, le vieil acteur shakespearien qui puait de la gueule comme moi ce matin ; qu'il l'interpellait, l'insultait, la raillait : elle était elle aussi un personnage de son théâtre. Il avait même joué les prolongations pour mieux vivre avec elle. Mais Peter Walsh avait joué ; Charles avait achevé son dernier film ; moi, je ne commençais rien.

La matinée a duré. Je ne me suis pas habillé. J'ai traîné dans l'appartement. Finalement, j'ai ramassé le volume du Président de Brosses tombé au pied de mon lit. Je l'ai, comme la veille, ouvert au hasard et suis tombé sur une description de Florence et de ses palais, qu'il juge lourds et laids. L'harmonie rude et superbe du palais Rucellai, via della Vigna Nuova, m'est revenue à la mémoire avec une incroyable précision, le dessin des fenêtres, les trois ordres architecturaux qui en rythment la façade. Je me suis souvenu d'un dîner auquel j'avais assisté là ; Hélène, Christina, Bona, d'autres qui vivaient toujours là-bas, d'autres qui étaient mortes, leurs villas sur les collines du Chianti, Cusona près de San Gimignano et des petites filles en col marin qui dansaient dans un jardin, la Vierge de Simone Martini au mur d'un salon, celle d'Ambrogio Lorenzetti au palais communal de Sienne. Je ne lisais plus le vieux de Brosses : je lisais le livre que je n'avais jamais écrit.

Vivienne est venue me chercher : j'avais oublié qu'avant dîner, la veille, elle avait proposé que nous nous retrouvions ce matin pour déjeuner. Plus tard, dans la soirée, ce serait une autre femme, cette Annette que je ne désirais plus ; la vie continuait. J'ai fait à la hâte un bout de toilette et nous sommes sortis. Les angoisses de la nuit n'avaient pas disparu, elles étaient seulement suspendues. Je savais que dès le soir je les retrouverais, au moment d'éteindre la dernière lampe et de poser près de moi le livre dont je n'aurais pas lu trois pages. Je savais que Mozart, même, ne me dirait rien ; que le mouvement lent du quintette pour clarinette ne me ferait plus pleurer ces larmes de vieillard qu'il y a seulement un an je versais avec une si belle générosité. Florence, peut-être, ou Sienne...

Nous avons déjeuné à la Closerie des Lilas. Depuis vingt ans, c'est devenu une manière de rite que ces déjeuners du samedi ou du dimanche à la Closerie ; autrefois, j'y venais avec mes enfants, une amie ; puis j'y ai retrouvé mes enfants, des amis ; mes enfants ont leurs amis, ils ont cessé d'y venir, j'y ai encore un temps rencontré des amies, j'y viens maintenant moins souvent, avec Vivienne, avec Marie-Laure. J'y croise des inconnus que je connais depuis toujours, des écrivains que j'estime un peu, d'autres que j'estime moins, beaucoup qui ne m'estiment pas du tout.

C'était Charles qui m'avait fait vraiment découvrir la Closerie. J'habitais alors à deux pas du Val-de-Grâce, dans une petite maison 1900 au bout d'un grand jardin que de hauts immeubles cernaient de trois côtés, il ressemblait plutôt à un square public ; mais enfermé dans ma maison, toute de guinguois où tout était minuscule, j'avais le sentiment de vivre en province en plein Paris. Les livres couraient déjà partout, jusque dans l'escalier droit et raide entre le rez-de-chaussée et les deux étages, mais la garde qu'ils montaient alors n'avait rien de hautain ; ils étaient familiers, lus, relus, écornés ; c'étaient des livres de peu de prix auxquels j'attachais tant de prix. Hélène habitait encore avec moi ; nous prenions nos repas dans une salle à manger où six couverts faisaient déjà un grand dîner mais où j'invitais parfois vingt personnes qui mangeaient debout, à travers toute la maison. Il y avait Stéphane, Luc, Marc ; Peter Walsh nous rendait visite le temps d'un week-end. Il y avait surtout Charles, qui arrivait le dernier, toujours accompagné d'une Brésilienne ou d'une Canadienne que je ne reconnaissais pas et que j'avais vue dix fois. Il apportait une bouteille d'un vieux vin, d'une vodka ramenée de Moscou avec du caviar et l'offrait à Hélène ; on écoutait des musiques exotiques que je n'aimais guère ou un quatuor de Mozart pendant qu'il préparait lui-même une gigantesque salade. Invariablement, sur le coup de minuit, quelqu'un proposait de terminer la soirée à la Closerie, Charles ou un autre protestait pour la forme mais nous nous retrouvions bien vite sur les banquettes rouges, dans les cuivres briqués, les acajous cirés du bar. Le barman nous connaissait, qui nous apportait aussitôt les verres de J.B. ou de Jack Daniel que je buvais sans glace, sans eau — et jusqu'à la fermeture de la Closerie, nous parlions. D'autres habitués qui croisaient alentour abordaient notre table le temps de quelques aphorismes, nous écartions les analystes désœuvrés qui rêvassaient déjà, et accueillions les cinéastes sans film, les romanciers en quête d'éditeur, les petites actrices en panne de rôle.

Elles étaient nombreuses en ce temps-là, ces gamines qui ramaient contre vents et marées pour cachetonner aux Buttes-Chaumont le temps d'une brève apparition dans une « dramatique » de télévision, avant de michetonner à Cannes les quinze jours d'un festival ; elles étaient nombreuses et je les aimais bien, les Aline, les Luce, les Karine. Le Jack Daniel me donnait des audaces et je ne voulais pas voir le regard d'Hélène qui affectait avec trop d'attention de ne pas me regarder ; nous prenions ainsi d'hypothétiques rendez-vous, je couchais avec quelques-unes, plus tard je regrettais les autres. Mais comme je savais que je préférais une heure avec Boris, qui buvait l'argent du film qu'il ferait quand même, au bout du compte — quitte à sauter par sa fenêtre du sixième étage le soir de la sortie en salle —, à une fin d'après-midi tristounette dans la chambre d'Aline rue des Martyrs ou le studio HLM de Karine loin derrière la gare Montparnasse, je me disais que c'était le temps des belles amitiés d'hommes, qui boivent, disparaissent un mois, un an, mais sauront toujours se retrouver, un soir, à la Closerie des Lilas.

Le matin, le barman avait retenu ma table, près de la porte qui ouvre sur la terrasse couverte. Je n'ai aperçu de loin qu'un visage connu ; depuis dix ans cet avocat — je crois bien qu'il est avocat — m'adresse un grand salut, devenu au fil des ans presque fraternel, mais nous n'avons jamais échangé plus de deux phrases. Vivienne a commandé un whisky, j'ai bu un jus de tomate : je ne sais plus boire et n'ai jamais compris quand, ni comment j'ai oublié. Puis j'ai raconté à Vivienne la nuit que j'avais passée, en évitant soigneusement de m'étendre sur les pensées qui m'avaient assailli ; je n'ai parlé que du tambour dans la nuit, de mon cœur, de ce que j'ai appelé « ma crise ». Elle m'a écouté gravement, comme elle sait le faire, avec cette ironie, aussi, dont elle ne se départit jamais.

Son sourire m'irrite parfois tant qu'il m'est arrivé de lui lancer tout à trac au visage que ce n'était pas parce qu'elle était revenue vivante de Ravensbrück à quinze ans qu'elle devait juger les autres sans appel. La première fois, c'était à la Closerie, précisément. Charles, Boris étaient à notre table, Boris était déjà soûl, Charles pas tout à fait, ils ne pouvaient nous entendre. Vivienne aussi avait bu. Elle a posé le verre qu'elle tenait à la main et m'a raconté pourquoi elle avait survécu, quand son père et sa mère, son frère, ses deux sœurs avaient disparu. Elle était très jeune, très belle, très juive, et elle couchait avec tous les Allemands ou les kapos polonais qui avaient envie d'elle ; elle leur expliquait ensuite que s'ils voulaient qu'elle reste très jeune et très belle — très juive, aussi, pourquoi pas ? pour ces paysans des bords de la Baltique sevrés de tout ce qui ne leur ressemblait pas, c'était une sorte d'exotisme interdit —, ils devaient la nourrir ; elle avait dit : « Ils devaient m'engraisser. » Dès lors, ils l'avaient baisée et engraissée ; engrossée aussi, deux fois — mais pour être munichois, le médecin des employés du camp était lui aussi avide de chair brune, de ses lèvres qu'elle avait très rouges. « Tout cela, a-t-elle remarqué en conclusion, je me le suis si aisément pardonné que je ne vois pas pourquoi je ne pardonnerais pas tout, à tout le monde. » Puis elle a pris ma main et l'a serrée très fort ; c'est ce soir-là que j'ai compris combien Vivienne m'aimait ; son sourire ironique n'était que la forme la plus subtile de ses attentions : elle devinait mes faiblesses et me les pardonnait dans l'instant même où je les révélais ; ce qui ne m'a pas empêché de lui jeter encore Ravensbrück à la tête, peut-être seulement pour voir une ombre passer sur son visage — car le visage de Vivienne n'a jamais et toujours été que lumière, et trop de lumière comme trop de souffrance peut être parfois insoutenable.

Pendant tout le déjeuner, j'ai tourné autour de mes pensées de la nuit sans oser les énoncer ; j'ai fini par parler d'une angoisse, sans en dire davantage mais ce n'était pas utile ; Vivienne savait tout. C'est au moment du café et par hasard que j'ai pensé à l'Italie. Vivienne me donnait des nouvelles — mauvaises — de Franca. Franca a été la femme de Giuliano, que Vivienne appelait son *fratellino* ; Franca et lui s'aimaient mieux que j'ai pu aimer Hélène, mieux que Vivienne n'a jamais aimé personne, puis Giuliano est mort — je raconterai peut-être un jour, quelque part, cette mort : je suis, on l'a compris, de ceux qui font sans scrupules un livre de la mort d'un ami. Nous n'avons plus, dès lors, prononcé le nom de Franca sans ajouter qu'elle « n'allait pas bien ». Mais le souvenir de Franca a appelé celui de Giuliano, celui de Giuliano m'a ramené à Florence, à l'idée d'une beauté que j'avais cru posséder et que j'avais peu à peu perdue. Le reste m'a paru aller de soi. J'ai pensé à Florence et à toute la Toscane ; plus loin encore à ce palais d'Urbino, une nuit d'hiver glacée — et à tous les visages qui m'avaient échappé : sauraient-ils y revenir ? Vivienne m'a posé la question : « Et maintenant... ? » J'ai allumé une cigarette, comme je le fais chaque fois que je suis sur le point de commettre l'une ou l'autre de mes bien modestes folies — acheter un livre trop cher ! — et j'ai expliqué à Vivienne que j'allais proposer à mon éditeur d'écrire enfin ce livre sur l'Italie dont je caresse le projet depuis que j'ai découvert que les mots peuvent devenir images, et qu'une image immobile, simplement contemplée, peut raconter une vie entière — ou un instant de beauté. Le sourire de Vivienne s'est aminci : « Tu crois que c'est bien le moment ? » Je n'en croyais rien : je ne croyais rien et je ne croyais en rien. Depuis cette nuit, je n'avais rien à quoi me raccrocher, l'idée du livre m'était venue par hasard, je me raccrochais à elle. Vivienne a allumé une nouvelle cigarette. « Pourquoi pas ? » — j'ai éteint la mienne, répondant en écho : « Pourquoi pas ? » Pourquoi pas, en effet : ayant tant perdu, je n'ai plus rien à perdre. Le lendemain, mon éditeur, à moitié convaincu, m'a consenti une avance et je suis parti.

III

Tout s'est passé très vite et à cinq heures, ce matin, le train s'arrêtait en gare de Milan. Mauro m'attendait sur le quai. Il faisait nuit, je ne l'ai d'abord pas reconnu. Un grand monsieur, bien carré dans son pardessus gris, est venu à ma rencontre. Son visage était blanc, ses lèvres violettes de froid. Il m'a tendu la main et c'est quand il a souri que j'ai su que c'était bien là notre Mauro, debout devant moi, qui disait : « Tu n'as qu'une valise ? » Il paraissait étonné, se souvenant sans doute du temps où nous débarquions chez lui avec une voiture au coffre bourré de valises et de gros sacs. Il y avait des robes pour toutes les occasions, des costumes légers et des costumes plus lourds. Mauro et Angela se moquaient des cinq ou six paires de chaussures que je transportais toujours avec moi, « en cas ».

« Tu n'as qu'une valise ? » je lui ai tendu la mallette de cuir jadis achetée par mon père à Florence, encore marquetée de tant d'anciennes étiquettes que le temps n'est pas parvenu à décoller. Il a reconnu celle de la Cunard dont j'étais si fier :

c'était à la fin des années cinquante, et je me croyais l'un des premiers Français à traverser l'Atlantique sur le vieux *Queen Elizabeth* ; pendant toute la durée du voyage qui me conduisait vers la Nouvelle-Angleterre, je me souvenais des villes de la vieille Europe où je n'étais jamais allé. Je pensais à Parme, à Ferrare, à Mantoue. J'avais choisi New York, je m'en mordais les doigts, j'étais déjà malheureux. On a tant répété la phrase de *Corinne* : « Voyager est, quoi qu'on puisse en dire, un des plus tristes plaisirs de la vie » que j'ai scrupule à citer à nouveau Mme de Staël ; pourtant, sur le paquebot qui m'emmenait en Amérique, je me suis juré de ne jamais plus voyager : revenir à Parme ou à Ferrare, à Urbino, sillonner, en somme, l'Italie à pas d'homme, n'a jamais été un voyage mais une succession de promenades plus ou moins longues. L'étiquette bleue et rouge de la Cunard sur la mallette de cuir épais aux angles recousus, à la poignée refaite, c'est un peu comme la signature au bas d'un contrat : ne plus partir, mais revenir. Me voilà donc, une fois encore, revenu.

Le hall de la gare était glacial et humide. On livrait les journaux du matin en lourds paquets réguliers et les porteurs emmitouflés dans des canadiennes et de gros cache-nez de laine ne cherchaient même pas à s'éloigner du poêle antique de la salle d'attente des premières. Quelques hommes dormaient sur des bancs ; le grand escalier de marbre qui plonge vers la ville ressemblait à une trouée béante jusqu'à quelles insondables profondeurs glacées. J'ai voulu boire un café. Mauro m'a regardé, étonné, presque choqué. « Tu crois que... ? » Il pensait à mon cœur. Je ne l'ai pas rassuré en lui promettant que ce serait seulement le premier. Au comptoir du bar, il m'a commandé d'office un café décaféiné. Je me suis souvenu du mot de Charles, qui est peut-être mort aussi de cela : « Moi, ce que j'aime dans le café, c'est la caféine. » Mauro a voulu protester. Je l'ai arrêté : « Et si je n'étais venu que pour ça ? »

J'ai deviné qu'il était triste. A la lumière des néons verdâtres de ce bar d'une gare trop grande pour l'heure matinale de mon arrivée, j'ai vu les poches sous les yeux, l'amertume des plis aux commissures des lèvres. Il a compris que je le regardais. « J'ai une vilaine gueule, hein ? C'est mon ulcère. Je ne me décide pas à me faire opérer. Et pourtant... » J'ai pensé que moi aussi je devais avoir une bien sale gueule, après une autre nuit passée sans dormir, les balancements du train qui m'avaient moulu. Dix ans que je n'avais pas revu Mauro : est-ce que nous aurions autre chose à nous dire qu'à parler de nos rides, de nos ulcères et de nos cœurs fatigués ?

En une heure et demie, nous sommes arrivés à Parme. Je ne sais pas par quelle banlieue nous sommes entrés dans la ville ; il y avait des camions de livraison, les embouteillages de ceux qui travaillaient avant le lever du soleil. Je somnolais peut-être. Tout d'un coup, j'ai senti que nous étions arrêtés, une portière a claqué, la grande porte cochère du palais Missoni s'écartait lentement devant nous. Federico, le gardien, n'a pas vieilli. Au temps de mes anciennes visites, il était déjà un vieillard long et maigre, il a séché debout.

« Angela m'a demandé de la réveiller », a dit Mauro comme nous traversions le vestibule aux grands portraits froids d'hommes de loi qui ont été ses grands-pères et arrière-grands-oncles. A mon tour de protester : « A cette heure-ci ? Tu es fou ! Laisse-la dormir. » Mais il y a eu un frôlement derrière une porte, ce bruit de soie froissée qui, autrefois, annonçait déjà Angela le matin, et Angela est venue à notre rencontre. Le visage d'Angela n'a pas pris une ride. Sa silhouette à peine un peu épaisse alors est demeurée ce qu'elle était : généreuse, gracile. Elle a tendu ses bras, j'ai reconnu leur blancheur ; c'est une qualité qu'on ne recherche plus chez les jeunes femmes d'aujourd'hui ; Angela est une jeune femme d'hier ; ou bien alors je suis moi-même un admirateur d'avant-hier. J'ai toujours appelé la femme de Mauro « Angela aux bras blancs ». C'était entre son mari et moi une plaisanterie très « classique ». Il pensait, je pensais à Isolde, ou à Mme de Rênal. Je sais aussi — et peut-être seulement parce que nous sommes à Parme — que les bras blancs et graciles d'Angela me rappellent les saintes et les vierges du Corrège. Pour évoquer le Corrège, Stendhal parlait de « tendresse » et de « beauté idéale » ; les femmes qu'il avait peintes étaient « suaves » ou « célestes ». Peut-être qu'à sa manière très bourgeoise et très domestique, Angela Missoni était suave et céleste...

Le mari et la femme m'ont conduit jusqu'à ma chambre, toujours la même, qui ouvre sur la cour intérieure aux deux palmiers en pot, rares à Parme, et aux grands vases de terre rouge débordant d'hortensias neuf mois sur douze. En face, la loggia où nous prenions le premier soleil à l'abri des courants d'air a été fermée de baies vitrées. Une lampe y brillait. « Ne t'inquiète pas, m'a rassuré tout de suite Mauro : ce sont des panneaux qu'on retire au printemps. » C'est vrai que le jour se lève à peine, nous entrons bientôt dans l'hiver.

J'étais subitement épuisé. Mon cœur battait très fort et j'avais chaud. J'ai pensé à la remarque de Mauro sur la tasse de café et à la réponse de Charles que je lui avais répétée ; je me suis étendu sur mon lit, la tête déjà pleine de peintures et des jardins que je retrouverais : comme si la terre d'Italie me donnait d'entrée de jeu quelques reines d'atout que je n'avais pas tout à fait oubliées. Trois heures plus tard, je tentais ma chance et abattais mes cartes.

Ma première visite a été pour la Camera di San Paolo : j'avais trop pensé au Corrège avant de m'endormir pour ne pas commencer ce voyage par lui. La porte était encore fermée. Des étudiants sortaient d'une école toute proche et poussaient des bicyclettes. Appuyée à un mur jaune, une jeune fille blonde, aux cheveux retenus par un demi-cercle de velours, paraissait attendre dans une tache de soleil très gaie : jusqu'au cœur de ses plus étroites ruelles, Parme est une ville vivante. Je n'aime que les villes très vivantes ou les villes bien mortes : les autres m'ennuient. Une cloche a sonné ; quelques étudiants sont encore sortis ; ils ont envahi la chaussée puis ont disparu. J'ai regardé la rue vide devant moi. Quand je me suis retourné, on avait ouvert la porte de l'ancien couvent San Paolo et j'ai pu y entrer. L'heureuse abbesse, qui demanda au Corrège d'orner sa chambre de fresques bien païennes, s'appelait Donna Giovanna de Plaisance.

A l'intérieur, il faisait soudain froid. Lorsque j'y ai conduit Hélène pour la première fois, elle portait un manteau de fourrure ; le col de renard argenté qu'elle avait ramené sur son cou faisait autour de son visage une auréole de brouillard clair. Elle m'avait dit : « Si j'avais aimé les femmes, j'aurais été folle amoureuse de la Diane du Corrège. » Au-dessus de la cheminée, à demi redressée sur son char attelé à des biches, Diane a un sourire de femme heureuse. J'ai tenté d'imaginer, comme je l'avais fait alors, la douceur de son épaule, la rondeur de ses formes

— suaves, graciles... — mais j'avais surtout froid. La petite Junon mystérieusement « suspendue au ciel », telle que la décrit Homère, m'a simplement paru nue. C'était une petite fille sage et soumise, qui attendait. Jc suis rcssorti très vite. La jeune fille blonde appuyée à un mur n'était plus là.

C'est dans le jardin du couvent de San Paolo qu'à la fin de *La Chartreuse*, Fabrice revoit Clélia. Mais Stendhal est partout à Parme, qu'il a pourtant si peu connue. Dans une librairie du corso Garibaldi, j'ai d'ailleurs acheté une belle édition italienne moderne des *Promenades dans Rome* agrémentée de reproductions et de gravures anciennes pour illustrer, pas à pas, les itinéraires stendhaliens. Voilà exactement vingt ans, j'avais trouvé dans une autre librairie de Parme la grande édition publiée en 1800 par Bodoni des peintures du Corrège à San Paolo. Chaque gravure était d'une belle couleur ocre rose. Lorsqu'on m'a volé des livres en 1981, je crois tous les ouvrages imprimés par Bodoni que je possédais ont disparu en même temps. Il y avait aussi une curieuse *Iconographie de la Fable* dessinée par Boudard qui fut l'un des sculpteurs de la Parme française du XVIIIe siècle : chaque image — il y en a trois volumes — illustre un thème mythologique ou une émotion, un sentiment. La peur est représentée par une femme dénudée qui brandit un flambeau devant un jeune homme alangui.

Corso Garibaldi, j'ai voulu manger l'un de ces choux à la pâte si légère fourré de crème au sabayon qu'Hélène gobait un à un avec un éclat de rire ; j'ai mordu dans le gâteau et la crème brune a coulé entre mes doigts, gluante. Un peu plus tard, je me suis rendu compte que le bas de mon pardessus en était tout maculé. A peine ai-je quitté la pâtisserie que le goût du sabayon m'a écœuré. « Tu sais pourtant, m'a dit Angela de l'air doux de qui vous connaît trop bien, tu sais pourtant que tu n'as jamais aimé le sabayon. » Je l'avais oublié : à Parme, le sabayon est épais et parfumé à l'alcool très fort. Nous venions de nous asseoir face à face dans la salle à manger du palais Missoni, Mauro avait un déjeuner d'affaires et Angela était heureuse de « parler tranquillement » — m'a-t-elle dit — avec moi.

Mauro et Angela Missoni ont toujours représenté pour moi l'image idéale du couple heureux : l'iconographie d'une fable, en somme, dont j'ai mis cinquante ans à ne pas connaître la morale. Il y a plusieurs sortes de bonheurs à deux ; celui de Franca et Giuliano, à Florence, était fait de tensions, d'ardeur, de retrouvailles et de passion : celui d'Angela et de Mauro est une calme et sereine présence à deux. Mauro a aujourd'hui près de soixante ans, Angela en a un peu plus de quarante. Je ne les ai jamais vus que côte à côte. Un jour, Mauro avait dit d'elle et de lui qu'ils formaient une « belle alliance » ; il avait répété deux fois les mots « belle alliance » et j'avais pensé qu'ils étaient, en effet, alliés au plus beau sens du mot.

On avait jasé à Parme lorsque Mauro Missoni avait épousé sa secrétaire. On avait dit qu'il s'était laissé séduire, qu'elle avait depuis toujours un œil sur sa fortune et qu'avant lui, elle avait tenté sa chance auprès de Vittorio, son père. Le vieux Vittorio était déjà paralysé, il se déplaçait dans un antique fauteuil roulant tout en bois et osier tressé aux grandes roues de cuivre. Mauro m'a raconté que, la veille de son mariage, son père l'avait appelé dans le grand bureau d'angle où il s'occupait toujours des affaires de ses plus anciens clients. Il l'avait fait asseoir près de lui pour lui dire qu'Angela serait la meilleure épouse du monde. Sans fausse pudeur, le vieil homme avait parlé des bruits qui avaient couru sur leur compte à tous deux, pour l'assurer que tout était faux. Lorsque la maladie l'avait atteint, avait-il ajouté, Angela, qui était déjà sa secrétaire à lui depuis deux ans, s'était simplement « beaucoup occupée de lui » — et c'était tout. La seule grande tristesse qu'éprouva le vieux Vittorio Missoni fut de mourir sans voir ses petits-enfants. Aujourd'hui encore, la seule ombre au bonheur d'Angela et de Mauro est de n'avoir pas eu d'enfants. Le jour où Mauro m'a emmené pour la première fois à Fontanellato, ce château fort érigé en plein village au milieu de douves larges comme un étang où je ne manquerais pas moi-même de revenir, il a pris mon bras devant la figure juvénile et heureuse de la Paola de Gonzague peinte par le Parmesan : « Je me réveille quelquefois la nuit parce qu'Angela pleure, m'a-t-il avoué. Mais lorsque je veux la consoler, je vois qu'elle dort et que c'est dans son sommeil qu'elle sanglote doucement. Le matin, elle m'embrasse et me dit qu'elle a passé une très bonne nuit ; je me persuade alors que c'est dans mon sommeil à moi qu'elle a pleuré. Nous ne parlons jamais de cet enfant qui ne naîtra pas. » Je sais qu'à vingt ou vingt-deux ans, Angela a subi une opération dont Mauro et elle ne parlent pas non plus.

A Fontanellato, à vingt kilomètres de Parme, le Parmesan a peint pour Galeazzo Sanvitale, aux murs d'une pièce minuscule qui était peut-être une salle de bains, la rencontre de Diane et d'Actéon. Comme dans la chambre du Corrège à San Paolo, un treillis en trompe-l'œil, vert et fleuri, en orne le plafond ; comme à San Paolo, les femmes — Diane, Paola de Gonzague... — sont blondes, rayonnantes et graciles. Au-dessus d'elles, dans des lunettes ou sur les pendants des voûtes, des putti se moquent de nous... « Nous irons les revoir ensemble », m'a promis Angela répondant à la question que je n'avais pas posée. Puis elle m'a demandé pourquoi j'étais revenu.

Il fallait bien que je l'avoue. C'était après le déjeuner et le soleil frappait de plein fouet les fenêtres d'une maison de l'autre côté de la rue, pour revenir, à travers les vitres du salon, se refléter dans l'un des grands miroirs au-dessus d'une table de marbre — et cingler enfin en retour Angela, assise dans un canapé jaune. Ce triple jeu de lumières donnait à toute la pièce une ambiance dorée parfaitement irréelle. Avant de servir le café, Angela avait posé un disque sur un appareil dissimulé dans une bibliothèque. C'était Mozart, bien évidemment.

« Pourquoi es-tu revenu ? » a répété Angela. J'ai failli lui citer à nouveau Stendhal qui, depuis deux jours, emplit plus que jamais ma vie. « Que sommes-nous ? Où allons-nous ? Qui le sait ? Dans le doute, il n'y a de réel que le plaisir tendre et sublime que donnent la musique de Mozart et les tableaux du Corrège. » Angela, qui vit dans la cité du Corrège et qui écoute Mozart, n'avait que faire de cette réponse-là. Elle a étendu un bras sur le dossier du canapé et a pris l'air grave de qui attend des confidences.

Je lui ai donc raconté ce dernier dîner à Paris, les amis qui m'entouraient, le concert et ma solitude. A elle, parce qu'une fois sa question posée, elle ne demande plus rien, écoute seulement, et que son sourire encourage à toutes les confidences — parce que je porte aussi, solidement ancrée en moi, la conviction qu'il est des femmes comme

Angela qui ne sauraient trahir — j'ai parlé de la nuit qui a suivi. Elle ne m'a pas interrompu. On avait apporté un chocolat crémeux qu'elle buvait par petites gorgées, en silence. Lorsque je me suis tu, elle a attendu encore un moment pour relever la tête puis, d'une voix très rauque, elle a seulement murmuré : « Mauro aussi, vois-tu... » Elle n'en a pas dit davantage, et c'est moi, trop ligoté par mes angoisses mesquines, mes menues inquiétudes et mes doutes terrifiants, qui n'ai peut-être pas voulu en savoir plus.

J'ai évoqué alors l'idée de ce livre auquel j'avais pensé ; j'en ai justifié le projet à grands renforts de phrases claironnantes : ne pas, tel le héros de mon premier roman, me laisser mourir de sommeil, mais retrouver une énergie perdue, sortir de ma coquille, réapprendre à voir le monde. Je savais bien que ce n'étaient là que des mots, les excuses que je me fabrique pour tenter cette démarche ultime : parcourir à nouveau l'Italie, faute de savoir encore lire, écrire, écouter. « Et tu es d'abord venu chez nous », a remarqué Angela. Chez elle, c'était Parme, Corrège, les grandes artères animées ou les petites rues débordant d'étudiants d'une cité vivante dont la beauté, lascive, pénétrante, se découvre à chaque porche.

J'ai baissé la tête : pouvais-je lui dire que Florence qui, en Italie, est devenue mon pays, me faisait encore trop peur ? Que je ne pourrais l'aborder que lentement, tels ces écrivains des siècles passés qui ne décrivaient Rome, ou Naples — et enfin Florence —, qu'après un long cheminement qui constituait une manière d'initiation à l'Italie. Ils s'arrêtaient d'abord à Fontaine-de-Vaucluse, pour relire Pétrarque ; à Nîmes parce qu'ils y recevaient en pleine lumière la vision rapide et pourtant colossale de ce qu'au-delà des Alpes, ils apprendraient à pénétrer peu à peu. A Toulon, ils admiraient les arsenaux, les corderies, les galères qu'ils retrouveraient à Gênes ; à Monaco, cité morte, ils avaient un avant-goût de ces principautés émiliennes ou romagnoles dont l'herbe envahit la cour des palais — et ce n'est qu'après avoir franchi des cols difficultueux, parcouru des déserts arides, qu'ils abordaient enfin au port qu'ils s'étaient fixé, les ruines de Rome où Chateaubriand allait rêver, Capri hantée du fantôme de Tibère et la brise de Naples où tout devenait langueur et beauté : avant Florence et la Toscane, il me fallait à moi aussi retrouver lentement un climat, des couleurs, des odeurs, une splendeur dont l'austérité grandiose, à Florence, me paraissait pour l'heure encore inaccessible. J'étais un grand malade que le trop-plein d'oxygène de cimes trop vite gagnées aurait foudroyé.

Je le sais. Angela aurait compris ce que je ne concevais moi-même que si mal, mais un reste de pudeur m'a retenu — moi qui éprouve pourtant une si voluptueuse jouissance à si bien en manquer ; et puis, je me mets à nu devant l'ironie de Vivienne : la sérénité d'Angela est trop parfaite ; un jour, parodiant Stendhal, j'ai pensé que trop de bonté tue. Je me suis donc gardé de tout dire, et c'est Angela elle-même qui m'a offert une réponse : « C'est aussi à Parme que tu avais commencé ton dernier voyage avec Hélène. »

Elle reposait sa tasse de chocolat qu'une petite bonne, un peu souillon, un peu Despinetta, lui renouvelait à intervalles réguliers — une ombre de chocolat mouillait encore ses lèvres — et ce n'était plus du calme, ni de la sérénité que je découvrais en elle, mais de la placidité. Elle avait prononcé le nom d'Hélène avec cette indifférence que j'avais en somme moi-même pour tout ce qui n'était pas ma propre solitude. Mais, depuis quarante-huit heures, le nom d'Hélène m'était trop souvent revenu à l'esprit pour que sa remarque — le rapide mouvement de la langue, ensuite, pour essuyer la crème du chocolat — fût tout à fait hors de propos ; sans m'en rendre vraiment compte, j'avais remis les pas dans la trace laissée, voilà dix ans, par Hélène et par moi. Derrière tous les tourments esthétiques, les grotesques angoisses métaphysico-culturelles qui sont les miennes, demeure en moi, occultée, camouflée du mieux que je le peux à mes propres regards par cette carapace de légèreté que j'exacerbais jadis à outrance de femme en femme, de musique en tableau, de ville en ville, la blessure cruelle et jamais cicatrisée du départ d'Hélène — et le mélancolique regret de ce qu'Angela avait déjà qualifié elle-même et je l'avais oublié, de belle alliance.

Ç'aurait été une belle alliance, en vérité, que l'alliance unique, qui ne valait d'être contractée que pour la mieux construire, l'enrichir, la voir perdurer et se voir durer avec elle. Ainsi ai-je longtemps porté en moi l'image de ces couples mythiques pour qui, plus qu'un engagement ou un sacrement, le mariage était don et cadeau, éternelle bénédiction ; et ce n'est pas seulement pour la musique sublime de Beethoven que *Fidelio* est un de mes opéras préférés où l'épouse et le mari se rejoignent dans une même grandeur : je caresse l'irrémédiable nostalgie de deux êtres qui traverseraient la vie côte à côte, lisant les mêmes livres, écoutant les mêmes musiques, pétrifiés de bonheur devant les mêmes chefs-d'œuvre.

Mais j'avais voulu enfouir très loin en moi le souvenir de ce dernier voyage commencé à Parme avec Hélène — et je n'ai pas saisi la perche que me tendait Angela ; je me suis borné à revenir sur la conversation que j'avais eue à Paris avec mon éditeur, et à l'envie que j'avais de parler d'Italie : Parme n'était que le début du chemin et puis (je m'en tirais vis-à-vis de mon amie par une pirouette) pouvait-elle imaginer que j'entamasse un périple italien sans reprendre d'abord mon souffle chez elle ? Elle voulut bien l'admettre ; c'était, au demeurant, la vérité.

IV

Corrège encore, ce matin. Les premières fois que je venais à Parme, je m'étonnais, avec une belle innocence, du peu de cas qu'on fait aujourd'hui du Corrège lorsqu'on prétend aimer l'Italie et sa peinture. Ah ! Venise et Carpaccio ! Les primitifs siennois, Giotto à Assise ! Mais le Corrège et Parme : qui pense à s'y arrêter ? Tous les voyageurs français des XVIIe et XVIIIe siècles ne juraient pourtant que par lui. Lalande, dans son énorme travail de compilation qui n'occupe pas moins de sept volumes *in-octavo*, lui consacre plus de quatre pages. Il cite Jules Romain pour qui les carnations du Corrège étaient si fraîches qu'elles n'étaient pas peintures, mais chairs. Quant à Henri Beyle, toujours lui, il recommandait à sa sœur Pauline de se procurer une gravure de Léda au bain : plus encore que Léda qui s'abandonne avec tant de délectation à son cygne, au milieu du grand tableau aujourd'hui à Berlin, c'est la petite fille à l'écart, nue dans l'eau jusqu'aux cuisses, qui me faisait jadis frémir d'émotion. Son ventre est à peine aussi plat que sa poitrine menue et son geste des deux mains pour ne pas vraiment repousser trop fort l'autre cygne appelle en moi des souvenirs très précis que je ne citerai tout de même pas ici. Les pèlerins du Parme d'autrefois demeuraient longtemps devant la grande *Vierge et saint Jérôme* pour en admirer surtout la Madeleine à demi souriante, à demi soupirante, inclinée sur le pied de l'Enfant dont la main gauche joue dans la chevelure de la sainte au si doux repentir... Stendhal, Mme de Staël parlent encore de la *Vierge aux yeux baissés*, symbole de tant de pudeur que je la devine pourtant, au bout du compte, un peu moins farouche qu'on ne l'assure ; c'est l'Oswald de *Corinne* dont le cœur a balancé entre la Madone si chaste de Corrège et la *Sibylle* si grave du Dominiquin... Mais qui fait encore aujourd'hui le voyage de Parme pour ses Corrège ? On va à Sienne voir des Simone Martini, des Lorenzetti. On se pâme à Arezzo devant les Piero della Francesca, alors que dans les douze pages qu'il écrit sur Arezzo Lalande ne cite ni l'église de San Francesco ni, bien sûr, les fresques fameuses du chœur. Aussi, ai-je depuis toujours tenté, tout au long de mes visites en Italie — ces promenades qui n'étaient pas des voyages — de réconcilier toutes ces sensibilités, celles d'hier qui ignoraient pourtant Piero et les primitifs siennois, celles d'aujourd'hui qui passent devant un Corrège sans y prêter attention : aimer, en somme, Piero, Domenico Veneziano, Melozzo da Forli, Andrea del Castagno *et* le Corrège, le Guerchin, le Dominiquin.

Je suis donc retourné voir au Dôme la célèbre coupole, puis à San Giovanni ; et j'ai vu, oui, j'ai vu. Mais je n'ai fait que voir. Stendhal parlait de fiasco en amour ; il a bien décrit comment on peut aussi être frappé d'impuissance devant une œuvre d'art pourtant aimée : « N'avoir que vingt-quatre heures à passer dans une maussade petite ville et, pendant ce temps, ne pas se trouver une once de sensibilité pour le genre de beauté qui vous y a fait venir ! Je suis très sujet à ce malheur... »

Ce matin, devant les Corrège de Parme, j'ai moi aussi connu ce très grand malheur ; mais c'est un malheur avec lequel j'ai depuis longtemps appris à vivre ; pis encore : à composer. Peut-être espérais-je sourdement le dissiper pour un temps en venant jusqu'ici ? Mais, en *restauro*, la plupart des salles de la Galerie Nationale sont fermées et je n'ai même pas pu apercevoir la *Madone aux yeux baissés*.

Pendant le déjeuner j'ai bien entendu joué devant Mauro et Angela le jeu de l'enthousiasme. J'ai retrouvé les mots que j'ai toujours eus pour dire ces chairs nacrées qui s'élancent jusqu'aux sommets des coupoles en de vertigineuses et sensuelles pyramides. J'ai joué, oui : j'ai même raconté qu'à l'église de la Steccata j'avais rendu mes « hommages habituels » aux Vierges folles du Parmesan ! C'était encore là une ancienne plaisanterie entre Mauro et moi, à qui j'assurais autrefois que les longues silhouettes alanguies des jeunes femmes peintes par le Parmigianino dans un délire d'ombres et de replis m'apportaient, jusqu'au cœur d'une église, les mêmes émotions que des images autrement plus précises feuilletées à la clarté des lampes. Mauro m'a écouté ; je ne suis pas certain qu'Angela m'ait cru : elle avait entendu le récit de mon dernier dîner à Paris et de Liszt qui se taisait, si désespérément. Mauro est ensuite remonté dans son bureau.

Nous avons pris une voiture pour aller jusqu'au fleuve. C'est aussi un lieu de pèlerinage, que le père de Mauro m'avait fait découvrir. J'avais vingt ans.

Parme était encore un champ de ruines et nous avions quitté la ville par le village de Colorno. Des bombes y avaient éclaté jusqu'au milieu du jardin grand-ducal et les immenses salles du palais étaient à demi ruinées. Il restait au bord d'un boulingrin le torse fracassé d'un géant de pierre. Vittorio Missoni, qui n'était pas encore un vieil homme, m'avait fait traverser un pont un peu en amont du château, pour me montrer la vue qu'on en avait de là. Dans le soleil couchant, plus tard, j'ai retrouvé les formes allongées et les couleurs jaune et or très crues de palais, de couvents en Allemagne. Jusqu'à la flèche de la chapelle qui était celle d'une église baroque souabe ou bavaroise. Mais nous n'étions pas venus pour cela. A trois ou quatre kilomètres de Colorno, le Pô étend une large boucle. C'est là, m'avait expliqué le père de Mauro, que Fabrice del Dongo traversa le fleuve après son duel avec Giletti. De l'autre côté, c'était terre d'Autriche et cependant liberté. Missoni m'avait fait descendre les degrés de pierre de la digue qui surplombe la rive. Une vaste prairie plantée de peupliers s'achevait en sables jaunes au bord de l'eau. Sur l'autre rive, les mêmes rangées de peupliers. Une barque à demi défoncée achevait de pourrir dans l'eau verte. Il y avait au loin des bancs de sable. « La barque du brave Ludovic, qui l'aida à s'enfuir, devait ressembler à celle-ci », avait remarqué Missoni. L'idée que le Fabrice de *La Chartreuse* ait trouvé refuge chez ceux-là mêmes qui étaient ses oppresseurs m'a souvent troublé.

Avant d'arriver au fleuve, l'auberge du village de Sacca s'appelle toujours l'*Albergo Stendhal*. Les patrons ont fait imprimer pour leur vin des étiquettes qui représentent Fabrice frappant à mort Giletti. Angela, comme son beau-père jadis, connaît bien le couple d'aubergistes ; il était quatre heures de l'après-midi, le patron a insisté pour que nous mangions quelque chose. Il a installé une table dans l'embrasure d'une fenêtre. Nous avons d'abord goûté deux ou trois parmesans différents, mangé des taglierini aux truffes blanches. J'ai voulu ensuite tâter quand même le sabayon de la maison dont j'avais pourtant gardé un souvenir un peu écœurant. Il était très fort, très sombre, et je n'ai pu en avaler que quelques cuillerées. Le patron a insisté pour nous faire boire une grappa à vous emporter le gosier. Je me répétais que c'était ici même que Fabrice... Mais j'étais épuisé, j'avais trop mangé, trop bu. Au bord du fleuve, à Sacca, s'étend maintenant une sablière, il y a des poutrelles, un autobus sans roues ni moteur qu'on a transformé en cabane d'ouvriers. Tout était désert sous une grande lumière claire. Un câble électrique tendu le long de la rive coupait en deux l'allée de peupliers qu'on a ouverte jusqu'au fleuve.

« Un jour que j'étais très malheureuse, m'a dit Angela, je suis venue jusqu'à Sacca. C'était le printemps, l'eau était haute. Je me suis dit que je descendrais vers la rive, puis au fleuve, et que je marcherais dans l'herbe et dans le sable jusqu'à ce que le courant m'arrive aux mollets, aux hanches, et que le fleuve alors m'emporterait. » J'ai regardé Angela. Mauro nous attendait à Parme, dans le grand bureau d'angle qui avait été celui de son père avant de devenir le sien. Les soirs où nous nous retrouvions seuls, Angela couchée, les domestiques disparus, il me servait la même grappa qu'on boit à l'auberge Stendhal de Sacca et me disait qu'il n'était pas un jour, pas une heure, pas une minute de sa vie, qu'il n'eût cessé d'aimer Angela. Il buvait un peu, pas trop, juste ce qu'il faut pour être un peu ivre, et me faire des confidences que j'aurais préféré ne pas toujours entendre : j'ai dit mes impudeurs, celles des autres me terrifient plus encore. Un soir, Mauro m'a parlé du corps d'Angela à vingt ans ; j'ai compris qu'il décrivait un tableau du Corrège. « Danaé qui s'offre à l'or, Io à son nuage ne sont pas plus abandonnées qu'elle. » Il récitait cela d'un ton grave ; je lui ai fait remarquer qu'ainsi, légèrement gris, me décrivant Léda, Io ou Danaé, il avait un calme olympien, celui du dieu Jupiter qui possède une à une Danaé puis Léda. Il a ri. De son côté, Angela me racontait aussi ce qu'avait été sa rencontre avec son mari et comment Mauro lui avait tout appris. « J'étais une petite secrétaire qui ne devinait rien, il m'a fait comprendre qu'on pouvait sentir. »

Très vite après la mort du vieux Vittorio, mon ami avait fait monter une petite table en loupe de noyer dans le vaste bureau de son père. Pendant la journée, il recevait ses clients assis devant le gros bureau Victor-Emmanuel à cylindre qu'il n'avait pas déplacé ; le soir, comme l'avait fait son père avant lui, il s'asseyait à la petite table pour annoter ses exemplaires de Stendhal, rédiger de sa minuscule écriture de notaire consciencieux de petites fiches qu'il rangeait méthodiquement dans un coffret de bois ; en face de lui, Angela lisait ou écrivait. Après cette opération dont elle ne parlait pas elle avait commencé à tenir un journal et elle le rangeait avant de se coucher dans un tiroir de la table qu'elle ne fermait jamais à clef : jamais l'idée d'ouvrir ses cahiers reliés de cuir mauve n'avait effleuré l'esprit de son mari. « Nous avons l'un en l'autre une confiance totale », me disait-il. Ainsi les soirées qui s'écoulaient de la sorte, dans l'un des plus beaux palais de Parme, le mari et la femme qui travaillaient en silence l'un en face de l'autre et le brouillard qui montait du Pô au loin, si près, les deux lampes allumées sur la table de noyer et le bureau à cylindre, le sourire qu'ils échangeaient parfois en posant la plume ou refermant un livre me paraissaient l'image d'un bonheur idéal auquel je savais que je n'atteindrais jamais.

« Un jour où j'étais malheureuse... », m'a dit Angela à Sacca ; je n'ai pas compris. Il y a dans ma chambre, au palais Missoni, une peinture émilienne du milieu du XVIIIe siècle. Mauro l'a fait récemment nettoyer. Elle représente une Madeleine aux bras nus et forts de paysanne de la plaine du Pô. Ses chairs sont blanches ; le nettoyage a fait apparaître un modelé à peine plus sombre qu'on ne devinait pas sous la patine jaunâtre du temps. Sa gorge, que cache mal une sorte de bure beige, a ainsi gagné une rondeur, un poids que j'essaie d'imaginer. Mais les images venues de moi se dérobent : la Madeleine est seulement un tableau rectangulaire dans un cadre léger, de bois peint noir et or.

Lorsque j'étais jeune, très jeune probablement, je pensais que je me devais d'être énergique. Pendant vingt ans, j'ai lutté entre une paresse naturelle qui ne me conduisait même pas à rêver, moins encore à imaginer : tout au plus à rêvasser, à feuilleter, à parcourir ; et le besoin, par moments fulgurant, de *faire*. En trois ou quatre jours, j'accumulais avec délices ce que d'autres mettaient des semaines pour mener à bien ; puis je retombais dans cette ankylose de l'esprit dont la mauvaise conscience que je ne cessais d'en avoir ne parvenait pas à me tirer. Il me fallait un aiguillon extérieur, une sollicitation imprévue pour me lancer à nouveau, tête baissée, dans l'action. « Je ne marche qu'au knout ! » affirmais-je en souvenir d'un héros de roman russe ou du général Dourakine.

Je ne sais pas exactement quand j'ai cessé de croire à la vertu d'énergie, fort stendhalienne, au demeurant. Par la même occasion, la recherche du bonheur ne m'a plus paru aussi nécessaire. Depuis combien de temps cette paresse-là s'appelle-t-elle l'ennui ? Il m'arrive de si bien m'ennuyer moi-même que je ne peux imaginer un instant ne pas ennuyer au moins autant les autres. Parfois un tableau, une musique éveillaient encore une rumeur en moi. Je crois qu'il m'arrivait alors d'être presque drôle. Mais ma dernière soirée à Paris n'a pas comporté une minute qui ne soit pétrie d'ennui et hier, à Colorno, à Sacca, si je ne me suis pas ennuyé, je n'ai pourtant rien vu au-delà de ce que me montrait Angela, ni rien senti. Angela a fait mine de n'en rien remarquer ; mais lorsque nous sommes rentrés à Parme, elle est montée se coucher, aussi fatiguée, m'a-t-elle assuré, que je l'étais moi-même...

Dans la bibliothèque de Mauro, j'ai feuilleté quelques-uns de ces anciens récits de voyageurs français en Italie dont le vieux Vittorio faisait ses délices. « Je suis plus français que vous, disait-il, et il me plaît de regarder mon pays avec les yeux de ceux qui venaient y chercher la beauté : pour la plupart, ils ont été déçus car ils espéraient l'absolu et n'ont trouvé que des Italiens. » Certains volumes du XVIIe ou du XVIIIe siècle sont soulignés au crayon, voire à l'encre, ce que j'ai fait remarquer un jour au vieux Missoni sur le ton de la réprobation polie. « Mais les livres sont faits pour être lus, m'a-t-il rétorqué, et je ne connais d'autre lecture qu'un crayon, une plume à la main. » Bibliophile averti, le vieux Missoni possédait la plus belle bibliothèque de Parme et j'ai fini par comprendre ce qu'il voulait dire. C'est avec volupté que j'annote à mon tour une édition originale de Stendhal ou de Mme de Staël. Mauro m'a prévenu : après lui, ses livres iront à la bibliothèque de la ville. J'en ai presque souffert ; ce seront, en somme, des livres morts qui garniront les rayons d'une bibliothèque publique : des livres qu'on ne peut plus lire un crayon à la main.

J'ai cherché un moment, dans les rayons où Lalande voisine avec Duclos, deux ou trois éditions du célèbre Misson avec les chers Présidents de Brosses et Dupaty, avant de trouver le volume que je voulais, admirablement relié en un parchemin rehaussé de filets d'or. C'est au début du XVIIe siècle qu'un certain François Schottus, sénateur d'Anvers, et son frère André, de la Compagnie de Jésus, écrivaient : « La ville de Parme est magnifique en édifices, et pour sa richesse et son opulence, elle fleurit et débat le prix avec les premières villes d'Italie... Il semble que la déesse Fortune ait épanché la corne d'abondance de toutes choses sur elle. » Vittorio Missoni a souligné à l'encre rouge les mots « Fortune » et « corne d'abondance » et, sur le papier de cette édition de 1628 aux superbes lettrines gravées, le rouge de l'encre a formé des taches rousses qui partent en étoile sur les marges de la page. A Paris, sur les rayons de ma bibliothèque, les volumes s'alignent en un si beau désordre que si j'avais une prière à adresser au diable ou à Dieu, ce serait de me donner encore le temps de souligner à l'encre rouge des mots ou des phrases entières dans tous les livres que j'aime. Le père de Mauro était juriste, mais il lisait aussi bien la poésie florentine du Quattrocento que les derniers romans venus de Milan ou de Paris. Il a tenu un journal que Mauro m'a montré, enfermé dans un cartonnier de cuir vert. « Mon père ne m'a rien dit, je sais que je pourrais le lire, si je voulais ; je préfère ne pas le faire ; un jour, peut-être... »

J'ai reposé le gros volume du XVIIe siècle sur une table basse encombrée de dictionnaires et de vieux atlas ; quinze ans après sa mort, j'envie le vieil homme qui ressemblait à un humaniste du siècle des Médicis et se bornait à jouer à la perfection son rôle de grand bourgeois éclairé. Ses amis d'enfance s'appelaient Benedetto Croce, Curzio Malaparte ou Giovanni Gentile. Le premier a fini en saint, le second en fantoche, on a assassiné le troisième ; Vittorio Missoni est mort d'une monstrueuse maladie qui n'a laissé de lui, à la fin, qu'une peau jaune et racornie tendue sur des os saillants. Il ne quittait plus son lit depuis six mois et passait ses nuits à râler. Un matin, il a cru deviner qu'un médecin plein de trop bons sentiments se demandait s'il était moral de le laisser ainsi souffrir. Il s'est redressé sur son lit et a eu encore la force de lui jeter au visage : « Je suis encore vivant ! » Il a alors réclamé un livre, qu'il a lu jusqu'au soir. Puis le livre est retombé et il n'a plus jamais lu, mais il était toujours vivant. A la mort de Laurent de Médicis, dans sa villa de Careggi, au-dessus de Florence, le Magnifique avait demandé à ses deux compagnons Politien et Pic de La Mirandole de se tenir près de lui : c'était la poésie et la science au chevet du pouvoir agonisant. Pic de La Mirandole avait vingt-neuf ans ; Vittorio Missoni est mort à soixante-neuf ans. Ni l'un ni l'autre n'ont vraiment laissé quelque chose derrière eux. Je sais que le père de Mauro a été un homme heureux.

Le lendemain, nous sommes allés à Fontanellato. Nous avions quitté Parme en milieu d'après-midi pour passer le Pô à la tombée du jour. Angela conduisait en silence à travers des routes de campagne qui s'entrecoupaient à angle droit de part et d'autre du flot de l'autoroute de Milan. Un clocher piqué au-dessus de toits de tuiles mauves ressemblait, comme jadis le palais de Colorno, à une église de Bavière. Mais la campagne est plate, parfois inondée, et des rangées de peupliers dessinent alors de belles lignes estompées sur le ciel gris. Les vignes sont rouges, élevées sur de longs piquets de bois.

« As-tu revu Charles, les derniers temps ? » m'a tout d'un coup demandé Angela.

Je l'ai regardée. Son visage était impassible, le menton un peu lourd, le regard fixé trop droit sur la route devant elle. Charles était lui aussi un amoureux de Parme mais, à ce moment, je n'ai pas encore compris. Ce que des années de silence et d'amitié avaient réussi à dissimuler, cette femme de quarante ans assise à côté de moi dans une grosse voiture allemande sur une route de la campagne de Parme voulait pourtant me le faire comprendre. Les premières maisons de Fontanellato apparurent après un tournant, puis une église à la vilaine façade baroque accolée à un portique bas, sur toute la longueur d'une place rectangulaire. Emmitouflés dans de gros manteaux, des vieux entraient dans l'église ; je savais que c'était un pèlerinage ; des centaines de veilleuses rouges brûlent devant une Marie bleue et blanche ; sous le porche, on vend des cartes postales, de petites horreurs, des souvenirs. Après quelques détours dans des rues de villages, nous parvînmes au château, qui se dresse au centre du bourg, au-dessus de ses larges douves.

C'est une grosse forteresse médiévale avec tours et mâchicoulis. La place qui l'entoure est bordée de maisons à arcades. Jeudi, jour de fermeture des magasins, la ville paraissait déserte. Deux gamins montés sur une seule bicyclette virevoltaient lourdement devant le pont de pierre qui conduit à la Rocca. Une brume s'élevait de l'eau, elle enveloppait les choses. Je me souvins qu'on avait installé une *camera oscura* dans une tour d'angle ; placé au bon endroit dans le noir, on peut observer sur un carton blanc toute la place se développer à partir d'un trou minuscule percé dans la muraille de pierre, à la manière d'un tableau de ces védutistes vénitiens, Belotto ou Canaletto, qui firent le tour de l'Europe avec leurs peintures-panoramas. « Il fera trop sombre ce soir pour voir quelque chose », pensai-je. Peut-être, et depuis ma première visite à Fontanellato, espérais-je qu'un jour m'apparaîtrait sur l'écran de carton un détail incongru, une femme nue à sa fenêtre, un couple d'amants enlacés sous une arcade dont l'image n'existerait pas ailleurs que dans son reflet. « Est-ce que Charles était très malheureux ? » m'a demandé Angela tandis que nous pénétrions dans la cour de la Rocca. J'ai parlé de sa tristesse mais pas de sa résignation. Je ne voulais toujours pas comprendre. Mais je savais maintenant : les voyages de Charles à Parme, la mélancolie de ses retours, les articles qu'il bâclait et les films qu'il n'achevait pas, les jeunes filles dont il s'entourait comme d'une garde futile. Nous avons traversé rapidement les grandes pièces glaciales du rez-de-chaussée. Tout ce que des voleurs pouvaient prendre a été emporté voilà quelques mois ; les murs sont nus, ornés seulement de quelques croûtes émiliennes du XVIIe siècle et des portraits de la famille Sanvitale aux tristes pâleurs. « Charles t'a-t-il parlé ? » m'a enfin demandé Angela comme nous arrivions de la petite salle circulaire décorée par le Parmigianino.

Elle voulait désespérément s'expliquer. Le guide nous a laissés ; elle a allumé une cigarette. J'ai vu qu'elle avait les yeux rouges. Les putti laiteux du Parmigianino se moquaient une fois encore de nous et de nos faiblesses. Il y a chez le Parmesan jeune une innocence ironique qui amuse. Avec les ans, elle deviendra cette fulgurante perversité des Vierges folles et sages de la Stecatta ; ici, à Fontanellato, ce n'est encore qu'un jeu et Diane qui change Actéon en cerf ne voit peut-être pas les chiens qui vont le dévorer. Paola de Gonzague, mère de Galeazzo Sanvitale, que le peintre a représentée au milieu de la pièce, a le sourire de Cordelia en Angleterre ; elle avait dans le plaisir des grondements de petit fauve.

Déjà, voilà dix ans, je ne me rendais compte de rien. Hélène était pourtant près de moi. Nous étions arrivés un matin de neige et Parme entière était blanche. Le quadrilatère vide et nu où s'élevait un palais royal que les bombes ont détruit n'était pas encore transformé en parking et le début d'un dernier rayon de soleil y faisait briller des éclats dorés dans la lumière pâle. La neige avait déjà le bleu du soir qui vient. Je respirais à pleine gueule cet air d'hiver frais, humide encore, qui devenait peu à peu glacial. Je marchais sur la neige craquante, Hélène, derrière moi, pataugeait dans la boue, et je ne le voyais pas.

Nous avions traversé le fleuve — on dit ici le Torrent — qui charriait des choses noires. Sur la rive d'en face, les palais avaient ces façades qui sont celles de tous les palais sur des fleuves quand vient le soir : on pense à des villes anéanties dans nos mémoires, Saint-Pétersbourg et Pouchkine ou Florence sur l'Arno au temps de Barnabooth. Hélène me suivait en trébuchant, elle avait glissé sur le bord d'un trottoir, s'était rattrapée de justesse, mais je pressais le pas. Je voulais arriver via della Salute avant la fermeture d'une librairie.

Le père de Mauro m'y avait conduit pour la première fois quelques années auparavant. Le libraire, un vieux monsieur barbichu, avait travaillé auprès de Giovanni Gentile, ministre du temps de Mussolini. Il était fasciste à la manière de Gentile ; il haïssait la violence, trouvait le Duce un peu vulgaire mais croyait qu'en préparant des projets de loi pour un ministre, il construisait la République de Platon. Après la guerre, il avait dû fermer sa librairie pendant quatre ou cinq ans pour s'installer sur la route de Reggio dans la villa où il était né. Il avait continué à lire Platon, Comenius, et s'était dit que la mission confiée à lui par le vieux Gentile était restée la même : éduquer. Il avait donc acheté en sous-main les bibliothèques d'intellectuels plus compromis que lui et sa librairie était devenue l'une des plus importantes d'Italie. Depuis deux ou trois ans, il était malade, sa boutique n'ouvrait plus qu'à des heures insolites — de sept à huit heures du soir, par exemple —, et j'étais l'un des derniers de ses vieux clients étrangers à trouver encore le chemin de la via della Salute.

Je n'étais pas revenu depuis six mois. Il m'accueillit comme si je l'avais quitté la veille, me montra quelques-uns de ses trésors. Il avait quelques beaux volumes de Bodoni, le maître imprimeur de Parme. L'un d'eux m'intéressait ; il était cher ; je discutai ; Hélène se tenait en arrière, indifférente.

Je l'interrogeai : « Qu'en penses-tu ? » Elle secoua la tête : non, vraiment, elle n'en pensait rien. Le vieux libraire sortit alors du fond d'un placard une édition des *Lettres sur les vies de Haydn, Mozart et Métastase*. Je possédais déjà ce premier livre publié par Stendhal ; mais l'exemplaire qu'on me montrait avait été relié en maroquin bleu d'époque par un fou qui avait dû confondre l'anonyme auteur de cette compilation avec un véritable écrivain. Je pris en main le volume : je sentis que je tremblais. L'absurde émotion du bibliophile. Hélène me regardait : il y avait une terrible ironie dans ce regard — et ce n'était pas l'ironie de Vivienne, qui pardonne. Encore une fois, je ne le compris pas, je reposai pourtant le livre. Le libraire me jeta un regard désolé, mais il n'insista pas. Lui, peut-être, avait deviné. Il est mort peu de temps après. Une vente aux enchères a dispersé ses trésors ; Mauro, alors absent de Parme, n'a pu m'en avertir. Le miraculeux exemplaire du premier livre de Stendhal relié en maroquin d'époque a disparu à tout jamais.

Angela m'a précédé encore un moment dans les salles du petit château sur les douves que la nuit gagnait. Elle m'a ainsi conduit dans la galerie du premier étage où des portraits de guerriers voisinent avec des cardinaux ; seule, perdue parmi eux, une jeune fille à la peau blanche, au beau modelé de visage clair, louche étrangement. « L'œil droit regarde vers un époux, le gauche vers un amant », a remarqué Angela, qui a ajouté : « Elle est morte folle. » J'ai deviné, dans cette demi-obscurité glaciale, qu'elle frissonnait.

Nous sommes rentrés à Parme sur les huit heures et nous avons aussitôt gagné le petit salon en coin qu'Angela, en se moquant un peu d'elle-même, appelle son boudoir. Federico y avait allumé un feu. Angela a fait préparer du thé puis elle a disparu un moment. Elle est revenue vêtue d'une sorte de robe d'intérieur vieux rose. Les lumières étaient presque des veilleuses, les flammes faisaient des ombres mouvantes sur son visage, on se serait cru il y a très longtemps, et très loin. J'étais peut-être encore à Parme mais quelque part à la fin du siècle dernier, et la robe d'intérieur d'Angela avait une manière de tournure. « Il fallait que je te parle, m'a-t-elle dit enfin. Je ne pouvais plus garder tout cela pour moi. »

Je me suis tu, incapable de répondre un mot au long discours qu'elle a alors tenu, entrecoupé de soupirs, de sanglots étouffés. Pendant tout le temps qu'elle me racontait sa trahison envers Mauro, je pensais à un grand monologue d'opéra. Celui d'Élisabeth de Valois sur la tombe de Charles Quint dans le *Don Carlos* de Verdi — qui est si bien chez lui au Teatro Reggio de Parme qu'on n'y applaudit vraiment que lui ; ou même à l'air de Fiordiligi, à celui de la Maréchale du *Chevalier à la rose* : ces femmes d'opéra qui se disent tout entières en un unique aria. Peu à peu, je sentais aussi que je m'éloignais d'Angela. Il y a la solidarité des femmes, oui ; il y a aussi celle des hommes que les femmes... Je me souviens avoir rencontré à Denver, au milieu de l'Amérique, un ami devenu fou lorsque sa femme l'avait quitté. Il vivait seul dans le centre de la ville au sommet d'un grand immeuble qui n'était fait que de bureaux. Son *penthouse* dominait des rues vides et, toute une nuit, il m'avait parlé de sa femme. Elle avait emmené leur fils et laissé derrière elle le grand chien de berger que tous les deux adoraient. « J'ai commencé par tuer Oscar, tu comprends ? Je ne pouvais pas... », me disait ce Gilbert aux regards hallucinés. Sa main jouait avec un coupe-papier acéré, dangereux ; il me prenait à témoin : « Et toi aussi, n'est-ce pas... » Mais je me raidissais : je refusais le lien qu'il voulait tendre entre lui et moi. Ce soir, face à Angela qui me disait que toute sa vie elle avait aimé Charles, mon ami lui aussi, c'était elle que je ne voulais pas entendre. Charles était mort et je me disais que je le haïssais soudain de m'avoir ainsi, moi aussi, trompé. Mauro, l'ami italien, me devenait plus cher, fragile, bafoué. Imperturbable, Angela continuait : il fallait que je sache. Lorsqu'elle a fini par m'avouer que la rumeur publique disait vrai quand on chuchotait qu'entre elle et le vieux Vittorio il y avait eu plus que cette grande tendresse, je crois bien que je me suis mis à la haïr à son tour. « Je ne pouvais pas faire autrement. Il avait besoin de moi, tu comprends ? » tentait-elle d'expliquer. Je ne lui ai pas demandé pourquoi elle me révélait tout cela, ce soir précisément ; si je ne savais pas encore pour quelle raison j'avais repris le chemin de l'Italie, je n'étais certes pas revenu à Parme pour y entendre ces confidences. « Et Mauro ? » ai-je fini par demander du bout des lèvres. « Mauro le sait-il ? » Il savait tout, et depuis le début.

Je me suis renfoncé dans mon fauteuil. Je n'avais plus rien à dire. Angela, Charles, Mauro avaient été mes amis mais je n'avais plus qu'un désir, fermer une porte sur eux. Ne plus rien entendre.

Quelques mois avant sa mort, Charles m'avait raconté qu'il n'était jamais aussi heureux que lorsqu'il sentait en lui une grande déchirure. « Ne me dis pas que je suis masochiste, ce n'est pas vrai. C'est peut-être simplement le bonheur dans la souffrance des autres. » J'avais suggéré : « Le bonheur dans le crime ? » Il avait ri. « Oh, ce sont de bien petits crimes, tout juste de grandes trahisons, mais dont le temps a fait de jolies habitudes. » Il était pâle, fumait cigarette sur cigarette, son cœur avait déjà flanché deux fois. « Jamais deux sans trois ! » m'avait-il lancé. Il parlait de sa mort avec un sourire. « Ce sera la dernière trahison : après ça, tu comprendras. » Ce soir, je comprenais, et je m'en voulais de si bien comprendre. Il fallait que je quitte Parme où je n'avais rien pu trouver d'autre.

Lorsque je me suis extirpé à grand-peine du fauteuil où j'étais maintenant effondré, comme encastré dans des souvenirs dont je ne voulais plus qu'ils fussent les miens, sans davantage savoir pourquoi j'étais venu jusque-là, je commençais pourtant à deviner quelque chose. Le récit d'Angela éveillait des échos ; Hélène aussi m'avait tenu un discours impudique que je ne voulais pas entendre. Au monologue d'Élisabeth de Valois a déjà répondu, au début du quatrième acte, celui de Philippe II, son royal époux. Verdi a composé *Don Carlos* pour l'Opéra de Paris, mais la dernière fois que je l'avais entendu, c'était bien à Parme — et Hélène était près de moi. C'est N., une basse bulgare rencontrée à Londres dans un salon au début des années soixante, qui m'avait dit : « Chaque fois que je chante l'air de Philippe, je me souviens de toutes les femmes qui m'ont quitté ; et le soir, quand je rentre à mon hôtel, je dors plus seul encore dans ma chambre royale ! » Il mettait au mot « royal » tous les guillemets que pouvait y faire rouler son accent slave pastichant sombrement le livret de Verdi.

Mauro est entré dans la pièce. Nous avons conversé un moment. Il savait, j'en étais sûr, qu'Angela m'avait parlé : il souriait, tout cela était dans l'ordre des choses. Je ne le plaignais même pas, c'était de moi que j'avais pitié qui les avais aimés tous deux pour la belle image qu'ils m'avaient donnée de l'amour, à laquelle je m'étais si souvent raccroché, et qu'ils avaient souillée. Je m'en voulais aussi de n'avoir pas interrompu le récit d'Angela.

Le lendemain matin, nous avons fait une dernière promenade au palais du Jardin qui est tout ce qu'il reste à Parme des palais des Farnèse anéantis par les bombes. Au centre de la ville, le palais de la Pilotta n'est qu'une ruine qu'on a relevée pour y mettre un théâtre au milieu ; le théâtre Farnèse était le plus beau et le plus grand des théâtres de la Renaissance : tout en bois, il a flambé en une nuit. On l'a reconstruit en quelques mois ; après quinze ans, il sent encore les planches fraîches, la sciure et les copeaux. Même si chaque figure de déesse ou de muse au sommet de chaque colonne du péristyle est la réplique exacte de celle qui s'y trouvait avant l'incendie, elle n'en est que la copie. Au palais du Jardin aussi, les bombes sont tombées, mais elles ont épargné les ailes centrales. Je n'y étais jamais entré, c'est devenu une caserne de carabiniers, il faut pour le visiter des autorisations et s'y prendre à l'avance. Mauro m'en avait préparé la surprise ; en dépit de ma hâte à vouloir quitter Parme, je ne pouvais la refuser.

Un colonel en uniforme nous y a accueillis. Nous en avons parcouru les salles où les fresques du Bertoja, bien ignorées par nos plus fervents maniaques de l'Italie, sont les reflets troubles de ce que j'aimais jadis dans l'Italie de Fontainebleau : des corps déliés, des figures à la fois graciles, voluptueuses et très froides. Mais le colonel claquait des talons et je n'ai eu qu'un regard rapide pour ces figures enlacées, en prélude au plaisir.

Au bout de l'enfilade des salons, dans une pièce aux stucs salis, on a installé une cafétéria où le café, servi par des troufions, est brûlant et verdâtre : du vrai café anglais dans un château en Italie. Le colonel l'a bu allégrement. Mauro a reposé avec une grande délicatesse sa tasse : Mauro Missoni est un homme délicat que sa femme a trompé jusqu'avec son propre père. J'ai eu une sorte de vertige. « Vous êtes malade ? » s'est enquis le colonel.

Un second troufion, plus carabinier que nature, avançait déjà avec un verre d'eau tiède. Je suis sûr qu'au mur, entre les stucs, il y a une armoire à pharmacie, une trousse de premiers secours. Chaque carabinier du palais du Jardin porte son uniforme de sortie, c'est une caserne de luxe pour carabiniers d'opérette et les fils des sénateurs du peuple romain s'y disputent le privilège d'y effectuer leurs douze mois de service militaire. Un soir, j'ai rencontré au Teatro Reggio le général qui commande ce colonel et tous les autres troufions de son régiment. Il paradait avec des épaulettes d'or. On jouait *Rigoletto*, je lui avais trouvé fière allure. Sa grosse petite femme était laide, elle riait trop fort. Dans l'arrière-salon d'une loge, au premier étage, Angela et Mauro recevaient leurs amis ; on mangeait des gâteaux recouverts de sucre glacé bleu ou rose. Les épaules d'Angela étaient nues, Mauro tenait son bras ; ils étaient beaux tous deux, un couple d'amoureux qui avait su garder sa jeunesse.

Toute ma vie, je le sens aujourd'hui, j'ai eu la nostalgie du couple. Toute ma vie, j'ai regardé les couples qui passaient près de moi, mais je ne le savais pas. C'est peut-être pour cela que je me suis si bien trompé moi-même. Chez Stendhal, j'ai même osé préférer Clélia à la Sanseverina, parce que avec Fabricc, cllc aurait pu « former un beau couple » : je n'imaginais pas Fabrice del Dongo vivant avec sa sublime tante. Pire ! A quinze ou seize ans, j'ai vu le film qu'on a tiré de *L'Idiot* de Dostoïevski et l'ahurissante godiche qui jouait le rôle d'Aglaé me paraissait mille fois plus désirable qu'Edwige Feuillère en Nastasia Filippovna. La godiche en question était blonde, le menton en galoche, mais le prince Muchkine aurait pu l'épouser ; j'avais quinze ou seize ans, je voyais le monde en paires qu'il fallait accorder pour qu'il tournât rond. Et pourtant, il y avait toujours, en retrait, l'autre : celle que je regardais aussi.

Ainsi, la dernière fois, avec Hélène à Parme : ce n'étaient que des femmes peintes que je contemplais sur les murs, mais j'avais éprouvé ce même sentiment d'obscure culpabilité. Nous étions entrés dans l'église de la Stecatta ; les Vierges sages du Parmesan, blondes allégories aux gestes déliés et la gorge presque nue, les cuisses bien dessinées sous le tissu clair de la robe, sont aussi voluptueuses que les folles dont la lampe est éteinte. Je savais, en les regardant, que mon cœur battait plus vite : à quatre cents ans de distance, c'était bien une forme de désir que j'éprouvais pour elles. Mais Hélène était derrière moi, et j'ai eu un mot indifférent pour parler de ces peintures ; j'ai voulu être drôle, je me suis retourné ; le regard d'Hélène n'était pas dur : elle avait cette indifférence appliquée et néanmoins machinale que je lui voyais à Paris, à Rome ou à Milan lorsque je me dépensais avec trop de chaleur auprès d'une fille plus jeune rencontrée dans un salon à qui, cependant, je n'avais rien à dire. Au début, le regard d'Hélène était triste ; il était seulement devenu vague. J'avais appris à reconnaître cette indifférence sans m'interroger sur ce qui en habitait le vide.

Dans le désert troublé seulement de talons qui claquent sur les parquets luisants du palais du Jardin, j'ai peut-être commencé à comprendre que je n'étais pas revenu jusque-là pour rien. Le colonel des carabiniers au visage d'épagneul triste me décrivait avec une concision toute militaire la qualité d'un stuc, la rigueur d'un parterre vu d'une fenêtre et je devinais que ce n'était sûrement pas l'Italie que j'étais venu retrouver, ni ses peintures, ses allées, ses stucs ni même mes amis. Peut-être allais-je renouer au passage avec eux, mais c'était bel et bien moi que je cherchais parmi les souvenirs que le présent seul pouvait faire remonter jusqu'à ma mémoire. De là à me trouver... Voilà tant d'années que je suis introuvable, qu'on ne répond même plus pour moi au service des abonnés absents. Je suis devenu dès lors abonné à l'absence : celle des autres et la mienne, tous passés confondus.

Mauro m'a reconduit à la gare. Ce n'était plus de la pitié que j'éprouvais pour lui ; j'avais plutôt une manière de recul, comme s'il avait été lui-même sali par les après-midi d'Angela dans le bureau de son père, jadis ; comme si les rencontres de Charles et d'Angela avaient été une tache au front d'un mari complaisant. Il était presque humble en portant ma valise. Sur le quai de la gare, à demi renversés sur leurs gros sacs de routards, deux gosses s'embrassaient éperdument. La fille portait un ciré orange sur une sorte de survêtement. Ses cheveux étaient longs, pas très propres et ils leur couvraient le visage à tous deux. Je l'imaginais laide et touchante et j'en fus presque ému : à Parme ce matin, ils seraient à Venise demain, bientôt à Trieste, en Grèce, ou plus loin sur les côtes de l'Asie. Eux aussi — perdus quelque part aux frontières turques d'Iran ou plus loin encore, pourquoi pas ? aux marches de l'Afghanistan — allaient entrer en état d'absence, mais ils l'avaient choisi : je m'y étais laissé oublier.

Dans le train, j'ai pensé à Jean-Claude, le mari de Danièle qui était parti lui aussi. A cinquante ans, comme moi, il avait claqué derrière lui toutes les portes. Au faîte du pouvoir, ou presque, il avait quitté Paris et le confort d'un bureau rue de Varenne ou rue Saint-Dominique avec la secrétaire, le chauffeur qui vont avec, pour aller rouler sa bosse partout dans le monde où des hommes souffraient. Danièle avait gardé l'appartement du boulevard Raspail, il revenait de temps en temps s'y abattre entre deux voyages, dix articles, les deux livres où il avait raconté son errance qui n'était, certes, pas une fuite : on pouvait toujours joindre Jean-Claude au service des ministres absents, ça prenait quinze jours, un mois, et voilà tout. Avocate, Danièle défendait en vrac les garagistes qui tiraient par la fenêtre et leurs jeunes braqueurs qu'on avait arrêtés après un dernier vol. Il y a longtemps, je crois bien que j'ai pu être amoureux de Danièle ; c'était en Provence ; c'est une histoire déjà ancienne, je l'avais presque oubliée et quand je l'ai croisée, à ce dernier dîner chez Marie-Laure je me suis souvenu seulement de mon amitié pour Jean-Claude. Dans le train qui me conduisait de Parme à Mantoue par Reggio Emilia et Modène, j'ai retrouvé l'image de Danièle et de Jean-Claude, un jour de grand soleil sur une terrasse du Luberon : encore un couple, et que j'aimais. A Modène, j'ai tiré un livre de mon sac, le Pléiade des *Voyages en Italie* de notre ami Henri Beyle. C'est un vieux volume vert au cuir fatigué que je traîne toujours avec moi dans quelque valise, parce que Stendhal s'y raconte autant qu'il parle de l'Italie. En dépit de *La Chartreuse*, il n'aimait guère Parme ; Modène et Mantoue moins encore. Il a écrit quelque part : « Parme, ville au demeurant fort plate... » et n'aimait pas beaucoup Florence non plus.

Nous portons tous en nous une Italie, qui est la nôtre. Ce n'est pas celle des amis les plus chers, et moins encore celle des Italiens eux-mêmes. Venise est femme, fleur vénéneuse, déchirante ; on croit pouvoir y aimer ; on s'y endort aussi. J'imagine, bien sûr, des musiques au clair de lune, l'eau qui clapote au rythme d'une cantilène de Bellini. Pendant longtemps, je me suis brossé une fabuleuse fresque qui, de Carpaccio et Giorgione jusqu'au dernier des Tiepolo en passant par Titien et Véronèse, racontait l'éclosion du désir : des frémissements. Il y avait le regard vide des *Courtisanes au balcon* et la femme au sein unique qui attend *La Tempête*. Ensuite, peu à peu, j'ai quitté Venise. Un hiver, un ami m'a montré une morte qu'on repêchait à la gaffe d'un canal tout près de Zanipolo. Il y avait l'odeur de la boue, des traînées verdâtres sur le pavé du quai et le sac en plastique oblong où on a tout enfermé. Pendant trois jours, j'ai été malade et l'odeur infecte de cette pourriture que je n'ai même pas sentie m'a poursuivi jusqu'à Paris. J'étais pourtant parti pour Venise avec l'espoir d'y réapprendre à aimer.

Mes voyages à Rome étaient différents : je n'y allais que pour y retrouver des amis. Leurs femmes avaient le teint hâlé de qui ne quitte Cortina en hiver que pour Capri ou Forte di Marmi aux premiers jours de l'été. Elles parlaient fort, agitaient de grands bijoux sonores qui étaient pourtant de vrais bracelets d'or, des bagues, des colliers anciens qui leur venaient de leurs grand-mères. Et parmi elles, dans les palais de la via Giulia ou du Corso, je me surprenais à parler autant qu'elles, à discourir, à raconter. Comme les statues véhémentes de saints exaltés aux murs des églises baroques, Rome est déclamatoire ; les mots, la musique y renaissent sous des voûtes sonores.

A Florence, au contraire, je ne suis jamais allé que pour voir. Pour contempler, pour mesurer la beauté dans mon silence à moi, fût-ce au milieu des foules les plus denses, parmi les Vénitiennes alanguies, les Romaines gesticulantes et tous les touristes que je sais tant haïr. A Florence, jadis, je pouvais me recueillir et je devine bien que c'est vers Florence qu'il faut que je revienne, mais il est encore trop tôt. Mon Italie à moi est devenue celle du versant de l'âge. Après avoir longtemps monté vers la route des crêtes, on la longe un moment entre deux vallées, le Pô et l'Arno — ou l'Arno et le Tibre : quelque part au cœur de la Toscane la plus austère, il y a des sommets d'où l'on voit les deux fleuves à la fois. J'avais vingt ans, quarante même et j'osais me regarder dans une glace. A cinquante et un peu plus, j'évite les miroirs qui me parlent de moi. Et puis, je vais commencer à descendre sur l'autre versant. Des brumes encombrent encore la dernière vallée dont un clocher, au loin, si près, perce la masse cotonneuse. On marchera vers lui mais il est encore tôt. Autour de l'église se pressent les croix du cimetière : je ne veux pas voir la route qui dégringole en bas, j'essaierai encore une fois de prendre des sentiers de chèvres mais, de toute façon, le fleuve est au fond, la barque plate seulement perdue parmi les herbes.

Au changement de Modène, j'ai acheté un numéro du *Monde* vieux de deux ou trois jours ; on y parle d'un monde que je ne connais plus.

V

Bernard m'attendait à Mantoue. Il est lecteur de français à l'université, son père était l'un de mes plus anciens amis. Claude est mort depuis longtemps et j'ai eu souvent envie de revoir Bernard pour parler avec lui de son père. Pourtant lorsque nous sommes ensemble, le nom de Claude ne franchit jamais ses lèvres, ni les miennes. Un jour, une amie de Bernard m'a expliqué que, comme au bridge, il avait fait une impasse sur son père — et qu'il avait perdu. Après un seul livre qu'on avait un peu lu, Claude est mort à trente ans d'un accident qui ressemblait bien un peu à un suicide. On a récemment tenté de redécouvrir son livre, mais il était trop tard et l'éditeur qui a voulu publier ses lettres n'y est pas parvenu : Bernard a refusé. Peut-être Bernard est-il venu vivre à Mantoue parce qu'il ne voulait plus croiser les amis de son père. Aussi, lorsque j'ai téléphoné de Parme pour lui annoncer mon arrivée, j'attendais presque qu'il refusât de me voir. Il a accepté.

Il habite un immeuble construit après la guerre sur l'un des boulevards qui encerclent la ville, là où s'élevaient autrefois des remparts et des tours. Son appartement est nu, seulement parsemé çà et là de meubles et d'objets des années cinquante. Les chaises ne sont pas vraiment faites pour qu'on s'y assoie, les fauteuils trop raides vous reçoivent sans complaisance. Bernard et Lena vivent là heureux : ils se proclament heureux et habitent Mantoue comme ils pourraient vivre dans le nouveau XIIIe ou à Clermont-Ferrand. Bernard fait de la critique quelque part, participe de loin à une revue, un journal. Lena, qui est née à Prague et qu'il a ramenée d'un séjour qu'il fit là-bas, restaure, me dit-elle, des fresques dans un palais peu connu. Tous deux sont fiers de me montrer un tableau qui ressemble à un Robert Delaunay et un tapis fait en série qui porte bien, lui, la signature de Sonia Delaunay. J'ai vu quand même, placé bien en évidence sur un bureau, l'unique livre de Claude. Les pages en sont coupées, fatiguées, il a été lu ; pourtant je ne suis pas venu cette fois pour entendre Bernard parler ou ne pas parler de son père, mais parce que Mantoue a été l'une des étapes de ce dernier voyage avec Hélène, la dernière année.

Le froid qui nous avait transpercés à Parme s'était adouci ; la neige encombrait encore les rues mais elle allait disparaître en quelques heures. Au palais du Té, une jeune fille s'affairait à la restauration d'une fresque où un chaos de rochers engloutissait des géants. Elle était petite et frêle, la queue de cheval dressée en arrière qu'on portait en ces années-là et une grande blouse blanche savamment maculée de belles taches grises ou bleues — la couleur des blocs de pierre — lui tombait aux genoux. Marcello, qui enseignait l'histoire de l'art à Ferrare, nous accompagnait. La gamine était une de ses élèves. Elle était anglaise et j'avais aussitôt pensé à Cordelia qui aurait eu alors à peine plus de trente ans. La petite Anglaise avait l'âge de Cordelia jadis et la même peau blanche, les yeux bleu pâle, les cheveux raides et noirs. Je m'étais souvenu de l'odeur de Cordelia lorsqu'elle se glissait dans les draps. Jamais depuis, jamais une femme, jamais cette odeur-là... Nous avons bavardé un moment devant les murs à demi recouverts d'échafaudages. Marcello avait annoncé que j'étais un critique d'art célèbre, c'était rien moins que vrai, la petite fille avait déposé ses pinceaux. Hélène fumait une cigarette devant la porte aux linteaux nus. Face à elle s'étendait la cour qu'envahissaient la neige fondue et des herbes roussies : le palais du Té n'était alors qu'un vaste chantier à l'abandon. « Connaissez-vous Sabbioneta ? » m'avait demandé la jeune fille dont je ne me souviens même plus du nom. C'était cette ville-musée, cité morte aussitôt qu'édifiée en moins de dix ans par un Gonzague qui se voulait poète, mécène et philosophe et qu'il avait appelée sa petite Athènes. J'avais déjà vu cette Sabbioneta rongée d'herbes et de ronces et dont la place principale, son palais, ses rues nues sont presque un décor de Palladio, théâtre parfait épargné par les plus aventureux touristes. Un corridor long de plus de cent mètres relie les deux ailes d'un palais sur un jardin, et des nymphes, des ondines achevaient alors d'y pourrir parmi les exploits des Gonzague peints aux plafonds en figures mythologiques. « Si nous y allions demain tous ensemble ? » avait suggéré Marcello. Je m'étais retourné, Hélène souriait mais ce sourire-là était glacé, figé ; derrière nous, elle était une étrangère conviée malgré elle à un spectacle qu'elle jugeait affligeant : son époux et une gamine de vingt ans à qui Marcello proposait une promenade. Pour la première fois, j'ai deviné ce qu'il pouvait y avoir de cruauté dans ce regard, mais je voulais alors n'y voir que de la douleur. La petite restauratrice de fresques ne m'intéressait guère : je suis revenu vers Hélène et j'ai pris son bras. Je l'ai interrogée ; avait-elle envie de voir Sabbioneta ? Elle a secoué la tête, puis jeté à terre et écrasé du pied sa cigarette à peine allumée. Elle a fait une pirouette sur elle-même : « Fais comme tu veux », m'a-t-elle répondu avant de quitter brusquement la grande salle pour s'avancer vers la cour carrée qu'elle traversa en diagonale, seule. J'ai pensé : « Hélène a envie d'être seule. » Au fond de moi, je me sentais vaguement coupable : peut-être avais-je donné l'impression de trop regarder cette gamine ? Je me disais alors qu'Hélène était belle et triste et qu'il me fallait l'aimer éperdument. Quelques jours auparavant, j'avais acheté, chez un brocanteur de la rue de Seine, un bracelet fait d'or ancien et de petits saphirs, qu'elle avait passé à son poignet sans un mot ; le lendemain, elle ne le portait plus : « Il m'irrite la peau », avait-elle expliqué. J'en avais été désolé. Pourtant, quittant plus tard le palais du Té pour les grandes salles nues du palais ducal, j'avais eu un regret en pensant à la petite Anglaise.

Le même soir, on donnait un concert dans la chapelle des Gonzague. Un quintette à cordes jouait Mozart et la plus jeune des violonistes était une jeune Américaine un peu ronde dont le visage devenait une image de la grâce dans les mouvements où Mozart se faisait grave et sérieux. Après le concert, une dame de Mantoue offrait un dîner où Marcello nous a emmenés. La petite violoniste avait bu, elle riait fort, vulgaire à la voix rauque. Il faisait chaud, son corsage bien plein tenait par une broche de strass : assis près d'elle, j'aurais aimé en défaire la boucle. Elle riait plus fort encore, Hélène conversait avec un vieillard aux moustaches en crocs qui avait été un chef d'orchestre célèbre : ni la violoniste américaine ni moi n'existions à ce moment pour elle. Un serveur au visage basané remplissait le verre de la jeune fille aussitôt qu'il était vide. Elle le lui tendait en riant ; il lui parla bientôt à l'oreille, elle se leva enfin et le suivit. La broche de strass était tombée à terre, Hélène me tournait le dos, je me sentais horriblement frustré : pourquoi la gamine aux gros petits seins que j'imaginais blancs sous le corsage déboutonné avait-elle suivi ce garçon de café à la veste maculée de sauce bolognese ? Hélène et moi nous sommes couchés côte à côte, j'ai voulu parler un peu, elle dormait déjà.

Lena, la femme de Bernard, a le beau visage calme d'une femme de trente-cinq ans qui regarde les autres et se tait. Charles, qui savait tout de chacun de ses amis, m'avait raconté qu'à Prague, avant de rencontrer Bernard, Lena se prostituait aux étrangers de passage qu'elle rencontrait dans le hall de l'hôtel Europa. La première fois, Bernard lui-même avait peut-être payé, avait suggéré Charles. Ainsi, je retrouve Charles à tous les carrefours où se croisent des femmes que j'aurais pu aimer, puisque la première fois que j'ai vu Lena, j'avais aimé ses pommettes hautes, ses joues creuses et sa bouche charnue, sa peau si pâle qui lui donnait l'air d'une jeune épousée de vampire, quelque part en Transylvanie. Charles me le disait en tirant sur sa cigarette éteinte : « Chacun de nous est fait des livres qu'il a lus, des musiques qui l'ont touché mais peut-être d'abord des femmes qu'il a aimées. » Il prenait un air trop grave pour être vraiment sérieux parce qu'il fallait donner le change, et qu'on ne sait jamais où commence la fable. En quittant l'appartement de Bernard, j'ai pensé à Vivienne et à Cordelia, à Hélène, à une petite Gisèle enfouie dans l'Auvergne de mon enfance. Des musiques s'élevaient avec elles, je rouvrais des livres, immenses ou futiles ; *La Chartreuse* de Stendhal et *Les Pléiades* de Gobineau répondaient à une brève nouvelle de James, à un gros roman de Conrad, à un texte rapide et lumineux d'Yves Bonnefoy ; le *Quintette pour clarinette* faisait écho à *La Jeune Fille et la Mort* et les poèmes de Liszt étaient le contrepoint de Wagner montant de la nuit à Bayreuth : Gisèle ou Cordelia, Celia, Armance, Zerline, c'étaient elles que j'avais perdues avec leurs musiques familières et le gros livre qu'on posait près du lit avant l'amour. Mais ce jour-là, si les musiciens se taisaient toujours aussi impitoyablement, la grande ombre d'Hélène flottait dans l'air, comme une aria d'Elvire dans *Don Juan* — outragée mais aimant encore — et les balayait toutes sur son passage. C'est lorsque Hélène ne m'a plus aimé qu'a commencé la descente sur l'autre versant de la montagne.

J'ai marché longtemps dans les rues de Mantoue, tant j'avais peur de la perdre encore une fois au moment où je franchirais le seuil de ma chambre d'hôtel.

La lune éclairait la grande piazza Sordello ; au bout se dressait la cathédrale qui la ferme sobrement. Mais à main droite, c'était l'immense et longue masse du palais des Gonzague. Au-delà des salles nues qui succèdent à des salles nues, il y a le palais dans le palais, l'escalier aux marches aplanies, la tour et la Chambre des Époux, la famille des Gonzague enfin, tels que Mantegna nous les a à jamais laissés. Dans un ordre plus clair encore depuis que des restaurations lui ont redonné transparence et lumière, le fils devenu cardinal salue dévotement son père ; le visage de la mère n'est que celui d'une épouse sévère. Autour d'eux, c'est le début d'une ville idéale. La place Sordello tout entière en est déjà le reflet et la lune qui frappe d'une lumière bleue le palais épiscopal lui donne l'immobilité parfaite d'un rêve selon Chirico.

J'ai marché jusqu'au portique et me suis retourné : il y avait un grand contre-lune (comme on dirait un contre-jour) et les ombres du palais se dessinaient sur le dallage avec la précision d'une gravure au burin. Le souvenir d'une autre nuit de lune m'est revenu. C'était encore une fois la nuit d'Urbino ; la piazza Rinascimento s'élevait peu à peu le long du palais des Montefeltre qui, précédé des marches de la basilique, était un fabuleux décor où tous les théâtres du monde étaient peut-être possibles. Une sorte de fièvre m'habitait alors, faite d'exaltation, de curiosité, de découverte ; j'avais le sentiment de m'avancer au milieu d'une scène où m'apparaîtraient d'un coup toutes les vérités, dont je ne savais même pas, pourtant, que je les recherchais. Mais j'ai eu beau remonter lentement le plateau de l'immense scène qui se déroulait devant moi, ce soir encore, je n'ai pas su retrouver le visage de la femme qui était près de moi cette nuit-là. Il m'apparaissait parfois, mais vide et nu comme ces personnages sans sexe ni regard des tableaux, encore, de Chirico ; et plus je tentais de discerner des traits, le mouvement de la bouche ou la forme des yeux, plus cette femme inconnue qui m'avait accompagné dans un moment de fulgurante découverte s'éloignait de moi ; bientôt, elle ne fut qu'une silhouette à peine esquissée dans l'angle extrême de la fresque brossée par mes souvenirs.

Une cloche a sonné onze coups au campanile du Duomo, une autre lui a répondu au clocher de Sant' Andrea ou de Santa Barbara : c'était Mantoue tout entière qui respirait dans son sommeil et Urbino a basculé dans les limbes d'une mémoire encore trouée. Le temps d'une traversée de la place dans sa plus grande longueur, j'avais pourtant entrevu les plans d'une ville parfaite et j'en gardais déjà, presque sans le savoir, une manière de nostalgie.

A côté de l'hôtel, près du dernier café encore ouvert, des garçons entouraient une seule fille ; ils parlaient très fort. La fille, en blouson de cuir noir, était petite et maigre comme la jeune restauratrice de jadis au palais du Té. A mon retour dans ma chambre d'hôtel, le souvenir d'Hélène était encore là : elle attendait. Certains soirs, à Paris ou à Londres, comme je rentrais de quelle misérable équipée ? moite encore d'un autre lit, la bouche mauvaise d'avoir trop fumé et du goût d'un alcool que j'avais bu sans plaisir, elle était étendue sur le dos : je me déshabillais à tâtons et je savais que, dans l'obscurité de la chambre, elle me regardait.

L'éclat glauque et blanchâtre d'un néon a percé toute la nuit les fentes des volets et, pour la première fois depuis que j'ai quitté Paris, j'ai senti à nouveau cette douleur au côté gauche. Je cherchais à retrouver le visage que je n'avais pas vu de la gamine en blouson au milieu des garçons, puis celui de cette femme, près de moi, sous le palais ducal d'Urbino. Chacun des clochers de Mantoue a sonné deux fois toutes les heures de la nuit.

J'ai retrouvé Lena au palais d'Arco. Les fresques qu'elle restaure, comme la petite Anglaise de jadis, sont celles d'un inconnu qui s'appelait Falconetto.

Il a peint les mois de l'année, le zodiaque et d'autres mystères à la manière des artistes du palais de Schifanoia à Ferrare. En entrant dans la salle où travaillait Lena, j'ai compris qu'il fallait que je retourne aussi à Ferrare puisque je devais aller jusqu'au bout de ce voyage où Hélène n'était déjà plus à mes côtés. La jeune femme portait un pantalon de toile écrue, une chemise de garçon, elle m'a paru plus longue et plus maigre. Le vieux petit monsieur qui m'a conduit à elle est resté un moment, les bras ballants, à contempler les allégories où le peintre s'est parfois représenté lui-même au bas d'un panneau ; ce n'était pourtant pas les peintures de ce Falconetto qu'il regardait. Lena a deux assistantes, deux étudiantes américaines qui s'activent sous ses ordres, ni jolies ni laides, un peu boulottes, de grosses fesses dans des jeans trop étroits et des poitrines bien rembourrées nues sous des tee-shirts blanchâtres. Les seins des grosses petites Américaines se balancent lourdement lorsqu'elles montent sur un tabouret, une brosse à la main, et c'étaient eux que le vieux gardien du palais d'Arco contemplait. J'avais pitié de lui. Lena est venue vers moi, la joue tendue pour que j'y pose un baiser. Ses seins à elle aussi étaient nus sous la chemise, je les devinais plats ; je l'ai imaginée dans les rues de Prague accostant des touristes. A Mantoue, elle est devenue la « *Professoressa* » qui distribue le travail, donne des ordres aux deux Américaines qui s'exécutent sans rechigner. Lena a sûrement souffert de la pauvreté, de la tristesse : elle est sans pitié pour les deux filles qui, balourdes, escaladent des échelles, transportent des seaux, des bâches pour recouvrir le sol. « Bernard est à son cours », m'a-t-elle lancé en revenant vers le fragment de fresque qu'elle nettoie.

Falconetto, qu'on vient tout juste de redécouvrir à Mantoue, a peint ici un torse de femme en bronze que de minuscules esclaves traînent sur un char doré. La précision du dessin a quelque chose d'aigu et de cruel ; des traits très fins cernent les formes de couleurs qui évoquent le modelé d'une statue. Je devine qu'au-delà des légendes qu'elles représentent on pourrait lire d'autres mystères dans le cycle qui se développe sur trois murs, les rites de cérémonies païennes et peut-être terribles. Je sais qu'il y a cinq ans seulement, ces étonnantes figures m'auraient donné envie d'en comprendre davantage et j'aurais tenté de les déchiffrer comme on lit un texte cabalistique, avec une émotion dont, l'évoquant plus tard, j'aurais dit qu'elle était « sacrée ». Mais dans ce palais glacial où trois jeunes femmes s'activaient lentement, je n'étais plus capable que de me laisser aller à une vague rêverie sur les seins de petites filles laides.

« Si ça vous intéresse, je vous donnerai la série des photographies que j'ai prises des fresques », m'a proposé Lena en essuyant ses pinceaux. Elle s'est assise à côté de moi, sur l'unique banc de bois placé au milieu de la pièce et a allumé une cigarette. « Ce que je voudrais essayer de faire, m'a-t-elle ensuite expliqué, ce serait reconstituer le panneau qu'on a détruit pour ouvrir une fenêtre. » Elle me montrait, sur le mur est de la salle, la grande croisée par laquelle pénétrait la lumière du matin ; je me suis mépris sur son propos : « Vous voudriez peindre vous-même la scène qu'on a détruite ? » Elle a secoué la tête : « Ce serait un faux, ce serait lamentable ! Non, je sais que je peux retrouver les personnages qu'on a anéantis ; c'est comme un livre dont une page a été déchirée : pour peu que vous ayez vécu très près de son auteur, il arrive un moment où vous pénétrez dans le livre et reconnaissez le chapitre manquant aussi parfaitement que ceux que vous avez dix fois relus. » Elle parlait d'une voix claire, avec cette pointe d'accent étranger qui l'animait d'inflexions inattendues : on aurait dit qu'elle énonçait un rêve qu'elle aurait fait — et je me suis dit que ce rêve aurait pu m'appartenir. Elle est demeurée assise encore quelques secondes, puis elle a soigneusement écrasé ce qu'il lui restait de cigarette et s'est levée d'un bond. « Au travail, les filles ! On lambine ! On lambine ! » Elle était d'une incroyable énergie et c'est cette énergie à inventer un passé mort que je lui ai enviée.

Un peu plus tard, elle a laissé les deux gamines frotter et gratter seules, et nous sommes allés boire un café dans un bistrot de la place. Elle fumait maintenant cigarette sur cigarette et, toujours vêtue de sa blouse blanche — le patron la connaissait bien, qui lui a fait un salut amical et ne m'a pas laissé payer les cafés —, elle semblait subitement très étrangère à cette petite cité de province italienne qui restait ville du Sud en dépit de l'hiver ; son accent, mais aussi une désinvolture, une brusquerie du geste et de la voix en faisaient bien cette femme d'Europe centrale ballottée d'homme en homme avant que Bernard ne la sauvât d'elle-même. Lorsqu'elle m'a proposé, comme autrefois Marcello, de me conduire à Sabbioneta, j'ai pensé à la petite Anglaise d'alors, puis à la vie de Lena dans les rues de Prague : j'avais la conviction, en cet instant, que si j'avais sorti un billet de 100 000 lires de mon portefeuille, Lena aurait fait ce que j'aurais voulu. Tandis qu'elle regagnait le palais d'Arco à grandes enjambées décidées, des images très crues traversaient mon esprit, où la femme de Bernard, le fils de mon ami Claude mort de n'avoir écrit qu'un seul livre, déployait la même fantastique énergie.

J'ai passé la soirée parmi le mobilier années cinquante de Bernard ; j'y étais mal à l'aise ; l'appartement ressemblait trop à celui de Claude, jadis, rue La Bruyère ou rue Chaptal, que Bernard n'avait pourtant pas connu. Au mur, une grande toile à la manière de Tamara de Lempicka me reportait plus loin, dans un passé plus ambigu encore, qui était celui où j'ai regretté parfois de n'avoir pas vécu : un entre-les-deux-guerres qui m'aurait peut-être amené, au bout du compte et dans l'apocalypse qui l'avait conclu, à oser choisir.

Avidement, cette fois, Bernard m'a interrogé sur son père ; je ne m'y attendais pas et n'ai répondu que des banalités ; on aurait dit que l'image de l'ami comme celle de l'écrivain se perdaient dans la même brume dont ma mémoire ne parvenait à faire surgir que des contours flous, inhabités. Puis Bernard m'a montré des photos, des lettres, celles-là mêmes dont il avait refusé qu'on les publiât. Un gros livre relié à la façon des albums de cartes postales renfermait des photographies de femmes ; il voulait savoir ce que telle ou telle avait été pour son père et le nom de celles qu'il ignorait. A sa belle indifférence d'il y a trois ou quatre ans avait succédé une curiosité insatiable, morbide peut-être, pour tout ce qui avait touché son père. Je reconnus quelques visages : une Nadège, une Marielle dont il nota scrupuleusement le nom sur un petit carnet recouvert de moleskine noire semblable à tous ceux que j'ai traînés si souvent dans mes poches. J'y découvris aussi une Marianne avec qui j'avais passé des vacances en Dordogne et qui, le matin, dans un lit étroit sous une fenêtre qui donnait sur la campagne, une rivière, des noyers me réveillait de ses caresses : « Celle-là, je crois que mon père l'a beaucoup aimée, me dit Bernard, et qu'il a beaucoup souffert à cause d'elle. » Je me souvenais de Claude qui me parlait de la mort de Pavese ; il chantait : « A cause, à cause d'une femme. » Un jour, plus grave, il avait prononcé, comme un poème religieux, la dernière phrase du journal de l'écrivain italien : « La mort viendra, et elle aura tes yeux », mais il avait corrigé l'avant-dernier mot pour dire : « elle aura *ses* yeux ». Bernard me parla enfin de cahiers qu'il avait retrouvés, où son père avait jeté l'esquisse d'un second roman : les regards des femmes qu'il avait aimées y répondaient à ceux de vierges, de saintes ou de déesses sur des tableaux de tous les tableaux du monde. Saisi d'une sorte de fièvre, Bernard est allé m'en chercher deux volumes ; j'ai reconnu la petite écriture fine, déchirée de Claude, mais comme je tentais d'en déchiffrer quelques lignes, son fils me les a presque arrachés : « J'aime mieux que vous ne les lisiez pas ; pas maintenant... » A quelques mètres de nous, assise dans une haute bergère ridiculement malcommode, Lena nous regardait avec, aux lèvres, un sourire que je n'ai pas alors compris.

Le lendemain, nous avons pris la route de Sabbioneta comme elle me l'avait promis et, tout de suite et avec une manière de rage contenue jusqu'alors, elle m'a parlé de son mari. D'abord presque indifférent à ce qu'elle me disait des faiblesses, des angoisses de Bernard, je continuais à me promener au plus secret de moi-même sur ces routes que j'avais parcourues avec Hélène dont l'ombre désormais ne me quittait plus. Lors de notre voyage en compagnie de la petite Anglaise, nous avions traversé les mêmes villages accroupis au bord des prairies et franchi sur un pont que je reconnaissais cette rivière qui se jetait dans le Pô : j'éprouvais une sorte de plaisir douloureux à tenter de m'en souvenir davantage. Cependant, Lena parlait toujours d'une voix sèche, embuée de l'accent qu'elle avait rapporté de Prague et qui lui revenait, plus rauque et par à-coups, quand la colère ou le déplaisir la saisissait — et c'était le ton calme, si calme, trop calme d'Hélène pour répondre par monosyllabes aux questions que je lui posais qui me revenait en échos. Ou alors, c'étaient ses silences ; voilà dix ans tandis que nous roulions vers « la petite Athènes » des Gonzague, j'évoquais notre retour à Paris, je faisais des projets d'autres voyages, un déménagement (pourquoi pas ?) et Hélène se taisait. Poussée à bout par les questions que je renouvelais (et si nous passions les fêtes de Noël chez des amis à New York ?), elle avait fini par en refuser l'idée en quelques mots très secs dont je n'avais pas compris alors qu'ils seraient sans appel ; j'en avais quand même éprouvé une sorte d'inquiétude — la première... — indistincte encore et dans le même temps, pourtant, je sentais près de moi la chaleur de la petite Anglaise qui conduisait d'une main, l'autre reposant sur le champignon du changement de vitesses, à quelques centimètres de mes genoux ; j'aurais voulu tout à la fois insister auprès d'Hélène pour qu'elle revînt sur un refus dont je ne souhaitais pas deviner les raisons, et poser ma main sur celle de la gamine dont les lèvres légèrement entrouvertes laissaient échapper un souffle que je devinais.

Peu à peu, les mots de Lena ont fini par franchir la muraille des souvenirs qui m'enfermait. J'ai compris que, de Bernard aujourd'hui à Mantoue, elle était revenue en arrière et me parlait de Bernard dans les rues de Prague, la première fois ; puis de Prague avant qu'elle connût Bernard ; ce qu'elle m'en dit alors recoupait tout ce que Charles, un jour, avait deviné : le pont Charles dans la brume, la longue tristesse sinueuse et superbe des rues de Mala Strana à la tombée du jour et les étrangers que Lena interrogeait du regard dans la lumière verdâtre du café Europa, l'heure passée ensuite en compagnie d'un inconnu dans une chambre d'hôtel ; et le rapport qu'elle faisait à la police, les détails les plus insignifiants qu'elle rapportait scrupuleusement comme si le titre du roman policier laissé ouvert sur une table de nuit ou la marque du dentifrice d'un homme d'affaires de passage en Tchécoslovaquie pouvaient être un secret d'État. Je me suis souvenu à mon tour de ces gamines fardées, ces jeunes femmes trop pulpeuses qu'on croisait voilà quelques années dans les halls d'hôtel entre Prague et Budapest, des questions qu'elles semblaient vous poser de loin, des sourires, puis du désir qui montait en moi lorsqu'une, enfin, s'asseyait dans un fauteuil voisin du mien, me demandait en anglais du feu, effleurait du bout des doigts ma main qui tendait un briquet vers une cigarette. Une seule fois, j'ai osé entraîner l'une d'elles jusqu'à ma chambre ; c'était à Varsovie à la fin des années soixante et le garçon d'étage qui veillait à la porte des ascenseurs avait baissé trop ostensiblement les yeux lorsque nous étions passés devant lui. Nue, la jeune femme m'avait demandé des cigarettes et avait paru surprise que je n'aie pas pensé à me munir avant mon départ de quelques pochettes de bas, au cas où...

Sabbioneta était vide. Nous avons marché dans les rues désertes de la petite ville inventée par un prince et Lena continuait à parler de Bernard, qui ne vivait plus que dans le souvenir d'un père qu'il avait si peu connu. Il tentait d'achever le livre commencé par Claude et passait ses nuits devant une vieille machine à écrire à taper sans fin des pages dont il se servait le lendemain matin pour allumer un poêle de faïence : c'était un combat au corps à corps qu'il menait avec une écriture oubliée dont Lena m'annonçait déjà qu'il était perdu d'avance.

Le malaise que j'éprouvais ressemblait bien à celui que j'avais ressenti quand Angela m'avait raconté son amour pour Charles : c'était, en somme, la même trahison qu'on me révélait avec la même impudeur. Pour ne plus l'entendre j'ai pressé le pas. A sa manière, Sabbioneta est aussi l'une de ces cités parfaites qui ont parsemé mes itinéraires. Je voulais redécouvrir ce que j'en avais lu un jour d'harmonie dans l'alignement de ses palais, l'ordonnance des places, la longue jetée des galeries aux stucs à demi effacés au-dessus des jardins. Mais Lena m'a rattrapé ; accrochée maintenant à mon bras, elle parlait toujours et mettait à me dire l'abîme où s'enfonçait Bernard la même énergie qu'elle déployait dans la salle des fêtes du Palazzo d'Arco à faire travailler ses assistantes. Jusque sur l'étroit plateau du théâtre fameux qu'on vient de restaurer, elle continuait son monologue ; face aux statues des muses qui surmontent les gradins du minuscule amphithéâtre, on aurait dit qu'elle donnait là une scène, qui aurait été celle de l'amour bafoué dans une pièce de la Renaissance florentine. De palais en église, d'église en loggia, elle me suivait, je la suivais, que sais-je ? et je ne parvenais pas à ne pas l'entendre. « Ce n'est qu'à vous que j'ai jamais osé avouer tout cela, finit-elle par me dire, parce que je sais que vous avez aimé le père de Bernard et que c'est à cause de lui qu'il est en train de devenir ce qu'il est... » Comme à Parme ceux d'Angela, les aveux d'une femme qui dit ses trahisons m'étaient insupportables. Nous étions dans la petite église de l'Incoronata où l'effigie en bronze noir de Vespasien Gonzague ressemble à l'image d'un de ces sages antiques qu'on a casqués de fer parce qu'ils ont aussi été capitaines ; assis sur son trône, dans l'attitude de qui réfléchit au destin du monde, seigneur venu tenter de vivre dans cette cité minuscule l'aventure d'une impossible Athènes où l'esprit seul aurait eu place, il paraissait m'interroger. Méditatif et sombre, perdu dans quel rêve à jamais inachevé, il récusait d'avance par son silence toutes les réponses que j'aurais pu lui faire. Alors, c'est moi qui ai entraîné Lena ; j'ai pris son bras ; Lena n'a rien dit, elle m'a suivi. Nous avons regagné la voiture et quitté sans un autre regard cette ébauche d'une ville où un prince avait tenté en vain de réunir en un lieu idéal l'intelligence et la beauté de son siècle : pas plus que le Gonzague qui avait échoué dans cette aventure, je n'étais capable d'aller plus loin.

En bordure d'une ligne de chemin de fer, quelques kilomètres plus loin il y avait une gare désaffectée : là, comme parmi les pavés de Sabbioneta, l'herbe poussait entre les rails ; une auberge misérable nous a accueillis, j'ai moi-même demandé une chambre et, sur le lit de fer aux ressorts qui grinçaient à chacun de nos mouvements, Lena a continué à me dire les impuissances de Bernard. J'ai fini par la gifler pour l'obliger à se taire : c'était la première fois que je frappais une femme, il m'avait fallu venir jusque-là pour le faire.

VI

Le lendemain, j'ai quitté Mantoue comme un voleur. Au retour de Sabbioneta, Lena conduisait sans un mot et un effroyable sentiment de solitude m'envahissait : jusqu'au fantôme d'Hélène qui s'était évanoui et que j'aurais alors voulu retrouver, lui qui n'a jamais hanté, depuis dix ans, que des heures de tristesse. C'est peut-être pour le rejoindre que je suis revenu à Ferrare — et puis, la peur, la terreur soudaine de revoir Florence, me faisait encore retarder le moment d'y arriver.

Sans même un coup de téléphone à Bernard, j'ai donc sauté dans le premier train ; il y a eu deux longs changements sur des quais de gare glacés, je me suis effondré dans un wagon marqué « Venise » : pour un peu, j'y serais resté jusqu'à la gare de Santa Lucia, mais plus encore que Florence, un retour solitaire à Venise m'aurait terrifié ce soir-là ; il y a des brumes sur la lagune, des odeurs qui montent des canaux, le goût du calmar frit le long des zattere que je n'aurais pu supporter de retrouver, dans l'état de délabrement moral où la scène dans l'auberge près de Sabbioneta m'avait à nouveau plongé. Les mots de Lena pour Bernard avant que je la fisse brutalement taire étaient d'une crudité si obscène, et prononcés avec une telle indifférence — Lena fumait après l'amour (si tant est qu'on puisse appeler amour l'espèce de fureur qui nous avait saisis : elle tremblait de tous ses membres tandis que je m'abattais sur elle) et faisait des ronds de fumée en détaillant pour moi les défaillances de son époux — que j'avais soudain vu à sa place une autre, qui lui aurait ressemblé : n'importe laquelle — ou toutes — en train de parler de moi. Sa lèvre, sous mon coup, avait saigné, mais elle avait ri d'un rire que je reconnaissais aussi : nu en face d'elle, blême et gras dans cette chambre sordide, je me savais grotesque et laid.

Je n'ai jamais connu Ferrare que dans le brouillard. La brume, les vapeurs basses, de longues nappes ouatées suspendues, indécises, entre le ciel et les rues plates, seulement percées çà et là de l'angle d'un palais, vont à Ferrare comme iraient, je pense, des robes d'un autre temps, capelines, tournures, à ses grandes bourgeoises recluses dans leurs salons. Née du Pô et parcourue de canaux qu'on a comblés pour en faire des rues, Ferrare est ville de la plaine que cernent encore de hauts murs : dès le début de l'automne et jusqu'au milieu du printemps, elle émerge des nuées qui montent à l'assaut de ses remparts pour lentement la pénétrer, noyer à leur tour de larges avenues plates qui la découpent en un plan régulier et répandre à travers toute la cité une odeur d'eau qui veille, de feuilles pourries, d'herbe détrempée. Jusque dans ses jours de plus grand froid, Ferrare semble tiède et pourtant glacée, molle mais hérissée de tours comme les contours aigus des Vierges de ses tableaux. Ferrare est ville d'entre les rêves et c'est bien là, cette fois, que Giorgio De Chirico a peint les murs de ses citadelles.

Ce matin encore, Ferrare est immergé dans ses brouillards. Le taxi qui m'amenait m'a laissé à l'hôtel, à deux pas du château, j'ai fait monter ma valise dans ma chambre et, tout de suite, je suis sorti arpenter la ville ; c'est ici qu'Hélène, le dernier matin, s'était accrochée à moi ; elle était soudain redevenue tendre et, le visage perdu dans son col de fourrure, elle se penchait vers moi : « Oh ! si ça pouvait durer... » Dix ans après, je sens encore le poids de son corps incliné sur le mien, la forme de son coude qui pénétrait ma poitrine.

Comme aujourd'hui, nous étions d'abord remontés jusqu'au château qui flottait au milieu de ses douves, le sommet des tours perdu dans les nuages. Il était onze heures, midi, et le jour était encore si sombre qu'on avait laissé allumés les réverbères : de place en place, des halos d'une lumière jaunâtre pénétraient ainsi un fond infiniment gris, à peine un peu plus pâle à la hauteur du ciel. Il faisait froid ; comme aujourd'hui, les brouillards étaient glacés.

Nous marchions pourtant lentement ; on aurait dit qu'Hélène cherchait à dessein à retarder la fin de cette promenade. Ainsi sommes-nous restés longtemps devant le pont de pierre qui enjambe les douves. Était-ce un jour de fête ? Un dimanche ? Les lourdes portes de bois étaient closes et nous n'avions devant nous qu'à-pics de brique rose, mâchicoulis, tourelles. En compagnie de mon ami Marcello que j'allais bien me décider à revoir tout à l'heure, j'avais un jour rendu visite au préfet d'alors, enfermé dans les immenses salons sombres et humides qui lui tenaient lieu d'appartements particuliers, quelque part au cœur du château. C'était un vieux monsieur maigre et triste ; il m'avait expliqué qu'il vivait dans l'un des plus illustres palais du monde, et qu'il y était seul. Sa femme, professeur de lettres à Lucca, ne revenait à Ferrare qu'un week-end par mois ; étudiants à Rome et à Milan, ses enfants n'osaient avouer à leurs camarades qu'ils avaient un père préfet : ils ne revenaient plus du tout. A cinq heures du soir, les employés, sa secrétaire quittaient la préfecture et le vieux monsieur maigre et triste restait seul à arpenter les couloirs déserts d'une demeure bâtie pour des princes frivoles et que hantaient seulement des fonctionnaires aussi tristes que lui. Par mesure de sécurité, on avait fermé à double tour tous les loquets, tiré des barres de fer sur les grosses portes de bois, installé des systèmes d'alarme ; seule une porte dérobée permettait de sortir de cette prison ; elle débouchait sur un escalier nauséabond. « Quelquefois, pourtant, avait dit le préfet, je me débrouille pour déverrouiller la fenêtre qui donne sur un balcon de pierre au milieu de la muraille et sur les douves ; et de là, je regarde la ville qui s'étend autour du château, en cercles successifs, jusqu'aux murs puis aux campagnes. » Il y restait debout des heures, indifférent au froid qui le gagnait, à arpenter du regard sa ville, qu'il en était arrivé à haïr en même temps qu'adorer. « Savez-vous qu'au bout du compte, j'y prends une sorte de plaisir auquel je ne résiste plus », m'avait-il avoué en me raccompagnant jusqu'à la porte blindée qui séparait ses bureaux de l'escalier d'honneur. « Ferrare ressemble à ces eaux profondes et sombres qui attirent, fascinent et vous noient... »

J'avais raconté à Hélène la belle histoire du préfet triste ; elle m'avait écouté sans rien dire. Puis j'avais à mon tour parcouru avec elle les trois cercles qui dessinent, en somme, trois villes à partir de ce château improbable et silencieux. Nous avions d'abord marché le long des rues étroites, parfois couvertes et voûtées, qui sont celles de la ville médiévale, boyaux sombres et qu'on disait autrefois dangereux à la tombée du jour. Le pavé inégal est fendu de rigoles où la boue s'accumule avec des détritus. Les portes des échoppes qui s'ouvrent à peine à hauteur d'homme semblent mener à d'autres boyaux plus humides encore, à des caves ; et pourtant, par endroits, un palais que rien ne distingue au premier abord des autres façades se détache quand même de cette grisaille ; on devine alors des fenêtres en ogive sur des balcons élégamment ciselés, parfois des linteaux de marbre, une corniche claire semblable à une pierre précieuse sertie dans quelle gemme obscure ?... Des rumeurs, des bruits confus, des éclats de voix s'échappent de ces caves ; on imagine des glissements, des existences cachées qui ne sortent de terre qu'à la nuit tombante. Ce fut là la Ferrare de Teraldo de Canossa et de sa petite fille Béatrice, avant que les Este y établissent la première cité nouvelle de la nouvelle Europe : chaque fois que, des rues étroites et tortueuses de la vieille ville, j'ai gagné les quartiers ouverts de la ville neuve j'ai peut-être entrevu, comme à Mantoue face au château, les plans de la cité idéale que toute ma vie j'ai cherchée, puisqu'un poème, en somme, est une ville et que je n'ai jamais su écrire que de très gros romans. Il y a les poèmes de l'ombre et ceux de la raison, ce sont eux qu'Ercole d'Este et ses fils ont tracés tout le temps qu'a duré leur règne, à grandes envolées de rues larges aux pavements réguliers, de longs palais en bordure de parcs, de cours qui s'achèvent en jardins bien plats, bien carrés, de loggias, d'arcades ; pourtant, sous cette raison qui se voulait lumière, couve une folie, ce fut celle du Tasse, amoureux d'une princesse qu'il pouvait seulement regarder ; d'où, à Ferrare, ces questions hérissées de pointes qui vous défient...

Avec Hélène, lors de ce dernier voyage, nous avions ainsi marché dans ces avenues pensées par l'homme avant que d'être offertes aux bâtisseurs ; les perspectives y paraissent infinies, barrées seulement à leur extrémité de murailles qu'on devine à peine ; là, tout est lumière et pointes de diamant comme les pierres taillées du palais de Sigismond d'Este qu'on dit aussi « palais des Diamants ». Toutes les portes sont closes ; il suffit pourtant de les pousser, elles tournent lentement sur leurs gonds pour ouvrir d'autres perspectives, des espaces parfaitement définis où l'herbe des jardins, les grandes branches des arbres répondent aux façades claires : de la ville morte et grouillante pourtant d'une vie souterraine, on est entré dans la ville vivante, neuve mais déserte, que traverse seulement çà et là un petit vieillard pressé, un domestique qui regagne à la hâte une grande maison silencieuse — car de toute la ville des Este, qui vécurent selon l'esprit, ne s'échappe que le silence. J'aurais voulu, ce dernier jour avec Hélène, marcher sans trêve sur ces pavés ronds comme les galets du fleuve où l'herbe poussait partout entre les pierres, mais elle a pressé le pas. On aurait dit qu'une grande décision achevait de se dessiner au plus profond d'elle-même. En quelques minutes, nous avons ainsi franchi la barrière du troisième cercle, pour entrer dans la ville bourgeoise, tout en boutiques d'une belle époque ampoulée, cafés à banquettes de cuir, miroirs, glaces, cuivres, ormoulus. Les lampadaires y sont aussi Victor-Emmanuel que les portes des maisons riches, le théâtre qu'on a construit face au château. Arrivés devant notre hôtel qui était celui où je suis à nouveau descendu, comme j'allais gagner notre chambre, Hélène m'a retenu : « Prenons un café au bar, veux-tu ? J'ai besoin d'un café... » Parvenu aujourd'hui à ce point de la promenade que j'avais ainsi refaite sur les traces de nos pas, j'ai commandé un café au même vieux serveur glabre vêtu d'un gilet rayé et je l'ai bu d'un coup, brûlant, très fort, sans sucre ; mon cœur battait plus vite.

Passant devant le château où des fresques voluptueuses racontent encore des jeux très païens au plafond des salons d'apparat, tandis que dans l'aile voisine, un préfet, celui-là anonyme, arpente sûrement toujours les couloirs obscurs de ses bureaux, je me suis d'abord souvenu de la tristesse de cet Amadeo Farinelli qui m'y avait accueilli jadis en compagnie de Marcello et de sa mélancolie face à la ville qui le cernait de toutes parts, prisonnier qu'il était derrière ses portes barricadées, ses hautes murailles, ses douves. Marcello m'avait pourtant raconté que ce fonctionnaire gris et pâle était aussi poète ; il m'avait montré quelques plaquettes de vers publiées par lui sous un nom d'emprunt, où le masque du préfet tombait : il y parlait d'amour et de femmes. Citant un jour un passage de Proust, il avait dit à Marcello que, passion pour passion, collection pour collection, vieux livres, estampes ou dessins, tableaux, bronze, que sais-je ? folie de la chasse, des voitures de course, du bridge ou de la bicyclette — autant valait la passion des femmes. Les poèmes étranges qu'il écrivait racontaient cette passion-là, qu'il rêvait seul, debout sur son balcon de pierre accroché à la façade nue du palais biscornu qu'ont rebâti les Este au-dessus des douves noires et des trois cités étendues l'une après l'autre, en arcs réguliers, jusqu'aux murailles. « De loin, il rêve au Pô qui, jadis, arrivait ici... », m'avait dit Marcello. Mon ami m'avait donné deux ou trois des petits recueils de poésie du préfet Farinelli, au nom de castrat fameux, qui signait Deste, en un seul mot, comme pour affirmer sa propriété sur la ville qu'il tenait d'une poigne si mélancolique qu'on avait fini par le mettre à la retraite d'office pour le remplacer par un fonctionnaire brutal venu des Pouilles ou de Sicile. Je me suis même souvenu de quelques vers de ce Farinelli-Deste : le poète plus-que-préfet (comme on aurait pu dire plus-que-parfait dans l'indicatif éphémère d'un présent qui ne l'était pas moins) y disait la molle langueur de ces plats paysages étendus sans limites ni barrières autour de la ville et de sa vie, d'une Italie du Nord qu'il haïssait parce qu'il était toscan, où les femmes inclinaient le visage, moites en été, pâles et froides en hiver, comme les rues de ses villes, les fresques aux murs des églises, les saintes en extase au-dessus des autels ; il vivait dans la nostalgie d'une Florence perdue dont, exilé par un arrêté ministériel qui, à vingt-cinq ans, l'avait nommé ailleurs, il regretterait à jamais la vibrance, l'énergie, la lumière. « Et j'ai choisi pourtant de m'établir ici, m'avait dit Marcello commentant ce poème, pour ce qu'il y a d'obscur et d'indécis en chacun de nous comme en moi, de tendresse un peu molle et (acheva-t-il en un éclat de rire narquois) pour l'oubli qu'on éprouve face aux suaves beautés émiliennes ou romagnoles, langoureuses, lascives, alanguies, parfumées... » Il montait ce jour-là des douves du château des Este une odeur un peu fétide qui m'avait rappelé Venise. Quant au préfet Farinelli, chassé de sa préfecture en forme de château des brouillards, il avait quand même choisi de demeurer lui aussi à Ferrare où il était mort toujours aussi solitaire. L'évêque avait permis qu'on l'enterrât — seul — dans le cimetière des carmélites, loin, tout au bout du vieux quartier de la ville.

J'ai retrouvé Marcello chez lui à l'heure du dîner. Il vit comme moi entouré de livres, mais ce sont ici encore des livres qu'on a lus, étudiés, soulignés comme certains des miens, au crayon noir ; des livres annotés, écornés, quelquefois déchirés qui sont des compagnons vivants et non les objets vaguement éteints, voire morts, d'un musée figé par qui ne fait plus qu'en caresser les trésors inutiles dans une orgueilleuse et vaine beauté. Dans la grande maison de la piazza Ariostea, tout en bibliothèques et rayonnages échelonnés d'étage en étage, s'étend et se multiplie jusque dans les escaliers et dans les salles de bains, comme une science qui n'aurait pas de fin, toute l'histoire de l'art de cette Renaissance dont Marcello a fait sa patrie. Il la parcourt sans trêve des premiers bastions isolés qui ont amorcé — à Sienne ou à San Gimignano — sa naissance jusqu'aux ultimes massifs qui la bornent à ses dernières marches, exsangue des élans qui furent son énergie mais mouvant encore d'une vie croupissante, vénéneuse, où je sais que mon ami se laisse entraîner à ses plus enivrantes rêveries : au cœur de cette cité dans la cité, comme à l'épicentre de l'immense frisson qui a secoué l'Europe pendant près de trois siècles, Florence se dresse en citadelle inexpugnable. Aussi, deux ou trois jours par semaine, Marcello Corti quitte-t-il les sortilèges ambigus de la plaine du Pô pour la villa d'une amie au-dessus de Florence. Là, il étudie encore, lit, écrit pour revenir très vite à Ferrare, prêt à succomber de nouveau à ses envoûtements.

En quelque vingt années, Marcello a publié quatre ou cinq ouvrages qui sont des sommes sur la peinture à la cour des Este ; mais il a écrit aussi une œuvre plus secrète, deux ou trois minces volumes tout au plus, recueils de contes, de nouvelles au réalisme fantastique, qu'il appelle *Les Histoires de Ferrare*, où de très vieilles dames parcourent les rues de la cité pour rencontrer d'autres vieilles dames, plus vieilles encore qu'elles, qui leur racontent d'autres histoires, d'autres contes et là, de belles abbesses, des bourgeoises qu'a ruinées un seul amour se chuchotent dans l'ombre des salons du corso Ercole d'Este ou de la via Cavour d'autres légendes encore, qu'elles ont entendues d'une grand-mère qui fut belle et jeune, un peu sorcière, sortie tout droit de l'une ou l'autre des fresques lascives aujourd'hui à demi effacées aux murs du palais Schifanoia. Éclatés comme les mille pointes de pierre claire du palais des Diamants, ces récits imbriqués les uns dans les autres remontent à l'infini le cours de l'art et de l'histoire pour aboutir tous à un temps incertain et à une seule femme qui s'appelle Giuditta, la seule que Marcello ait aimée, qu'il aime encore et qui est depuis trente ans sa femme. Partout, et à chaque étage, dans toutes les pièces, naissent parmi les livres, pieusement posées sur un rayon contre les dos fatigués des volumes dix fois relus, des photographies de Giuditta à vingt ans — et je sais que rarement dans ma vie j'ai vu de visage plus pur au sens où devaient l'entendre — et les peindre — les artistes de Ferrare : angélique et dangereuse, la Giuditta de vingt ans qu'aime Marcello avec une ferveur de prêtre — il célèbre, en somme, son culte dans chacun de ses livres, grave étude sur l'art de la ville ou *Histoires de Ferrare* — est à sa place, photo parfois jaunie comme d'une très ancienne jeunesse, dans le moindre recoin de la vaste maison qui domine une place longue, verdoyante et profonde, qui fut un ancien théâtre, une naumachie.

Marcello m'attendait dans la plus grande de ses bibliothèques, celle consacrée à Florence. Posé sur un chevalet, un seul tableau évoque les femmes de Filippo Lippi ; c'est le portrait d'une très jeune femme au visage lourd et sensuel qui ressemble bien à cette Lucrezia Butti qu'aima à s'en damner le vieux Lippi ; elle tient un poignard entre les mains, ce pourrait être Lucrèce sur le point de s'immoler, mais aussi Judith qui va aller vers Holopherne. Un feu brûlait dans la cheminée, les deux bureaux qui se font face étaient chargés de livres et de dossiers, un petit ordinateur y voisinait avec des pots de plumes, de crayons, de stylos de toutes les couleurs et Marcello m'a offert un verre d'un vin cuit émilien qu'il affirme bien haut préférer à tous les portos du monde.

Nous sommes restés plus d'une heure dans de grands fauteuils de bois devant la cheminée ; moi qui ne sais plus boire, je vidais un à un les petits verres pleins à ras bord d'un liquide au carmin lumineux et sombre que me tendait mon ami — et la double chaleur du feu et du vin peu à peu m'envahissait. Je fumais, comme Marcello, cigarette sur cigarette ; je l'écoutais me raconter Ferrare depuis mon dernier passage, voilà dix ans. Il énumérait les morts et les mariages, les naissances, les départs, sur le même ton dont il me disait les découvertes qu'on y avait faites, telle salle d'un palais qu'on avait nettoyée pour y trouver, sous l'enduit, une fresque oubliée — ou un jardin tout près d'une tour d'angle auquel on avait rendu sa grandeur. Puis, comme dans ses livres, le temps a cessé de compter et le passé le plus ancien est venu se mêler à sa vie de tous les jours ; il a évoqué des chroniques manuscrites dénichées dans une cave murée qui remontaient aux premières années du règne des premiers Este ; les noms de princesses illustres ont rejoint ceux des peintres qui les ont peintes, des poètes qui les ont dites ; il a cité quelques vers du Tasse qui décrivait une fontaine récemment surgie sous les remparts et qui coulait là, s'écoulait simplement dans un fossé pour se perdre dans un marais bourbeux : le poète fou y chantait une dame qu'il avait courtisée au bord de son eau claire, la gorgée qu'elle en avait bue, l'éclair de beauté qui l'avait alors transfigurée. De poème en peinture, de femme en femme, il en est arrivé à la sienne, à Giuditta qui se reposait dans une pièce voisine. Il m'a ainsi montré l'agrandissement qu'il venait de faire effectuer d'une photo d'elle, à quatorze ou quinze ans, encore toute nimbée des voiles un peu épais de l'adolescence dont elle se dégagerait, comme d'un cocon ; il m'a dit la transformation des femmes aimées qui devenaient peu à peu ce que nous les voulions, la jeunesse qui dure, l'âge qui vient, l'amour qui reste.

Un grincement nous est parvenu de derrière une porte. Marcello s'est levé : « La voilà... » C'était le mari amoureux qui allait au-devant de l'épouse ; il a ouvert la porte et Giuditta est entrée. C'est-à-dire que, dans un bruit d'essieux rouillés et de roues bancales, l'antique chaise roulante de bois et d'acier où elle trônait s'est avancée dans la bibliothèque, bientôt rejointe par Marcello qui, après avoir tendrement embrassé sa femme sur le front, l'a poussée jusqu'à l'immense cheminée. Énorme, difforme, les jambes semblables à de grosses colonnes tordues surmontées d'un tronc presque sphérique, goîtreuse, les lèvres pendantes, la chevelure retenue par une sorte de diadème, Giuditta m'a souri : depuis trente ans, Giuditta Bellini, devenue l'épouse de mon ami Marcello, n'a jamais prononcé une parole — mais son mari couve ses silences et boit à ses regards comme il écouterait la voix de celle qu'il aime lui raconter ses journées solitaires dans la chambre aux rideaux jaunes qui donne sur un jardin.

L'histoire de Giuditta Bellini vaut bien tous les mélos du monde. Folle amoureuse à vingt ans d'un homme qui la trompait, elle l'a tué d'une décharge de chevrotines, puis, Paulina païenne d'une Ferrare des années cinquante, s'est jetée par la fenêtre aux rideaux jaunes de ce palais de la place Ariostea où, immensément riche, elle vivait seule avec un domestique depuis la mort de ses parents ; ce sont, en somme, les morceaux de Giuditta cassée, de Giuditta muette, que Marcello, amoureux transi et jusque-là éconduit, a recollés, soignés jusque devant le tribunal qui l'a jugée ; ce sont ces débris déjà informes de ce qui avait été, disait-on, la plus jolie fille de Ferrare, qu'il a épousés après deux ans d'hôpital. Et si, les premiers temps, les Ferrarais ont pu dire que la fortune colossale de ce qu'il restait de la jeune fille avait conduit là mon ami, les plus mauvaises langues se sont bientôt tues et plus personne à Ferrare ne doute aujourd'hui que l'histoire d'amour entre le petit professeur et le monstre cloué vivant dans sa voiture à roulettes ne soit une grande et belle histoire d'amour.

Il allait me falloir passer deux ou trois heures encore entre le mari et la femme, en sachant que

Giuditta m'écoutait parce que j'étais l'unique distraction de sa journée sinon de la semaine écoulée, et soutenir le regard encore vivant au milieu de toutes ces chairs gonflées et mortes — qui me dévisageait, ironique, presque dur. Racontant sur un ton détaché mes séjours à Parme et à Mantoue, les rencontres que j'y avais faites, les amis retrouvés, je donnais le change du mieux que je le pouvais pour tenter de dissimuler le trouble que j'éprouvais — et je savais que ce regard d'un brun doré fixé sur moi me disait : « Cause toujours, mon bonhomme, nous savons bien, nous qui sommes heureux, que tu es malheureux comme les pierres... »

Peu à peu, pourtant, la tête de l'énorme chose qui me faisait face s'est inclinée sur une épaule et j'ai compris que, les yeux grands ouverts, Giuditta dormait ; j'ai respiré plus aisément. Tendrement, Marcello a ramené sa femme jusqu'à sa chambre, il est revenu dans la bibliothèque et m'a proposé de dîner dehors, dans un bistrot, n'importe où. Je me suis couché de bonne heure, épuisé par tout ce que Ferrare recelait d'ombres et de lumières troubles.

Le lendemain matin, dans le brouillard, j'ai fait les pèlerinages qui sont les miens, le musée installé dans un palais en restauration, les figures étranges et tourmentées de peintures qui semblaient soudain des caricatures grimaçantes de l'amour de Marcello pour Giuditta mais dont le langage, comme ailleurs, m'échappait. Je suis allé ensuite au palais Schifanoia où l'amour le plus païen s'étale en images rien moins qu'équivoques, fût-ce à demi rongées par le temps, sur les murs d'une salle haute. Dix fois, j'ai entendu Marcello me raconter ce qu'il savait des mystères de ces peintures, ces femmes que des hommes troussent sur des herbages clairs, ces lapins en rut parmi les fleurs, ces poètes affairés auprès de jeunes demoiselles aux visages épanouis d'un Filippo Lippi mais si pleines d'un autre désir. Avec lui, j'ai tenté de déchiffrer les nombres et les lettres jamais tout à fait avouées qui se cachent derrière les fenêtres closes de ces façades peintes et qui, ce matin, me semblaient vidées de leur puissance émotionnelle, tout juste bonnes à provoquer en moi une curiosité distraite, machinale : c'était comme une langue cabalistique que j'aurais un temps parlée et dont il ne me resterait que des bribes. Les déesses traînées sur des chars triomphaux par des animaux emblématiques, les statues de bronze dressées sur des autels, les paysans en habits de prêtres persans ne récoltaient que des poignées de blé, quand je savais bien que ces herbes et ces graines avaient un sens obscur et pourtant évident qu'il m'aurait fallu suivre mot à mot et de fresque en fresque, comme on épelle une lettre d'amour ou une formule magique. Deux touristes allemands devaient faire des commentaires savants dans un coin de la salle ; ils sont restés longtemps devant chaque signe du zodiaque peint au bas des fresques ; en d'autres temps, leurs éclats de voix m'auraient dérangé : ils ne me gênaient pas. Admirant comme par habitude le modelé d'un visage selon Francesco del Cossa, la silhouette plus énigmatique d'une dame à la blanche tournure inventée par Ercole de' Roberti, je ne regrettais même plus les figures disparues de Cosme Tura dont la trace s'est effacée sur les murs dévastés par les pluies, les gels, le froid de cinq cents hivers : c'était une musique, en somme, qui m'avait été familière, et que j'écoutais distraitement comme j'avais pu ne pas entendre Liszt dans un salon parisien. Je savais qu'un mystère se dissimulait là, derrière le front bombé de ces femmes, au-delà de leurs corps arrondis et courbés sous la robe dont un jour Marcello (il était ivre au coin du feu de son vin cuit) m'avait avoué que c'était seulement face à elles qu'il pouvait, solitaire et dans cette salle dont il possédait une clef, se donner à la hâte un monstrueux et sinistre plaisir. J'allais quitter la salle quand je me suis retourné une dernière fois ; et soudain, le visage de l'une de ces prostituées en manteau de brocart m'a arrêté. Il me regardait, m'interrogeait — et mon cœur a battu plus fort. Je suis revenu vers elle qui souriait, vaguement ironique sous la coiffe compliquée qui dessinait autour de son front une auréole profane. Les voix des touristes allemands s'étaient tues ; j'étais seul face à une femme qui m'appelait — et que j'ai brusquement désirée. Le désir, dès lors, comme une vague...

Je suis demeuré longtemps devant cette femme en qui je reconnaissais toutes celles vers qui j'étais allé, las, inquiet, tremblant. Elle était de celles qui s'offrent mais qu'on paie ; de celles qu'on regrette toute une nuit de n'avoir pas arrêtées ou pour lesquelles on se lève à l'aube, afin de les retrouver à travers des corridors déserts dans un hôtel étranger. Elle était de celles qu'on possède à la hâte, avec une sorte de fureur — je me souvenais de Lena, mais Lena était vivante et cette femme peinte était morte voilà cinq cents ans : c'était le même désir obscur, honteux, cette fascination qu'avait le préfet Farinelli pour l'eau noire des douves et qui l'avait fait ne pas quitter Ferrare. Pour la première fois depuis longtemps, je devinais quelque chose qui montait en moi, mais c'était un sentiment dont je ne voulais pas parce que je savais aussi que chaque fois, *après*, il y avait ce dégoût dans le cœur, dans la bouche ce sale goût d'alcool et de cigarettes et ces odeurs moites de parfums trop forts. La femme, sur le mur, souriait toujours — et je suis demeuré là, pétrifié, jusqu'à ce qu'un gardien me frappe sur l'épaule : « Signore ! Signore... » Je devais être très pâle, il me croyait malade ; j'ai descendu en titubant l'escalier de secours à l'extrémité de la salle. Dehors, le brouillard était encore épais, mais le soleil apparaissait au-delà et donnait à toute chose une lumière dorée qui tenait autant du sortilège que le regard de la putain au collet de vison. Quelques bouffées d'air m'ont revigoré ; pourtant, je ne regrettais pas l'espèce d'extase ambiguë qui m'avait saisi ; je me disais qu'à Ferrare, enfin, j'avais peut-être recommencé à sentir.

Marcello a voulu donner un dîner pour moi ; je crois bien que c'était la première fois puisque, même lors de ma visite avec Hélène, il ne s'était pas risqué à cette expérience : marié — ô combien — à Giuditta, Marcello vit quand même en homme seul. Il avait donc fait venir un cuisinier de la Bussola, le restaurant du corso della Giovecca, et Lucia, sa vieille domestique, avait dû passer la journée à fourbir l'argenterie. Quand je suis arrivé, le couvert était mis dans la galerie du premier étage qui servait de salle à manger du temps des parents de Giuditta ; Marcello avait simplement rangé en piles le long des bibliothèques les monceaux de livres qui en encombraient la longue table de chêne achetée dans un couvent. La vieille bonne avait sorti des grands placards qu'on fermait à clef par habitude un service du début du siècle dernier : elle avait, à proprement parler, mis les petits plats dans les grands, superposant trois assiettes de tailles différentes devant la place de chaque convive. Avant même de me débarrasser de mon manteau, Marcello a tenu à ce que j'admire son couvert et les fleurs disposées sur une nappe qui lui venait aussi des parents de sa femme : « J'ai voulu qu'au moins une fois dans ta vie, tu voies jusqu'à quelles phénoménales altitudes peut s'élever le luxe de nos petites vies de bourgeois de province ! » Il avait un sourire en coin, tout fier de lui en vérité, soucieux pourtant de ne pas trop le montrer. Il attendait ma réaction ; j'ai fait de mon mieux pour ne pas le décevoir.

Les invités sont bientôt arrivés, puis Giuditta que Marcello est lui-même allé chercher dans sa chambre pour la ramener dans sa haute chaise grinçante et l'installer en bout de table, face à moi qui, le dos à la cheminée, occupais ainsi la place d'honneur. Pendant les apéritifs, on m'avait présenté le recteur de l'université de Ferrare et sa femme, un ancien ambassadeur à monocle, le directeur du principal journal de la ville, un homme vêtu de noir, œillet rouge à la boutonnière, dont on m'expliqua qu'il était le questeur de Florence de passage à Ferrare, et un couple d'étudiants que Marcello avait conviés, m'expliqua-t-il à la fin du dîner, simplement parce qu'ils étaient beaux. C'était pourtant la laideur absolue de Giuditta qui les écrasait tous et dont la formidable aura enveloppa la soirée.

Tout de suite, je me suis rendu compte que ce dîner, quelque part au bord de la plaine du Pô, n'était que la caricature de ceux que j'avais vécus depuis tant d'années à Paris ; mieux : c'en était la démonstration par l'absurde de toutes les vanités. Chacun des hôtes y tenait un rôle que j'avais vu jouer à Auteuil ou Neuilly par un autre professeur, un autre magistrat, un journaliste qui ressemblait à ce journaliste-là ; ceux de Paris jouaient comme on joue dans une grande ville, en douceur, avec la retenue qui s'impose à des comédiens de vieille souche ; ici, nous étions sur une scène de province : avec ni plus ni moins de conviction pourtant, les acteurs cabotinaient à cœur joie. Ils étaient exécrables, pas vraiment drôles, et je n'avais pas envie de rire : un peu perdu au milieu de leurs conversations et des éclats de voix, l'angoisse qui montait de nouveau en moi était elle aussi la caricature de mes plus anciennes angoisses. On parla de tout : politique, littérature, journalisme ; chacun pérorait, sûr de lui et surtout de ce qu'il représentait, l'université, la diplomatie, le poids du journalisme sur la scène du monde. Le recteur pontifiait, le questeur surenchérissait sur les affirmations de l'ambassadeur qui regrettait le temps des polices à poigne et le journaliste, la main sur le cœur, protestait de sa bonne foi quand il s'affirmait libéral et jacobin. Je me souvenais d'un dîner semblable, en Bretagne, où un journaliste parisien avait, de la même façon, toisé tous les autres des sommets olympiens d'une vertigineuse bonne conscience qui lui faisait croire qu'hors du grand journal du soir où il écrivait, il n'était ni vérité ni miracle ; j'avais oublié que nous vivions en un temps où les éditorialistes ont pris le relais des penseurs et où la presse prétend remplacer les idées que nous n'avons plus le temps d'avoir ; j'avais cru bon de lui répondre que je ne lisais guère son journal, il m'avait dévisagé : « Avec le métier qui est le vôtre ? » Il était suffoqué de stupéfaction, bientôt d'indignation devant mon indifférence et me dévisageait comme un animal étrange, une pièce de collection un peu répugnante dans le tableau de chasse de la maîtresse de maison. Lui-même avait jadis professé sur une partie du monde en ébullition des jugements qu'il valait mieux qu'on oubliât ; il n'en affirmait que davantage la rigueur morale et l'intransigeance sans partage de son journal, bible et prophète tout à la fois. « A quoi servirait la vertu si on ne pouvait s'offrir le luxe de l'outrager de temps en temps ? » m'avait soufflé une voisine malicieuse ; mon interlocuteur l'avait entendue, il s'était levé de table. Nous n'étions ici qu'à Ferrare, en Italie et pas en France, le journaliste indigné se borna à crier un peu plus fort que les autres, on servit un cochon de lait rôti, je n'avais toujours pas envie de rire. Lorsque j'avais quitté cette maison de Bretagne où je m'étais essayé — sans pourtant réussir à m'en amuser — à outrager un excellent journaliste qui n'avait que le tort de ne pouvoir comprendre qu'on remît en doute le caractère sacré de sa caste, j'avais marché un moment sur la digue qui la reliait au rivage, seul comme à Ferrare, face à une lune ridicule à force d'être si parfaitement ronde, quand un bruit de pas derrière moi, dans ce silence plein des mille bruits de l'eau et des herbes que le vent, même immobile, balaie, m'avait fait me retourner. C'était la jeune femme qui m'avait, l'heure d'avant, glissé une boutade à l'oreille ; elle m'avait déjà rejoint et nous nous étions avancés un moment en silence sur la longue enfilade de ciment et de rochers dont l'eau, presque sur le point de la recouvrir car c'étaient les grandes marées d'hiver, balayait les deux flancs d'un va-et-vient si régulier que ses bruissements auraient pu évoquer le chant des cigales en Provence. La lune était en face de nous sur la rive, piquée juste au-dessus des dernières maisons du petit port. La jeune femme avait soupiré : « Comment faire pour les supporter tous ? » Comme je n'avais pas répondu tout de suite, elle s'était reprise : « Après tout, la vraie question, c'est : comment faire pour me supporter moi-même au milieu de tous ceux-là ? » J'étais trop accablé de menus et dérisoires chagrins pour vraiment l'écouter ; je lui avais fait une réponse sans conséquence, drôle, peut-être, car elle avait eu un petit rire — mais un petit rire triste. « L'arrogance de ces gens... », avait-elle encore murmuré ; puis elle s'était tue. La lune et les maisons de belles pierres grises sur le port faisaient autour de nous le décor irréel d'une mise en scène d'opéra où un démon marin venu de la mer tente une dernière fois de séduire une femme avant de retourner à jamais à son océan. Peut-être la jeune femme a-t-elle vu, un instant, le marin disparu émerger dans les vagues : elle s'est arrêtée pour observer un point quelque part dans le reflet d'argent brillant que la lune faisait à la crête des lames ; on aurait dit qu'elle espérait ; je n'ai pas su prendre sa main. Deux jours plus tard, elle se suiciderait dans un appartement de l'avenue Marceau, trop lasse — ç'avaient été ses mots griffonnés sur le papier laissé à côté d'elle — trop lasse des dîners en ville. Jamais l'idée n'a traversé la pensée de mon ami journaliste trop bien-pensant que cette Marie-Jeanne avait pu se tuer parce qu'elle en avait assez de lui et de ses semblables ; ce n'est que bien plus tard que j'ai compris qu'elle était peut-être morte aussi un peu à cause de moi et de ceux qui me ressemblaient. Marie-Jeanne avait été la meilleure amie d'Hélène mais déjà, au temps de ce dîner, Hélène m'avait quitté depuis longtemps.

Lorsqu'on a apporté sur la table un bel et gros, bien écœurant moka, le journaliste et le diplomate continuaient à se disputer ; à leur manière, c'était aussi une scène d'opéra qu'ils se jouaient, mais d'un opéra italien où les chœurs les plus tragiques ont des allures guillerettes de polka : seul le regard doré que Giuditta posait tour à tour sur chacun des convives donnait à la scène qui se jouait autour de moi une ambiance de drame très sombre où les musiques en apparence les plus gaies sont bien les plus lugubres.

Le questeur florentin était en train de parler de Florence, Marcello discutait avec lui de la forme d'un chapiteau dans l'un des cloîtres de l'hôpital des Innocents, et brusquement l'atmosphère de cette Ferrare endormie sur les rives d'un fleuve qui s'est détourné d'elle m'a paru plus épaisse et plus vénéneuse encore. Les portraits suspendus dans les rares espaces demeurés libres entre les bibliothèques étaient ceux de femmes aux traits trop doux, aux lèvres entrouvertes et aux formes « graciles » — comme toutes celles que je n'avais pourtant pas su voir aux coupoles des églises et dans les palais que j'avais parcourus depuis mon arrivée en Italie. C'est Hélène qui me disait, des saintes et des martyres du Corrège ou des Carrache, qu'il y avait en elles quelque chose de très trouble, d'indécis, qui la mettait mal à l'aise ; Hélène, en somme, était elle aussi de ces femmes qu'on dit « énergiques ». Je savais depuis le premier jour qu'elle ne supportait ni le mensonge ni l'ambiguïté des sentiments et, moi qui n'ai jamais su vivre hors de ces chemins-là, je tentais des accommodements avec un ciel chaque jour un peu plus courroucé. C'étaient mes demi-mesures, ces faiblesses, mes hésitations qu'Hélène n'avait plus tolérées — car elle était, à sa manière, parfaitement intolérante : toute ma vie, face aux journalistes qui m'accablaient de leur bonne conscience comme à Hélène qui ne pouvait que juger, j'ai proclamé ma tolérance, non comme une vertu, mais comme une faiblesse. Et ces femmes, sur les murs de la salle à manger de mon ami

Marcello où nous achevions un médiocre dîner qu'il devait croire somptueux, étaient le reflet de toutes les tentations auxquelles je n'avais su résister : douceurs moites, tendresses inavouables, brusques flambées de désir pour les plus vulgaires des putains. Un instant, mon attention s'est concentrée sur l'un de ces tableaux ; la femme qu'il représentait n'avait rien d'exceptionnel : le teint pâle, maquillée de mauve et de violet, elle semblait lever avec peine des paupières trop lourdes pour me dévisager. Alors, comme un peu plus tôt au palais Schifanoia, j'ai senti un trouble monter en moi ; je me disais que ce serait simple et reposant de se laisser aller sur ce sein que je devinais épais et doux sous le velours ; c'était, en somme, la nostalgie de toutes celles que j'avais laissées passer près de moi qui me reprenait, comme si Ferrare seule pouvait me les rendre. Tandis qu'autour de moi on parlait de tout et de rien, le regard de Giuditta s'est alors posé sur moi, plus que doré : tout d'or — il me sondait avec une terrible clairvoyance ; pire : on aurait dit qu'il me lançait une invitation secrète à des plaisirs bien précis que tout le corps fracassé de l'invalide démentait grotesquement.

La voix du questeur de Florence a soudain dominé les autres : « Il n'y a que là-bas qu'on retrouve la force de penser, d'agir ; vos plaines et vos villes à vous ont l'inquiétante magie de Circé : elles nous changent en pourceaux ! » L'affirmation était d'autant plus surprenante qu'elle venait de ce terne fonctionnaire dont seul l'œillet rouge à la boutonnière révélait peut-être qu'au-delà de l'habit, il y avait le moine — et qu'un moine, à Florence, s'était appelé Savonarole. Je devais être en train de reposer mon verre ; j'ai levé les yeux vers celui qui venait de prononcer cette curieuse sentence : à ce moment précis, les regards du questeur et de Giuditta se croisaient et j'ai compris que c'était à la femme de Marcello que le magistrat en noir s'adressait ; on aurait dit qu'il répondait à une ancienne question qu'en un temps très reculé l'un ou l'autre aurait pu se poser ; un instant, les paupières de la monstrueuse femme-tronc se sont baissées et toute sa laideur s'est dissipée, comme si c'étaient ses yeux, admirables, qui faisaient ressortir la difformité des traits : son regard voilé, il ne restait qu'une grosse femme triste qui, peut-être, se souvenait — et j'ai compris que Marcello ne s'était pas trompé, qu'elle avait pu être belle, désirable. Tout Ferrare, soudain, à travers le visage de cette femme cassée, me parut digne de désir. Mais le questeur s'est retourné vers moi : « Ne croyez pas, monsieur, que je n'aime pas à la folie cette ville de Ferrare ni l'atmosphère de cette plaine du Pô où je reviens souvent me perdre avec une sorte de volupté ; c'est que l'hiver à Florence est trop pur, fût-il pluvieux comme cette année : on peut rêver dès lors de lignes plus brouillées, de rencontres plus équivoques... » L'ambassadeur à monocle a renchéri sur les charmes vénéneux de Ferrare et j'ai brusquement eu le sentiment que, pour un peu, je me serais laissé aller à ces voluptés-là, troubles et mortelles. « On m'a parlé de vous, à Florence, a repris le questeur : notre amie Franca espère vous revoir bientôt... » Il y a eu un silence, comme si le nom de Franca Bancacci, la femme de mon ami Giuliano mort six mois auparavant, jetait un froid dans les conversations. Alors le questeur s'est penché vers moi, et à travers la largeur de la table, a remarqué : « Elle ne va pas très bien, vous savez ; je suis sûr que votre visite lui ferait du bien. » Puis nous nous sommes levés de table.

Comme la veille, la tête de Giuditta était retombée sur son épaule ; avec un sourire poliment navré, son mari l'a ramenée dans sa chambre ; les invités sont restés juste le temps qu'il fallait pour parler encore de livres, de politique et de la peinture ferraraise qui les passionnait tous ; je suis rentré à mon hôtel avant minuit. J'étais en train de me coucher quand la sonnerie du téléphone a retenti. C'était Marcello ; il avait peur. Depuis notre départ, Giuditta était étendue, le regard fixe ; elle respirait péniblement. Je l'ai interrogé : « Mais tu as appelé un médecin ? » Je l'ai entendu soupirer. « Depuis trente ans, aucun médecin n'a rendu visite à Giuditta ; elle n'est jamais malade, comme si son corps générait seul les antidotes et les drogues dont il a besoin pour survivre... » « Et pourtant, ce soir... » La voix de Marcello est devenue plus inquiète : « Je ne sais pas ce qui a pu lui arriver ; on dirait qu'elle a eu peur ; ou une trop grande émotion... Elle respire très fort. » Je lui ai proposé de revenir chez lui. Il a paru soulagé : « Tu es sûr que ça ne t'ennuie pas trop ? J'ai déjà fait préparer une chambre... »

A mon retour place Ariostea, Marcello m'attendait sur le seuil. Les lumières de la maison étaient encore allumées ; la vieille domestique s'affairait à débarrasser la table, aidée d'une petite bonne rousse. « Tu es gentil d'être venu ; elle va mieux, mais j'ai eu peur... » Nous sommes remontés dans la salle à manger qui retrouvait peu à peu son aspect de bibliothèque ; la petite bonne remettait les piles de livres en place sur la table découverte. Mon ami m'a offert une grappa, puis il a soupiré : « Tu comprends pourquoi je ne peux pas quitter Ferrare... » Parlait-il seulement de la santé de Giuditta ou des conversations du dîner, ou même encore de ce que j'avais pu éprouver face à ce portrait de femme entre deux rangées de livres et qui, retombé dans l'ombre après avoir brillé de feux si ambigus, paraissait éteint. J'ai secoué la tête : je comprenais, oui... Nous sommes restés encore un moment à parler, un verre de grappa à la main. La vieille domestique avait disparu, la petite bonne tournait encore autour de nous, replaçant un objet, donnant un coup de chiffon sur un meuble ; elle s'est approchée de la cheminée pour y jeter quelques miettes et j'ai senti son odeur qui était bien celle de Ferrare, ces parfums lourds, l'odeur des douves ; penchée au-dessus du feu, son visage rougeoyait à la flamme, comme celui de la dame sur le tableau. Marcello a esquissé un sourire qui semblait dire : « Si tu veux... » La croupe de la gamine était à un mètre de moi ; elle tisonnait la flamme, rassemblait les bûches. Je me suis rendu compte que toutes mes angoisses étaient retombées ; jamais, depuis longtemps, je n'avais respiré aussi aisément que cette nuit, entre mon ami historien de l'art de Ferrare, sa femme défigurée qui dormait dans une chambre voisine et cette petite bonne qui s'attardait maintenant dans la pièce, dégageant des effluves qui, peu à peu, m'enivraient : tout conspirait, en somme, à créer en moi un bien-être un peu mou, un peu las, auquel j'avais envie de m'abandonner.

La jeune fille a fini par quitter la bibliothèque, j'ai moi-même gagné la chambre qu'on m'avait préparée et me suis étendu, tout habillé, sur mon lit. J'ai attendu un moment ; il y avait des frôlements contre la porte ; j'imaginais la gamine rousse qui attendait, immobile, dans le couloir. Je me suis redressé pour aller la chercher ; alors, d'un coup, l'ombre d'Hélène s'est interposée entre la porte et moi. Toutes ces femmes, toutes ces filles que j'allais retrouver ; celles que je suivais des yeux, celles que je ne faisais qu'apercevoir et Hélène, alors, qui me regardait. Toutes : Hélène les avait acceptées toutes, les jeunes et les plus jeunes encore, les faciles et celles qui disaient oui pour ensuite refuser ; celles qui me dupaient, me trompaient, m'épuisaient. Et un jour, enfin, Hélène avait dit non à son tour. C'est à Ferrare, au cours de ce dernier voyage, qu'elle m'avait annoncé son départ. J'avais protesté, tenté de discuter : « Viens quand même à Florence. » Je me raccrochais à une seule idée : qu'elle me suivît au moins jusqu'à Florence, que nous retrouvions encore une fois ensemble une ville que nous avions tant parcourue, tant déchiffrée tous les deux. Mais elle secouait la tête, butée, les traits subitement durcis : une femme que je ne reconnaissais plus. Je sais que j'ai supplié, que j'ai pleuré, elle demeurait froide, si lointaine soudain que je savais bien qu'elle était déjà partie : jamais plus je ne reverrais Florence en compagnie d'Hélène. Incapable de lutter davantage, j'étais resté à demi étendu sur mon lit. Je l'avais regardée qui achevait de se maquiller calmement face à la glace ovale de la table de toilette ; elle avait soigneusement plié ses vêtements qu'elle avait rangés dans les deux ou trois valises de cuir rouge sans lesquelles nous ne savions pas voyager ; un domestique endormi avait ensuite descendu ses bagages ; Hélène était venue vers moi : « Au revoir... » J'avais détourné les yeux, elle avait eu un soupir presque excédé, la porte s'était refermée sur elle. J'avais pris le soir un train pour Paris. Il m'avait fallu plusieurs années avant d'oser revenir en Italie sans Hélène.

Je me suis laissé retomber sur mon lit. Les glissements dans le couloir se sont éloignés. Au matin, Marcello m'a annoncé que sa femme allait mieux : c'était à Ferrare que la mienne m'avait quitté. « Je crois bien qu'il est temps que tu reviennes à Florence », a suggéré Marcello. Il a parlé des peintres que j'y aimais, et aussi des regards de ces femmes qui, là-bas, ont tant marqué ma vie.

VII

Je suis arrivé à Florence par l'antique via Bolognese.

C'était elle qu'empruntaient les voyageurs des siècles passés pour s'élever au-dessus de la plaine du Pô et franchir l'Apennin avant de retomber en Toscane. L'idée en est venue à Marcello qui m'a dit : « Tu ne peux pas revenir à Florence par l'autoroute comme n'importe quel touriste ; d'autant qu'en cette période de l'année, entre la boue et les camions, l'autoroute est un enfer ; non : nous allons prendre notre temps, tu n'es pas pressé, n'est-ce pas ? » Pour mieux me convaincre, il m'a raconté trois ou quatre histoires terrifiantes d'autocars tombés dans des ravins et autres glissements de terrain pour terminer : « A tout cela, je suis sûr que tu préfères encore l'auberge rouge de Pietramala ! »

C'est un hameau tout de suite après le col de Raticosa, qui marque la limite entre les deux versants de l'Apennin. Une famille d'aubergiste y dévalisait les voyageurs avant de les égorger dans la meilleure tradition des Adrets. Marcello m'avait raconté un jour comment les assassins avaient été pris et exécutés pour un crime qui n'était pourtant pas le leur. Un cousin jaloux avait poignardé une belle infidèle après une nuit d'amour dans l'auberge sanglante : c'est en enquêtant sur la disparition de la maîtresse légère que les gendarmes de Barberino avaient découvert le charnier où étaient enterrées les autres victimes. « Quant au cousin jaloux, il avait pris le large selon toute justice et a, comme il se doit, fini ses jours brigand dans les Abruzzes », avait précisé Marcello. Lorsque j'avais conté l'histoire dans un dîner à Florence, on m'avait regardé avec surprise et j'avais compris que mon ami avait inventé l'aventure du cousin amoureux. « Mais n'est-ce pas plus beau comme cela ? » avait simplement répondu Marcello à qui j'avais demandé d'autres explications. Je crois qu'il doit penser la même chose lorsqu'il me dit que Giuditta, difforme dans sa petite voiture, a été la plus jolie femme de Ferrare.

Nous avons donc passé le col de Raticosa, traversé Pietramala endormie et abordé ces montagnes du Mugello que les voyageurs d'autrefois décrivaient avec des accents d'épouvante, gorges, défilés, redoutables à-pics des gravures anciennes qui ne sont que de bien innocentes vallées. C'est pourtant là qu'est née la dynastie qui a fait de Florence ce qu'elle est, et Laurent de Médicis a passé son enfance dans le rude château de Trebbio. Nous avons fait le détour de Bosco ai Fratti pour y voir un christ en croix de Donatello qui veille dans l'ombre du couvent qu'édifia Côme l'Ancien, au cœur de sa première patrie. Les portes étaient ouvertes, l'église vide ; en pénétrant dans le cloître j'ai retrouvé, d'un coup, Florence et la Toscane. L'impression a été fugitive : c'était un sentiment d'harmonie, de rigueur austère, mais elle m'a frappé de plein fouet. Un souvenir m'est revenu à la mémoire ; celui d'une journée passée, à vingt-cinq ans, en compagnie de Malraux. Il était revenu en Chine, devait rencontrer Mao Tsé-toung et laisserait de leur conversation une version sensiblement différente du compte rendu qu'en donnerait dans son télégramme officiel l'ambassadeur Paye, alors en poste là-bas : les exégètes de l'imagination malresque y ont trouvé leur bonheur. La veille de cet entretien historique, après un déjeuner à l'ambassade, on m'avait demandé de promener l'illustre visiteur dans les rues d'un Pékin que je connaissais bien. Loin derrière le jardin de Pei-Hai, dans des quartiers reculés où ne s'égaraient guère les touristes, je connaissais un temple qu'on avait transformé en logements ; une vingtaine de familles y vivaient à moitié en plein air, à moitié dans les anciens bâtiments de bois, et seul un *dagoba* blanc, réplique en plus petit du temple de style tibétain Pei-Hai, témoignait encore d'une splendeur passée. Il se dressait au milieu des feux allumés dans les cours, des braseros, des fumées et des tourbillons de cette poussière grise qui est, avec le sang de bœuf des murs impériaux, la vraie couleur de Pékin. Parvenu dans ces cours, Malraux a soudain redressé la tête ; on aurait dit un grand oiseau maigre aux aguets, le menton levé, la mèche sur le front, les pupilles dilatées. Il a humé très fort, très brusquement, comme on aspire peut-être la cocaïne par les narines, et son nez palpitait. « C'est ma Chine que je retrouve ! » a-t-il lancé. Malraux avait-il déjà été à Pékin, voire en Chine comme il le raconte dans *La Condition humaine* ? Là n'est pas la question : il avait eu, soudain, cette bouffée de retrouvailles ; n'aurais-je jamais été à Florence que, dans le petit cloître blanc et gris de Bosco ai Frati où la pietra serena des carrières de Maiano s'allie si modestement à l'enduit blanc des murs, j'aurais de la même façon reconnu, senti Florence. Car Florence est, je le sais désormais, une idée d'harmonie que nous portons en nous.

Mais cette impression bouleversante de déjà-vu, c'est-à-dire de déjà-aimé, s'est très vite évanouie ; et le long christ de bois de Donatello m'a paru aussi silencieux que Liszt dans le salon de Marie-Laure. Passant ensuite devant la villa de Cafaggiolo qui fut aussi place forte médicéenne et dont il ne reste, en bordure de la route, que le corps central dépourvu de son donjon, ce ne sont pas les orgueilleux monuments toscans que j'ai évoqués, mais une fois de plus une femme et la visite que j'y avais faite avec elle. Elle s'appelait Élisabeth et venait de Trieste, elle se disait autrichienne, elle était triste. Ignorant les écriteaux placés un peu partout dans la cour et les communs pour en interdire l'accès, elle m'avait conduit tout droit au cœur de la maison, habitée jusqu'au milieu des années vingt par une famille sûrement anglaise qui avait réussi le tour de force de transformer une villa du Mugello en *English country house* victorienne, tapis rouges élimés, faux meubles gothiques et photos de famille semées sur des tables aux jupons de velours. On aurait dit que les habitants de cette ruine étaient partis d'un coup, laissant derrière eux leur vie à la poussière, que des valets de ferme devaient, une fois l'an, tenter de dissiper à grands coups de plumeau ; un vase, un sous-verre y restaient chaque fois, mais la maison gardait ses lourds fauteuils, ses tentures, son air anglais discret.

Parvenus à une grande chambre au lit à baldaquin, j'avais senti chez cette Élisabeth un peu moite, un peu forte, une soudaine langueur ; appuyée contre un bois du lit, elle me racontait la visite qu'elle avait faite ici même avec un vieil ami. J'imaginais qu'elle attendait que je lui pose plus de questions : elle aussi, comme Angela à Parme, voulait parler ; cette confidence que je ne sollicitais pas m'a arrêté dans le mouvement qui m'entraînait vers elle. En sortant, elle a croisé dans la cour le fermier qui gardait les lieux et l'a salué familièrement. J'ai compris qu'Élisabeth venait souvent à Cafaggiolo et que les panneaux d'interdiction ne la concernaient pas. Élisabeth avait une fille de quinze ans, petite, noiraude, inquiète...

« Élisabeth a épousé un Milanais, elle vit là-bas », m'a dit Marcello comme la villa disparaissait dans un tournant ; moi aussi, je lui avais fait mes confidences ; mais c'étaient ces confidences qu'on se fait d'homme à homme et qui ne m'effraient pas.

Après Pratolino, la route plonge vers Florence en bordure du grand parc de la villa Demidoff. Depuis quelques années, une municipalité entreprenante tente d'en relever les ruines. A vingt-cinq ans, je me suis promené dans l'insondable maquis qui remplaçait les bosquets et les folies de la grande villa médicéenne qu'un Lorraine fit démolir à coups de canon parce que l'entretien en était trop coûteux : cent ans plus tard, un prince russe, cosmopolite en diable, avait transformé une ferme en une autre villa, puis tout était retombé dans le silence. C'est mon ami Kruger, à Londres, antiquaire et marlou, vieux pédéraste amoureux de beaux meubles et de petits Napolitains, qui m'avait donné le catalogue de la vente qu'on y fit dans les années soixante : là aussi, il ne restait que des débris d'une splendeur victorienne revue au goût slave mâtiné de toscan ; un rien pompeux, ces fauteuils Empire, ces lustres Restauration, les crédences aux ormoulus écaillés. Kruger, qui devait mourir tout d'un coup, debout au milieu de sa salle à manger, découpant une dinde de Noël pour une demi-douzaine de lascars qu'il avait racolés à Whitechapel, m'avait parlé le premier de cette jungle abandonnée où se dresse, couvert de mousses et de pierres au-dessus d'un étang, le colosse que Jean de Bologne érigea pour figurer l'Apennin : il m'avait raconté les « jolies parties de péché » qu'il avait faites dans la mare à grenouilles où des gosses se baignaient nus aux plus fortes chaleurs. « Mais ce n'est pas la Toscane que je vous décris, avait-il corrigé : c'est l'ivresse de l'homme du Nord découvrant qu'on peut se baigner ailleurs que dans une mer glacée. » Lors de ma première visite à Pratolino, j'ai découvert moi aussi d'étranges grenouilles parmi ces nénuphars...

Nous avons ensuite passé la villa Acton, où le cher Harold promène ses visiteurs d'un pas sautillant. C'est là que j'ai d'abord aperçu Cordelia, un soir de juin, appliquée à dessiner une bergère de pierre que le père de notre ami avait fait venir de Vénétie avec d'autres bergers, des arlequins, des colombines, pour orner un théâtre de verdure : je reconnaissais tout, je devinais ce que je ne voyais pas, j'aurais pu décrire la colonnade, l'Hercule Farnèse au bout d'une allée ou les grandes figures de proue aux peintures écaillées qui ornaient une galère dalmate dressée sous une loggia. Je sentais l'écurie. Nous sommes entrés dans Florence derrière la Fortezza, nous avons longé l'Arno, puis Marcello s'est arrêté à la porte du palais Bancacci : « Je te laisse là. » J'ai insisté pour qu'il entre avec moi, il a refusé. « Je ne suis pas certain que Franca serait très heureuse de me voir », m'a-t-il lancé, énigmatique, avant de repartir pour la Volterrana, cette villa des hauteurs de Bellosguardo où il oublie la laideur foudroyée de Giuditta en compagnie d'une vieille marquise qui a aménagé pour lui un ancien pavillon, en bordure d'un jardin d'iris qui domine Florence. Je sais que la vue sur le dôme qu'on a de sa fenêtre est celle que des milliers d'aquarellistes, vieilles filles et anglaises de préférence, ont dessinée depuis qu'il vient à Florence des Anglaises qui ne savent pas tenir un pinceau. « Rassure-toi : on vit très bien en face de ces chefs-d'œuvre-là ! » m'a répondu mon ami, le jour où j'ai fait quelque ironie sur la beauté trop convenue du paysage qui s'étend devant la Volterrana. Je sais qu'il s'endormira sous une minuscule Ève peinte par Crivelli, qui semble attirer avec concupiscence son Adam trop nu hors du paradis — mais qu'il téléphonera d'abord à Giuditta dont il n'entendra que le souffle à l'autre bout du fil.

Franca n'était pas au palais. Le vieux Carlo, qui ressemble comme à un frère au Federico de Parme, m'a conduit à travers les grandes salles désertes jusqu'à ma chambre. Là aussi, j'ai mes habitudes. En été, on me donne une petite pièce obscure derrière la chapelle, toute de fraîcheur et de silence ; on dirait une cellule de moine qu'une abbesse libertine à la manière de celle qui régna sur le couvent de San Paolo aurait fait recouvrir de rocailles ambiguës : des amours des deux sexes y jouent à la balle ou au cerceau, frôlant çà et là autre chose qu'une simple balle ou qu'un gentil cerceau. En hiver, je dors dans une plus vaste pièce qui s'achève en terrasse au-dessus du jardin ; disposés aux quatre coins, des orangers en pot, des bacs de buis taillés lui donnent toute l'année une allure de balcon au printemps. Du lit de fer 1900 placé face à la fenêtre, on découvre un carré parfait où se découpe à gauche un flanc de l'église Santa Felicità et à droite l'aile du palais où vit Franca, dont la chambre est reliée à ma terrasse par un étroit balcon ; dans le fond, après les grands arbres du jardin, court, à hauteur d'un deuxième étage, ce corridor que Vasari construisit en sept mois pour relier le palais ancien au palais nouveau, les Offices au Pitti ; au-delà, ce sont déjà les collines et San Miniato dans un repli de terrain. J'ai jeté mes bagages sur mon lit puis, sans les défaire, je me suis aussitôt lancé dans les profondeurs de la maison.

A chaque retour au palais Bancacci, j'éprouve cette même impression d'aventure : il y a les pièces vivantes, habitées, paliers dorés colonisés par Franca et ses enfants — et puis il y a les autres qui baignent dans l'obscurité des volets intérieurs barrés de fer et des rideaux tirés, aux lourds meubles d'apparat, aux inévitables portraits de Sustermans qui peignit toutes les familles florentines au XVIe siècle, et les enfilades de grands et de petits salons. Au bout du dernier couloir, une porte conduit à la bibliothèque de Francesco Bancacci.

Toute ma vie, j'ai rêvé de bibliothèques, et les rayonnages de livres romantiques et de belles reliures blondes du XVIIIe siècle du boulevard Saint-Germain ne sont que le reflet étriqué de ces rêves-là. Bien sûr, il y a les bibliothèques monumentales, les vastes salles en coupole ou aux plafonds couverts de fresques baroques, il y a le délire du savoir représenté au sein du savoir enfermé dans les livres. Ce sont — à Prague ou à Vienne, à Ottobeuren ou dans ce couvent d'Altenbourg, au milieu du Waldviertel où vécut Lotte — ces galeries gigantesques et aériennes, parcourues de balcons, d'escaliers de fer, d'autres galeries plus hautes encore, presque périlleuses tant elles semblent lointaines, perdues dans leurs décorations de déesses bien nues ou de prophètes en extase, mêlant les livres saints et les récits profanes, l'Écriture à la science de l'écriture et à toutes les sciences. Ou encore, jeune homme, j'ai parcouru en tous sens les corridors infinis de la Widener Library qui, à Harvard, était accessible à presque tous les étudiants.

Plus récemment, ayant pensé un jour louer tous les communs d'un hôtel de la rue de Tournon, j'ai imaginé d'en transformer les combles en une immense salle où les bibliothèques se seraient alignées en épis, libérant çà et là des espaces de travail, ici au milieu des romans anciens, là parmi les livres d'art. Une décoratrice avait préparé pour moi un projet ambitieux traversé d'un itinéraire en labyrinthe où j'aurais seul su me retrouver. Lorsque le coût ahurissant de ce fantasme m'a fait y renoncer, j'ai gardé au fond du cœur la nostalgie d'un vieux rêve que j'avais bien failli — ou peu s'en était fallu — réaliser. Aussi, dès que je pénètre dans une maison amie où je sais que de près ou de loin on s'intéresse aux livres, j'en cherche aussitôt la bibliothèque. Dans ce château en Normandie dont il faudra que je parle un jour, il n'y a pas moins de quatre bibliothèques, dont l'une au moins recèle des trésors. La nuit, des enfants y guettent parfois la venue de très probables fantômes...

Comme la bibliothèque de Francesco Guicciardini, son contemporain, celle de Francesco Bancacci est l'une des très belles bibliothèques du monde, que tous les Bancacci qui se sont succédé après lui ont pieusement conservée telle que le poète humaniste l'avait laissée. La table de pietra dura circulaire, au centre de la pièce en rotonde, est ainsi le centre d'un monde qui était celui de la fin de la Renaissance, dont, disposés sur trois étages de passerelles de bois, les livres de tous les poètes, les historiens, les savants classés selon la langue et le pays définissaient la cosmogonie savante. C'est à cette table, où le porphyre bleu représente la mer, le porphyre rouge la terre et où la cornaline s'allie à l'obsidienne pour figurer des hommes, que travaillait le poète. On raconte que, selon qu'il décrivait Florence ou sa campagne, des villes voisines ou les cités nées de son imagination, une femme ou un oiseau, il déplaçait son siège autour de la table ronde jusqu'à la couleur de la pierre qui était celle de son poème. Je n'ai jamais vu l'ancien et haut fauteuil de tapisserie que disposé face aux albâtres et aux marbres blancs d'une cité idéale : les ouvrages rangés sur les rayons du mur qui lui fait face racontent tous l'histoire de Florence et c'est peut-être de ma première visite au palais Bancacci que remonte pour moi, après celui des bibliothèques, mon vieux rêve d'une ville idéale. A trente ans, j'ai publié des poèmes où j'aurais voulu que les rues de la cité soient les angles droits et purs, les carrefours lumineux d'un autre savoir, qui aurait été l'intuition fulgurante, bienheureuse, d'un beau — *le* beau, plutôt que *la* beauté, que je réservais aux femmes — auquel tout en moi aspirait, et dont mes lâchetés, mes faiblesses m'ont si insidieusement détourné. La légende veut que Francesco Bancacci soit mort à sa table de travail, dans ce fauteuil, à cette place face à Florence qu'il contemplait dans ses œuvres. « Il faut toujours préférer les légendes, m'avait dit Giuliano ; l'histoire n'en est qu'une preuve trop sèche. »

J'ai trouvé la clef de la bibliothèque dans la cavité au-dessus de la porte que dissimule une minuscule figure de l'un des Della Robbia et j'ai pénétré dans la pièce. Sur la table, à l'endroit où se confond la terre avec le ciel, il y avait un volume de poésie italienne d'aujourd'hui, d'un poète que je ne connaissais pas, et quelques feuillets blancs, un crayon, des mots illisibles et raturés, deux vers qui racontent l'histoire d'une légende à jamais perdue ; on avait déplacé le fauteuil pour s'y asseoir plus profondément : c'était la première fois que je le voyais ainsi de biais, désacralisé en somme, comme si la mort de Giuliano, gardien de l'héritage — je n'étais jamais revenu au palais Bancacci depuis —, avait brisé un tabou. Ce n'était certes pas le vieil oncle Francesco, qui possède la clef de l'autre porte, dissimulée derrière un panneau de livres et qui communique directement avec l'aile qu'il habite, qui se laisse aller à ces rêveries.

J'ai pris sur les rayons une édition des poèmes de Laurent de Médicis qui est, chez les Bancacci, un livre de sagesse, puis j'ai soigneusement refermé la porte de la bibliothèque et remis la clef derrière le Della Robbia ; dans ma chambre, on avait ouvert mes valises, rangé mes vêtements, suspendu mes costumes ; une brusque fatigue m'a terrassé et je me suis abattu sur le lit. J'ai dormi deux heures, sans rêves ni images.

C'est le vieux Carlo qui m'a réveillé. Il portait sa veste d'hiver, en laine rouge à galons boutonnée jusqu'au cou. Sa maigreur est celle d'un reître de la Renaissance ; Giuliano m'a raconté autrefois que son père tenait une auberge sur la route de Pistoia : son épouse partie avec la cassette et un jeune amant, il lui avait fallu tout brader, il s'était fait aide-portier chez les Bancacci. On avait élevé Carlo avec le père et les oncles de Giuliano, puis il avait été « page » — c'est-à-dire que, jeune serviteur, il aidait les plus anciens que lui, rendait des services, accompagnait les dames à la messe. A quarante-cinq ans, il avait remplacé le vieux maître d'hôtel qui avait fait son éducation et parlait le plus toscan des toscans, où les *c* durs se prononcent en *h* gutturaux et très nobles, à la manière du *j* espagnol. Il répondait au téléphone que « la principessa de Ban*h*acci non è a *h*asa stasera », avec un orgueil qui était bien celui du domestique devenu le très respectueux grand-oncle de ses maîtres. Il s'est ainsi penché vers moi pour m'annoncer, dans un souffle, que « la principessa è ritornata a *h*asa », il a fait ensuite couler un bain, a préparé mes vêtements.

J'ai retrouvé Franca dans le grand salon qui donne sur la cour intérieure ; des fresques du XIXᵉ siècle, orientales et guerrières, n'ont pas réussi à en ébrécher la splendeur. Nous nous sommes embrassés, elle m'a donné des nouvelles de ses amis qui sont les miens, m'a demandé des nouvelles de ceux de Paris. Je sentais dans sa voix la même affection que jadis, mais dans le même temps j'avais le sentiment qu'elle érigeait entre elle et moi une sorte de barrière invisible, comme tant de celles qui, sur leurs gardes, se défient de trop d'intimité. Franca était si pleinement mon amie que je n'ai pas compris. Je la voyais aller et venir, parfaite hôtesse dans sa demeure, se servir du vin blanc de San Gimignano, cette *vernaccia* transparente qui porte l'écu des Bancacci sur l'étiquette de ses bouteilles — mais pas un moment je n'ai senti qu'elle voulait s'engager sur le chemin d'une quelconque confidence ; elle n'a pas prononcé le nom de Giuliano, moi non plus. Après le trop-plein d'émotion qu'avait déversé sur moi Angela, ou les terribles aveux de

Lena à Mantoue, je n'en éprouvais nul déplaisir, bien au contraire. J'ai toujours été un piètre consolateur de la douleur des autres, et j'avais craint qu'il ne me fallut énoncer sur son mari mort, mon ami, les banalités d'usage : le rideau qu'elle tendait entre nous m'en dispensait. Lorsque je me suis enquis de ses enfants, Bettino et Donatella, jumeaux et si dissemblables, brun et blonde, maigre et gracile, elle a répondu distraitement, comme si, sur ce point non plus, elle ne voulait pas s'étendre. Des bruits assez sinistres m'étaient parvenus à propos de Bettino qu'on disait lié à des gens peu fréquentables, aussi n'ai-je pas insisté. A une remarque qu'elle m'a faite plus tard, j'ai compris que Donatella était à Florence ; quant à son frère, il devait voyager.

Le jour était tombé depuis longtemps. On a servi le dîner dans la petite salle à manger ; à peine moins imposante que la salle à manger d'apparat ; Carlo avait demandé qu'on préparât pour moi des *rigatoni* au saumon, comme il sait que je les aime, et un *tiramisu* pour terminer le repas, ce dessert de fromage doux et de biscuits trempés de café saupoudré de chocolat. Franca me parlait toujours de mes amies de Florence, d'un ton monocorde, un peu las ; elle m'a prévenu qu'elle n'en avait informé aucune de mon arrivée, incertaine qu'elle était de mon envie d'un de ces grands dîners dont toutes se seraient fait un point d'honneur à fêter mon retour. Nous sommes encore demeurés un moment à causer dans le salon puis c'est elle qui s'est levée la première, remarquant que je devais être éreinté et que j'avais sûrement envie de me coucher. Je me suis gardé de lui préciser qu'il n'en était rien, que cette conversation futile me reposait davantage que les nuits de veille qui sont désormais mon lot et que je redoutais, au contraire, la solitude de ma chambre : Franca m'a tendu la joue, je l'ai embrassée, nous ne nous étions rien dit.

Dans l'encadrement parfait de la fenêtre en plein cintre de ma chambre, la lune découpait sur le plancher couvert d'un vieux tapis précieux les ombres très nettes du mur de Santa Felicità et du grand mûrier qui le jouxte. J'ai poussé la porte-fenêtre. De loin venaient les échos d'une musique populaire ; quelque part, dans une maison du quartier Santo Spirito tout proche, on donnait une fête, à moins que ce ne fût un disque, la télévision... Pendant quelques instants, cette fusion de chansons à la mode et d'une nuit pâle et bleue, le mur du corridor de Vasari au fond du jardin et les orangers pétrifiés aux angles de la terrasse m'ont ému — mais le froid m'a très vite saisi. J'ai refermé la fenêtre et me suis déshabillé comme les soirs précédents. J'ai dormi tout de suite mais cette fois des pensées sont tout de même venues à moi ; elles étaient passagères, aussi futiles que la conversation si neutre, en somme, que j'avais eue avec Franca. Des images de Florence, impersonnelles, stéréotypées, se peuplaient de figures familières qui glissaient dans le désordre à travers un long rêve inconsistant où jamais une émotion ne semblait s'éveiller en moi. Hélène traversait en diagonale la place de Santa Maria Novella, sans se retourner à mon appel ; ou bien nous buvions un café au milieu des touristes à la terrasse du Rivoire : je lorgnais sans vergogne une petite Américaine au tee-shirt moulant sous le regard vague de ma femme qui lisait à haute voix les pages d'un guide bleu. Un peu plus tard, je franchissais le seuil d'un de ces palais où les Bona, les Cristina donnaient pour moi des dîners et toutes étaient là, accueillantes, lointaines ; je buvais un vin blanc qui me râpait la gorge et Florence tout entière, comme vue d'avion ou des terrasses de San Miniato en hiver, me paraissait une ruche grouillante de visiteurs pressés, laids et indifférents, parmi lesquels je cherchais en vain mon propre visage.

Quand j'ai ouvert les yeux au milieu de la nuit, je me souvenais de tout, c'est-à-dire de rien : je n'oserais pas dire que j'ai regretté les angoisses habituelles, mais mon cœur battait si placidement que les grands coups de tambour nocturnes de la rue de l'Université me paraissaient appartenir à un passé improbable.

On avait servi le petit déjeuner dans le salon attenant à la salle à manger. Franca était déjà sortie. Carlo m'a apporté du thé de Chine, quelques-uns de ces gâteaux poisseux parfumés à la fleur d'oranger qu'on trouve dans les bars ; à une question que je lui posai, il m'a précisé que Franca ne rentrerait pas déjeuner : ce n'était pas un rideau qu'elle tendait entre nous, mais un vrai mur de belles pierres carrées, solides, façonnées à coups de marteau comme les lourdes pointes de diamant qui font l'orgueil du palais Pitti.

Dans *Rome, Naples et Florence*, Stendhal raconte que sa première visite à Florence a été pour l'église de la Santa Croce : aussitôt qu'arrivé, il serait allé se recueillir sur la tombe d'Alfieri pour y puiser, bien sûr, émotion et énergie. Le cher Beyle ment si aisément quand il parle de lui dans les livres qui ne sont pas tout à fait les siens que rien n'est moins sûr que ce détail ; je le soupçonnerais plus volontiers d'être allé du côté du théâtre de la Pergola épier la sortie d'une jolie danseuse ; encore que les sibylles du Volterrano à l'angle nord-est de Santa

Croce vous aient ces charmes ambigus qui lui faisaient éprouver « peut-être le plus vif plaisir que la peinture lui ait jamais donné ». Pendant plusieurs années, pourtant, je me suis tant appliqué à l'imiter que, sitôt arrivé à Florence, je me précipitais comme lui à la Santa Croce. Désormais et à chaque retour, c'est le chemin de la Santissima Annunziata que je prends d'abord, non que l'église m'en soit particulièrement chère, mais la place qui la précède, le beau quadrilatère parfaitement Renaissance et le portique de Brunelleschi me semblent la meilleure introduction à tout séjour en Toscane.

Par le Ponte Vecchio que ses encombrants touristes n'ont pourtant pas encore envahi, j'ai traversé l'Arno sans le voir ; évitant la place de la Signoria que je ne voulais retrouver que plus tard, j'ai suivi ces rues commerçantes et sans charme qui coupent de trop près la place de la Cathédrale pour voir vraiment le Duomo, puis la via Ricasoli dont les palais ont subitement une belle grandeur avant de déboucher face à l'église de l'Annunziata.

Un marché se tenait sur la place, une sorte de foire très gaie où on vendait des objets légers, sans valeur, des balles, des gâteaux, des jouets ; c'était la version moderne des anciennes foires de village et tout le quartier était en fête ; le soir, on danserait dans un espace aménagé au milieu des petites boutiques ; il flottait dans l'air des odeurs de cannelle et de fleur d'oranger, des gosses cherchaient à attraper des boules multicolores et des accordéons de papier. A l'entrée de l'église, de vieilles femmes enveloppées de châles vendaient des cierges ; les fichus de grosse laine noire qui leur tombaient sur la figure les faisaient ressembler à ces pauvresses qu'on voit sur les gravures moralisatrices du siècle dernier. L'une d'elles m'a mis de force un cierge dans la main ; pendant que je cherchais dans ma poche un billet froissé, j'ai aperçu ses yeux au milieu d'un visage si plissé, si ratatiné qu'elle était déjà une vieille morte qui vous offre pour mille lires la chance de la retrouver plus tard, en un autre royaume.

Il y a quelques années, un bien curieux incident m'était arrivé à la porte de cette même église. C'était aussi un jour de fête et plusieurs mendiants, des enfants pendus aux jupes d'une mère, tendaient la main aux fidèles qui se promenaient dans l'atrium recouvert d'une verrière 1900. Plus hardie, une fillette aux haillons savamment entretenus par des parents gitans à qui elle servait de gagne-pain s'est accrochée à moi, sa paume crasseuse tendue ; j'ai voulu l'éviter, une autre l'a rejointe, une troisième. Elles avaient deviné le faux Florentin parmi les vrais habitants du quartier ; toutes se sont mises à me crier des mots anglais ; lorsque j'ai voulu me dégager, la première a pris ma main et l'a subitement griffée en poussant un cri de petit animal, comme si c'était moi qui avais tenté vers elle je ne sais quel geste ; glapissant, elle est repartie vers sa mère et la femme m'a agoni d'injures en une langue que je ne connaissais pas. On ne me croira que trop si j'ajoute que j'avais eu le temps de remarquer la petite fille qui était très belle, le regard farouche, bien sûr, la peau brune, les lèvres dessinées d'un trait rouge. Je suis rentré à la hâte dans l'église ; le dos de ma main gauche saignait un peu, trois déchirures très nettes s'y dessinaient. Lorsque j'ai porté la blessure à ma bouche pour atténuer le picotement, j'ai revu, l'espace d'un instant, une autre gamine, de quatorze ou quinze ans celle-là, qui, fille d'amis anglais, était venue vers moi à Londres, à la fin d'un concert. C'était dans le grand oratoire catholique de Brompton Road, on avait donné des pièces de Lili Boulenger, elle portait en arrière de la tête un béret rouge. Je ne l'avais d'abord pas reconnue, elle m'avait rappelé le dîner où je l'avais rencontrée, puis m'avait demandé de la raccompagner chez ses parents : ils habitaient loin, du côté de Battersea ou de Clapham, et elle avait promis, m'expliqua-t-elle, de rentrer de bonne heure. Dans la voiture, cette Nella m'a parlé de la musique qu'elle avait entendue et n'avait pas aimée ; en passant devant une autre église, toute grise dans une rue éclairée de ces réverbères à la lumière jaune qui, vues d'avion, tressent autour du centre de Londres de mornes girandoles, elle m'a demandé de m'arrêter car elle ne se sentait pas bien. Sortant de la voiture, elle s'est appuyée au mur de l'église ; j'ai deviné qu'elle avait fumé quelque chose : comme la petite mendiante de la Santissima Annunziata, ses yeux étaient brillants, ses lèvres trop dessinées. Je me suis approché d'elle, elle m'a arrêté ; elle allait mieux, me dit-elle. Elle voulait marcher un peu ; je l'ai vue s'engouffrer dans un passage étroit, le long de l'église, et l'ai suivie de loin ; il aboutissait à l'un de ces anciens cimetières aux pierres tombales toujours dressées qui sont peu à peu devenus, dans Londres, des sortes de jardins publics. Parvenue là, elle s'est immobilisée parmi les tombes ; lorsque je suis arrivé à elle, j'ai vu dans son regard une question qui était en même temps un appel, une prière ; elle avait quatorze ou quinze ans, j'en avais trente-cinq ou quarante ; j'ai fait un pas encore. Ses lèvres se sont ouvertes et elle m'a brusquement tiré vers elle. Pendant quelques secondes, c'est elle qui m'a embrassé avec une sorte de violence, et c'est moi, je le jure, qui me suis débattu ; alors, comme la petite fille tout à l'heure, elle a poussé un cri et m'a griffé très fort la joue. Puis elle est revenue vers la voiture en ricanant, s'est assise sur son siège et n'a plus dit un mot jusqu'à ce que je m'arrête devant sa porte. « Je suppose que tu ne veux pas entrer embrasser maman avec la tête que tu as ! » m'a-t-elle lancé en claquant la portière. J'ai démarré très vite, convaincu que, d'une manière ou d'une autre, j'avais commis une faute grave. Plus tard, j'ai appris que Nella s'était enfuie de chez elle, qu'elle vivait dans une communauté hippie, qu'on l'avait enfermée un temps dans une clinique, pour la désintoxiquer ; elle s'est mariée, elle a des enfants, je n'ai plus jamais entendu parler d'elle ; les trois estafilades sur ma joue ont mis un bon mois à disparaître ; j'expliquais que j'avais été attaqué, on me regardait en souriant.

A l'intérieur de l'église de l'Annunziata, le jour où la petite Gitane m'avait griffé, cinq ou six messes étaient célébrées en même temps à des autels différents. Le premier, le plus célèbre, est couvert de feuilles d'or ; on assure que c'est la main d'un ange qui a achevé la peinture qui le domine ; une foule pressée se tenait à genoux devant lui et chantait, dans des odeurs d'encens. J'aurais voulu m'agenouiller moi aussi, prier. Mais je sentais la douleur de la blessure à ma main gauche, je léchais machinalement le sang qui continuait à en suinter. J'ai allumé le cierge que, cette année-là, j'avais dû acheter à la même vieille femme, et l'ai placé au milieu de cent cinquante cierges devant une Vierge à l'Enfant du siècle dernier et suis ressorti à la hâte, de peur de retrouver la petite Gitane, sa mère et ses compagnes ; mais elles étaient occupées auprès d'un autre touriste et c'est un bien curieux sentiment que j'ai alors éprouvé : une sorte d'impossible et très précise jalousie pour ce gros Allemand ou cet Américain qui allait pourtant repousser à son tour la gamine. J'ai franchi l'atrium à grands pas, redoutant de la voir en griffer un autre — et j'avais pour ma main endolorie une étrange fascination. Je me sentais prêt à mille découvertes, j'aurais arpenté le monde, je n'ai fait que parcourir la Toscane, mais avec un bel entrain : je relisais *Lamiel*, une histoire en somme de petite fille perverse, et tout le temps qu'a mis ma blessure à la main à cicatriser, la fièvre qui m'habitait était celle de la découverte.

Ce matin, une petite mendiante s'est bien accrochée à mes basques, je lui ai tendu mille lires, elle m'a remercié poliment : m'aurait-elle griffé, insulté, qu'elle aurait peut-être réveillé en moi un peu de mon énergie d'antan. Dans l'église, comme l'autre fois, des centaines de fidèles priaient en psalmodiant ; j'ai allumé mon cierge, je suis resté un moment à respirer les lourds parfums d'encens et de cire fondue, de mèche brûlée, puis suis ressorti dans l'espoir que la petite fille, qui était franchement laide, reviendrait à la charge. Assise sur le pavé, elle comptait ses sous. Sans même pénétrer dans le cloître pour revoir cette *Vierge au sac*, d'Andrea del Sarto, sur laquelle il m'est arrivé de tant et si vainement disserter, j'ai gagné la piazza San Marco. Dans le couvent de l'Angelico, j'ai erré un moment, incapable, parmi les rares visiteurs, de fixer mon attention sur aucune des fresques, fameuses ou humbles, qui en ornent les murs. Le petit musée installé dans l'hospice des pèlerins qui renferme les plus beaux panneaux était fermé, en *restauro*, et j'en ai presque poussé un soupir de soulagement ; ainsi n'aurais-je pas à éprouver, devant le retable de San Marco ou l'immense *Déposition* venue de l'église de la Santa Trinità, l'absence totale d'émotion que je redoutais. Assise sur la balustrade de pierre du cloître de San Antonio, une petite Américaine — je l'imagine Américaine — dessinait les arcades en face d'elle : son visage ingrat, appliqué, est le seul souvenir que j'ai emporté de cette visite hâtive dans un des hauts lieux de la Renaissance florentine. Bousculé par les passants de la via Cavour, devant la préfecture où la plus jolie préfète qui ait jamais été préfète en Italie donnait des dîners de gens ennuyeux qu'elle savait rendre drôles, j'ai tenté de me dire que les lèvres charnues de la petite dessinatrice du cloître avaient quelque chose d'émouvant ; j'ai pensé aux lèvres de Cordelia.

Marcello l'avait bien dit : ce retour à Florence est d'abord un pèlerinage ambigu à travers des regards de femmes ; cependant, parmi toutes les petites Anglaises effrontées et les sauvageonnes gitanes, ce ne sont jamais que des visages fugitifs, souvent à peine entr'aperçus, qui m'effleurent et, traversant la place de l'Annunziata, le souvenir de Mina, par exemple, ne m'a même pas traversé l'esprit : Mina face à l'église appuyée à la barre d'une fenêtre de l'hôtel des Due Fonti, et qui se retournait vers moi pour m'interroger : « Crois-tu, toi, que nous aurions pu y arriver ? » Elle allumait Gauloise bleue sur Gauloise bleue et levait vers moi un air désolé : « Je ne devrais pas fumer, n'est-ce pas ? »

C'est ainsi, à l'intérieur du café Gilli, place de la République, que je me suis rendu compte que, pendant cinq ans peut-être, je n'avais jamais plus pensé à Mina : comme Hélène jusqu'à mon arrivée à Parme, j'avais dû, sans le savoir, vouloir chasser des souvenirs trop lourds. A cette heure de l'avant-midi les clients étaient clairsemés, les touristes plus rares encore ; c'étaient plutôt des vieux messieurs qui lisaient la *Nazione*, de fortes Italiennes qui se bourraient de petits sandwiches assortis avant les plaisirs plus solides de la *pasta* du déjeuner. Tous étaient laids, sans âge, et je n'avais aucun visage auquel me raccrocher comme j'aime à le faire dans tous les cafés du monde : quand je le trouve, je ne suis dès lors plus seul à boire un *capuccino* ; il y a ce regard qui ne croisera peut-être jamais le mien mais en compagnie duquel j'achève mon verre, fume une cigarette.

J'avais entendu Mina dans un petit théâtre allemand — Heilbronn, je crois, qui m'avait évoqué Kleist — où elle chantait la comtesse des *Noces de Figaro* ; on m'avait chargé, à l'époque, de réfléchir à ce projet d'un nouvel opéra qu'on a construit depuis à la Bastille ; on devait m'en dessaisir aussi promptement qu'on m'en avait suggéré l'étude, et ce serait une autre blessure, que je décrirai peut-être un jour. En compagnie d'un ami scénographe, je visitais alors des opéras un peu partout dans le monde. Frédéric était allemand lui-même, il avait traîné ses bottes dans tous les théâtres de la planète ; il savait qu'au-delà de la demi-douzaine d'établissements célèbres dont la presse rend fidèlement compte des représentations, il y a dans ces dizaines de petits opéras d'Europe, mais aussi d'Amérique, de prodigieux équipements qu'on ne soupçonne pas ; ici une scène modulable, là une fosse à demi couverte ou un proscenium télescopique : c'était la multiplicité de ces innovations, parfois pourtant centenaires, que nous avions entrepris de recenser, pour faire de la Bastille le théâtre d'opéra le plus moderne du monde. Un « livre rouge » était là, pour témoigner de notre effort, et l'édifice qui se dresse aujourd'hui au-dessus du bassin de l'Arsenal n'est en fin de compte rien d'autre que la somme de nos travaux ; d'autres ont pris la relève, Frédéric a démissionné à son tour, tout cela est une autre histoire ; je l'ai dit, j'aimerais la raconter un jour.

J'étais seul, ce soir-là, à l'opéra de Heilbronn. Frédéric avait retrouvé des amis : eux aussi devaient, déjà, évoquer un temps passé qui n'était pas tout à fait perdu et je m'étais retrouvé dans une loge au-dessus d'une salle à peu près vide ; c'était la fin de la saison, les chanteurs de la troupe donnaient des *Noces* entre une *Traviata* et un *Barbier* : rien que de la routine, m'avait averti mon ami ; je devais le rejoindre dans une brasserie après le spectacle. Routine, donc, que ces décors poussiéreux assemblés sans génie, cette mise en scène oubliée, un chef médiocre, une troupe qui chantait Mozart par habitude, sans conviction. Pourtant, au début du deuxième acte, l'air de la comtesse m'avait procuré l'un de ces grands émois que m'ont apportés parfois des morceaux sans importance ; la seule explication que j'ai pu en trouver est un pastiche grossier : parce que c'était cet instant et parce que c'était moi. Ainsi m'est-il arrivé de trembler de bonheur à un trio final du *Chevalier à la rose* chanté en anglais par trois femmes dont je n'ai même pas retenu le nom ; de même, toute la désespérance de l'aria mozartienne murmurée par une jeune femme aux épaules vêtues d'une gaze claire, aux longs cheveux ramenés en torsade sur la nuque — de ma loge, je voyais sa nuque nue — m'avait-elle profondément touché. Je pensais que cette femme triste et résignée avait été la Rosine insolente du *Barbier de Séville* et je me disais que ce serait une belle leçon d'opéra que de donner les deux œuvres de Rossini et de Mozart en deux soirées consécutives dans les mêmes décors avec peut-être les mêmes chanteurs : de ténor, Almaviva serait devenu baryton, il aurait vieilli, la voix de Rosine, alerte, aurait mûri en un beau soprano dramatique allemand et seul Figaro serait resté inchangé, insolent.

On avait mollement applaudi cette comtesse dont, ayant omis d'acheter le programme, je ne savais même pas le nom, et toute la vigueur dont je pus moi-même faire preuve n'anima pas la salle. L'opéra se poursuivit, la chanteuse fut tout aussi bonne dans son duo avec Suzanne : assise en arrière dans le fond de ma baignoire, je me figurais être ce personnage d'Hoffmann qui, de la « loge des voyageurs » d'un théâtre baroque, découvre la sublime donna Anna d'un *Don Juan* de province qui viendra le retrouver pour s'évanouir ensuite avec la musique.

J'étais ému en quittant l'opéra. Je rejoignis Frédéric et ses amis, qui avaient déjà beaucoup bu ; à l'époque, je n'avais pas de secrets pour Frédéric, et je lui racontai mon enthousiasme pour la comtesse inconnue ; il échangea avec ses compagnons des regards amusés que je pris pour de l'ironie devant mes emballements. Ce n'était pas de ça qu'il s'agissait ; dix minutes plus tard deux femmes nous rejoignaient devant les verres de vin blanc de Franconie : c'étaient Suzanne et la comtesse. Deux mois après, je dînais avec Mina Miller — elle chantait à Troyes ! — et je passais la nuit avec elle.

J'ai connu des femmes gaies, des femmes folles, des femmes sages ou des femmes tristes : Mina était sûrement la femme la plus triste que j'aie jamais rencontrée ; il émanait d'elle une incroyable mélancolie que son grand visage clair aux longs cheveux noirs, souvent incliné sur l'épaule, rendait plus douloureuse encore. Elle avait une fille d'un mari dont elle avait divorcé, des parents en Basse-Saxe, elle chantait depuis dix ans dans de petits théâtres d'Allemagne et savait qu'elle ne chanterait jamais à l'Opéra de Berlin ni à celui de Francfort ; elle savait aussi que sa voix était belle, mais elle était résignée. Dès notre deuxième rencontre, j'avais découvert en elle quelques traits de caractère d'Hélène : cette même gravité, cette souffrance parfois qu'aucun mot n'aurait pu exprimer ; mais Hélène était énergique, robuste : le moment venu, elle avait su prendre la décision qui s'imposait — ce dont Mina aurait été bien incapable. Elle pleurait jusque dans l'amour et ses moments de gaieté étaient plus déchirants encore ; j'étais amoureux, pourtant je ne pouvais rien pour elle.

On l'avait invitée à chanter avec trois de ses camarades des quatuors vocaux de Brahms au petit théâtre Nicolini, à Florence : elle n'était jamais allée en Italie, me parla de Venise, s'en fit une fête et haït Florence qu'elle trouva grise et sale. Elle ne savait pas que Florence ne nous est jamais offerte et qu'il faut la gagner, ce que je tentai en vain de lui expliquer. Elle ne voyait que la pierre sombre des façades des palais, et la marqueterie de marbre de San Miniato lui parut sans âme. Comme elle ne voulait pas quitter ses camarades — elle mettait son métier en avant, comme un rempart contre tout ce qu'elle redoutait —, nous étions descendus au petit hôtel de la place de la Santissima Annunziata et c'est elle qui, la première, avait osé dire que notre aventure pourrait s'arrêter là. Elle en était affreusement triste. Quand elle s'était appuyée à cette fenêtre qui donnait sur l'église, la statue du grand-duc Ferdinand et le portique de l'hôpital des Innocents — une des plus belles fenêtres du monde... — pour me dire, à travers une bouffée de fumée bleue : « Crois-tu, toi, que nous aurions pu y arriver ? » j'avais protesté : je le croyais, ou j'affectais d'y croire. Mais elle secouait la tête, sans répondre à mes objections ; quelques jours plus tard, nous nous quittâmes en effet. Elle a encore chanté, à Heilbronn, ailleurs, à Mannheim, à Kassel — et puis je n'ai plus entendu parler d'elle ; elle chante encore, sûrement ; pendant quatre semaines, un mois, j'avais pu penser que je l'aimerais d'un amour semblable à celui que j'avais eu pour Hélène ; mais peut-être s'était-elle défiée — ou peut-être était-ce simplement Florence qui l'avait rejetée.

Sur le coup de treize heures, le café de la place de la République s'est retrouvé plein et j'ai plié bagage. Je n'avais pas envie de rentrer au palais Bancacci pour m'y retrouver seul avec le vieux Carlo — et l'idée d'y rencontrer peut-être la fille de Franca me déplaisait. Le souvenir de Mina avait appelé celui d'une autre femme qui haïssait aussi Florence. J'avais passé plus d'un mois avec elle dans la villa qu'elle avait héritée à Fiesole où elle m'avait demandé de la rejoindre, c'était Claudia, la femme d'Otrick, qui avait été lui aussi mon ami.

J'avais connu Otrick à la fin de sa vie. Ambassadeur des Pays-Bas à Pékin, il était déjà un vieil homme, j'y étais secrétaire d'ambassade, il m'avait pris en affection ; nous demeurions de longues fins d'après-midi dans la chaleur sèche de l'été à regarder les livres qu'il sortait un à un de sa bibliothèque : « Où que j'aille, de poste en poste, je traîne avec moi ma cantine de bouquins ! » me disait-il avec un clin d'œil en me montrant les milliers de volumes alignés sur les murs de cette maison chinoise en plein cœur de la ville tartare que les bons apôtres de la Révolution culturelle allaient un jour raser ; ce n'était qu'une demi-boutade, car Otrick n'avait dû faire que trois ou quatre postes au cours de sa carrière, et il vivait à Pékin depuis onze ans. Claudia, sa femme, nous servait à boire ; elle était beaucoup plus jeune que lui, on lui connaissait des amants, elle aimait son mari tendrement et je n'avais jamais cherché à en savoir davantage.

Quelques années plus tard, Otrick s'était tué à son bureau, d'une balle dans la tête ; éclaboussée par le scandale, Claudia avait dû quitter la Chine. Deux mois après, un notaire de Rotterdam la convoquait pour dresser devant elle l'extraordinaire liste des biens dont son mari l'avait faite sa légataire universelle ; il y avait des appartements à Paris, à Munich, à New York, un château dans le Waldviertel et la villa de Fiesole. J'étais alors entre deux postes, je ne savais pas si j'allais quitter l'administration pour écrire ou cesser d'écrire pour être le parfait diplomate qu'on espérait de moi. Pour quelle raison Claudia Van Otrick choisit-elle de me demander de l'aider à classer les papiers que son mari avait laissés à Fiesole ? J'acceptai néanmoins. Ce fut mon premier vrai séjour en Toscane. Par Claudia, je fis la connaissance de tous ceux qui deviendraient mes amis, les Bancacci, les Fabbri, Harold Acton, le cher Georges Kaftal, Cristina et tant d'autres.

La villa La Folia, qu'avait achetée Otrick une vingtaine d'années auparavant, se trouvait sur le territoire de la commune de Fiesole, un peu avant les grands tournants abrupts qui mènent à la villa San Michele, puis à la place du Dôme. Tout au bout d'un chemin à l'époque caillouteux, qui partait à main droite de la grande église de San Domenico où j'ai vu pour la première fois hors d'un musée, dans sa splendeur première, un Fra Angelico, c'était une belle villa carrée du XVIe siècle, double cube parfait au bout d'un jardin de buis et de citronniers ; deux terrasses successives conduisaient à la route en contrebas, et on y accédait par un chemin en escalier qui, partant à l'arrière de la maison d'une cour de ferme qui ressemblait à une place de village, grimpait sur le flanc de la villa ; face aux dernières marches, une fontaine coulait jour et nuit, dont l'eau était miraculeusement fraîche sous la fresque à demi effacée qui ornait l'arrondi aménagé au creux de la rocaille.

A mon arrivée, Claudia m'avait installé dans une petite chambre d'où l'on voyait Florence ; ce n'était pas la Florence idyllique des aquarelles anglaises de la Volteranna, mais une Florence lointaine, vue de très haut, où il fallait se donner le mal de repérer le Dôme et la tour du Palazzo Vecchio. Elle-même couchait sur l'autre flanc de la villa, dans la chambre qu'Otrick avait, dit-elle, habitée ; la pièce ouvrait sur les collines ; de loin, on devinait dans les cyprès cette étrange villa hérissée de statues où habita le peintre Boecklin qui peignit, précisément, les cyprès de l'*Ile des morts*. Le soir de mon arrivée, toutes les autres pièces étaient fermées — je ne savais pas encore que c'était à clef —, nous avons mangé une *pasta* dans la cuisine, servie par un boy chinois qui avait été celui d'Otrick lors de son premier séjour à Pékin, bien avant la Révolution de 1949 ; c'était lui que l'ambassadeur avait chargé de veiller sur la maison de Fiesole ; il nous regardait d'un sale air, mais sa sauce *al'pesto* valait toutes celles qu'on pouvait trouver dans les meilleurs restaurants de la ville.

Dès le lendemain, je me suis rendu compte de l'immensité du travail qui nous attendait : toutes les pièces, fermées à double tour, étaient bourrées jusqu'à hauteur d'homme de couches de dossiers, manuscrits, de boîtes et de cartons superposés — et le contenu de chaque pièce correspondait à une période de la vie d'Otrick : la Chine occupait le grand salon, les Pays-Bas de sa jeunesse la salle à manger, l'Angleterre et Londres où il avait tant vécu encombraient une chapelle désaffectée. Tout de suite, Claudia déclara qu'elle s'attaquerait à la Chine, dont elle était peut-être anxieuse de percer certains secrets : ces rencontres qu'Otrick avait de nuit à l'autre bout du pays, avec les plus hauts responsables du régime — ou les raisons qui l'avaient amené à se tirer une balle dans la tête, sans raison, précisément. Moi-même, j'aurais pu, peut-être, retrouver ainsi la trace de la conversation qu'Otrick avait eue lui aussi en 1965 avec Malraux et dont celui-ci avait effacé jusqu'à la simple mention dans ses *Antimémoires* mais dont j'étais le premier à pouvoir témoigner qu'elle avait eu lieu : j'aurais pu expliquer ce silence.

Mais Claudia s'étant attaquée au salon, je décidai de m'installer dans le bureau du premier étage où l'accumulation de dossiers et de cartons était moins dense que dans les autres pièces ; c'était la salle réservée à Florence et à la Toscane, je savais ce que je faisais ; je venais passer pour la première fois plusieurs semaines dans cette ville : il me plaisait, tout en accomplissant la mission dont on m'avait chargé, de surprendre sur Florence des secrets, d'en saisir d'insolites images.

Je n'entrerai pas dans le détail du mois et demi pendant lequel je séjournai à La Folia. J'ai dit que Claudia était triste et ce n'est pas un vain mot : le suicide de son mari la hantait, elle espérait comprendre et ne trouvait rien. Dès la seconde nuit, elle m'avait proposé ce qu'elle avait appelé elle-même un « arrangement » : « Je ne peux pas dormir seule, c'est une de mes faiblesses ; je sais aussi que pendant des nuits, sinon des années, je serai fermée à tout, fût-ce aux gestes les plus simples : est-ce que vous accepteriez quand même de dormir près de moi sans que nous nous touchions pourtant ? » Redoutant à la fois que j'accepte et que je refuse elle avait, en me faisant cette proposition qui n'en était pas une, un air tout à fait désolé ; j'avais accepté.

Le premier soir, je me suis couché avant elle ; elle est arrivée à son tour au bord du lit, vêtue d'une chemise de coton, qu'elle a fait glisser ; j'ai vu son corps nu, blanc, un peu lourd, les cheveux blonds, la pointe rose des seins et je ne l'ai pas désirée : elle m'était refusée d'avance et j'ai cette paresse de ne pas souhaiter me battre pour les choses de l'amour ; j'ai toujours pris un non pour un « non », jamais pour un « peut-être ». Nous avons ainsi passé côte à côte toutes les nuits de ce séjour. Avec le temps, un regain de tendresse était venu, mais comme celui qu'éprouve un mari pour la femme épousée depuis longtemps, émouvante, sans désir. Plus tard, à La Nouvelle-Orléans, j'ai partagé de la même façon la seule chambre un peu fraîche d'une maison du carré français avec la femme d'un de mes amis ; elle en avait fait la suggestion avec un petit rire : « Tu sais que tu ne dois rien tenter, n'est-ce pas ? » Ce rire était gouailleur parce que gêné, gêné car partagé entre la volonté qu'elle avait sûrement qu'il ne se passât rien entre nous, et l'idée émoustillante en somme de dormir dans le même lit qu'un homme dix fois rencontré en public, qui lui avait peut-être fait des avances parce que ces jeux-là font partie de la diplomatie qui régit les rapports de toute société mondaine ou parisienne, mais qu'elle n'avait jamais imaginées ailleurs qu'en public ou dans un salon. Cette Marielle était blonde aussi, très belle, un peu forte, mais pas à la manière de Claudia ; je dirais plutôt gracile comme les femmes du Corrège. Le premier soir, j'avais eu envie d'elle mais, je l'ai dit, je n'aime pas ce genre de combat ; j'imaginais son refus outragé que je n'aurais sûrement pas outrepassé — et les récits indignés, ou bien plutôt amusés, qu'elle en aurait faits à mon ami Greg. Le corps nu de Marielle dans un lit à La Nouvelle-Orléans est demeuré l'un de ces regrets que j'ai évoqués au début de ce récit : j'aurais pu, oui ; j'aurais dû, mais...

Les documents qu'Otrick avait entreposés sur Florence, dans le beau bureau aux fresques ottocentesques à demi effacées qui dominaient de plus haut encore la ville, ressemblaient à n'importe quel matériel accumulé par un écrivain consciencieux pour préparer un gros livre. Il y avait des ouvrages historiques, des archives familiales — qui avaient échoué là comment ? Je découvris même une épaisse chemise qui contenait des détails sur la vie d'un arrière-grand-père de Giuliano ; et puis des lettres d'amis florentins ou d'étrangers vivant à Florence et les réponses d'Otrick qui avait dû demander qu'on les lui retournât ; tout cela retenu par des bouts de ficelle, des rubans, des élastiques desséchés. Je trouvai aussi des liasses de feuillets recouverts de sa fine écriture, qui n'étaient que des notices très précises sur un paysage, la couleur exacte d'un toit au coucher du soleil, comme si le livre que j'ai promis à mon éditeur de rapporter de ce voyage, c'était bel et bien Jan Van Otrick, ambassadeur des Pays-Bas en Chine mort voilà vingt-sept ans, qui l'avait voulu préparer.

Plusieurs incidents ponctuèrent ce travail de dépouillement. Ainsi certains de ceux qui allaient devenir mes amis vinrent-ils à La Folia ; la raison invoquée était la visite qu'ils voulaient rendre à Claudia : en fait, c'était bien évidemment aux papiers d'Otrick sur leur ville qu'ils s'intéressaient. A mots couverts d'abord, sans détour ensuite, ils me laissaient entendre que ce trésor accumulé dans le bureau du premier étage, mon ami se l'était indûment approprié. Claudia assistait à ces conversations, mais s'abstenait de répondre aux questions qui lui étaient posées ; le soir venu, elle était évasive avec moi : « On verra plus tard : faisons d'abord l'inventaire de tout. » J'avais bien compris que les papiers florentins ne l'intéressaient guère ; c'était dans les dossiers chinois qu'elle espérait découvrir je ne sais quelle vérité et, levée tard, elle s'affairait sans discontinuer dans le salon dont elle ne sortait que le soir, les yeux rougis. Moi, j'avais commencé à dîner en ville, à mieux connaître ces Bancacci, ces Fabbri, Georges Kaltal et tous ceux qui, venus s'enquérir des bribes dérobées à leur passé, s'étaient liés d'amitié avec moi en espérant vaguement qu'au terme de mes recherches, je leur restituerais ce qui leur appartenait.

La seule visite vraiment désagréable que j'eus pendant mon séjour fut celle de Marion Hardwell. A l'époque, la romancière anglaise devait avoir plus de soixante-cinq ans ; elle traînait dans son sillage le parfum musqué et lavandé des beaux vieux scandales bien britanniques, comme on dit la bonne vieille Angleterre. A trente ans, elle avait enlevé l'épouse d'un de ses cousins, diplomate et lui-même écrivain, qui faisait un peu figure de sage dans le petit groupe de Bloomsbury dont ils étaient parmi les plus marquantes figures. Benedicta Ambrose-Wright était l'héritière d'une longue dynastie de femmes de lettres, elle avait publié des romans éminemment victoriens et sa famille, liée aux Sackville, aux Strachey, possédait un admirable château dans le sud de l'Angleterre. Son mariage avec George Bershaw avait été un événement à la fois littéraire et mondain ; on avait bien prétendu qu'il avait fallu au moins six semaines à Bershaw pour le consommer, mais tous les jeunes hommes de cette Angleterre-là rêvaient vaguement, comme mon vieil ami Kruger, de petits pêcheurs napolitains à qui la vigoureuse Benedicta ne ressemblait certainement pas. Ensemble, ils avaient formé un de ces beaux couples dont les micro-sociétés esthétisantes font leurs délices ; George Bershaw travaillait plus ou moins ouvertement pour l'Intelligence Service, voyageait au Proche-Orient et en rapportait des récits mystico-politiques qui enchantaient les critiques et déroutaient la classe politique : à la manière de T.E. Lawrence, il recomposait le monde arabe au gré de l'idée qu'il s'en était faite ; Benedicta écrivait de son côté de courts romans faits de dialogues incisifs et, s'étant prise d'une passion tout agatha-christienne pour l'archéologie, accompagnait parfois son mari dans ses déplacements qui donnaient à ses livres une touche d'exotisme. On racontait qu'ils travaillaient ensemble, assis à des bureaux qui se faisaient face au milieu de la bibliothèque de Chadwick Hall, à l'ombre des portraits de tous les Ambrose-Wright et des livres qu'ils avaient accumulés ; de belles fenêtres en ogive ouvraient sur le plus anglais des jardins anglais et, entre un séjour à Knole ou à Sissinghurst, Virginia Woolf ou Vita Sackville-West venaient les visiter. Je ne sais plus si c'est Evelyn Waugh ou Cyril Connolly qui avait élaboré à leur propos une étrange théorie esthétique ; il prétendait qu'émanait d'eux, en train de lire ou de regarder ensemble une œuvre d'art, une autre force qui n'était que la beauté pure augmentée d'un coefficient de beauté qui en faisait davantage que beauté plus beauté. Pour être laborieuse, la formule était plaisante et peut-être n'ai-je jamais tenté, toute ma vie, que de la vivre ? C'était Vita qui avait présenté Marion Hardwell à Benedicta ; amie de Violet Trefusis, on sait ce que cela pouvait signifier. Marion était fille d'une courtisane qui s'était tour à tour prétendue danseuse, puis bâtarde d'un prince royal, elle écrivait de gros romans, plus alambiqués que vraiment compliqués, où l'amour s'y révélait fleur bleue — ce qu'elle n'était guère. Elle aimait les femmes, aima Benedicta, l'enleva, son mari les poursuivit à travers l'Europe entière, vendit au passage quelques secrets militaires à des Allemands ou des Suisses qui lui payaient de quoi vivre comme un misérable caché dans les étages de service des palaces où les deux femmes descendaient. Il refusa le divorce pendant cinq ans, puis Marion se lassa de Benedicta et la lui rendit : le jour du retour de sa femme à Chadwick, Bershaw s'était noyé parmi les beaux nénuphars de l'étang, après avoir adressé au Foreign Office en même temps qu'aux journaux londoniens une longue confession où il racontait ses trahisons dernières. Marion Hardwell avait quitté Londres pour la Toscane, elle avait acheté une villa à Bellosguardo à côté de celle de Violet Trefusis et déversait sur Florence le trop-plein de ses méchancetés.

C'est cette femme redoutable et redoutée qui fit chez moi une entrée fracassante ; j'étais occupé à relire de vieilles lettres qu'avait écrites Otrick à une petite paysanne du Chianti, elles étaient touchantes. Précédée du boy chinois qui n'avait pas réussi à l'arrêter, Marion Hardwell me déclara, sans autre préambule, qu'elle venait récupérer son bien. Alertée par ses cris, Claudia nous avait rejoints. La virago affirmait que Otrick l'avait volée ; elle lui avait confié des papiers qu'il ne lui avait jamais restitués, c'étaient ceux-là qu'elle voulait retrouver.

Accroupie parmi les dossiers et les liasses, elle fouillait déjà. Le boy la connaissait ; il lui proposa la vodka glacée qui eut le don de la calmer. Plus posément, elle renouvela sa demande ; elle semblait aussi plus embarrassée et, lorsque Claudia voulut lui faire dire de quels papiers il s'agissait, elle éluda la question : Otrick lui avait dérobé des documents, elle voulait qu'on les lui rende, c'était tout ; poussée dans ses derniers retranchements, elle précisa qu'il s'agissait de manuscrits du XIXe siècle sur l'Italie. Elle n'en dit pas plus, tenta quelques instants encore de s'aventurer dans le désordre de la pièce pour se rendre vite compte que ce serait peine perdue. Le boy lui offrit encore un verre de vodka, qu'elle vida d'un trait puis s'en alla. Après son départ, Claudia remarqua que Marion Hardwell était probablement ivre avant de venir. Je l'interrogeai à mon tour : en savait-elle davantage qu'elle ne l'avait affirmé sur ces papiers anciens ? Elle m'assura du contraire et nous reprîmes chacun notre travail.

Peu de temps après, Bernard Lew (qui n'était pas encore Sir Bernard) m'invita à prendre le thé chez lui. Il habitait une très grande villa à Maiano, au-dessus de Fiesole, qu'il avait aménagée à la manière dont Harold Acton et son père ont transformé la Pietra ; l'intérieur était un véritable petit musée du Quattrocento, tandis que le vaste parc remodelé en jardin anglais dans les années trente de l'autre siècle avait retrouvé son dessin initial, buis, parterres à l'italienne, colonnades et statues. Londonien élevé à Oxford puis parti pour l'Amérique, Lew avait aidé une richissime Philadelphienne à se constituer une collection hétéroclite qu'on pouvait voir jusqu'à ces dernières années dans une grande maison de Baltimore : armures incrustées d'or et peintures préraphaélites y voisinaient avec des Botticelli douteux et les seules vraies pièces intéressantes étaient des primitifs siennois, florentins ou bolonais mais, collection bien ordonnée commençant nécessairement par la sienne, celui qui allait devenir mon vieil ami avait mis de côté, dans un entrepôt de Poggibonsi, ce qui lui paraissait le meilleur — et qui l'était en vérité. A trente ans, il avait décidé que sa vieille Américaine excentrique avait assez de bimbeloterie pour en remplir aussi une maison de campagne en Nouvelle-Angleterre et il lui avait présenté ses honoraires qu'elle avait payés après un léger sursaut — puis Lew avait acheté la villa de Maiano que l'entrepôt de Poggibonsi avait meublé avec goût. C'était Vivienne qui m'avait donné une lettre d'introduction pour lui. Je le découvris fidèle à sa légende : sarcastique et savant, méchant parfois, capable aussi de gestes d'une immense générosité.

Il m'interrogea d'abord sur Otrick, qu'il n'avait pas vu depuis longtemps mais qui avait été l'un de ses amis ; il le rencontrait dans une villa de Palerme où je crus comprendre que, sous la houlette d'un vieil homme dont il ne prononça pas le nom, s'était constituée au début de ce siècle une sorte de maçonnerie, ou plus simplement un groupe d'amis qu'une commune soif de connaissances également partagées liait à la manière de ces « frères » qui se réunissaient en sociétés ou confréries à la fin du XVIIIe siècle. Otrick avait fréquenté un temps chez ces gens-là ; c'était Bernard Lew qui avait acheté pour lui la villa de Fiesole. Il prétendait qu'il s'y installerait à sa retraite et qu'il aurait enfin le temps de se consacrer à tout ce qu'il n'avait, toute sa vie, qu'effleuré. C'était Lew encore qui dédouanait pour lui les malles de documents qu'Otrick acheminait à intervalles réguliers de Chine, de Veere, en Hollande, où il était né, et des quatre coins du monde ;

l'Anglais se contentait de faire porter les malles et les caisses à La Folia où Otrick n'avait jamais fait que de brefs séjours. « Il aimait la vue sur la villa Boecklin », remarqua Lew, sans un mot pour le vaste panorama sur Florence qu'on découvrait de ma chambre.

Lorsque je lui racontai la visite que m'avait rendue Marion Hardwell, son visage se durcit. « Cette salope... », murmura-t-il entre ses dents (il avait dit en anglais « *that bitch* »), puis, avec un sourire navré qui semblait vouloir faire pardonner un excès de langage, il m'a dit la haine qu'il éprouvait pour cette femme et ce qu'elle représentait. « Toute sa vie, elle n'a fait que délier des amitiés et briser des amours : certains jouent au billard, des dames au badminton, Miss Hardwell jette son dévolu sur ce qui lui paraît le plus solide et s'amuse à le casser. » La formule était plaisante ; il me cita deux ou trois exemples des maléfices de celle qu'il qualifiait de « sorcière » puis constata que le moins grave n'était pas qu'elle fût laide et sans talent : « Elle est venue contaminer Florence », remarqua-t-il.

Lors d'un autre thé que je pris chez lui, il m'expliqua que les étrangers qui s'installaient à Florence se divisaient en deux races : ceux qui s'ouvraient à la ville et à ses habitudes, et ceux qui se refermaient, au contraire, sur le petit groupe qu'ils formaient entre eux, écrivains, historiens, artistes, dilettantes — pour vivre ainsi en parfaite autarcie, « comme sur l'ennemi » (ce fut son expression) — suçant en quelque sorte la sève dont ruisselait la beauté de la cité : « Ce sont des vampires », conclut-il. Cette remarque m'amuse aujourd'hui, car j'ai écrit depuis un roman dont l'action se déroule dans une ville qui pourrait être Florence, où une petite société de vampires survit précisément pour en préserver la beauté. A l'époque, j'avais pourtant été frappé par le sérieux que mettait Bernard Lew à développer sa théorie ; lorsque je l'interrogeai sur le groupe d'hommes dont il avait autrefois fait partie à Palerme, il en soutint une autre, avec laquelle j'avais aussi joué dans un autre livre : à ces groupes maléfiques qui développaient leurs influences néfastes dans l'ombre, il opposait d'autres sociétés, lumineuses, éclairées et sages ; c'étaient, en somme, Sarastro et les siens face aux machinations de la Reine de la Nuit. Trouvant probablement que j'attachais plus d'importance qu'il ne le désirait à cette idée, il avait haussé les épaules pour conclure que tout ce qu'il venait de m'exposer n'était qu'une vue de l'esprit et que je ne devais en retenir qu'un point : Marion Hardwell était une sacrée « *bitch* » !

Quant aux papiers qu'elle recherchait, Bernard Lew m'assura d'abord qu'il n'en savait pas plus que Claudia ; Otrick avait flirté un temps avec les amies douteuses de Miss Hardwell, il avait fréquenté sa villa de Bellosguardo où elle réunissait des étrangères qui ne sortaient de son jardin que pour se promener en couples dans les rues de Florence. Des écrivains, des hommes politiques y passaient aussi de longues semaines, on parlait économie, littérature. Pourtant, il s'en souvenait maintenant, on avait prétendu avoir retrouvé, au fond d'une maison vendue à l'encan à l'un des leurs, une caisse de manuscrits anciens sur laquelle on avait fait grand mystère. On avait évoqué le nom de Byron, ceux de quelques-uns de ces Anglais qui avaient choisi au début du siècle dernier de s'établir à Florence, mais aussi à Pise ou à Livourne ; on avait également parlé de textes plus anciens, de manuscrits de la Renaissance qui relataient des « Chroniques italiennes » à la manière de celles dont Stendhal avait fait ses livres ; on avait enfin parlé de lettres de Stendhal lui-même. On imagine aisément que j'aie voulu bien sûr en savoir plus, mais il n'avait pas pu m'éclairer. J'étais revenu à La Folia, j'avais ouvert d'autres caisses, fouillé en vain dans toutes les malles du premier étage. Interrogée, Claudia ne manifesta d'ailleurs qu'un intérêt médiocre pour ce problème, tout entière absorbée par le passé chinois d'Otrick.

Nous vécûmes ainsi plus d'un mois côte à côte. Je passais mes nuits auprès d'elle sans qu'un soupçon de désir me traversât le corps ; parfois, je traînais dans les rues mortes de la ville, je suivais une gamine, une petite boulangère, j'avais aussi quelques aventures avec des étrangères de passage ; mais sitôt épuisé le plaisir rapide que j'en tirais, je revenais à la villa où la vie dans laquelle je m'étais installé, près de cette femme belle pour qui je n'éprouvais que de la tendresse, avait fini par me fasciner. Une nuit, ne trouvant pas le sommeil, je me dis que c'était tout de même une situation absurde ; je m'étais attaché à Claudia et j'aurais très bien pu m'installer ainsi dans cette villa, auprès de cette femme ; nous aurions travaillé côte à côte comme mon amie Benedicta, jadis, avec l'infortuné George. J'ai souvent caressé ce rêve de jeter la cape et le manteau et, éternel voyageur ballotté de désir en désir, de m'arrêter : avec Claudia, c'était la première fois que l'envie de ne plus butiner mais de construire était si forte. Par la fenêtre ouverte sur la villa Boecklin, une demi-lune voilée donnait aux formes des collines une obscurité laiteuse ; j'ai avancé une main vers le corps de Claudia, qui a tout de suite gémi dans son sommeil puis s'est rapprochée de moi. J'ai commencé à la caresser et je l'ai sentie qui se détendait, s'écartelait sous ma main. J'ai voulu, alors, très tendrement, la prendre, elle avait ouvert les yeux, m'attirait contre elle — et je n'ai pas pu, le désir mort aussitôt qu'éveillé. Nous sommes demeurés ainsi longtemps, l'un près de l'autre ; Claudia pleurait. Ce n'était pas ce fiasco si peu beylien pourtant, puisque non pas dû à l'excès d'amour mais, au contraire, à sa trop grande sagesse, qui lui faisait couler les belles larmes tranquilles qui dévalaient sur son visage, et je n'étais que bien peu de chose dans sa tristesse : c'est elle qui m'a demandé pardon — et a prononcé le nom d'Otrick.

Je savais, dès lors, que je ne resterais pas. Quelques jours après, un coup de téléphone m'apprenait que j'étais nommé à Londres et je m'en suis allé avec la même tendresse pour Claudia et cette maison dans un jardin — ses citronniers en pot, ses buis taillés, la petite nymphe sur la fontaine qui coulait jour et nuit — où je n'avais pu m'arrêter. « Il te faudra quitter Florence », dit Dante au début du *Purgatoire* ; c'était un premier exil hors d'une terre d'Italie qui n'était cependant pas la mienne. Je quittai donc Florence, Bernard Lew, Giuliano Bancacci que je connaissais à peine, et Claudia, qui me dit qu'elle allait poursuivre seule ses recherches. A Londres, j'appris peu après qu'elle avait d'ailleurs abandonné : elle avait décidé d'oublier la mort d'Otrick et de tirer un trait sur ces mystères qui lui échappaient. La Folia avait été vendue, son contenu dispersé chez quelques brocanteurs qui avaient trouvé leur bonheur dans les vieux livres enfermés dans les malles ; quant aux papiers d'Otrick, elle les avait brûlés dans la cour, devant la grille qui conduisait à l'escalier et à la fontaine. J'ai revu Claudia à Londres, à Paris, nous n'avons pas parlé de Florence. Elle vit à Hampstead, avec John Chessman, que je n'avais fait que croiser à Pékin.

J'ai marché encore longtemps dans les rues de Florence. La première impression de Bosco ai Frati s'était vite dissipée : il fallait qu'à la manière de Malraux jadis à Pékin, je retrouve moi aussi ma Florence ; avec le même acharnement que j'avais mis à La Folia à ne jamais posséder Claudia — offerte pourtant —, j'ai passé tout l'après-midi à tenter, à désespérément essayer. Ainsi me suis-je inventé un itinéraire compliqué à travers tout ce qui avait fait pour moi de cette ville le lieu géométrique de tant d'exaltations. Plus que la grande peinture de la première Renaissance, c'est l'architecture toscane qui m'a apporté les émotions les plus pures. J'ai donc gagné d'abord l'église San Lorenzo : après mes rencontres ratées du matin à l'Annunziata et San Marco avec Michelozzo, peut-être Brunelleschi à peine entrevu à l'hôpital des Innocents serait-il cette fois au rendez-vous. J'ai erré dans la grande nef vide, longé les galeries du cloître, gagné par l'escalier de Michel-Ange l'étage de la bibliothèque laurentienne où repose, en attendant le geste du lecteur qui la fait revivre, une partie de l'histoire de la ville ; je n'ai vu que des manuscrits enluminés derrière des vitrines. La chapelle des princes elle-même, dont j'affirmais si complaisamment que j'y déchiffrais des trésors quand mes amis n'y voient qu'une accumulation de mosaïques, m'a paru lugubre. Moi qui lisais dans les panneaux de pietra dura des Médicis une alchimie de formes et de couleurs presque divinatoire, je n'ai vu dans le plus orgueilleux de ses autels que ce qu'il est : l'assemblage hâtif d'éléments disparates à la gloire de Mussolini, lorsque le Duce fut reçu en grande pompe à Florence. Je retardais cependant à dessein l'essentiel ; mais ni la « vieille » sacristie, où Brunelleschi a porté à son point le plus haut la perfection d'un système, ni la « nouvelle » sacristie, enfin, Michel-Ange sublime et triomphant, ni le *Pensero* cher à Liszt distraitement écouté l'autre soir à Paris, ni l'énergie de son frère Julien casqué ne m'ont apporté la stupeur bouleversée que j'attendais d'eux ; au contraire : je me suis surpris à penser que ce Laurent et ce Julien-là n'étaient pas les bons et que Michel-Ange s'était trompé en figeant pour l'éternité les traits de Laurent II et du duc de Nemours alors que, trente ans auparavant, le frère du vrai Lorenzo était mort sous les coups des Pazzi en se battant pour lui et que, du Magnifique, nous connaissons cent portraits dont aucun n'est un chef-d'œuvre.

Iconoclaste par distraction — je ne voyais pas l'essentiel —, j'ai quitté San Lorenzo pour Santa Maria Novella ; Michelozzo, Brunelleschi, Alberti : je franchissais une à une les portes d'un univers qui a donné au monde un code inaltérable. On s'en doute : les grandes volutes de la façade de l'église que j'ai si souvent affirmé être la plus riche de Florence n'ont rien éveillé en moi, pas plus que le crucifix de Masaccio qui, au-delà du Christ, de la Vierge et de Jean qu'il a représentés, hiératiques, s'est plu à nous répéter, pour le glorifier, l'ordre architectural de son temps ; je ne suis pas allé au-delà. Je savais que les fresques chéries de Ghirlandaio me sembleraient mièvres : comme au cours de cette longue nuit parisienne qui avait décidé de mon voyage, j'avançais à travers un tohu-bohu d'images qui devenaient un mauvais rêve. Il fallait, il fallait pourtant... J'ai traversé l'Arno : l'austérité nue de Santo Spirito, cette rigueur d'épure, ne pouvait rien pour moi, et les fresques de Masaccio, au Carmine, sont encore recouvertes d'échafaudages : comme devant la porte fermée du musée de San Marco, j'en étais arrivé à l'espérer ! Je ne pouvais rien voir que je ne vis que machinalement : je reconnaissais tout, je m'accrochais à un détail qui m'avait « parlé » et je me disais : « C'est cela, oui » ; je pensais d'ailleurs : « Ce n'est *que* cela... » La fantastique construction théorique et esthétique de cette première moitié du Quattrocento où, revenant à Florence après un exil, Alberti s'émerveillait de trouver une réunion de chefs-d'œuvre semblables à ceux de l'Antiquité et qui, tous, étaient l'œuvre de ses amis ; cette fulgurante et austère beauté dont je proclamais avec satisfaction qu'il fallait savoir la gagner — je l'avais, en somme, perdue ; et la morne déambulation que j'achevais à travers la ville ne m'apportait rien. Je suis revenu à la hâte au palais Bancacci ; j'avais peur.

Étendu sur le dos dans le grand lit de cuivre face à la belle fenêtre qui était la réplique de cet ordre enfui, je suis demeuré parfaitement immobile ; je ne bougeais pas un muscle, je ne remuais même pas les yeux, peu à peu frappé d'une manière de catalepsie. Je pensais que j'avais plus de cinquante ans et que l'âge m'avait atteint de plein fouet. Incapable de sentir comme d'aimer, j'étais devenu ce vieillard prématurément impuissant de toutes les impuissances. Le souvenir de la nuit à La Folia où la beauté si pleine de Claudia m'avait été inaccessible me semblait, à vingt-cinq ans de distance, le simulacre de ce qui m'arrivait aujourd'hui — et les quelques problèmes cardio-vasculaires dont je m'étais inquiété voilà peu n'étaient pas ma vraie maladie. Glacé maintenant sur mon lit, je me contemplais moi-même avec une ironie féroce. J'avais pensé : « Chapeau ! » lorsque Hemingway s'était tiré un coup de fusil dans la tête parce qu'il ne pouvait plus bander : toute ma vie, j'avais bandé devant des tableaux, des musiques, des livres — je répétais en moi-même le mot « bander » avec délectation — et je ne bandais plus. L'idée que je ne banderais pas non plus devant des femmes me gagna naturellement. Je tentai, comme jadis au moment de m'endormir, de me raconter ces histoires où des gamines nues s'offraient avec une superbe impudeur mais je ne réussissais à m'accrocher à aucun visage — pour ne pas dire à aucun cul. Comme les volutes de Santa Maria Novella, les corps des jeunes femmes que j'essayais d'appeler à la rescousse de mon imagination me laissaient de marbre. Je voulus remuer la main, déplacer un bras et j'eus alors la certitude que je ne le pouvais plus. Le regard fixe, la nuque raide, je m'abandonnai à cette immobilité glacée.

Je retrouvai Franca à l'heure du dîner. A mon arrivée dans le salon aux fresques néo-mauresques, sa fille était assise au piano. Elle ne leva pas les yeux vers moi. C'est seulement lorsqu'elle eut achevé son morceau qu'elle vint me tendre sa joue. Donatella a dix-huit ans, de longs cheveux droits sur les épaules, elle portait des jeans, une chemise de garçon. De tout le dîner, elle ne prononça pas une parole, se contentant de répondre par monosyllabes aux questions banales que je me croyais obligé de lui poser sur ses études, ses amis. Elle se leva au dessert, donna un baiser à sa mère, me fit de loin un salut froid et disparut. Dès qu'elle eut quitté la pièce, et comme pour se rassurer elle-même, Franca m'assura que sa fille se portait très bien, qu'elle avait seulement des cours à réviser. Revenue au salon, mon amie se servit d'abord abondamment d'une grappa dont elle me tendit ensuite un verre ; elle était rude, presque sans goût, forte à m'emporter la bouche. Elle vida son verre, un autre, puis vint s'asseoir en face de moi.

« Tu dois savoir une chose, me dit-elle brusquement : à la mort de Giuliano, ma vie s'est arrêtée. » Elle m'avait regardé, attendant peut-être une réponse : j'ai dit que j'étais un piètre consolateur, je me tus. Soupirant alors — elle attendait depuis des mois de pouvoir parler —, elle parla en effet, et pendant près de trois heures. Je ne tenterai pas de rapporter les mille détours d'un monologue entrecoupé de verres d'alcool bus avec une redoutable régularité ; je dirai seulement qu'elle me parla de Giuliano, de l'amour qu'il avait eu pour elle, de l'amour qu'elle avait toujours pour lui. La grappa aidant, des souvenirs de plus en plus précis, de plus en plus anciens refluaient vers sa mémoire et elle mettait ce soir une sorte de rage à déployer devant moi ceux qu'on garde au plus profond de soi. « C'est la première fois que je dis tout cela, tu sais », tint-elle à me préciser — et je n'en doutai pas. C'était dès lors Giuliano jeune homme et Giuliano époux qui revivait bien plus pour elle que pour moi, moments de joie, moments de plaisir — et les précisions qu'elle en arriva à me donner sur ce point ne paraissaient en aucune manière la gêner ; moi-même, d'ailleurs, que ces évocations dans la bouche d'une femme ont toujours embarrassé, je n'éprouvais pas le malaise que les confidences d'Angela à Parme avaient provoqué. J'en devinais la raison : Angela ne m'avait parlé comme elle l'avait fait que pour justifier sa trahison ; Franca n'avait rien à se pardonner à elle-même. Aussi les allusions les plus délicates qu'elle faisait à sa vie la plus intime alternaient-elles sans impudeur avec la description de la façon dont, à la mort de Giuliano, elle avait poursuivi le travail que celui-ci avait commencé sur les poèmes de Laurent de Médicis ; elle me décrivait avec un luxe inouï de détails telle nuit passée à la belle étoile à la Petrarcaia, sa villa de San Gimignano, dans les bras de Giuliano, puis m'expliquait, sans autre transition, qu'elle demeurait des journées entières dans la bibliothèque de Francesco Bancacci à dépouiller des manuscrits anciens, des gloses, des traductions. Le souvenir du livre aperçu sur la table de *pietra dura* me revint ; je ne voulus pas interrompre son discours, et m'abstins de lui demander si c'était elle qui lisait ces poèmes en langue d'aujourd'hui ; l'idée qu'elle pouvait les avoir écrits ne m'effleura pas.

Puis elle m'entraîna dans la bibliothèque ; arrivée dans la pièce en rotonde, elle me fit asseoir et commença à chercher un livre sur les rayons : « Il y a quelque chose que je veux te montrer, me dit-elle ; quelque chose qui t'intéressera. » Mais elle avait trop bu, et ne trouvait rien. Sa main errait de volume en volume, en faisait parfois tomber un sur le carrelage ; elle avait alors un juron et, sans se baisser pour le ramasser, cherchait encore. Après un moment, elle parut excédée et haussa les épaules : « Je ne trouverai jamais : tant pis. » Nous revînmes dans le salon où elle discourut encore un moment. Vers minuit, ivre, à bout de souffle, elle s'arrêta. Au moment de me quitter, elle répéta : « A la mort de Giuliano, ma vie s'est arrêtée » ; elle précisa : « La vie de mon corps, tu l'as compris » ; sur le point de refermer la porte sur elle, elle ajouta encore : « Maintenant, je dois retourner travailler. »

Je demeurai seul dans la pièce. Carlo, qui attendait dans le salon voisin, toussa discrètement ; je lui dis que j'allais me coucher, il vint pour éteindre les lampes. Avant de m'endormir, j'eus l'impression que quelqu'un passait sur l'étroit balcon qui relie ma terrasse à celle de Franca, mais j'avais sommeil, le récit de Franca avait épuisé mes angoisses, je dormis bien.

Luc est un de mes plus anciens amis ; pendant des années, nous avons traîné ensemble dans les couloirs de Sciences-Po ou du Quai d'Orsay, puis nos chemins ont divergé. Il a choisi de faire une carrière de fonctionnaire désabusé ; de poste en poste, il n'a toujours été que le second, redoutant plus que tout au monde les responsabilités, les embarras de ce qu'il appelle, avec ce qu'il faut d'ironie dans la voix, le pouvoir. Je l'ai vu conseiller culturel à Tokyo, premier conseiller en Espagne, il a passé quelques années dans une société de programmes de télévision ; il est revenu au Quai d'Orsay, on l'a envoyé en pénitence, dit-il, à Florence où il est consul général — sans que je sache très bien ce qu'il a à se faire pardonner, ni par qui.

Depuis vingt ans, il promène ainsi à travers le monde sa longue silhouette de vieux jeune homme las ; on le dit futile, je le sais grave ; on le prétend paresseux, il ne peut travailler qu'à ce qui l'intéresse vraiment, est-ce sa faute si rien de ce qu'on lui a donné à faire ne l'a vraiment intéressé ? répond-il d'un air faussement attristé aux questions trop précises qu'on veut lui poser. Il y a quelques mois encore, j'aurais affirmé que, depuis vingt ans, Luc est en quelque sorte mon double si, depuis mon retour à Parme, je ne découvrais mon double en tous ceux que je croise ou que je retrouve : Mauro ou Bernard, Marcello à Ferrare, hier soir encore Franca elle-même, ivre de confidences dans le grand salon du palais Bancacci. Étranges doubles, dès lors, qui se dédoublent ou redoublent à mesure que je m'avance à l'intérieur de l'Italie — elle-même un autre double, en quelque sorte, de mon univers, où je voudrais si fort pouvoir me retrouver. C'est parce que je me reconnais pourtant depuis trop longtemps en Luc, en qui je lis parfois avec terreur mes plus secrètes faiblesses, que je n'ai pas voulu l'avertir de mon arrivée ni lui rendre visite plus tôt. Lorsque je l'ai appelé, ce deuxième matin, il n'a pas été surpris : « Oui, je sais, Sir Bernard m'a dit que tu étais de retour. » Je n'ai pas rencontré Bernard Lew et j'avais demandé à Franca de ne prévenir personne de ma présence à Florence.

J'ai retrouvé Luc dans le grand bureau d'angle qu'il occupe au premier étage du palais Lenzi, face à l'hôtel Excelsior. Il m'a accueilli d'un air navré : c'est seulement depuis peu que le consulat de France a été transféré dans les locaux de l'Institut français de la place Ognissanti et, sans avoir connu les bureaux du palais Bartolini-Salimbeni, qu'il occupait précédemment, Luc en regrette par ouï-dire la somptuosité des salons baroques. Rénové, blanchi à la chaux et bien qu'installé dans un palais ancien qu'on a pu attribuer un temps à Michelozzo, le nouveau consulat est grand, fonctionnel, sans âme. Seuls les bureaux sur la façade ont conservé leurs chapiteaux de *pietra serena* sous les voûtes blanches — et une monstrueuse tapisserie moderne, comme seuls les fonctionnaires du Mobilier national savent en attribuer aux postes diplomatiques, occupe tout l'espace derrière la longue table faussement gothique qui tient lieu de bureau au consul. Nous avons encore échangé quelques paroles sans importance, puis Luc m'a entraîné au café voisin, face à la caserne des carabiniers, et il a commencé à raconter la vie qu'il mène à Florence.

Il souhaitait un grand poste dans l'administration de la culture, la direction d'un opéra ou d'une chaîne de télévision, il avait été nommé consul, il s'en arrangeait comme il pouvait, c'était le mieux du monde. Dans les trois semaines de son arrivée, il avait trouvé une villa en dessous de Fiesole, « sur la route de l'école de musique », me précisa-t-il ; c'était là que s'élevait La Folia, je l'interrogeai, il me confirma que sa villa de San Domenico s'appelait bien La Folia ; il n'avait jamais rencontré Otrick, je le laissai continuer. Quelques vieux meubles traînaient sur place, il en avait acheté d'autres, fait enfin venir de Paris ce qui manquait avec ses caisses de livres et les deux ou trois tableaux qui constituaient depuis longtemps son paysage, et s'était installé là en quelques jours, y prenant ses habitudes, recevant bientôt des amis.

« Tu n'imagines pas la beauté de ce jardin à la fin du jour ; les citronniers en pot semblent définir, de place en place sur leurs socles de pierre, un territoire idéal dont la maison, son crépi jaune et l'encadrement de ses fenêtres en pierre grise, douce, sont le point d'aboutissement de toutes les lignes de fuite. Sous la première terrasse, poussent au printemps des cerisiers que les merles dépouillent en un jour ; sous la seconde, une vraie jungle, des plantes coupantes, acérées, des épées vert sombre piquées de flammes roses — à l'ombre de grands arbres aux feuilles ouvertes comme des mains. »

Cette description, c'est celle que j'aurais pu jadis faire moi-même de La Folia, si je n'avais été acharné à n'en explorer que le contenu des malles. J'ai déjà dit la fontaine à la nymphe peinte, j'aurais dit la grande limonaia ouverte l'été de hautes baies droites et seulement occupées alors de quelques rangées de fleurs en pot qu'on y laissait pour le coup d'œil, mais si pleine, dès les premiers froids, des citronniers et orangers entassés, rameaux et feuilles mêlés, qu'une violente odeur d'humus et de sève y flottait, tiède et moite dans l'air épais ; j'aurais dit le balcon de pierre qui prolongeait la terrasse où nous traînions de vieilles chaises cannées pour regarder le ciel s'embraser, au-dessus de la ville ; j'aurais redit, enfin, les matins face à la villa Boecklin dont pourtant Luc ne souffla mot.

« Je ne suis pas à mon bureau avant dix heures du matin », poursuivit-il. Arrivé au palais Lenzi, il avait un coup d'œil rapide pour le courrier puis, les journaux lus et quelques coups de téléphone passés, il repartait tout de suite à la découverte de Florence, admirait dans un *cenacolo* encore inconnu une fresque qu'on venait à peine de restaurer ou se faisait ouvrir après dix coups de téléphone la chapelle de tel hôpital. Ainsi chaque matin, explorait-il la cité avant d'en parcourir, en fin de semaine, les campagnes ; il vivait, observait, se gavait de la moindre cour, du plus humble *canto* — qui est le nom qu'on donne à Florence aux angles des palais à la croisée de deux rues : il vivait en somme la ville avec une formidable voracité. Plus tard dans la matinée, il prenait un café chez Giacosa, via Tornabuoni, en compagnie de quelques-unes de ces dames qui étaient mes amies et qui sont si vite devenues les siennes ; je ne m'étonnais pas outre mesure que la Florence de Luc soit la réplique de la mienne : tant de gens ont affirmé que Luc me ressemblait qu'il n'y a rien de surprenant, en somme, à ce que le monde de Luc soit si parfaitement, à dix années de distance, la transposition du mien. Giuliano est mort : comme moi, Luc ne rencontre plus à Florence que des femmes, ou — lui qui aime tant les femmes — il ne fréquente, comme moi, que des messieurs qui n'aiment pas les dames. « Elles me racontent leur vie et leur ville, ils me parlent de Florence et des Florentins, j'ai parfois l'impression qu'on m'en dit plus en une heure devant un capuccino qu'en dix ans à tous ceux que ces dames ou ces vieux messieurs croisent tous les jours » : comme moi, Luc attire ainsi les confidences ; il converse comme moi des heures avec le vieux libraire de la via Tornabuoni dont les rayons de boiserie fin de siècle, les grandes tables à l'ancienne recèlent d'insoupçonnés trésors. Un jour, voilà longtemps, j'ai posé à Luc la question : « Et toi, tu n'écris rien ? Tu n'as jamais eu envie de prendre des notes, de garder des traces ? » Il m'a regardé de son œil bleu qui se fige soudain chaque fois qu'on lui pose une question qui n'est pas de celles que lui-même se pose — un œil de figure de porcelaine, dans ces moments-là — pour me répondre : « Mais pour quoi faire ? Je ne vis pas pour le futur, ni dans le passé : je vis l'instant comme il vient ; simplement, j'essaie de vivre du mieux que je le peux chacun de ces instants dont je tente qu'il soit le plus beau qui se puisse imaginer. » Comme j'ai pu le faire jadis, Luc se nourrit de la ville — mais il en a soif pour le seul bonheur d'en sentir l'émotion et la beauté tandis que moi-même, je me bats désespérément depuis vingt-cinq ans pour passer émotion et beauté à la moulinette de mon imagination et en tirer ensuite le parti que je peux. Luc a bien défini ma méthode : recherchant dans chaque instant des signes de ce qui a été, je ne vis le présent qu'au passé en pensant à l'avenir ; il est cigale et chante pour le plaisir : je ne suis que la fourmi, j'accumule et ne sais plus chanter.

Nous sommes revenus au palais Lenzi. La secrétaire de Luc lui a annoncé un coup de téléphone du préfet, un autre de la marquise M. et j'ai souri : la préfète n'est plus cette hôtesse parfaite que j'admirais de loin mais la marquise M. donne toujours les mêmes dîners aux chandelles dont les invités viennent de Milan ou de Turin pour un soir. « Si tu veux, je lui dirai que tu es à Florence ; ce soir, c'est une vraie fête dans le cloître de Santo Spirito que notre chère Chiaretta va nous offrir ! » J'ai éludé la réponse ; je ne savais pas encore si j'étais prêt à retrouver Chiaretta, Bona, Cristina, toutes les autres. Assis dans un fauteuil de tapisserie aussi redoutablement néogothique que sa table de travail, il a poursuivi : « Je repasse chaque jour à mon bureau vers les midi et demi, je signe un peu de courrier, je donne encore quelques coups de téléphone, puis je remonte chez moi. » Tout l'après-midi, Luc demeure ensuite dans sa villa, à lire, à écouter de la musique ; il est seul et s'ennuie parfois un peu ; pas trop. Le soir venu, il sort dîner, il assiste à des fêtes ou à ces obligations officielles qu'il redoute et que je n'ai moi-même que trop connues. Il a eu un rire amusé pour évoquer la soirée dite « médicéenne » organisée par un grand couturier romain où il s'était rendu la semaine précédente : « Tout était parfait ; la villa était éclairée par mille torches, et des lanternes balisaient sur deux kilomètres le chemin de terre entre des cyprès qui conduit à la terrasse. » A l'intérieur, on avait monté de fabuleux buffets — pyramides de sucreries, chocolats de toutes sortes, fruits déguisés, palais de nougatine habités par des danseuses en pâte d'amande aux robes de fruits confits dessinées par notre couturier — et on donnait un spectacle sur des passerelles arachnéennes tendues à deux ou trois mètres au-dessus des invités au milieu de la cour intérieure. « A minuit, des elfes vêtus comme les enfants des grandes-duchesses selon Bronzino se sont élancés dans ces cintres, ils ont dansé des pavanes et récité Pétrarque sous le regard attendri de douzaines de jeunes messieurs venus en couples de l'Europe entière et qui tous étaient les petites mains de grands faiseurs sinon de beaux faisans aussi emplumés qu'eux. » Le sourire de Luc est devenu un bon rire amusé ; il a terminé sur une belle pirouette : « Tout était parfait, en somme, ou plutôt tout aurait été plus que parfait s'il n'était tombé depuis le début de l'après-midi et jusqu'à l'aube la plus redoutable des averses. » Dès lors, l'arrivée des invités en Rolls ou en Fiat 500 avait été un tohu-bohu dégoulinant et boueux, un ballet de moteurs emballés et de roues embourbées, un gigantesque embouteillage dont les dames mettaient de longs quarts d'heure à extraire des robes gluantes, des coiffures montées comme des soufflés et lessivées comme des serpillières. Dans la serre qu'on avait transformée en vestiaire, tout ce monde-là s'ébrouait du mieux qu'il le pouvait mais une panne d'électricité survenue à point nommé avait achevé la déroute. Imperturbables, le grand couturier et ses mignons jouaient à ceux qui ne voyaient rien avec, aux lèvres, le sourire de mannequins fardés qui s'impose en cette circonstance. « Et il n'y avait que quelques mauvais esprits comme Consuelo et moi pour rire de ce cataclysme », a remarqué Luc en achevant son récit, pour préciser toutefois : « Mais je suis consul de France, n'est-ce pas ? et je sais me tenir ; aussi ai-je su dissimuler mon rire derrière le masque marri qu'imposait ce cataclysme. »

Il avait prononcé un nom qui m'était inconnu, je l'ai interrogé. Luc a eu un bon sourire. « Consuelo ? Mais c'est ma maîtresse, mon cher, et l'une des plus jolies femmes de Florence. Elle a vingt ans, des cheveux dorés, le corps de miel qui va avec, je l'aime comme il convient, elle me rend ce qu'elle peut, me trompe le moins possible mais me donne le reste et c'est déjà beaucoup ; c'est le bonheur, en somme. » J'ai voulu en savoir davantage, il a secoué la tête : « Tu verras Consuelo, tu comprendras ; elle sera à la fête de ce soir... » Il y avait bien de l'ironie dans le ton de mon ami consul, mais aussi un curieux accent qu'on aurait pu prendre pour l'invitation à goûter moi-même au miel doré des épaules de cette Consuelo. « Ne te méprends pas, a-t-il pourtant précisé : je l'aime à ma manière, elle m'aime à la sienne, me trompe quand c'est nécessaire et nous ne sommes jaloux ni l'un ni l'autre... » Lui-même avait d'ailleurs de courtes aventures avec des gamines de passage ou des comtesses établies à demeure, comme en d'autres temps j'avais pu en avoir lorsque Claudia dormait près de moi dans le grand lit de cuivre où j'avais des rêves d'îles et de cyprès perdus parmi des bruines musicales. Je lui ai posé la question : « Où as-tu installé ta chambre à La Folia ? » A la réponse qu'il m'a faite, j'ai compris qu'il ne couchait pas dans la chambre où j'avais passé un grand mois, mais dans ce qui avait été le bureau où la mémoire d'Otrick à Florence s'entassait dans de grosses malles.

« A propos, a-t-il brusquement remarqué : te souviens-tu de cette vieille histoire que tu m'avais racontée, ces papiers de Stendhal qui auraient échoué je ne sais trop comment entre les mains de l'horrible Miss Hardwell ? Eh bien, figure-toi que je suis sur une piste... » Stendhal et le beylisme, jusque dans leurs prolongements les plus obscurs qui sont peut-être les plus miraculeux, sont trop installés au centre de ma vie pour que sa remarque, négligemment lancée — mais c'était aussi une affectation — ne m'ait pas fait battre le cœur : si tout mon voyage en Italie aboutissait à cette découverte, ce serait vingt années de dilettantisme appliqué (ma carrière...) qui s'en trouveraient éclairées d'une fulgurante lumière. Aussi ai-je naturellement voulu en savoir plus mais je connais trop bien Luc : ne me trouvant probablement pas assez démonstratif, il m'avait appâté mais éluderait d'autres questions ; il se borna à ajouter avec une fausse désinvolture : « Vers la fin de la semaine, il faudra bien que je me décide à faire une petite tournée dans ma circonscription ; si ça t'amuse de venir, j'en profiterai pour essayer d'en savoir davantage, qui sait ? nous aurons peut-être tous les deux une surprise. » Je lui rendis la monnaie de la part de mystère qu'il s'appliquait à entretenir, et ne lui répondis qu'un « On verra... » évasif ; Stendhal, surtout, m'avait fait battre le cœur.

La matinée s'étirait. Luc a proposé que nous déjeunions à *La Troia*, « La Truie », qui est un bistrot fameux pour sa bistecca à la florentine et le franc-parler de son patron qui installe au coude à coude sur des tables de marbre épais les clients qui lui plaisent, renvoyant les autres sans ménagement, quand bien même la salle serait vide. « Allons-y de bonne heure, a suggéré Luc, nous serons plus tranquilles. »

En chemin, il m'a encore parlé de Consuelo qu'il aimait d'abord parce qu'elle ressemblait à cette Simonetta Vespucci dont Julien de Médicis, le frère de Lorenzo, était amoureux et que Botticelli a placée en robe blanche, plus botticellienne peut-être que toutes les autres, parmi les figures de son *Printemps.* « Comme les demoiselles pensives de Botticelli, elle dessine dans le ciel de si belles courbes, a-t-il remarqué : les bras doucement relevés, tout son corps, ses cheveux, les traits de son visage ne sont que des volutes, des ondoiements délicieux ; Consuelo est une musique peinte que je ne me lasse pas de voir s'avancer vers moi. » Puis, attablé devant de solides gnocchi à la florentine qui, à la différence de leurs homonymes romains, sont faits de blé dur et non de pomme de terre, il a évoqué « son collègue Morand », Paul Morand dont la première mission à Rome avait consisté en une très sérieuse étude sur la culture de la pomme de terre en Italie, pour revenir de Simonetta Vespucci à Botticelli et me raconter les « promenades » — c'est le mot qu'il a employé — qu'il faisait au moins deux fois par semaine au musée des Offices. « Je connais la place de chaque tableau dans chaque salle et je n'y vais, en somme, que pour retrouver des amis. » Il a aussitôt corrigé, en insistant sur le *e* muet qu'il a étiré comme on fait durer le plaisir : « des ami*e*s plutôt... » mais je n'ai pas répondu car je sais trop bien que, retournerais-je moi-même cet après-midi aux Offices, j'y croiserais bien des visages familiers mais ce ne seraient que de simples connaissances dans un univers, auquel comme celui de mes comtesses florentines, j'ai cessé, quel que soit mon désir, d'appartenir. Plus grave encore : les noms d'Ambrogio Lorenzetti, d'Andrea del Castagno, pour ne pas citer celui de Piero della Francesca, qui les transcende tous, me font peur aujourd'hui. Quant à cette Hérodiade que peignit Bernardino Luini et que Stendhal, l'appelant Salomé, attribuait à Léonard, je sais que je n'oserai plus la regarder en face.

Pendant des années et à chaque retour, j'avais avec elle un rendez-vous secret. L'air désinvolte et pour me donner à moi-même le change, j'avançais à travers les tableaux des Offices saluant ici et là, ceux et celles — celles surtout : comme Luc — que j'aimais ; j'avais ainsi un sourire complice pour la petite Judith de Botticelli qui coupait si tendrement la tête de qui nous haïssions, ou un regard plein de tendresse pour une sainte familière de Filippo Lippi ; mais c'est le cœur battant que je m'approchais de la salle de l'Hérodiade tout simplement parce que mon ami Beyle avait écrit qu'elle était le portrait de Métilde, et qu'il avait aimé Métilde : je croyais l'aimer après lui. Luc a compris que je ne saurais plus aujourd'hui retrouver comme hier l'ovale parfait du visage du grand amour de Stendhal ; il a attaqué sa bistecca à grands coups de fourchette pour me lancer, comme il l'avait fait des papiers de La Folia, un « A propos » plein d'à-propos. Mais avec les papiers de Stendhal, c'était mes regrets qu'il avait aiguillonné ; me parlant maintenant de Jean-Claude et de Danièle, il éperonnait ses propres nostalgies.

On se souvient de Danièle, aperçue au dîner de Marie-Laure ; comme Luc, son mari est l'un de mes plus anciens amis. A vingt ans, Jean-Claude et Luc constituaient l'un de ces duos d'inséparables comme il s'en forme dans les années d'étudiants et qui, toute une vie, ne feront que se quitter pour mieux se retrouver ; Luc haïssait le sport et Jean-Claude sautait en parachute, pratiquait les arts martiaux et jouait avant-centre dans l'équipe de football de Sciences-Po ; Jean-Claude se passionnait déjà pour la politique dont Luc méprisait les arcanes ; l'un lisait Paul Morand, l'autre Céline, ils avaient d'interminables discussions embuées d'alcool — tous deux se réconciliaient si vite devant une bouteille de J.B — sur ce qu'ils appelaient des questions de style. Moraliste, Jean-Claude admirait Bossuet, moraliste d'une autre école, Luc lui préférait Laclos, ils arguaient de la place d'un point-virgule dans une phrase où ce signe de ponctuation trop négligé (et dont j'abuse moi-même avec une délectation aujourd'hui morose) tenait le rôle de deux points, je les regardais sans comprendre, c'était pourtant moi qui étais devenu écrivain. Luc avait fait la demi-carrière que j'ai dite ; Jean-Claude, gaulliste dès 1950, s'était ensuite conduit comme tel pour finir par le devenir, il était l'un des derniers à le rester : comme Luc, il payait cette faute par une même pénitence. Trois fois ministre, il avait perdu son siège de député et avait choisi le monde quand on lui mesurait la France. Le vieil accident qu'il avait eu en bloquant un joueur vicieux de l'équipe d'Assas qui lui avait écrasé un genou ne l'empêchait pas de parcourir l'Asie à la rescousse des causes perdues : appareil de photo et trousse de premiers secours en bandoulière, il claudiquait des maquis afghans aux frontières du Cambodge et illustrait bien à mes yeux l'image romantique du héros de notre — ou d'*un autre* temps : l'homophonie incline au doute.

Luc et Jean-Claude avaient aimé les mêmes femmes, se les étaient souvent partagées et c'est tout naturellement qu'ils étaient tous deux tombés amoureux de Danièle sur une terrasse du Luberon où j'étais venu avec elle. L'été, Danièle portait les capelines de Marie-Laure avec qui on ne pouvait pourtant la confondre car, neuf mois par an, elle traînait sa robe d'avocate dans les couloirs de tous les palais de justice de France et de Navarre ; jusque sous la capeline et le hâle du mois d'août, il lui en restait des traces : cette véhémence qu'elle avait, comme Jean-Claude, à lutter pour des causes désespérées ; lui pensait aux hommes, dont le *s* au pluriel voulait dire humanité, elle se battait pour un homme ici, un autre là, une femme, elle était farouchement individualiste quand lui souffrait d'un humanisme universel : ils ne pouvaient que se rencontrer. Luc, tombé sur l'instant amoureux d'elle, avait assisté, impuissant, à leurs premières disputes dans ce jardin de Ménerbes, où, comme lui, elle était venue prendre un verre et regarder le soleil disparaître derrière la barrière du Luberon : ils ne se connaissent pas depuis vingt minutes qu'ils s'affrontaient déjà, en ennemis intimes. Danièle s'échauffait : véhémente, elle plaidait ; Jean-Claude défendait d'autres droits, qu'il croyait être ceux de tous les hommes, avec un calme calculé qui était la marque de ses pires emportements, et Luc avait compris que la jeune femme inconnue lui avait déjà échappé. Ils s'étaient mariés à quelques kilomètres de là, dans l'église romane de Goult où Danièle avait une maison ; dès l'été suivant, Luc s'était installé au bord de leur piscine. Les soirs de juillet, je les retrouvais à Aix ou à Avignon, ils faisaient tous trois partie du paysage de mes musiques. Qu'avec les années, l'amour qu'il avait pour la femme de son meilleur ami soit allé en s'accroissant, Luc ne cherchait même plus à le dissimuler et je savais que les Consuelo qui traversaient sa vie ne feraient jamais que passer ; je savais aussi que jamais Luc n'aurait pour Danièle d'autres gestes que ceux d'une immense affection, quand bien même Danièle avait à Paris de longs mois de solitude où on lui connaissait des aventures et qu'elle n'aurait peut-être pas mis la même farouche résistance à s'interdire les tendresses de celui qui serait resté pour elle un grand frère, tout au plus un peu incestueux. « Danièle va passer quelques jours en Toscane, me dit Luc en dévorant son steak avec une belle énergie : je lui ai demandé d'assister un de mes amis avocat dans la défense d'un Français de Cortona qui n'a rien trouvé de mieux à faire, pour ma propre tranquillité, que de tuer le mari de sa maîtresse. » C'était un beau crime sordide et bien crapuleux où un peu d'amour, ajouta-t-il, était éclaboussé par beaucoup de sang.

Il se tut presque aussitôt, comme si le nom de Danièle avait suffi à exorciser de vieux démons ; il reparla très vite de Consuelo, de la petite bonne du bar où nous avions pris un café et avec qui il couchait un peu ; des plus jolies étudiantes de l'Institut français voisin qu'il se partageait avec leur directeur ; bref, il voulait paraître plus léger encore qu'il ne l'était puis me quitta sitôt la dernière bouchée avalée, prenant prétexte d'un rendez-vous professionnel auquel je ne crus guère. « Je te revois ce soir, chez Chiaretta ? » me lança-t-il en me quittant. Je me gardai de rien promettre.

Luc m'a toujours fait penser à une sorte de Puck, un lutin aimable, roublard parfois, rêveur plutôt, sur qui les années glisseraient. Il affirme qu'il papillonne, je sais qu'il butine et fait son miel de tout — quand bien même c'est un miel qu'il garde pour lui. Il n'est d'ailleurs pas jaloux de ce qu'il amasse ainsi — rencontres, coups de foudre, amitié — et le partage généreusement avec ceux qu'il aime, mais ne juge pas utile, comme moi, d'en faire le commerce, c'est-à-dire de la littérature. Jadis, les Offices ou la Pinacothèque de Munich aussi bien qu'une soirée aixoise fabriquaient ainsi pour moi autant de miel qu'en bon épicier, c'est-à-dire en écrivain rompu à son métier, je rangeais sur mes rayons ; j'en faisais, herboriste et apiculteur, des mélanges selon les goûts, pour les offrir à ma pratique : une cuillerée de lavande aixoise, deux pincées de Botticelli séché, une louche de sentiments glanés n'importe où sur le tas et j'appelais cela écrire. Débitant depuis trente ans du roman au demi-kilo, j'écoule ainsi mon trop-plein d'émotions en bocal : l'industrieuse abeille que je suis s'est mise d'un coup à envier Luc, guêpe frivole — une guêpe sans dard, bien sûr ; ou encore, cigale et fourmi réconciliées, Luc et moi serions la vraie morale de la fable. A trop vouloir amasser, la fourmi s'est lassée ; la cigale chante encore.

Car Luc déploie en toutes choses, curiosités esthétiques ou amoureuses — mais aussi appétits intellectuels dont je m'abstiens désormais —, une prodigieuse énergie dont la peinture qu'il m'a brossée de sa vie florentine témoigne : de musées en conversations mondaines, de visite en concert et de tournée consulaire en relecture attentive de tout ce qu'il a déjà au moins une fois savouré, il ne perd pas un instant. Vivant seul, il s'agite comme quatre et trouve encore le moyen de récolter pour ses amis les fruits de son activité ; tandis que je découvre chaque jour avec un peu plus d'effroi que ma vraie faiblesse est un irrémédiable ennui pétri d'une paresse insondable — à moins que ce ne soit l'inverse : le résultat est le même, et que je le constate avec ironie (hypocrite faiseur, mon semblable, mon frère) ne change rien à l'affaire. Si je n'ai pas eu le courage d'affronter les tableaux des Offices cet après-midi, c'était, au fond, moins de peur de ne pas savoir les sentir que de crainte de m'ennuyer. Une soirée à l'Opéra, une visite de musée, un dîner en ville m'ennuient avant que d'y aller ; je le subis ensuite, je m'en désole après. Et ne devrais-je regretter qu'un talent du temps de ma jeunesse, ce serait la formidable énergie qui était alors la mienne. Je lisais, je voyais, j'écoutais — et je prenais des notes : mon miel préféré, ma gelée royale, mais là n'est pas la question. Il m'est arrivé de traverser la moitié de la France et le quart de l'Allemagne pour une seule soirée de Strauss à Munich : ainsi gagnée, l'émotion que soulevaient en moi les voix de Lisa Della Casa et de Dietrich Fischer-Dieskau conjuguées au dernier acte d'*Arabella* était-elle sans mesure, je m'abîmais en elle. Seul à Londres, j'accumulais les soirées à Covent Garden, au Saddler Well's, à Glyndebourne ou — pourquoi pas ? — au festival de Saint-Pancrace où je découvrais, quand bien même mal chantés et en anglais, des opéras inconnus de Donizetti. Je perdais une journée entière sur des routes impossibles entre Bayreuth et Dresde, et ne laissais tomber qu'à quatre heures du matin le volume de Balzac commencé avant de me coucher : c'est à peine si je lis encore cinq ou six pages chaque soir au moment de m'endormir — et je ne dors pas pour autant après ! Luc mon double, dès lors ? Et comment ! Mais un double qui serait le fantôme de ce que j'ai été.

Je me suis retrouvé au palais Bancacci sans même avoir poussé jusqu'à la place de la Seigneurie ; le soleil de l'après-midi n'avait pas tout à fait abandonné ma chambre sur la terrasse et l'envie d'une sieste a dissipé ce qu'il aurait pu me rester d'énergie : Florence réveillait seulement en moi les clichés jaunis d'un passé immédiat qui ne me plaisait plus.

Franca allait à la fête que donnait son amie

Chiaretta, à son tour elle m'a proposé de l'accompagner, je me suis laissé entraîner.

Il était sept heures et demie du soir quand nous sommes arrivés au grand palais de la via Santo Spirito. Sur le pas de la porte, deux maîtres d'hôtel en gants blancs veillaient ; l'un m'a salué comme une vieille connaissance, je ne l'ai pas reconnu, mais toutes les maisons de Florence ont leur Carlo et leur Federico dont la mémoire comme la courtoisie sont sans faille : ce sont mes souvenirs à moi qui vacillent. Dans l'escalier éclairé de torchères, une voix d'homme a prononcé mon nom, une femme s'est jetée dans mes bras ; eux n'avaient pas changé, c'était Marina et Eugenio. Ils portent l'un des plus vieux noms de Florence et la littérature française a fait des héros romantiques de quelques-uns de leurs grands-pères, fervents ennemis de toutes les tyrannies qu'on a payées d'exil et de têtes tranchées. Marina est espagnole, elle est volubile et croyante ; physicien, Eugenio ne croit en rien, qu'à des signes sur du papier que Marina serait bien en peine de comprendre — et leurs deux filles sont les plus jolies petites filles du monde : ils ne forment pas un « couple », comme Mauro et Angela, ou comme Giuliano et Franca, ils sont une famille. Chez eux, dans leur villa de San Gimignano ou dans leur grand palais sombre de l'Oltrarno, je retrouve la chaleur du foyer que j'ai connue enfant en Auvergne ou lorsque mes parents dînaient le dimanche soir dans la cuisine du boulevard Malesherbes ; comme dans l'ancien appartement de mes parents, une lampe de porcelaine est suspendue au-dessus de la table de la petite salle à manger, presque un office, où mes amis prennent leurs repas, servis par un couple de Philippins souriants ; la petite fille des Philippins, coiffée le dimanche de gros nœuds d'organza, ressemble à une poupée sortie de sa boîte, elle joue avec Carlina et Maria-Annunziata, et Eugenio prépare lui-même des sorbets au vin'santo de ses terres qu'il sert accompagnés de gâteaux aux amandes ; le soir, on regarde la télévision.

Après les embrassades, Marina m'a fait les reproches habituels : non seulement ce n'était pas chez elle que j'étais descendu, mais je ne lui avais même pas fait signe ! Comme les autres, pourtant, elle avait appris ma présence à Florence ; Eugenio a souri : « Tu la connais : elle ne te le pardonnera jamais mais ne t'en aimera que mieux puisque tu l'as rendue jalouse. » Marina et Franca se sont saluées assez froidement. En arrivant à l'étage, Eugenio m'a interrogé sur mon travail, j'ai été évasif ; je sais qu'il n'a pas lu mes livres qui ne l'intéressent guère mais je ne lui en veux pas ; j'en suis d'ailleurs arrivé à m'étonner que des gens que j'estime prennent quelque intérêt à mes romans. Cruelle comme Vivienne, parce qu'elle aussi m'aime, Marina m'a dit un jour : « Si je veux apprendre quelque chose sur Mozart ou sur Botticelli, je n'ai pas besoin de lire un roman : je vais au concert ou aux Offices » ; je m'étais indigné, c'était il y a cinq ou six ans, je devinais déjà qu'elle avait raison.

Le grand salon du palais de Chiaretta est l'un des plus vastes de Florence ; le plafond est orné de fresques baroques et, sur les murs, des tapisseries de Bruxelles racontent les amours de Diane et d'Actéon ; j'ai toujours pris Chiaretta pour Diane, elle en a la fougue et la belle cruauté ; ses Actéon sont des jeunes gens de passage, qu'elle abandonne après usage à ses chiens, qui sont les frères de son mari et se chargent de les chasser de la ville. Gianpiero est un époux placide qui gère ses terres, vend son vin et joue au figurant dans les dîners de sa femme pour le seul plaisir de la voir rayonner de loin ; le bruit court d'ailleurs qu'il est le seul à savoir vraiment la dompter.

Chiaretta est venue vers moi avec les exclamations d'usage, je lui ai dit qu'elle était plus resplendissante que jamais, ce qui était la vérité car les années semblent glisser sur elle sans l'offenser, lui donnant seulement un peu plus d'élégance. Elle dessine ses robes, en vend le modèle à un couturier milanais ; elle raconte qu'elle ouvrira une boutique, ne s'y résout jamais et marie ses filles une à une en restant la plus belle. Elle m'a entraîné vers le cercle de nos plus vieilles amies qui sont, tout naturellement, ses plus anciennes ennemies ; j'ai retrouvé Cristina, Bona, Gianina, dix minutes plus tard j'étais plongé jusqu'au cœur dans une Florence que je n'avais jamais quittée.

On avait installé des musiciens dans la loggia qui domine la salle ; ils jouaient Vivaldi, Boccherini : Chiaretta affirme qu'il ne faut servir que des hors-d'œuvre à qui n'a pas dîné. J'ai aperçu Sir Bernard appuyé sur une canne mais plus droit que jamais, et notre ami Vittorio Bardi, Gozzli aussi, qui est le poète de ville ; ils m'ont ouvert leur groupe et nous avons discuté de littérature. Je redécouvrais les nuances d'un parler rude que j'aime et, dans le même temps, je me disais que j'aurais pu aussi bien me trouver à Paris, dans le salon de Marie-Laure : c'étaient les mêmes conversations de gens si pleins de qualités que, comme chez Marie-Laure, j'en arrivais à me féliciter de n'en posséder moi-même aucune. Je les aimais bien, j'avais même de l'affection pour certains, pour d'autres un immense respect, ils me faisaient l'honneur ou l'amitié de me croire des leurs — et je m'y refusais. Je pensais qu'à Florence où à Paris, à Londres, à Vienne, jusque dans la barbare New York, les conversations mondaines se ressemblent et chacun d'eux — Gozzli ou Vittorio Bardi, le poète ou le bijoutier gentilhomme — y tenait un rôle qui n'était qu'un emploi de comédie ; j'en arrivais à me dire que, dans tous les salons, les poètes sont des Trissotins et les vieux messieurs bien conservés des Polichinelles ou des Pantalons. Dans cette salle du palais de Chiaretta, on donnait la commedia dell'arte comme chez Marie-Laure on jouait jadis Molière, aujourd'hui du boulevard : au lieu d'écouter la pièce, je cherchais à y découvrir les cocus !

On a servi un dîner par petites tables ; invité de la dernière heure, je n'étais pas à la table de la maîtresse de maison et j'en ai conçu quelque ombrage : Cristina, à ma droite, m'interrogeait sur Marie-Laure, sur Danièle ; à ma gauche une femme qu'on m'avait présentée comme la cousine de telle autre s'inquiétait de savoir si Vivienne me rejoindrait à Florence : la boucle était bouclée, le cercle refermé ; on se retrouvait entre soi, je me voulais désespérément étranger, on me traitait en membre aîné de la même famille. Aux tables voisines, je reconnaissais aussi des visages. Assis près d'une jeune femme qui avait bien le profil de Simonetta Vespucci, Luc m'a adressé un signe d'amitié ; ses commensaux étaient jeunes, ils parlaient avec animation, les femmes étaient plus jeunes encore ; toutes aux allures de mannequins, de modèles, elles étaient pourtant les filles ou les petites-filles de celles qui voulaient si chaleureusement me prouver que j'étais des leurs — et je ne m'en sentais que plus éloigné d'elles. Un coup d'œil ironique de Marina m'a ramené à mes voisines ; elle avait deviné que je louchais du côté des jeunes amies de Luc ;

Luc a mon âge, on lui permet des fantaisies dont il ne fait pas le sujet principal de ses conversations ; j'ai les mêmes, mais j'en parle, on en rit. Luc n'en souffle mot et collectionne des aventures que je ne tente plus qu'en paroles.

A la fin du dîner, Vittorio Bardi est venu coincer une chaise entre celle de Cristina et la mienne ; de tout autre, Cristina aurait dit que c'était un malotru, mais Vittorio est le dernier survivant de la race des gentilshommes, les autres ne sont que des aristocrates épargnés par le hasard : ils perdurent, lui flamboie et proclame en toute circonstance son émerveillement devant la survie de Florence : quand les autres villes d'Italie sombrent dans la nostalgie touristique (Venise), la décadence dorée (Rome) ou l'industrialisme affairé (Milan), Florence, seule, affirme-t-il, a su tout sauver : la nostalgie comme les dorures — tout en se lançant dans les affaires avec son siècle. Bien sûr, Vittorio ne parle que de ceux qui lui ressemblent, ses pairs dont le nom s'inscrit au fronton de palais dans des rues ou sur des places qui portent aussi ce nom. Il développe une théorie qui n'est pas innocente. « Depuis les Médicis, explique-t-il, nous avons compris que le mariage servait d'abord à procurer de l'argent frais ; c'est pour cela que, dans aucune ville au monde, autant de grandes familles ne se sont alliées à autant de marchands ou de banquiers étrangers, français jadis, russes hier, américains aujourd'hui : ils sont tous bons à prendre ; leurs filles ont le coup de foudre pour le panache de nos fils et il ne reste plus aux papas qu'à assurer l'ordinaire qui, pour nous, est toujours l'extraordinaire : ce n'est que notre tous-les-jours. » Il y a vingt ans, Vittorio a épousé une héritière de Miami ; il s'est mis à dessiner des bijoux, son beau-père a placé des capitaux dans l'affaire, il apportait l'or, les pierres, Vittorio le talent ; je devrais dire : le génie. Vittorio a recréé les bijoux les plus fameux de la Renaissance florentine. Avant lui, son père s'était marié avec une New-Yorkaise, sa grand-mère maternelle était de Saint-Pétersbourg, il a deux aïeules lyonnaise et anversoise ; la soie, le diamant puis le pétrole après les emprunts russes remboursés à temps ont travaillé pour lui.

Vittorio s'était approché de moi pour m'annoncer le mariage de sa fille ; un instant, j'ai cru que cette Aurelia épousait un prince arabe : ç'aurait été dans l'ordre des choses ; pas des choses de Florence, pourtant : Aurelia n'épousait que le fils d'un armateur grec — solidement implanté au Moyen-Orient, il est vrai. « J'ai peur que vous ne compreniez pas, murmura Vittorio, que nous ne faisons que sucer un peu du sang du monde qui nous entoure — après tout, ce ne sont que dollars ! — pour lui rendre cent fois ce qui lui manque le plus : la beauté. Regardez autour de vous : ces tables, ces femmes dans ce palais, et tout à l'heure la musique que joueront ces musiciens en costume du XVIIIe siècle ; comme on l'a dit chez vous : ici tout n'est qu'ordre et beauté. Pour Baudelaire, la beauté naissait toujours sur un tas d'immondices, nous n'avons besoin que d'un peu de votre argent, à vous tous qui venez admirer nos chefs-d'œuvre, et vous avez appris à l'école que l'argent sent moins mauvais que toutes les charognes de Baudelaire ! » Sanglé dans un vêtement qu'il avait lui-même fait couper, je savais que Vittorio Bardi était le descendant de ces Bardi qui aidèrent Jacopo Peri et Vincenzo Gallilei à inventer l'opéra au tournant du XVIe siècle : tel un autre Florentin qui n'était que Cellini, il fond aujourd'hui l'or et le vieil argent de ses riches clients pour en faire de nouveaux chefs-d'œuvre. Mais j'avais entendu dix fois son discours, je me disais qu'après tout, il ne jouait qu'un rôle, comme Anselme ou le critique papelard qui encensait un jeune écrivain placé pour cela à la table de Marie-Laure : mon unique tort était de ne pas comprendre qu'à la différence de mes commensaux parisiens, Vittorio était sincère.

On se leva de table. Avec sa grâce un peu rude de marquis à la cour de ces premiers Médicis qui n'avaient pas encore eu l'impudeur de se décréter grands-ducs, Vittorio Bardi aida Cristina, sa complice à tant de dîners où l'on jouait ces jeux-là, à reculer sa chaise ; on passa le café, je rejoignis la petite cour qui se faisait autour de Bernard Lew ; celui-ci venait de publier à Londres une anthologie de récits des voyageurs anglais en Italie, qu'il connaissait mieux que personne ; il en parlait avec cette simplicité délicieusement affectée qui s'appelle en Angleterre l'*understatement* mais il s'interrompit aussitôt qu'il m'aperçut pour m'interroger, avec plus de simplicité encore, sur mon propre travail. La première fois que j'avais souhaité le voir peu après le passage de Marion Hardwell à La Folia, Bernard Lew avait voulu que je diffère de quelques jours ma visite ; j'avais compris, après coup, qu'il ne souhaitait pas me recevoir avant d'avoir lu un de mes livres afin de déjà me connaître et pouvoir m'en parler.

Vittorio Bardi disparaissait avec Cristina en direction d'un groupe de vieux hommes qui étaient tous historiens, épigraphistes, philologues ; Sir Bernard s'appuya à mon épaule pour avancer dans la salle jusqu'à l'angle d'une fenêtre ; à travers la vitre, on devinait le cloître de Santo Spirito que la lune à demi pleine semblait couronner. Il contempla un instant les formes bleu sombre qui se découpaient sur le ciel clair, puis se retourna vers la foule des invités ; en smoking et robe du soir, perles en rangs de bataille, voire aigrettes dorées, ils paraissaient disposés dans le salon par un chorégraphe attentif aux effets de groupes. « Chaque fois que je me retrouve parmi eux, souffla le vieil Anglais à mon oreille, je ne peux m'empêcher de me prendre pour votre cher M. Fabre, et je les observe avec une curiosité — j'allais dire : une avidité — d'entomologiste. Ils constituent bel et bien une race à part, parce que élevés dans un climat à part, non pas fait de vents et de pluie, de degrés d'hygrométrie ou de millibars de je ne sais trop quoi, mais pétris d'histoire et de savoir, d'humanisme, de beauté. » Il prononçait le mot « beauté » du même ton que mon ami Bardi : comme il s'agissait d'un bien très rare, parcimonieusement distribué par les dieux, et qui n'était donné en partage qu'à quelques élus. « Regardez-les, poursuivit Sir Bernard : à première vue, ils sont ridicules, empanachés dans les défroques de leur splendeur passée ; mais si vous les examinez avec attention, vous vous apercevez vite que, de la même manière qu'on découvre toute la Florence d'alors dans *Le Cortège des Mages* de Gozzoli, c'est cette Florence intacte qu'on reconnaît aujourd'hui sur le visage de chacun de nos amis. Comme sur la fresque du palais Médicis, il y a dans cette assemblée Politien et Pic de La Mirandole, Julien, Lorenzo, jusqu'à Simonetta Vespucci. Je vous mets au défi de retrouver dans un club de Saint-James les figurants illustres des tableaux de Van Dyck ou, n'importe où à Paris, les descendants de ceux qu'ont peints Fragonard et Mme Vigée-Lebrun : ce ne sont plus, là-bas, que des bourgeois qui ont tout oublié ; la mémoire est ici dans le sang, comme si coulait dans les membres de ces coléoptères tout caparaçonnés de leur histoire qui se retrouvent trois fois par semaine dans les mêmes salons un baume d'éternelle jouvence qui les rend, d'une certaine façon, "immortels". » J'ai déjà rappelé comment, en d'autres temps, je m'étais amusé à imaginer à propos des habitants de Florence une fable où ceux-ci faisaient payer très cher aux autres leur jeunesse et leur savoir préservés ; mais ce n'était que divertissement de romancier : avec un rire amusé, Sir Bernard faisait mine de parler en savant. Je l'écoutai encore un moment, flatté qu'il me prît pour confident de ses observations « scientifiques », puis, à l'approche de Luigi Gozzli — qui était, en somme, le Politien de cette assemblée — je le laissai à d'autres réflexions sur l'art et son histoire, pensant qu'il était trop proche de ceux qu'il me décrivait — il était né à Florence où son père avait acheté au tournant du siècle la villa de Maiano — pour ne pas faire partie lui aussi de cette faune ; partie prenante à leurs jeux, il était juge et partie dans le procès en canonification qu'il avait entamé devant moi : à Londres comme à Paris, n'importe quel étranger amoureux d'une ville en aurait fait de même.

J'allais m'approcher d'un autre groupe ; Luc tenait Consuelo par l'épaule, mais aussi la fille de Franca par la taille : ils riaient ensemble, tels de vieux amis ; avec moi, Donatella observait une retenue de gamine devant un ami de ses parents, et l'intimité qu'elle avait pour Luc me déplut. Le regard de Marina croisa encore une fois le mien, elle en devinait trop ; comme pris en faute, je m'écartai. Une dame que je ne reconnus d'abord pas m'interpella à ce moment. « Alors, on revient puiser un peu d'inspiration à nos sources ? » C'était une petite femme de près de soixante ans, au teint hâlé, les mains larges. Elle devina mon embarras. « Vous ne savez plus qui je suis ? Dorothea Manners, mon cher ! mais les années sont sans pitié envers qui ne lève pas le petit doigt pour s'en protéger. » J'avais rencontré Dorothea lors de mon séjour à La Folia. Anglaise, mais petite-fille d'un célèbre sculpteur allemand installé à Florence dont elle avait repris l'atelier, place San Francesco di Paola, sur la route de Bellosguardo, elle sculptait elle aussi, peignait, dessinait. A deux pas de la ville, elle vivait dans cet ancien couvent au milieu d'un parc en désordre parsemé de blocs de pierre et de marbre qu'y avait amenés son grand-père. Cet Hermann Thaller avait été l'ami du jeune Bruno Walter, de Malher, de Rodin, travaillait n'importe où, dans le soleil ou sous la pluie : il disait que même la pluie de Florence aiguillonnait son désir de rivaliser avec les plus grands ; modeste, il ajoutait aussitôt qu'il savait bien que dix figures de pierre taillées par lui n'égaleraient jamais le petit doigt d'une seule statue de ceux qu'il admirait ; avec un bon sourire de femme de cinquante ans qui se savait laide, Dorothea répétait mot pour mot ses propos : « Il émane de cette terre une force qui me fait différente de ce que j'aurais été si j'étais demeurée dans le Dorset ou le Buckinghamshire », remarquait-elle en se hâtant, comme Thaller, de préciser : « Du moins en ai-je le sentiment, et c'est cela qui compte pour moi. » Artiste, nul hors de Florence ne la connaissait mais cela lui importait peu. Elle passait six mois par an dans son couvent dont elle avait dû se résoudre à louer une à une les ailes à des étrangers pour garder quand même l'atelier ; et six mois sur une île en Grèce où elle trouvait, disait-elle, une autre énergie, différente, qui la nourrissait d'une autre manière.

Comme les autres, Dorothea m'a posé des questions sur le livre que je ne pouvais qu'être en train d'écrire, sur celui qui suivrait ; puis, sans transition, elle m'a raconté qu'elle était en train de sculpter un groupe où toutes les générations de Florence se rencontreraient. Elle cita même quelques noms, à travers les siècles, de ceux qui devaient figurer dans son œuvre. Lorsque je fis une remarque sur l'ampleur de ce travail, elle eut son bon rire pour me préciser qu'il n'y aurait que deux personnages dans sa sculpture : une femme et un homme. « Encore, dans mes premiers projets n'en envisageais-je qu'un seul ; androgyne, il aurait été l'essence de la ville — et puis je n'ai pu y parvenir... » Je savais que le parc de l'ancien couvent San Francesco di Paola avait de beaux ombrages ; qu'on s'élevât peu à peu sur la butte qui le fermait à l'est, et la vue s'étendait sur Florence, presque aussi parfaite que celle qu'on en avait de la villa où Marcello venait se reposer de son amour pour Giuditta. Aucun jardinier n'y travaillait jamais et seule Dorothea, bottée de cuir, serpette ou sécateur à la main, coupait et taillait pour se frayer, à travers les essences qui poussaient là dans le plus grand désordre, un passage jusqu'au banc de pierre disposé à l'emplacement d'une chapelle détruite dont on avait transporté quelques colonnes ici même, au bout de la via Santo Spirito. C'était là qu'elle venait chaque soir respirer la ville, la humer comme une drogue ; elle puisait ainsi, disait-elle, à cette « source » dont elle ne doutait pas un instant que je ne fusse revenu moi aussi pour m'y abreuver à mon tour. Une fois de plus, j'éludai des questions trop précises, et promis seulement de lui rendre visite.

Après les amuse-gueule de l'avant-dîner, le vrai concert allait commencer ; on disposait des chaises, un jeune homme se présenta à moi ; il était français, professeur à l'université européenne de Florence ; il avait aimé un de mes livres, m'en parla puis me parla de lui, de la jubilation qu'il éprouvait à gagner chaque jour la Badia Fiesolana dont la petite façade de marbre blanc et vert prend au soleil couchant de si belles couleurs d'or chaud ; un de ses amis se joignit à lui, il était statisticien, sociologue, renchérit sur cette impression de plénitude qu'il n'avait ressentie nulle part ailleurs. Tandis que je gagnais mon siège entre Franca et Marina qui ne s'adressaient la parole qu'en public, j'en arrivais ainsi à me demander si tous, de Vittorio Bardi au dernier de ces jeunes gens qui m'avaient tant proclamé la richesse intérieure de Florence, n'avaient pas raison contre moi, qui continuais, en somme, à me prétendre et pour me rassurer, que Florence n'était qu'une ville d'art comme les autres.

A demi convaincu que ce retour ne serait peut-être pas inutile, à condition que j'aie le courage d'affronter ce devant quoi je continuais à me dérober, je saisis la main de Franca, pour me faire pardonner de l'avoir négligée jusque-là, et m'abîmai dans cette courte torpeur qui précède, pour moi, tous les concerts. Les musiciens accordaient leurs instruments, une petite phrase, familière, me frappa, aussitôt fauchée par deux accords brutaux, puis le silence emplit la pièce. Une magicienne blonde enlaçait au plafond deux chevaliers venus délivrer Jérusalem et, d'un coup, la musique de Schubert me frappa. C'était le quintette pour deux violoncelles qui avait, lui aussi, marqué une phase de ma vie. Pour la première fois depuis longtemps, j'écoutais, intensément. Des images me revenaient pourtant encore à la mémoire, mais qui ne faisaient qu'enrichir encore la musique — ou l'émotion que j'en éprouvais. C'était un salon dans ce château normand où nous nous retrouvions le week-end ; des musiciens qui ne s'étaient jamais rencontrés s'y croisaient et décidaient de jouer telle sonate ou tel trio ; dès qu'il y avait parmi eu deux violoncelles, l'un de nous suggérait qu'on abordât le quintette de Schubert ; beaucoup refusaient, arguant de la difficulté de l'œuvre, mais chaque fois que Marianne, une petite Américaine de vingt ans, était parmi nous, elle insistait ; elle tiendrait la part du premier violoncelle et le reste, assurait-elle, serait enfantin. Au début de la soirée, les musiciens s'entendaient sur quelques points précis, sur les cadences. Le premier violon était souvent un artiste célèbre plus âgé et qui remplissait les salles et venait jouer là pour le plaisir d'y découvrir des inconnus. « Nous formons une équipe qui réinvente sans cesse ce qu'elle a toujours entendu », expliquait-il. La petite Américaine, un Japonais, des Français, un Allemand : la musique naissait de quelques bribes pour s'envoler, sur le coup de deux ou trois heures du matin, vers des sommets d'émotion qui me laissaient pantelant. Les visages de mes amies d'alors étaient figés du même bonheur et, parfois, Vivienne pleurait : j'ai pleuré moi aussi de joie pendant le mouvement lent du quintette.

L'allegro, si plein de rythmes qui sont autant de questions posées, m'a fait renouer avec ces émois-là : je retrouvais tout à la fois le souvenir d'amis aimés, d'un lieu où la magie pouvait naître et la magie même de cette musique qui la faisait éclore. J'avais envie de reprendre la main de Franca ou celle de Marina mais elles étaient toutes les deux absorbées dans la musique ; je me suis renfoncé, seul, dans mon bonheur.

Ce bonheur a duré le temps de l'allegro : j'attendais l'adagio qui me mènerait plus loin ; j'espérais cet adagio comme un retour, comme la venue d'une femme aimée et ses premières questions — car lui aussi interroge, mais sur le ton de la confidence qu'on sollicite — se sont dessinées dans l'air, le violon qui les appelle et les cordes pincées du violoncelle qui les souligne, qui supplie qu'on les entende. Puis tout a dérapé, J'ai vu Donatella comme j'avais vu la petite cousine inconnue de Marie-Laure ; elle écoutait comme elle mais je n'ai pas eu besoin d'un petit cousin boutonneux pour me faire savoir qu'elle était inaccessible. Quel jour ? quelle nuit ai-je compris pour la première fois que mes passions pour les jeunes filles étaient désormais ridicules et qu'il y a un âge où c'est à leurs mamans qu'on doit se résoudre à montrer sa flamme ? Anselme, seul, n'a pas dételé : il en devient grandiose — et glane ici et là les fruits de sa persévérance ; je ne me sens plus que grotesque. J'étais entre Franca et Marina : Donatella était ailleurs, dans un monde qui n'était plus le mien. Les voix qui m'avaient si bien parlé le temps de l'allegro se sont tues, mon regard a une fois de plus erré sur les mines convenues de ceux qui n'écoutaient que mal, comme moi : il ne me restait plus qu'à plier bagage, pour m'installer à nouveau dans le nid épineux de mes vieilles angoisses. Cette Donatella — ou une autre, si belle qu'elle était la réplique de la Consuelo de Luc, elle-même copie trop parfaite de la Simonetta de l'infortuné Giuliano de Médicis — je la haïssais à peu près autant que je me haïssais moi-même. Tous les auditeurs assemblés dans ce salon fait pour qu'on y écoutât Boccherini ou

Vivaldi me paraissaient une assemblée de grotesques réunis autour de cette musique dégoulinante de sentimentalisme dont une amie, violoncelliste elle-même, m'avait un jour dit que c'était « trop ». On ne joue pas impunément Schubert à minuit dans un salon toscan devant des dîneurs repus, sanglés dans leur habit de cérémonie ; il y a hiatus, il y a crime ou bêtise. J'avais su entendre le bouleversant adagio dans un château normand ou dans des salles, à Prague, à Constance : pas ici. Tous se donnaient une comédie où j'étais le premier à tenir le rôle qu'on m'avait imparti, celui du voyageur impénitent qui renoue avec ce qu'il a perdu, mais je ne renouais ce soir avec rien, j'avais tout perdu et cette assemblée de notables de province ne pouvait y changer grand-chose ; d'ailleurs, la satisfaction qu'elle tirait d'elle-même m'irritait, bientôt elle me mit en fureur. Je n'aurais pas été lié par les mille conventions qui m'entravent un peu plus chaque jour, je me serais levé, je serais parti. Le visage immobile de la petite Donatella me blessait autant que la gravité et la tendresse de Schubert : rien de tout cela n'était plus pour moi.

Le concert s'est achevé. Marina m'a pris à part pour me dire qu'elle avait remarqué que je n'écoutais guère, plus intéressé, assura-t-elle, par cette petite garce de Donatella — si elle avait su, mon amie Marina, qui devine presque tout mais pas tout ! J'ai profité de la fatigue de Franca, qui n'avait pas quitté de la journée sa bibliothèque en rotonde, pour l'entraîner.

Je redoutais ce dîner : il avait été pire que je l'imaginais ; la nuit qui suivit le fut plus encore. La soirée chez Marie-Laure se répétait : celle-là s'était achevée par un drame grotesque, celle-ci déboucha sur une sinistre comédie. Revenue chez elle, Franca m'annonça qu'elle n'avait nullement sommeil. Elle alla chercher à l'office une bouteille de cette grappa dont je savais qu'elle ponctuait de petits verres avalés d'un trait les heures passées dans la bibliothèque en tête à tête avec le souvenir de son mari, se laissa tomber dans un fauteuil et commença à passer en revue les menus événements de la soirée pour en railler mieux que je n'aurais pu le faire tous les acteurs : je savais qu'elle aimait Florence autant que Giuliano l'avait aimée, ce qui lui donnait le droit d'être impitoyable envers ses ridicules. Ceux qu'elle fustigea, ce soir-là, de sa verve sarcastique, n'étaient pourtant aucun de ceux que j'avais cru remarquer. Elle se moqua de telle comtesse qui avait raté le mariage de son fils, de telle autre qui vendait ses vignes pour s'offrir des amants — ou d'une coiffure, d'un décolleté trop profond sur une peau trop ridée ; ce n'était que la menue monnaie de la dette que tous avaient envers elle depuis la mort de Giuliano.

L'alcool peut avoir des effets bien différents sur une femme de quarante ans ; on aurait dit que la grappa dont abusait Franca avivait sa beauté, la rehaussait, la faisait plus éclatante ; puisque j'en suis aux images des peintres que j'ai aimés, je dirais que ses traits devenaient ainsi peu à peu ceux de ces femmes à l'énergie redoutable qu'a aussi peintes Botticelli : Pallas domptant le Centaure ou l'une des Parques acharnées contre un jeune homme dans la curieuse représentation de *La Calomnie* qui n'a pas fini de laisser sans réponses les questions qu'il ne cesse, lui, de nous poser. Les cheveux en désordre sur ses épaules qu'elle avait nues, le corsage déboutonné, Franca était ce soir d'une insoutenable beauté.

Des amis retrouvés, elle passa à ceux qu'elle avait perdus, pour en revenir à Giuliano ; elle m'en avait déjà raconté les gestes de l'amour : c'est à cet amour charnel, brûlant, qu'elle revint. Elle renâclait pourtant encore devant l'obstacle, et je ne le devinais pas ; l'émotion donnait à son regard une fièvre que je n'attribuais qu'à l'alcool : pouliche enfin libérée du joug qu'elle s'imposait, elle franchit le pas : « Je t'ai dit que la vie de mon corps s'était arrêtée : je n'en peux plus, tu sais. Mon corps est comme moi, il a besoin de vivre. » J'avais enfin compris, elle me tenait une main qu'elle pressait contre elle, ses lèvres cherchaient les miennes ; ce n'était pourtant ni la tendresse que j'avais toujours éprouvée pour elle, ni le désir que je ne m'étais jamais avoué qui revenaient vers moi, mais le souvenir d'un très mauvais rêve que j'avais fait à vingt ans en Nouvelle-Angleterre. J'aimais alors une petite fille qui s'appelait Isabelle et vivait dans une maison de bois au milieu des érables ; ma logeuse avait un nom prédestiné, elle s'appelait Mrs. Medea et se soûlait, elle, qu'on veuille bien le croire — au Coca-Cola, dont elle buvait d'incroyables quantités. Le personnage de Mrs. Medea a bien existé ailleurs que dans mon imagination, puisque l'écrivain Henri Thomas qui vivait, à cette époque, tout près de là, a consacré, lui aussi, un terrible roman à cette femme. Traînant toute la journée en sarrau entre sa télévision et des piles de livres abandonnés parmi les bouteilles de Coca-Cola vides (on ignorait encore le Coca-Cola en boîte à la fin des années cinquante), cette Mrs. Medea s'était retrouvée une nuit dans ma chambre, le sarrau monstrueusement déboutonné ; elle s'était jetée sur mon lit, je m'étais battu contre elle — battu à coups de pied, à coups de poing, à coups de griffes — et j'avais dû (demi-puceau offensé !) déménager le lendemain à la cloche de bois. C'était cette femme, la bacchante américaine de mes vingt ans, que j'avais à nouveau devant les yeux tandis que Franca, belle à pleurer et malheureuse à sécher toutes les larmes, tentait de m'enlacer. L'image de la monstrueuse Mrs. Medea, ivre de Coca sucré, se dissipa peu à peu ; celles de Giuliano et de Franca enlacés, que mon amie m'avait décrites avec un luxe exacerbé de détails, me revinrent, avec une vague de tendresse, bientôt de pitié. Mes bras se refermèrent sur elle. « Ne restons pas là », me dit-elle dans un souffle. Nous nous retrouvâmes dans ma chambre, la fenêtre était ouverte, elle s'abattit la première sur le lit. Nue, noire et blanche, plus ivre encore, elle haletait, redevenue l'amante dévoreuse de ma jeunesse américaine où, tandis que la sombre Mrs. Medea s'acharnait sur moi, j'appelais en silence, comme pour conjurer le sort, le sourire blond et bleu de la petite Isabelle. Mais j'étais ce soir un homme de plus de cinquante ans, empêtré dans sa graisse jaunâtre et ses muscles mous, j'étais grotesque et lourd, laid ; Franca était une superbe virago, propre à faire monter tous les désirs à l'exception des miens. Je crois bien que la scène a duré longtemps, comme le cauchemar de l'interminable nuit de la rue de l'Université, avec ses à-coups, ses retours, et Franca qui suppliait, implorait ou m'insultait. Lorsqu'elle s'est mise à jurer en un patois que je ne comprenais plus, où tous les *c* gutturaux toscans deviennent des *h* sifflants, plus que sifflants, éructés comme des crachats dans une ruelle du quartier de San Frediano, j'ai compris ce qui se passait en moi : ce n'était plus que je ne *pouvais* pas, mais que je ne *voulais* plus. Elle était violente, déchaînée, je me suis déchaîné à mon tour, violent, pour la repousser. Elle s'est alors dressée, à genoux sur le lit, superbe, repoussante et, pendant un instant, j'ai aperçu une ombre dans l'encadrement de la porte-fenêtre derrière elle. Attirée par ses cris, ce ne pouvait être que Donatella ; tout de suite, la silhouette s'est effacée : je savais pourtant que la jeune fille devait être encore là, tapie contre le mur, sur le balcon de fer qui relie les deux terrasses.

Je ne suis plus certain de rien. Donatella, blonde et dorée jusque sous la lune s'est-elle vraiment approchée de ce lit, vêtue de la robe de mousseline qu'elle portait chez Chiaretta ? Son visage était dur et fermé, sec : rien n'est moins sûr, rien n'est moins vrai. J'ai rêvé que deux femmes se penchaient vers moi, puis des pas se sont éteints dans le couloir, un nuage a obscurci la lune. J'étais de nouveau seul au petit déjeuner le lendemain.

J'ai passé deux jours encore à Florence ; auprès de Marina et de ses deux petites filles, je m'émerveillais de retrouver un peu de calme. Luc m'avait proposé de l'accompagner dans ce qu'il appelait sa tournée : je suis parti avec lui.

VIII

Dès la sortie de Florence j'ai éprouvé un sentiment de soulagement : incapable de goûter aux splendeurs de la ville, j'étais assez lucide pour en percevoir la richesse et c'était elle qui me faisait mal. A Parme ou à Mantoue, je m'étais laissé porter par une molle béance, j'avais accepté sans rechigner de revoir ce qui m'avait jadis ému, je ne ressentais pas grand-chose, je rêvassais. Florence avait été différente : Florence m'avait blessé et pourtant les émois haletants de Franca n'y étaient pour rien ; les épines qui me perçaient de partout en quittant la ville étaient comme les ongles d'un marbre brisé qui vous auraient déchiré les chairs ; c'étaient les fragments d'une beauté où je devinais çà et là un détail — l'acanthe d'un chapiteau, le gris chaud de la *pietra serena* découpée sur le torchis blanc, une colonne, un piédestal — mais dont l'harmonie générale, le dessein m'échappaient ; je m'écorchais le cœur en la frôlant de trop près sans en tirer le moindre bonheur. De mon ami Vittorio Bardi, condottiere superbe, à la lune qui jouait dans l'encadrement de la fenêtre de ma chambre, j'avais deviné des bribes, des morceaux épars que j'étais bien incapable de recoller. La ville était comparable à un puzzle où apparaît çà et là le début d'un visage mais dont les mille pièces découragent l'amateur fatigué que j'étais d'en découvrir davantage : ce morceau de visage, solitaire, vous fait inconsolable et vous n'y pouvez rien. Savoir que j'avais revu sans passion la loggia des Innocents et les deux cloîtres de son hôpital où j'avais pu être un jour littéralement pétrifié de beauté était à proprement parler intenable : je n'avais pas tenu, j'étais parti, Florence s'éloignait, je respirais mieux.

Sans que je lui aie rien dit, Luc a remarqué : « Peut-être qu'il était trop tôt... » Je pensais, moi, qu'il était trop tard. Mais peut-être Luc avait-il raison. Nous avions quitté la ville par la Certosa de Galluzzo qui en domine les faubourgs et venions d'atteindre la *superstrada* étroite et dangereuse de Sienne ; Luc conduisait d'une seule main, désinvolte ; je me suis retourné vers lui : « Trop tôt pour quoi ? » J'étais tout d'un coup agressif, je lui en voulais d'avoir deviné avant moi ce qui ne m'apparaissait qu'à ce moment précis, avec une si subtile évidence : « Trop tôt pour quoi ? » répétai-je, irrité. Luc a secoué la tête : « Tu l'as dit toi-même : on visite Rome, on revient à Venise, il faut gagner Florence. »

Nous roulâmes dès lors en silence. A l'embranchement de Tavarnelle, nous quittâmes l'autoroute pour la longer, d'en haut, sur l'ancienne route qui va de village en village. A notre gauche, s'étendait le paysage du Chianti classique : dans un abandon de collines, d'oliviers et d'allées de cyprès, on devinait à chaque détour de la route dix villas et deux ou trois monastères enfouis dans des creux de verdure ou couronnant, au contraire, un monticule. Je savais que chacune de ces maisons abritait une famille que je connaissais ou que j'aurais pu connaître ; derrière, il y avait des vignes, d'autres villages et puis, à vingt kilomètres à peine de Florence, c'était déjà une campagne profonde. Les noms : Passignano, San Donato, plus loin Greve, étaient autant les noms de vins plus ou moins connus que les hauts lieux d'une Toscane vibrante, affairée sur son présent et riche d'un passé qui durait toujours. A partir de Barberino Val d'Elsa, nous empruntâmes des routes plus étroites encore. Je devinais qu'insidieusement Luc voulait me faire pénétrer malgré moi, par surprise, au cœur le plus ancien de ce pays. Dès lors, au panorama multiple et enchevêtré de collines et de vallons, succédèrent peu à peu de plus vastes étendues où les constructions, moins nombreuses, épinglaient la campagne comme autant de repères énigmatiques sur la carte en relief d'une province idéale. Cette tour, ce clocher, l'arête d'une villa étaient des signes figés par le temps que l'initié saurait un jour déchiffrer. Autrefois, Luc m'avait raconté les promenades qu'il faisait en Auvergne, où il était né comme moi. Partant d'un village à l'ouest du Cantal, il traversait d'abord les collines pointues, les mille petits volcans, des bois, des rivières, avant de s'élever d'un coup vers les hauts plateaux. Le paysage devenait alors, me disait-il, « emblématique », immenses coulées de basalte couvertes d'une herbe rase et vive avec, çà et là, la silhouette tronquée d'une chapelle romane ou un bouquet de chênes, des buissons d'orgues de pierre dans la gentiane : « C'est notre pays », m'avait dit Luc : la Toscane était ainsi devenue le sien.

Nous nous arrêtâmes une première fois à San

Appiano, où je n'étais jamais venu ; au sommet d'une éminence qui dominait la vallée de l'Elsa, une église romane précédait les colonnes encore dressées d'un baptistère disparu. Des cyprès faisaient aux quatre colonnes nues un cadre plus sombre, un vieux petit moine en bure marron s'affairait à en arracher des ronces : doriques et droites, les colonnes auraient pu être celles du temple dédié à Mars ou à Quirinus qui s'était sûrement élevé un jour sur cet oppidum et que le vieux petit curé d'aujourd'hui, cassé en deux, gris de poussière et la robe relevée jusqu'à mi-cuisses, s'acharnait à maintenir debout. Je retenais mon souffle : des signes, un instant, m'apparaissaient dans une grande clarté ; ces colonnes parlaient une langue où je distinguais soudain une bribe de mots. Luc a échangé quelques paroles avec le moine archéologue et jardinier ; ils se connaissaient, le vieux a tiré de sa poche une grosse clef rouillée pour nous ouvrir la cure voisine ; mais là, je n'ai vu que de la poussière, des peintures déchirées et des toiles d'araignées. Nous sommes bientôt repartis, l'ancienne canonica que Luc s'était sûrement fait une joie de me montrer n'était qu'une vieille et belle maison ruinée comme il en existe des milliers en Toscane. En revanche, ces quatre colonnes levées me semblaient les lettres d'un message que je n'avais certes pas su déchiffrer, mais qui balisait un univers énigmatique et médité où j'aurais pu avoir ma place.

De la même manière, un peu plus loin, la coupole parfaite d'un petit temple m'apparut-elle au milieu d'une touffe de cyprès. Je connaissais bien l'histoire de Semifonte, cette inexpugnable forteresse qui menaça longtemps Florence et que les guelfes, unis, parvinrent quand même à raser au tout début du

XIIIe siècle. Là s'élevaient des murailles et des tours dans le fracas des armes, là des armées entières s'affrontèrent : on ne devine même pas la présence d'une seule pierre dans les ronces enchevêtrées au fond du vallon en contrebas de la route ; le paysage est vaste, qui s'étend à perte de vue jusqu'à Certaldo : seul au cœur de ses cyprès, le dôme élevé quatre siècles plus tard au-dessus des ruines introuvables et pour marquer quand même la trace de tant de faits glorieux, témoigne malgré tout de ce qui a été. Minuscule, il paraît la copie exacte de celui de Brunelleschi et ce ne sont pas des batailles qu'il évoque, mais une paix agreste où la main de l'homme a signifié dans la pierre et le marbre que la beauté l'emporte sur tous les combats. L'intérieur en est désolé, ravagé, mais cette forme parfaite qui se découpe avec ses cyprès sur le ciel est la preuve exaltante au milieu du désert qu'ici la Renaissance est partout chez elle. « Tu es déjà venu, n'est-ce pas ? » m'a demandé Luc. J'ai seulement répondu oui ; je n'ai pas osé lui avouer que si, à San Appiano, j'avais peut-être deviné des forces très anciennes qui naissaient de la terre, à Semifonte où j'avais moi-même conduit tant de mes amies — j'étais alors éloquent, lyrique et je brodais à plaisir sur les gibelins assiégés à la mort de l'Empereur, puis cette coupole qu'on avait dressée, littéralement hors du temps, dans le vide et parmi les cyprès et les vignes... — je n'avais vu cette fois qu'une jolie carte postale.

Nous avons ensuite gagné Certaldo puis Volterra par de grandes campagnes nues, où les labours ont fait dans les champs et jusqu'au sommet des collines d'immenses et molles étendues étrangements rayées, sillonnées de vagues de terre sèche, tandis que la voiture roulait très vite sur ces montagnes que sont les collines autour de San Gimignano, il m'arrivait par moments de ressentir une bouffée de tendresse : je retrouvais ici ou là, à un tournant, le souvenir d'une vision que je portais en moi depuis vingt ans et qui m'avait illuminé. C'était rapide, fugitif et pas seulement parce que la voiture m'entraînait aussitôt plus loin ; j'ai dit à Semifonte la carte postale de la petite coupole de Santi di Tito, humble copie de tant de grandeur : çà et là, c'étaient aussi des clichés, des instantanés aussitôt disparus dont je me suis rendu compte qu'il s'agissait tout simplement de photos prises par moi au cours d'autres voyages ; comme des pense-bêtes, je les conservais enfermées dans des tiroirs classeurs, il m'est arrivé de les feuilleter, puis je les ai oubliées. Ainsi ce champ immense où des moutons épars paissaient : deux haies de broussailles le fermaient avant l'horizon que parsemaient ensuite, sur la terre crue, des oliviers piqués de part et d'autre de la route toute poudreuse qui disparaissait vers le ciel. Une alouette alors avait chanté et San Gimignano m'était apparue de nouveau, comme un mirage ocre et diffus, indécis, sur un lit très plat de nuages. Chaque photographie s'avançait vers moi, dans son cadrage précis, et telle ou telle me parlait un bref instant : la courbe d'une colline, une allées de cyprès, un sillon ou la ferme au sommet ; avec, en arrière-plan, revenant encore et disparaissant au gré des caprices de la route, les tours de San Gimignano qui changeaient de couleur comme nous tournions, de très loin, autour d'elles : aux brisures de marbre qui m'avaient égratigné à Florence — ces blessures-là sont bien superficielles, passé le premier regret ! — répondaient d'autres éclats, des bribes semblables, mais qui m'étaient douceur, retrouvailles. J'éprouvais un sentiment d'exaltation croissante dont Luc, conduisant en silence, se gardait bien de rompre le cours.

Cela dura le temps d'une promenade en voiture ; bientôt, les murs de Volterra se dressèrent devant nous, formidables murailles de rochers et de pierres romaines que domine une citadelle devenue prison. « J'ai deux visites à faire, au préfet et au maire, m'a dit Luc : nous nous retrouverons pour le déjeuner. » Il était onze heures du matin ; j'ai déposé ma valise dans la cellule d'un couvent transformé en hôtel. Brouillé de quelques brumes, le paysage qui s'étendait sous la ville était trop vaste : titanesque, tout en ravinements de plus en plus lointains, en formidables failles, en collines qui, abruptes, devenaient montagnes. C'est là tout un monde où le métal affleure le sol, que le sel et les gaz parsèment et trouent, l'un de ces chaos primitifs qui ont fait pendant des siècles la joie des minéralogistes. Je savais que des fumerolles montaient parfois du centre de la terre où les anciens peuples étrusques voyaient des nuées infernales : j'ai toujours préféré un vallon et la chapelle qui le surplombe à la vue qu'on a des plus hauts sommets, j'ai quitté l'hôtel pour arpenter les rues.

C'était ma quatrième, ma cinquième visite à Volterra ; sans que je m'en rendisse vraiment compte, je m'étais fait chaque fois un point d'honneur d'y venir avec une femme : peut-être simplement en souvenir de Stendhal qui s'y lança dans la plus absurde des équipées à la poursuite de Métilde qu'il aimait et qui se dérobait. Métilde Dembowski venait à Volterra rendre visite à son fils, pensionnaire des bons Pères. Le pauvre gros Beyle décida de la suivre et quitta Milan derrière elle, dans le seul but de la voir, seulement la voir, sans même songer à lui parler ; pour éviter qu'elle le reconnût en cas de rencontre forfuite, il s'était d'ailleurs affublé de lunettes bleues ; la première personne sur laquelle tomba la jeune femme dans les rues de Volterra fut, bien sûr, son soupirant malheureux dont les verres fumés ne cachaient rien ; elle se montra fort mécontente, repartit pour Milan ; Stendhal lui écrivit, désolé ; cela nous a valu quelques-unes des plus belles pages de la littérature épistolaire amoureuse de tous les temps. Debout face aux ruines du théâtre étrusque ou dans l'ombre du palais Pretorio sur la place des prieurs, je racontais dès lors à la jeune femme qui m'accompagnait les mésaventures du pauvre Beyle ; j'avais même appris par cœur quelques passages de lettres à Métilde, que je récitais. Ainsi, Cordelia était-elle venue ici avec moi. Comme elle disait tout haut qu'elle ne m'aimait pas et prétendait ne me suivre à travers l'Italie que pour la beauté des paysages, je faisais entre Stendhal et moi des rapprochements douloureux et vouais à Volterra un culte tout particulier dans ma panoplie de parfait beyliste.

La place était déserte, les étals des marchands d'albâtre qui l'envahissent en été, repliés. J'ai déambulé plus loin, dans ces rues presque abandonnées où s'élèvent des palais qui furent glorieux, Visconti, dans l'un de ses films les plus bouleversants, nous a montré la face cachée de cette décadence, les citernes sonores, les ronces dans les jardins et les grandes salles vides : plus nue, plus rude et plus vive la pierre, plus épaisse la poussière, plus profonds les gravats. Sur ces débris grandioses plane la tache flamboyante de Rosso Fiorentino, dont la *Descente de Croix* de jaune et de feu surgit dans la pénombre de l'ancien musée comme l'éclat sulfureux des Temps modernes qui, dès le XVIe siècle, brisèrent l'orgueil de Volterra. Asservie à Florence, la ville s'est peuplée de fantômes dont ceux de Visconti et de Claudia Cardinale — vulnérable et souveraine — sont l'ultime reflet. Il traîne dans les rues de Volterra une vieille odeur d'inceste.

J'ai bu un café dans un bistrot de la via Sarti, je suis entré dans la cathédrale, j'ai cherché une fois encore les traces d'une peinture de Gozzoli que je n'avais jamais trouvée — mais j'ai croisé un groupe de touristes français, égaré en cette saison dans une ville à peu près morte. Ils avaient l'accent bourguignon ; guide en main, ils épelaient les noms des saints et de leurs autels ; leur laideur était banale, leur vulgarité sans excès. Je suis monté au sommet de la ville à travers un amas de rochers fracassés. De là-haut, le paysage entrevu de l'hôtel était plus vaste encore, plus redoutable aussi dans son désordre de plateaux et de failles ; les fumerolles de soufre de Lardarello paraissaient gagner toute la plaine : c'était l'âge du fer et de l'airain qui s'étendait devant moi, toute une histoire hors du temps racontée d'un regard. Je murmurais des mots en moi qui étaient pierre, gemme, basalte, porphyre, des noms de cristaux noirs et de marbres durs. L'exaltation a duré un moment, puis je suis redescendu comme un voleur. L'air frais de la promenade des Ponti n'a pas fouetté mon visage et je me suis à peine aventuré dans le dédale des *balze* qui sont, au bout de la ville, des éboulis où l'on a construit des églises ; les églises tombent une à une, Volterra s'effrite un peu plus — mais je n'étais pas là pour prendre la mesure du temps. L'émotion passagère ressentie sur la route était déjà oubliée. Dressée comme un seul mur, Volterra est bloc et roc, moellons, monolithes géants qui s'en vont en rocailles, pierrailles, graviers, poudres... Ainsi la leçon de dureté calleuse, de force et de colossale puissance qu'elle aurait pu me donner s'effritait-elle en une terre molle, sans aspérités, qui ressemble aux envies qu'il me reste : plates.

Nous avons déjeuné dans une trattoria sur la place des Prieurs d'un brouet épais qui remplace parfois la *pasta* en Toscane ; c'est une soupe de haricots et de pois chiches avec beaucoup d'herbes et de légumes. L'air trop enjoué pour qu'il y ait vraiment trouvé quelque intérêt, Luc m'a raconté ses visites, le préfet solitaire — sans femme ni enfants, plus aucun employé après treize heures et une femme de ménage le matin deux heures par jour, dans un palais délabré et qui s'étonnait presque qu'un consul vînt jusqu'à lui et avait voulu le retenir à déjeuner ; Sicilien, il est en pénitence dans un Nord qu'il exècre et se fait livrer chaque quinzaine par des carabiniers qui font le voyage pour cela des caisses de grosses oranges rouges de Palerme. « Il n'a rien à faire, a remarqué Luc ; rien : tu vois ce que ça peut vouloir dire, rien ? A cette heure-ci, il a commencé sa sieste qui durera jusqu'au milieu de l'après-midi ; ensuite, il partira en quête d'une maison où se faire inviter pour le dîner. » C'était l'histoire, en somme, du préfet Farinelli de Ferrare, mais celui-ci écrivait des vers qu'il signait du nom de Deste : depuis quand n'ai-je plus écrit un poème ? Comme celle de tant d'amours ou d'émotions, je porte en moi la nostalgie du poème perdu : j'écris de très gros livres et rêve de deux pages, deux lignes, deux mots, mais qui suffiraient à tout dire — et n'ose plus écrire un seul vers.

J'avais pensé qu'évoquant la solitude et l'inaction du préfet, notre consul à Florence conjurait de vieux fantômes ; le préfet avait choisi la sieste, Luc la marche en avant, mais je sais ce que son énergie cache d'autres tentations. De quelques mots mordants, il a d'ailleurs évoqué le peu d'intérêt qu'il éprouvait lui-même pour son travail. Un soir, il m'avait dit : « Au fond, je crois bien que j'aurais dû me mettre à boire, moi aussi : tous les consuls boivent, n'est-ce pas, dans tous les bons romans ? » La mort du héros de Malcolm Lowry, dans une décharge publique, lui paraissait la plus belle des fins : « Exemplaire de la carrière d'agent de l'État, affirmait-il : le sens du service public jusqu'au point final ! » C'était peut-être aussi en hommage à Lowry qu'il s'inventait des amours malheureuses et supportait de Frédérique ou de Carole hier, de Consuelo aujourd'hui qu'elle le trompât, puisqu'il n'aimait que Danièle, qui avait épousé son meilleur ami. « Ne te méprends pas, me dit-il devant la place éclairée d'un soleil glacé : ne te trompe pas », il entamait sa seconde bouteille de San Felice : c'est à ce moment-là que je me suis rendu compte que Luc était, après tout, fidèle au modèle que lui avait donné Lowry et buvait plus que je n'en avais le souvenir — « ne te méprends pas : j'aime infiniment Consuelo ; d'ailleurs ses autres amants ne font que passer chez elle tandis qu'elle s'attarde chez moi : c'est encore moi qui ai la meilleure part ! » Par Consuelo, Luc avait fait la connaissance de tout un groupe de jeunes femmes et d'hommes plus jeunes que lui, héritiers des mêmes familles chez lesquelles il fréquentait mais qui s'affairaient, disait-il, pour redonner à Florence la place qu'elle avait tenue cinq cents ans auparavant dans le monde des arts et des lettres. Ces jeunes gens, beaux, désinvoltes, industrieux, développaient une théorie de la troisième Renaissance — comme d'autres ont pu parler du IIIe Reich, pensais-je, iconoclaste et blasphémateur — et faisaient de la Toscane tout entière la capitale d'une nouvelle Europe de la création. « Il faut que le neuf et l'ancien se mêlent inextricablement », affirmaient-ils. Pour cela, ils écrivaient, peignaient — ou faisaient écrire et peindre les autres dans le cadre de leur palais ou de leur villa des environs ; ils étaient insolents, ils étaient riches et leurs oncles, mes amis, les regardaient d'un sale œil ; c'était en leur compagnie que j'avais aperçu Luc chez Chiaretta. « J'essaie de vivre à cheval sur deux mondes, m'expliqua-t-il, celui d'hier qui m'amuse et s'ennuie, et celui qui se donne tant de mal pour ressembler à aujourd'hui ! » L'image de Luc courant d'une partie à l'autre de la ville, ici avec ses jeunes amis, là en compagnie de mes vieilles comtesses, me semblait à la fois dérisoire et enviable : peut-être ne construisait-il que sur du sable, mais il en bâtissait, des châteaux de sable !

On nous a servi trois larmes de café très fort dans le fond d'une tasse épaisse. Luc a allumé un petit cigare puis s'est penché vers moi ; il avait baissé la voix. « Tu te souviens de cette histoire de manuscrits de Stendhal dont tu m'avais parlé... » Depuis sa première allusion aux textes que Marion Hardwell était venue, voilà vingt ans, réclamer à grands cris, Luc ne m'avait plus parlé de rien ; j'avais fini par croire à l'un de ces rêves que nous caressons tous, celui des papiers d'Aspern, chers à Henry James, le manuscrit perdu et retrouvé. Mais le visage de Luc était grave. « Figure-toi qu'un vieux monsieur que j'ai rencontré par hasard dans cette ville m'a dit avoir acheté au lendemain de la guerre un palais tout entier avec ses meubles, ses armoires encore pleines de vêtements et ses tableaux aux murs. Les précédents propriétaires étaient juifs, ils étaient partis, jamais revenus, un neveu échappé par miracle avait tout bazardé... » Dans un grenier du palais Bandinelli, sur la via dei Sarti, il avait découvert une malle de bois remplie de cahiers et de vieilles lettres ; il y avait aussi des livres en français et en italien, des chroniques anciennes, des papiers qu'il n'avait pas pu déchiffrer. Lors d'une visite d'Otrick, lié à lui d'une amitié qui remontait aux étés passés ensemble à Palerme au lendemain de la Première Guerre mondiale, ce Danielo Salvi lui avait parlé de la malle et des papiers ; intéressé, Otrick en avait rapidement exploré le contenu, il avait reconnu une écriture, passé deux jours et deux nuits à déchiffrer des liasses entières, puis avait dû repartir en hâte pour la Chine. Avant son départ, il avait affirmé à Salvi qu'il s'agissait bien d'une caisse que Stendhal avait oubliée à Civitavecchia. Reparti pour Florence, Otrick avait dû raconter sa découverte à Marion Hardwell ; il n'était jamais revenu en Italie.

Mon ami le consul avait éveillé plus que ma curiosité ; mon cœur battait très vite, comme lorsque je tombe, chez un libraire de province, sur une édition rare perdue parmi des reliures anonymes et que, faussement désinvolte, j'en discute le prix : obtenir un rabais de quelques centaines de francs sur un livre qui vaut vingt fois plus que le prix demandé est une seconde victoire. « Et la malle ? » interrogeai-je sans cacher cette fois mon émotion. « C'est de cela que nous irons parler avec le vieux Salvi ; il ne l'a plus — ce serait trop simple : il s'agit de lui faire dire ce qu'il en a fait. » Le seul but de Luc aurait-il été de me tirer de la somnolence où je me morfondais depuis des mois qu'il y aurait réussi d'un coup : j'étais excité, je voulais en savoir plus. « Allons-y tout de suite », suggérai-je. Luc regarda sa montre. « Tu veux rire ? Danielo Salvi est un très vieil homme et c'est l'heure de la sieste. » Comme le préfet, comme tout le monde dans la petite ville assoupie avant l'assaut des touristes de l'été, le vieux monsieur dormait une partie de la journée. J'eus tout le mal du monde à contenir mon excitation jusqu'à six heures de l'après-midi. « Salvi nous attend, maintenant », dit Luc en venant me chercher dans ma chambre.

Danielo Salvi habitait près de l'ancien musée un très grand palais sombre, où il vivait seul depuis plus de trente ans, entouré de souvenirs et de portraits de famille qui ne lui appartenaient pas. Juif lui aussi, comme beaucoup des grands bourgeois de Volterra, il avait vu tous les siens disparaître en 1943 : ils avaient choisi de se cacher dans la foule des grandes villes, à Milan ou à Turin, où les Allemands les avaient quand même retrouvés, personne n'avait plus entendu parler d'eux. Lui-même n'était pas allé plus loin que le petit village de Bagno Vignoni, à quelques kilomètres à peine de sa ville natale, et il était resté là jusqu'à la fin de la guerre déguisé en employé de l'unique hôtel de la petite station thermale. « J'ai fait nager des mémères et massé les gros ventres de gros vieux fascistes qui suaient déjà de peur en pensant à ce qui se passerait après, racontait-il : je jouais à plus terrifié qu'eux et torturais mon imagination pour leur raconter les plus horribles représailles que ne manqueraient pas de perpétrer des partisans embusqués partout et n'attendant que le bon moment... » A la Libération, il était revenu à Volterra pour découvrir que la foudre était tombée sur sa maison ; tout avait brûlé. Sans toit ni parents, il avait alors racheté ce palais d'un coreligionnaire disparu, dont il n'était plus sorti.

Il nous accueillit lui-même sur le seuil. C'était vraiment un très vieil homme, ridé, racorni, qui parlait avec ce halètement des grands asthmatiques. Nous montâmes un escalier de pierre, parvînmes à un salon dont les volets étaient tirés ; sous des housses, les meubles ressemblaient aux fantômes de tous ceux qui avaient vécu là et qui étaient tous morts. Je croyais qu'il allait nous raconter ses malheurs et me demandais déjà comment j'allais faire mine de compatir, mais il eut au contraire un ton presque enjoué, bientôt radieux, pour nous dire l'existence qu'il menait là parmi ces ombres. « J'ai la chance incroyable, me dit-il d'entrée de jeu, de vivre depuis quarante ans avec des frères, des cousins, des cousines qui ont tous vingt ans et ne vieilliront jamais... » Il me raconta ensuite, du même ton haché, monocorde, que tous les siens étaient jeunes et beaux quand la guerre les avait fauchés. Sa mère ressemblait, dit-il, à l'*Hérodiade* de Bernardino Luini ; je ne pouvais pas lui répondre que je traînais depuis vingt ans deux images au fond de mon portefeuille : celle de cette Ilaria del Carretto que Jacopo della Quercia a figée dans le marbre à Lucca, et l'*Hérodiade* du musée des Offices, parce que Stendhal, précisément, y voyait « un modèle de cette beauté lombarde », dont il était amoureux. Quant à ses jeunes cousines, voire ses petites sœurs, Danielo Salvi avait fini avec le temps par les confondre toutes, mortes, dans un même amour superbement incestueux qui les faisait vivre pour toujours dans son imagination. « Je n'ai pas besoin de quitter ce palais, m'expliqua-t-il : elles sont toutes là, mes cousines, mes jeunes tantes, et celles de ce pauvre Romualdo qui habitait ici avant moi ; je les croise, je leur parle, elles me répondent et je ne dors pas la nuit pour ne pas les quitter. » Puis, avec un vieux sourire tendre, il ajouta : « Je ne suis pas fou, comprenez-moi : j'ai choisi une fois pour toutes de vivre de l'autre côté du miroir ; le reste est trop laid ! »

Les tableaux sur les murs étaient eux aussi vêtus de housses où la poussière s'était accumulée ; je ne doutais pas un instant qu'il ne les eût jamais levées depuis son arrivée dans le palais. Peut-être s'agissait-il de portraits de cavaliers, de vieilles femmes : pour lui, c'étaient à coup sûr les visages de petites cousines de ce Romualdo, qu'il avait faites siennes. Il rêva ainsi un moment encore, puis il se tut, sa tête avait glissé sur son épaule, il paraissait somnoler. Des bruits, des appels venaient de la campagne sur laquelle donnait l'arrière du palais. Après un moment, sans ouvrir les yeux, il murmura : « Je suppose que vous voudriez que je vous parle de ces fameux papiers... » Il soupira ; il lui fallait revenir du mauvais côté du miroir. « Je vais vous décevoir, dit-il : après le passage de notre ami Otrick, je ne m'en suis pas occupé ; ces choses ne m'intéressent plus... » Les yeux toujours fermés, il attendit encore quelques minutes ; je devinais qu'il reprenait son souffle ; ce fut Luc qui l'interrogea. « Vous m'aviez déjà dit que vous n'aviez plus ces papiers, mais votre neveu... » Je sursautai et regardai Luc — nous étions venus jusque dans ce palais fantôme pour en arriver là ! Il me fit signe de laisser le vieil homme répondre. « Je vous l'ai dit, oui... » parmi tous ses frères et sœurs morts, je compris qu'il lui était resté un vague neveu qui lui rendait parfois visite, dans l'espoir d'hériter de lui. Le garçon repartait chaque fois avec un tableau, un meuble que le vieux monsieur lui abandonnait avec le sentiment que c'était un peu de sa jeunesse qui s'en allait avec cette *Lucrèce* du XVIe siècle ou ce fauteuil bêtement Victor-Emmanuel, mais il l'oubliait vite. Un jour, le jeune homme avait fouillé dans la bibliothèque, découvert dans la malle de bois quelques volumes d'anciennes chroniques et emporté le tout sans y regarder de plus près : c'était la troisième ou la quatrième fois que Luc faisait le voyage de Volterra pour trouver la trace du garçon dont le vieil homme s'obstinait à ne pas lui révéler le nom. Plus tard, mon ami me dirait qu'il l'avait trouvé ce jour-là plus las que de coutume ; c'est peut-être pour cela qu'il cessa de jouer au chat et à la souris avec lui. « Vous voudriez savoir où il est, mon Piero ? » lança-t-il dans un souffle. Luc affecta la désinvolture qui lui servait de masque : « Comme je vous l'ai écrit, mon ami s'intéresse beaucoup à Stendhal. » Le vieil homme poussa un nouveau soupir. « Cela fait quarante ans que je ne lis plus les lettres qui s'égarent jusqu'à moi... » Il attendit encore un moment, puis murmura : « Allons ! Vous en ferez sûrement un meilleur usage que lui ! » Le garçon s'appelait Piero Montorio — un nom somme toute prédestiné — et vivait tout près de là, à Bagno Vignoni précisément, où Salvi s'était réfugié pendant la guerre ; c'était lui qui tenait désormais l'hôtel de la petite station thermale.

La tête de Danielo Salvi s'inclina sur son épaule ; il dormait cette fois pour de bon. Nous nous retirâmes sur la pointe des pieds. Aussitôt dans la rue, je demandai à mon ami de prendre la route pour Bagno Vignoni ; il secoua la tête. « Tu es bien pressé, soudain ? » On aurait dit qu'il s'amusait de me voir retrouver un peu de l'énergie dont je ne lui avais pas dit, pourtant, que l'avoir perdue faisait si profondément partie de mes angoisses. Mais Luc ignorait que, jusque dans les moments de totale apathie qui me clouaient parfois une journée entière dans une pièce, occupé à ne même pas feuilleter le magazine que j'avais entre les mains, la perspective de m'élancer à la recherche d'un nouveau livre, la lecture d'un catalogue de librairie me donnaient des ailes ; je courais à l'autre bout de Paris, parfois jusqu'en province, j'achetais le livre, le rapportais chez moi, le rangeais dans mes rayons et c'était tout : je me gardais bien, je l'ai dit, de le lire ; embarrassé par les questions qu'on me posait, je prétendais que c'était pour ne pas abîmer une reliure précieuse ou fatiguée : l'excuse valait ce que valent toutes mes mauvaises raisons. Si bien que l'excitation que je ressentais en sortant de chez le vieux Salvi n'avait probablement pas d'autre ressort que cette bibliophilie maladive qui remplace désormais pour moi l'amour de la littérature. Je laissai cependant Luc savourer le plaisir qu'il devait éprouver à se dire qu'il m'avait tiré de ma torpeur. Peut-être pour aiguiser davantage ma curiosité, peut-être parce qu'il aimait jouer lui aussi au chat et à la souris, il m'expliqua qu'il devait encore rendre visite au chef de la police locale qui lui avait, en d'autres temps, rendu quelques services. Il me planta là, promettant seulement de revenir assez tôt pour arriver à Bagno Vignoni avant la nuit.

Je rentrai à l'hôtel et m'installai dans le petit cloître transformé en jardin d'hiver. On m'apporta du thé, quelques biscuits, j'ouvris un livre que je traînais avec moi ; c'étaient des nouvelles de Henry James ; le volume tomba bientôt à terre.

L'ancien couvent de San Lino n'a rien de particulièrement remarquable ; ce n'est qu'un hôtel aménagé dans de vieilles pierres comme il s'en trouve des douzaines en Italie. Là aussi, la *pietra serena* joue avec les voussures passées à l'enduit blanc ; dans le milieu du cloître, des buis mal taillés dessinent quatre carrés grisâtres autour d'un puits sans ornement ; tout cela est d'une simplicité extrême, il s'en dégage pourtant le charme d'un jardin de province où des arcades régulières auraient, pendant plusieurs siècles, accompagné la méditation de moines ou de bonnes sœurs. Il faisait tiède, l'air était doux, je laissais mon esprit divaguer. Curieusement, aucun de ces visages de femmes qui, de ville en ville et depuis mon retour en Italie, m'étaient remontés à la mémoire, n'était plus au rendez-vous que je ne leur avais pas donné. Seule Cordelia m'était apparue un instant lorsque je m'étais souvenu des récits que je faisais de l'équipée de Stendhal à Volterra, pauvre Cordelia bien fragile face à la formidable figure de Métilde. Pour le reste, ni pendant ma promenade du matin ni durant la longue sieste d'après le déjeuner, je n'en avais plus rencontré aucun. Presque inquiet, je tentais de me souvenir de celles que j'avais entraînées jusqu'ici ; des noms me revenaient, pas de visages, moins encore des images ou des instants précis. On aurait dit qu'elles étaient toutes parties ensemble, sur la pointe des pieds, pour me laisser seul avec Luc et la Toscane que je retrouvais pourtant si mal. L'idée de découvrir la malle de Stendhal, en revanche, ne me quittait plus ; en fait, comme à Paris ou à Berlin la recherche d'un livre de plus, elle avait effacé tout le reste. Je pensais subitement que ce pourrait être un joli titre de roman que « La malle de Stendhal » ; en quelques instants, j'échafaudai toute une fiction qui aurait eu pour thème la quête à travers un pays — l'Italie : pourquoi pas ? — de manuscrits perdus ; j'aurais ainsi raconté les destins noués d'un homme d'aujourd'hui et d'un écrivain d'hier ; comme l'écrivain cent ans auparavant, mon héros aurait eu des aventures, des maîtresses ; il serait allé de ville en ville, retrouvant au passage des paysages et des amis ; il aurait d'ailleurs voyagé en compagnie d'un ami — encore une fois, pourquoi pas ? — qui lui aurait servi de confident ; et puis — toujours, pourquoi pas ? —, il aurait pu être lui-même écrivain. Une fois de plus, j'en revenais à moi ; une fois encore c'était ma propre vie que, faute de mieux, je me surprenais à mettre en scène. J'avais d'ailleurs vingt fois, sous tel ou tel masque, tripoté cette idée du livre perdu, des lettres retrouvées — et Henry James, dont le volume de nouvelles abandonné traînait près de moi sur les dalles de pierre, n'y était pas étranger. « La malle de Stendhal », comme tant d'autres romans jamais menés à terme dont j'ai ponctué ma vie, n'était peut-être que le sujet d'une intrigue inachevée et banale ; c'était du moins, en l'instant précis, l'objet de toutes mes convoitises. Je décidai que je m'ennuyais à Volterra et rentrai dans ma chambre pour y fermer mon bagage : au retour de Luc, je serais fin prêt.

IX

A notre arrivée à Bagno Vignoni, la nuit était tombée. Je ne vis d'abord rien que la façade jaune d'un grand hôtel de petite ville au beau milieu de la campagne ; à peine distinguai-je un peu plus haut quelques maisons, le clocher d'une église. L'Hôtel des Voyageurs était situé en contrebas du village, au bord d'un parking parsemé de rares voitures. L'intérieur était plus anonyme encore ; un hall bas de plafond, quelques fauteuils aux couleurs criardes, vert pistache et violet mêlés ; un couloir s'ouvrait à gauche sur ce qui devait être le restaurant ; on entendait des bruits de vaisselle et des rumeurs de conversations : je regrettais déjà le calme hors du temps du couvent de Volterra, où je n'avais fait qu'une longue sieste. Luc avait retenu les chambres par téléphone ; nous étions en morte-saison et, en milieu de semaine, la précaution me parut bien inutile.

Une grosse femme qui nous avait accueillis avec force courbettes et des « Signor Console » répétés au bout de chaque phrase nous conseilla de passer tout de suite à table, car la cuisine était sur le point de fermer ; elle nous conduirait plus tard à nos chambres.

La salle du restaurant dépassait mes prévisions les plus pessimistes. Il s'agissait, en réalité, de trois salles, ouvertes au fur et à mesure de l'extension de l'hôtel dans des ailes successivement aménagées avec de moins en moins de goût. Seule la première pièce était ouverte ; les autres, fermées de cloisons coulissantes, étaient plongées dans l'ombre. Une demi-douzaine de tables étaient occupées par des dîneurs ou plus précisément des dîneuses, pour la plupart solitaires ; c'étaient toutes des femmes de quarante ans qui avalaient mornement un potage clair. Si j'avais pu rêver d'un de ces hôtels de ville thermale qui parsèment encore l'Europe, avec verrières, plantes en pot, escaliers Arts déco et salle à manger monumentale, ma déception aurait été grande ; mais je ne rêvais de rien que de ces papiers de Stendhal dont les propos du vieux monsieur de Volterra m'avaient presque fait croire à l'existence. Luc affectait de n'en pas parler ; comme chez ces libraires qui possèdent sans le savoir une pièce très rare, je me gardais maintenant de trop montrer mon impatience : je l'ai dit, Luc jouait peut-être avec mon attente, je jouais donc pour ma part les indifférents. Je le fis parler de Florence et de ses nouveaux amis, l'écoutai d'une oreille distraite, on nous servit deux ou trois plats bien en harmonie avec l'atmosphère de l'hôtel : établissement thermal, on y faisait de la cuisine de régime. La chambre était grise et carrelée d'une faïence de salle de bains ; je me couchai vite, sans songer à regarder par la fenêtre.

Ce n'est que sur les neuf heures du matin après

une nuit plate — si tant est que les nuits *plates* soient le contraire de celles qu'on dit agitées —, que je poussai les volets, ce fut la première surprise. Dans un petit matin froid et lumineux, des vapeurs flottaient sous mes fenêtres ; c'était comme ces fumées de théâtre, abondantes, qui envahissent les plateaux et les premiers rangs de fauteuils d'orchestre dans les mises en scène modernes de n'importe quel Wagner ou Shakespeare. Les buées étaient ici en suspens au-dessus d'un grand bassin qui s'étendait, en plein air, sur une manière de terrasse. L'eau était chaude, le froid encore intense, on devinait au-delà de ces nuages les contreforts du Monte Amiata. Quelques silhouettes coiffées d'un bonnet de caoutchouc nageaient consciencieusement dans la piscine ; elles étaient informes : c'étaient les dames seules du restaurant.

Le petit déjeuner fut aussi frugal que l'avait été le dîner ; je retrouvai Luc sur la terrasse. « Ce Piero est à Florence pour la journée, m'assura-t-il ; je n'ai rien de particulier à faire ; si ça t'amuse toujours, nous pourrons l'attendre. » Le contre-temps ne semblait le déranger en rien. Un instant, le soupçon m'effleura à nouveau qu'il avait monté de toutes pièces cette histoire de malle et notre quête des manuscrits n'aurait dès lors été qu'une course aux papiers, un « paper chase » dans la meilleure tradition des canu!ars britanniques. Il dut deviner ma pensée et me répondit seulement par un sourire amusé. Après quelques secondes, il ajouta pourtant : « Tu sais, je n'en sais pas plus que toi, et tout cela me paraît trop miraculeux pour ne pas aller sans quelques problèmes. » Ses rendez-vous, la visite prévue à un maire voisin, il les remettrait au lendemain. « Tu as dû le remarquer, le temps s'écoule en Toscane à un rythme qui n'est pas le nôtre ; une seconde d'attente peut durer une éternité, alors que l'éternité se rétrécit souvent à la mesure du présent en moins d'une seconde. » La sagesse de Luc me divertissait ; en d'autres temps, j'ai dû professer moi aussi ces aphorismes.

Il me proposa une promenade dans le village. L'Hôtel des Voyageurs est bien une vilaine bâtisse faite de constructions simplement ajoutées bout à bout en dessous du village. Le village lui-même, à l'écart, s'élevait sur une butte ; ce n'est pas vers lui pourtant que Luc m'entraîna. Après quelques minutes de marche sur une route asphaltée, nous arrivâmes à un vaste quadrilatère bordé de maisons anciennes, d'une église, une chapelle, une loggia ; mais, surtout, un très grand rectangle d'eau entouré de murs en occupait tout l'espace central ; comme de la piscine de l'hôtel, des vapeurs s'en échappaient, mais ce qui était là-bas laid et vulgairement moderne — le bassin était ovoïde ! — avait ici une tout autre allure. En quelques pas, nous avions franchi la barrière du temps, pour nous retrouver à l'ancien bassin thermal — médiéval et, avant cela, romain. Les balustrades de la belle piscine profonde étaient de marbre, on y accédait par des escaliers de marbre eux aussi ; le côté sud s'achevait sur la loggia aux trois arcades en plein cintre précédant une chapelle dédiée à sainte Lucie, dont j'imaginais qu'elle devait faire marcher les infirmes et guérir les incurables. Chaque maison de la place, la loggia, l'église, jusqu'à l'ancien hôtel de cure dont le nom s'affichait encore en lettres débleuies sur les murs au crépi arraché, avait sa beauté propre et villageoise ; mais le bassin central rigoureusement fermé de ses balustrades, les nuées qui flottaient à la surface d'une eau sombre, bouillonnant çà et là, faisaient de cet ensemble de maisons simplement charmantes un étrange univers, hors du temps, lumineux et vaporeux où des baigneurs de tous les siècles, toges romaines ou robes de la Renaissance, paniers et fanfreluches de la fin du siècle dernier, auraient pu se retrouver. « Tu ne reconnais pas ? » me demanda Luc. Je reconnus, en effet ; c'était là que, récemment encore, le cinéaste Andreï Makevsky avait tourné son avant-dernier film, qu'il avait précisément intitulé *Souvenirs*, où de belles silhouettes de jeunes femmes longues et tristes, blanches et blondes, erraient sur les bords de la piscine. Makevsky était mort peu après. « J'ai voulu que tu voies cela », dit encore Luc.

Nous n'étions pas seuls autour du bassin. A l'autre extrémité, une femme était assise sur la balustrade ; un livre à la main, elle regardait l'eau. Faisant le tour du quadrilatère, nous ne pouvions pas ne pas passer devant elle ; elle leva les yeux lorsque nous nous trouvâmes à sa hauteur et sourit à Luc. Ils échangèrent quelques mots en italien ; la femme, qui devait avoir une quarantaine d'années, me tendit la main. Elle s'appelait Natalia dei Briganti ; elle était née Bronsky, Russe naturellement, c'était une amie de Luc. Je compris bientôt qu'ils s'étaient donné rendez-vous là — et qu'avant même d'entendre le vieux Salvi lui donner le nom de ce Piero, Luc savait que nous nous rendrions à Bagno Vignoni ; il me fit un sourire en coin qui pouvait signifier, ironique, que le hasard fait bien les choses... Le doute traversa encore une fois mon esprit. « Ne t'inquiète pas, me lança-t-il rapidement, comme s'il avait voulu que cette Natalia ne l'entendît pas, le père Salvi ne s'est pas moqué de nous. »

Nous nous assîmes à côté d'elle sur la margelle du bassin ; l'eau était si haute et les fumées si épaisses qu'elles montaient presque jusqu'à nous ;

enveloppée et vaporeuse, la femme semblait elle-même sortir du film de Makevsky et son visage clair, un peu fatigué, était bien en cet instant celui d'une héroïne de roman russe égarée dans la splendeur italienne ; elle en clignait les yeux. Elle avait reposé à côté d'elle le livre qu'elle ne lisait pas. C'étaient des poèmes de Pouchkine ; je pensai subitement que tout cela était trop convenu, la rencontre de cette femme, l'ombre du cinéaste russe qui flottait dans le décor de son film — jusqu'aux poèmes dont Luc récita quelques vers : j'ignorais qu'il parlât russe, il eut un petit sourire confus pour refermer le livre. Sans plus s'occuper de moi, la femme alluma une cigarette, ils poursuivirent en italien leur conversation.

Au début, je ne pris pas d'intérêt à ce qu'ils disaient, agacé que j'étais par les questions que je me posais sur les intentions de Luc quand il m'avait lancé dans cette aventure ; il savait qu'il éveillerait ma curiosité, bien sûr, mais avait-il d'autre but que de s'assurer un compagon de voyage dans une prétendue tournée consulaire qu'il me semblait mener bien paresseusement ? A trente ans, lui aussi avait traversé sa période beyliste ; il lisait alors un à un les volumes bleus de la petite collection du Divan et nous nous amusions à nous poser des colles ; devant quel tableau du Corrège Stendhal a-t-il écrit que... ? Luc avait découvert le gros livre publié par Henri Martineau sous le titre de *Calendrier de Stendhal* et je le soupçonne bien d'avoir appris par cœur des dates, des lieux, des noms de femmes. En ces années qui n'étaient déjà plus tout à fait celles de l'adolescence, Luc caressait le rêve d'écrire ; il se disait qu'à la manière de son modèle, il rédigerait un jour de courtes et limpides chroniques où, racontant la passion et la mort d'un page ou d'un prince de la Renaissance, ce serait sa propre vie qu'il aurait racontée. Dix ans plus tard, sur cette terrasse du Luberon où je le retrouvais avec Jean-Claude, je venais de publier mon premier roman et Jean-Claude lui avait fait un clin d'œil : « Et toi ? A quand ton tour ? » Luc avait eu le même regard un peu gêné que lorsque je me suis rendu compte qu'il parlait russe. « Un jour... Un jour, rien ne presse. » Rien ne pressait jamais Luc ; jusqu'au bord de ce bassin échappé à un film que nous avions aimé, alors que je piaffais d'impatience d'aller plus loin, il avait le temps d'écouter cette Natalia inconnue lui parler des journées qu'elle passait dans ce village où elle était venue s'installer seule quelques semaines auparavant. Peu à peu, je prêtais l'oreille ; sa voix était grave et rauque. Elle était née en France d'un père et d'une mère russes exilés, mais il y avait dans sa voix des intonations slaves ; lorsqu'elle prononçait des noms russes — et celui d'Andreï Makevsky revenait sans cesse dans ses propos —, c'était tout un monde, parfaitement étranger à cette Toscane immobile où nous étions oubliés par l'histoire et pourtant en si bel accord avec elle, qui nous entourait d'un halo mouvant ; je la regardai mieux, je la trouvai belle. Il y avait en cette femme qui parlait lentement d'un homme (le cinéaste) dont je me demandais si elle l'avait aimé, un calme, une sérénité, une résignation souriante que j'enviais : j'aurais voulu pouvoir évoquer ainsi ce qui m'avait échappé.

Je m'étais peut-être mépris ; du cinéaste, elle était passée à la femme de celui-ci, qui vivait maintenant à Paris ou à Londres mais qui parcourait le monde pour organiser des présentations de ses films, créer une fondation, faire connaître l'œuvre de l'époux mort. « Elle est petite et un peu boulotte ; elle ressemble à une paysanne venue tout droit d'une nouvelle de Tchékhov, mais aussitôt qu'elle se met à parler d'Andreï, son visage s'éclaire d'une telle flamme... » Évoquant la lumière dans le regard de l'épouse de son ami mort, la jeune femme avait les yeux qui brillaient. Elle avait passé en leur compagnie les derniers mois du couple et de leurs enfants ; Makevsky achevait de tourner *Souvenirs* ; épuisé, terrassé quelquefois par de grandes fatigues qui le laissaient sans souffle, il parcourait les petites routes de Toscane entre Bagno Vignoni et l'appartement qu'on lui avait trouvé à Florence au-dessus du Ponte Vecchio avec, rivée au fond du cœur, une image qui était celle de la Russie. Dans les moments où la maladie l'épargnait, on aurait dit que le répit décuplait ses forces, il était partout, tendre et autoritaire à la fois avec ses interprètes, entouré de quelques amis qui, veillant sur lui, ne le quittaient plus. Natalia Bronsky était de ceux-là. « Il venait s'asseoir ici, sur cette margelle, et me racontait les paysages de où il était né, où mon père, mon grand-père étaient nés et que, sans y être jamais allée, je connais aussi bien que lui ; il inventait peut-être ces randonnées en traîneau, les clochettes du harnais, la neige qui effaçait toute trace, jusqu'à celle de ses pas lorsqu'il se retournait pour regarder derrière lui. Il m'expliquait que c'était cela la vie du poète, de l'artiste, de l'écrivain : rien, pas même une empreinte dans la neige ne peut durer ; l'essentiel est ailleurs, dans ce qu'il a construit, les livres, les films... » C'était pour cela que la mort ne lui faisait pas peur et que, jusqu'au bout, il continuait : c'était là ce qui comptait, la seule chose qui valût d'être vécue ; et sa femme, qui paraissait ignorer le mal qui le dévorait, approuvait en silence. « Plus tard, j'ai su qu'elle savait, a encore ajouté la jeune femme, mais elle était comme lui ; et après la mort d'Andreï, si elle s'est tant acharnée à s'occuper de son œuvre, c'est pour que sa mort ait un sens, que la trace s'efface dans la neige, mais que ses films restent. »

Lorsque Makevsky avait quitté l'Italie pour tourner son dernier film en Finlande, Natalia Bronsky était rentrée en Toscane ; elle faisait l'aller et retour entre Florence et la petite station thermale, lisait, écoutait l'eau bouillonner dans ce bassin sur lequel nous nous penchions tous les trois.

« Pourquoi irais-je plus loin ? demanda-t-elle à Luc qui la pressait doucement de revenir plus souvent à Florence, j'ai trouvé ici tout ce que je désire. Parmi ces femmes que vous avez vues hier au restaurant, qui sont ici pour une vague cure et qui, toutes, attendent, je suis la seule à ne rien attendre. » Pendant un moment, elle a évoqué ces curistes solitaires qui passaient trop de temps dans la piscine brûlante de l'hôtel, en ressortaient bouffies, cuites, et vaquaient le reste de la journée à ne rien faire ; elles espéraient une rencontre, la visite impromptue d'un ami — voire d'un mari — et mangeaient en silence l'infâme tambouille qu'on leur servait dans la salle à manger trop grande. Des jeunes gens de San Quirico d'Orcia, tout proche, débarquaient parfois en fin d'après-midi, elles leur offraient des whiskies, ils montaient dans leur chambre, elles tentaient de les garder un peu plus, ils s'en allaient à l'heure du dîner avec quelques billets de 50 000 lires. « Deux ou trois ont essayé de me parler, je leur ai répondu, ils ont été tout étonnés que je ne leur demande rien d'autre. » « Mais sans parler de ces voyous, vous ne voulez rien d'autre ? » a demandé Luc. Natalia Bronsky a souri, son sourire était très pâle, très bleu : « Mais je ne veux rien du tout : j'ai tout trouvé. »

Andreï Makevsky avait fini par mourir à Paris ; on l'avait enterré au cimetière du Montparnasse ; Natalia n'était pas allée sur sa tombe. « J'ai tout trouvé ici... », a-t-elle répété encore une fois, doucement.

Elle a repris son volume de Pouchkine et Luc m'a entraîné : « Tu vois ce que peut être le pouvoir d'un vrai artiste, a-t-il murmuré comme nous redescendions vers l'hôtel : Makevsky a fait de ce village Toscan un moment de leur Russie à tous deux ; Natalia, qui vivait à Florence et parcourait l'Europe sans savoir qu'elle portait en elle le souvenir d'un pays où elle n'était jamais allée, s'est arrêtée à Bagno Vignoni ; je doute qu'elle en reparte avant longtemps. » « Mais tu l'aimes, n'est-ce pas ? » Il a ri. « Tu sais bien que je les aime toutes, voyons : c'est dans ma nature. » Orson Welles a raconté dans un film l'histoire du scorpion qui pique au milieu de la rivière la petite grenouille qui va le sauver ; avant de se noyer, le scorpion s'explique : « Je n'y peux rien : c'est dans ma nature. » Je sais que la nature de Luc n'est que trop la mienne.

Nous sommes montés à pied par une route empierrée jusqu'au village de Vignoni, au-dessus du hameau thermal. Contre le mur de l'église fermée, Luc s'est assis sur un banc ; il a allumé une cigarette et s'est mis à tousser : « Makevsky aussi fumait... », puis il a détaillé le paysage immense qui s'étendait devant nous. Aussi vaste que celui de Volterra, celui-là était à la mesure de l'homme ; ou, plus précisément, à Volterra, l'homme s'est battu contre la nature ; sans la vaincre, il y a laissé des cicatrices qui sont des carrières, très loin, à ciel ouvert, les longs murs brisant le paysage qui étaient des forges, la tache d'un blanc cru des salines : la nature violée a donné son métal et son sel, puis les hommes sont partis, abandonnant des balafres et des toits éventrés.

Trop austère, la plaine et les collines en face de Volterra, sans vignes en terrasse, où nulle allée de cyprès ne zèbre les collines, n'offraient pas de prise. Ici, au contraire, et depuis l'aube des temps, l'homme a construit, a élevé, transformé le paysage et, jusqu'aux flancs du Monte Amiata, ce ne sont que villages perchés, étranges tours blanches qui épinglent debout le ciel, murailles, citadelles. La Rocca d'Orcia, Castiglione d'Orcia et des hameaux qui n'ont pas de nom sur les cartes parsèment l'espace immense et parfaitement fini, clos, de leurs débris vivants. Derrière nous, San Quirico d'Orcia est un bourg où les palais anciens croulent dans la ville morte tandis qu'au bas des murs les rues larges grouillent de passants à six heures du soir.

Nous sommes restés longtemps à épeler les clochers et les villages comme les lettres d'un alphabet idéal qui raconterait des combats et des victoires, la prise d'une tour blanche par cinq cents cavaliers venus de Florence ou de Sienne. La science qu'avait Luc de cette Toscane sans bornes était sans limites ; il jouait avec les noms des familles déchues, les papes et les capitaines, les poètes ; je comprenais qu'il n'était pas de semaine qu'il ne parcourût cette terre, non pas l'explorant, mais simplement y revenant. « Les premiers temps, j'étais simplement émerveillé ; je lisais des guides, des livres, j'interrogeais ceux qui savaient ; puis je me suis rendu compte que ce pays n'avait besoin de personne pour parler ; c'est lui qui raconte à toutes les personnes du pluriel, d'une seule voix, mille passés... » Je l'interrogeai : « Prends-tu des notes ? Écris-tu quelque chose ? » — cette vieille angoisse que j'ai de garder des traces ; il n'était, voilà si peu de temps, pas d'amis que je ne photographie, pas de soir où je ne griffonne une impression, des noms, des repères sur l'un de ces carnets rouges que Lena m'envoie du fond de son Waldviertel. Luc a allumé une autre cigarette, il a encore toussé. « C'est toi, l'écrivain, pas moi. » Puis il m'a regardé, sans sourire. « Tout ce que je vois ici, tout ce que j'entends, je le vois ou l'entends pour le seul plaisir de voir ou d'écouter : les cigales et le cri d'un oiseau, un chien plus bas, dans le village, et la silhouette de Natalia Bronsky qui rentre à l'hôtel, son volume de Pouchkine à la main. » Comme je m'étonnais que si peu d'étrangers connaissent cette Toscane-là, tandis qu'ils se pressent en cohortes compactes à Sienne ou à San Gimignano, il a hoché la tête : « C'est ici la Toscane de la pierre et de la poussière ; celle du rocher, de la béance étourdissante d'un mur — regarde la tour d'Orcia sur le ciel — mais il n'y a rien à voir ici : je veux dire, rien de ce qu'on vient pour voir en Toscane ; ni Piero della Francesca, ni même le plus humble Bicci di Lorenzo, le moindre Maso di Bartolomeo : que des murs et des pierres. » Reprenant à son compte ce que je disais de Florence, il a ajouté : « Un Piero della Francesca se mérite ou se gagne... »

Natalia Bronsky déjeunait seule dans le grand restaurant vide ; Luc lui a fait un salut de loin, j'ai compris qu'il respectait sa solitude. Après le repas, sans me proposer de l'accompagner, il est reparti marcher dans la campagne. Tout l'après-midi, j'ai traîné entre l'hôtel, les anciens thermes et le village : je me rendais compte que le salon aux couleurs criardes, comme le grand bassin, la petite église dorée appelaient en moi des souvenirs que je ne retrouvais plus. A Parme, à Florence même, des images enfouies très loin, des visages, des musiques remontaient à la surface de ma conscience, comme les bulles d'un oxygène douteux dont je me repaissais pourtant : dans la campagne immobile de Bagno Vignoni, j'étais devenu un homme sans mémoire. Le présent glissait sur moi, je n'imaginais rien de l'avenir : j'étais hors du temps.

Au retour de Luc, nous avons bu une bouteille de spumante en compagnie de Natalia ; j'ai appris qu'elle avait deux filles en pension en Angleterre et qu'elle-même vivait seule à Florence depuis un divorce difficile. « Je ne suis faite ni pour les Italiens ni pour l'Italie », dit-elle. Je la trouvais d'une beauté un peu fanée et triste, bien en accord avec toutes les impressions que je ressentais moi-même. « Mais vous habitez pourtant l'Italie », lui fis-je remarquer. Elle eut ce sourire que j'ai appris à redouter chez les femmes amoureuses. « Mais ici, je ne suis nulle part : il y a la Toscane, bien sûr, mais cet hôtel lui ressemble si peu ; quant au village, c'est un décor de film, vous vous en êtes bien rendu compte.... » Andreï Makevsky mort, elle vivait encore auprès de lui ; c'était sa manière à elle d'être comme moi hors du temps. Au bout d'un moment, Luc nous a quittés, la jeune femme et moi sommes demeurés un moment côte à côte, en silence. Je devinais en elle une détresse qu'elle avait appris à maîtriser pour en faire une sorte de sérénité tendue. « Je suis russe, comprenez-vous », a-t-elle murmuré, comme si c'était là la réponse à toutes mes questions. Elle m'a alors raconté un voyage qu'elle avait fait en Union Soviétique l'hiver précédent ; elle était allée retrouver des cousins qu'elle n'avait jamais vus. C'était au nord de Leningrad, en hiver. Le train l'avait arrêtée dans une gare isolée au milieu des bois ; il était cinq heures de l'après-midi, la nuit était tombée. Son cousin l'attendait au volant d'un tracteur et il leur avait fallu trois heures pour gagner la ferme où il vivait, à vingt kilomètres de là. « Nous avons traversé une forêt qui ressemblait tellement à toutes les forêts russes que j'avais pu imaginer que je me croyais plongée dans un de mes rêves de petite fille ; s'il n'y avait pas eu le vrombissement du moteur, je suis certaine que j'aurais entendu les clochettes des traîneaux. » Le cousin avait immobilisé sa machine à la croisée de quatre routes ; chacune conduisait à un village où habitaient d'autres oncles, des tantes, d'autres cousins ; il avait alors arrêté le moteur, simplement pour écouter le silence. Parfois, une branche laissait tomber son trop-plein de neige ; le ciel était bleu pâle, sans étoiles ni lune ; alors, au bout d'un moment, Natalia Bronsky avait bien entendu les clochettes des traîneaux de son enfance. Le cousin, qui s'appelait Alexei, avait secoué la tête. « Oui..., oui... », avait-il murmuré ; comme s'il les avait entendues aussi. « Voyez-vous, s'interrompit la jeune femme, ici aussi, lorsque je sors après le dîner et que je marche jusqu'aux anciens thermes, j'entends des musiques que je n'ai jamais entendues qu'en rêve, quand j'étais petite et que je croyais que je ne rentrerais jamais chez moi. » Elle n'était alors jamais allée en Russie mais disait tout de même « rentrer chez moi ».

Après le dîner, la patronne est venue nous aviser que le neveu de Danielo Salvi était enfin rentré de Florence. Il nous attendait au bar, devant une carafe de vin rouge, et paraissait avoir déjà beaucoup bu ; sans se lever, il nous fit de la main un geste un peu trop large pour nous inviter à prendre place en face de lui. « Alors, monsieur le Consul, lança-t-il d'entrée de jeu, vous êtes allé jusqu'à Volterra pour embêter ce vieux Salvi ? » Luc souriait en tirant à lui une chaise de paille tressée ; subitement, j'eus le sentiment qu'il y avait quelque chose de convenu dans la scène qui se jouait devant moi : Luc connaissait bien et depuis longtemps ce Piero qui s'adressait lui-même à « Monsieur le Consul » sur un ton trop familier ; or, Luc ne m'en avait rien dit. Il sourit de nouveau avant de répondre : « Les nouvelles circulent vite en Toscane : en effet, Salvi m'a raconté une petite histoire très intéressante... » L'autre grogna, cligna des yeux, vida un verre encore : on se serait cru dans un film néo-réaliste italien des années cinquante, c'était la rencontre, quelque part au milieu de n'importe où, d'un ancien maffioso avec le flic qui le suivait à la trace depuis Palerme ; le dialogue lui-même était celui d'un mauvais polar et je me dis que Luc jouait mal la comédie. Lorsqu'il interrogea l'aubergiste sur les papiers disparus de Volterra, celui-ci se borna d'abord à répondre qu'il les avait pris, en effet, mais ne les avait plus. « C'étaient de vieux trucs sans valeur », remarqua-t-il. Ses réponses sonnaient faux, mais les questions de Luc plus encore. « Et qu'est-ce que vous en avez fait ? » L'autre haussa les épaules : il les avait vendus en tas, comme ça, au poids. « A qui ? » demanda Luc : à un brocanteur. Savait-il le nom du brocanteur ? Je n'écoutais même plus. Je devinais vaguement que Luc avait arrangé cette scène comme notre rencontre avec le vieux Salvi à Volterra. Lorsque Piero se leva enfin et disparut d'un pas lourd vers les cuisines, ma déconvenue était telle que je ne tentai même pas d'en savoir plus. Luc voulut me rassurer : le brocanteur habitait Pise ; il faisait les foires et les marchés : nous le retrouverions sûrement le dimanche suivant à Arezzo où se tenait une foire. J'étais maintenant convaincu que

Luc avait monté cette comédie pour m'amener à le suivre et à quitter Florence ; quelle que fût ma déception, je devais lui en être reconnaissant. D'ailleurs, étais-je si déçu que cela ? Depuis notre départ c'est seulement lorsque Luc avait évoqué pour moi la fameuse malle et son contenu que je m'étais interrogé à son propos ; sinon, je n'y pensais guère et je m'en étonnais rétrospectivement : le bibliophile qui vivait encore en moi alors que le vrai lecteur était mort depuis longtemps aurait dû rester en haleine. Ce n'est plus le cas.

J'ai croisé Natalia Bronsky au moment de gagner ma chambre. Elle tenait un livre à la main qu'elle m'a tendu. « Tenez : j'ai trouvé ça pour vous au fond de ma valise. » C'était une traduction anglaise des *Nuits blanches* de Dostoïevski, que j'ai lue d'un trait, comme il ne m'était plus arrivé de savoir lire depuis longtemps. Lorsque j'ai voulu saluer la jeune femme avant notre départ, le lendemain matin, l'hôtesse m'a appris qu'elle avait reçu un coup de téléphone dans la nuit et était repartie très tôt pour Florence.

X

« Tu vois, m'a dit Luc, après les sources et les montagnes, nous allons retrouver une vraie campagne. » La route serpente pour le moment dans les brumes du matin d'où émergent, çà et là, l'arête d'un toit, une colline : je ne vois rien, pourtant, que cette masse épaisse et légère à la fois. « Tu es sûr, au moins, que tu veux continuer ? poursuit Luc. Tu n'as pas envie de rentrer à Florence ? » Je le sais bien : depuis longtemps, sitôt que parti, je ne pense qu'à arriver ; un trajet de quatre heures en train ou en voiture me semble éternel ; et si j'entreprends pour mon plaisir un voyage d'une semaine dans un pays que j'aime, je compte après quarante-huit heures les jours qu'il me faudra encore attendre avant de revenir. L'attente est ainsi devenue pour moi un mode de vie ; mais c'est d'une attente vide, sans autre but que la fin d'une période, heureuse ou pas, qu'il s'agit. Il est des attentes qui sont riches d'espoir, d'autres lourdes d'ennui ; les miennes sont seulement fébriles et terriblement occupées dans un *no man's land* de l'esprit comme du cœur : je ne goûte plus rien, que l'instant où le train arrive en gare, celui où je quitte le gîte de la dernière étape ; et tout ce que j'aurai vu depuis le premier départ n'aura été qu'une accumulation d'impressions à peine enregistrées tant j'avais hâte d'arriver au but qui n'en était pas un. De la même manière, au théâtre ou au concert, j'attends d'abord la fin, le dernier rideau — et ensuite, ensuite seulement, un moment de beauté. Jusqu'au milieu du plus bouleversant des spectacles, l'objet caché de mon désir est d'applaudir très fort le peu que j'ai pu aimer, et de me lever, m'en aller, en finir. D'autres ne vont à l'opéra que pour les entractes : pour un peu, c'est aussi de moi qu'il s'agirait. Pendant l'entracte, je m'ébroue et je cesse d'avoir à aimer ; je croise des visages connus ou inconnus — si je me retrouve en terre étrangère — et je me mets à espérer qu'à ce moment-là, au moins, quelque chose se passera peut-être ; alors qu'au cours d'un acte admirable de *Don Juan* ou d'un Verdi bien chanté, il ne peut, au plus, qu'y avoir un peu plus de beauté. Peut-être qu'attendant dès lors seulement la fin, c'était autre chose que j'attendais jadis ; à l'entracte, un regard qui aurait été différent ; après le théâtre ou l'opéra, sur le chemin du retour, un appel qui aurait pu bouleverser ma vie. Mais je devine confusément qu'il n'y aura désormais que des regards semblables aux autres et je dois penser, au fond de moi, que j'ai déjà entendu tous les appels.

Si bien que lorsque Luc m'interroge sur cette route qui serpente d'un village à un autre parmi les collines toscanes : « Es-tu sûr que tu veux continuer ? », je ne réponds pas : n'attendant rien de la route à faire ni du retour à Florence, voire à Paris, je suivrai Luc dans ses pérégrinations toscanes tout en regardant parfois ma montre et en comptant les heures qui me séparent du soir et d'une nuit où rien non plus ne pourra arriver.

Conduisant d'une main, une cigarette de l'autre, Luc a entrepris de me raconter le paysage que nous traversons. « Après la Toscane des montagnes, c'est celle des collines, vois-tu, la Toscane de la vraie campagne avec de vraies vignes et de vraies forêts, des villages qui ont, certes, leurs remparts et leurs tours, leur château fort, leur église, mais qui sont d'abord des bourgs glacés en hiver, écrasés de soleil en été et vivant d'une vraie vie de village. » La voix de Luc se fait rêveuse pour parler du café qui réunit chaque soir tous les hommes, la boutique du barbier où l'on rase encore au sabre, et le boulanger — on dit : le *fornaio* — d'où s'échappent des odeurs de fournée, de pain grillé et de fleur d'oranger. « Il y a aussi les boutiques plus sombres, les échoppes en couloir où on vend les bocaux et les bouteilles d'une huile aux verts crus ou pâles, qui fleure bon l'olive au travers de tous les bouchons de liège : c'est une Toscane âpre et vivante qui est celle des goûts, des parfums, des saveurs. »

D'une voix monocorde, à la manière d'un récitant échappé de quelque théâtre improbable et fabuleux qui serait celui de la Toscane tout entière, mon compagnon poursuit son monologue, à mesure que nous passons les hameaux de Romitorio et Torrenieri. Puis, lorsqu'il compare les vignes d'ici et celles de Provence, la croupe pelée d'une petite montagne à l'horizon et celle du Luberon où le soleil, comme ici, chassait peu à peu les brumes du matin, ce sont ses souvenirs qui deviennent lentement les miens : je l'écoute et, sans rien revoir, je me souviens — ou plutôt, je sens que je me souviens. Cependant, pas plus qu'à Bagno Vignoni, ces paysages d'étés anciens que Luc ressuscite ne sont peuplés des visages des femmes qui les ont traversés : on dirait qu'une à une, toutes celles qui m'ont fait ce que je suis se sont enfuies sur la pointe des pieds.

Nous avons retrouvé le maire de Montalcino au premier étage de sa mairie. Blanchi à la chaux, l'escalier de pierre grise conduit à un palier où des restes de fresques plus qu'à moitié effacées disent les exploits de seigneurs ou de paladins dont je ne saurai rien d'autre que ces traces sur un mur ancien. On pousse une porte de bois cloutée pour se retrouver dans une petite salle où le *sindaco* a installé son bureau. Luigi Barrachi nous expliquera que ses prédécesseurs occupaient une belle salle aux fresques celles-là restaurées, dans la partie centrale du palais, mais que lui-même s'y est trop senti « en représentation » ; il a préféré émigrer vers les pièces plus humbles de cette sorte d'entresol où nous nous trouvons. Tout de suite, il a débouché une vieille bouteille de ce brunello de Montalcino qui est plus que l'orgueil de la petite cité : un des grands vins d'Italie. Luc est ici pour évoquer avec lui un jumelage entre Montalcino et une petite ville de Bourgogne où le vin, comme ici, est lourd et chaleureux. Ce sont des bouffées de souvenirs qui me sont à nouveau revenues, tandis qu'il évoquait les paysages blonds et roux de l'Auxerrois et d'Autun ; je me souvenais, moi, d'une longue montée vers Vézelay tôt le matin, et de la basilique plus blonde encore, que le soleil avait peu à peu découverte, comme un voile qu'on aurait soulevé. J'avais vingt ans, des amis près de moi, et nous étions partis à l'aube pour assister à une messe à midi. Là-bas aussi, la campagne était une vraie campagne où le miracle de Vézelay éclatait comme un moment de plein bonheur dans la vie de labeur des champs et des coteaux qui l'entouraient. Mes compagnons marchaient d'un bon pas, je les suivais à la même cadence et je me sentais rempli d'une faim, d'une soif que rien n'aurait pu tout à fait étancher ; c'était l'envie de tout voir, tout connaître et tout dévorer, c'est-à-dire le besoin de tout aimer.

Une petite femme vêtue d'un corsage blanc et d'une jupe plissée nous a rejoints. Le *sindaco* Barrachi nous l'a présentée comme son adjointe à la culture ; j'ai compris qu'elle enseignait le latin au collège de filles. « Le latin ? » me suis-je étonné. Le latin, oui... Elle est d'abord restée silencieuse. Le maire a insisté pour que nous nous entassions dans la petite Fiat dont il a précisé qu'elle n'appartenait pas à la commune, mais à lui. Luigi Barrachi est communiste et son père, communiste avant lui, a été abattu les armes à la main dans la montagne au-dessus d'Arezzo. « C'était un partisan, a-t-il remarqué avec un peu de tristesse : je ne suis qu'un fonctionnaire. » Mais il possède aussi ses quelques arpents de vignes qu'il cultive en coopérative avec des voisins communistes, socialistes, libéraux, tous plus ou moins catholiques et qui sont ses amis. Avec un sourire amusé, il a précisé qu'à Montalcino, nul n'avait d'ennemis — sinon des ennemis morts. Près de lui, la jeune femme à la jupe plissée se taisait toujours.

La vieille petite Fiat noire a hoqueté pour parvenir jusqu'au dernier tournant au-dessus duquel se dressait le restaurant où nous étions attendus. Au milieu de vignes, c'était une simple cahute de pierre couverte d'un toit de tuiles plates ; des fumées pleines d'odeurs de sarments brûlés s'échappaient de la cheminée ; une cave s'ouvrait en contrebas où je découvris les grandes tonnes remplies du vin précieux dont on allait arroser le déjeuner mangé face à la vallée. « Nous avons les plus grands bois de Toscane, a remarqué le maire ; avec, au milieu, les vignes, les champs, ces coteaux. » Il y avait dans sa voix un accent de fierté, comme si ces vignes et ces domaines étaient tous les siens ; à quinze ans, armé d'un couteau de boucher, il a égorgé de sa main les deux sentinelles allemandes qui veillaient sur les barils de poudre entreposés dans les caves de l'ancien château pour faire sauter tout le village. Penchée en avant, la jeune adjointe à la culture allumait précautionneusement une cigarette ; petite et tassée, la tête presque sans cou enfoncée dans les épaules, elle m'a subitement paru belle, avec un profil régulier de madone florentine.

On nous a apporté des crostini, ces croûtons de pain frottés d'ail qu'on sert en Toscane grillés et assaisonnés d'huile vierge ou tartinés d'anchois ou de gésiers de volaille. Ceux-là étaient à peine rôtis, tendres à la fois et craquants, croquants et simplement arrosés d'un filet d'huile vierge. J'avais déjà bu un verre de ce brunello un peu lourd et très parfumé, j'ai porté le pain grillé à ma bouche ; à la première bouchée, je n'ai rien senti ; la seconde a été la bonne. C'est soudain le goût de cette Toscane rude et salée, parfumée, rustique, qui m'a envahi. Un goût fort et solide, très simple, de mets très simples : l'huile neuve, l'ail, le pain. Mais leur mélange sur ce croûton grillé, leur fusion dans ma bouche ont brusquement fait remonter de très loin en moi une émotion que j'avais oubliée. D'une autre sorte que celle des concerts d'autrefois, des visites aux Giorgione du musée de l'Académie ou des voix qui montaient, le soir venant, des jardins mouillés de Glyndebourne, c'était pourtant le même plaisir intense, fulgurant — et dont j'aurais voulu cette fois qu'il durât. Le miracle s'est renouvelé : une bouchée encore, une autre, et le plaisir se faisait plus vif, plus aigu, bientôt d'une insoutenable violence — et ce n'était que du pain, de l'ail, de l'huile claire. Aucune référence proustienne ne m'est, sur le moment, venue à l'esprit, ni petite madeleine, ni cuillerée de thé ou de tisane, ni serviettes amidonnées à l'hôtel de Balbec : le plaisir était pur, vrai, absolu, libéré de toute littérature. Le maire, Luc, à côté de moi, hochaient la tête en parlant jumelage, l'adjointe silencieuse trempait ses lèvres dans le rubis d'un verre épais ; le bout de sa langue, un instant, a effleuré ses lèvres mais l'émotion que j'éprouvais venait de ce vin épais qu'elle-même goûtait après l'ail et l'huile — et non de la vision rapide d'un bout de langue rose entre des lèvres entrouvertes et charnues qui auraient pu, en d'autres temps, me toucher. Et le plaisir a duré encore le temps de sept ou huit bouchées de ces croûtons aillés. Des goûts perdus qui remontaient de très loin : la patranque en Auvergne, qu'on appelle aussi aligot et que ma mère tournait longtemps dans la grande casserole noire sur la cuisinière de fonte où le bois brûlait en ronflant ; comme les tartines de pain bis, du pain de ferme tartiné d'une gelée de groseilles relevée d'un peu de cassis qu'on fabriquait par bassines entières dans cette même Auvergne de mon enfance, c'étaient des goûts à moi, qui m'appartenaient en propre, et que je croyais à jamais enfuis — et rien, je le répète, n'était littérature dans l'éblouissement qui les faisait revenir vers moi ; ce n'était pas non plus mon enfance, que je retrouvais, mais un peu de ma chair, un grand pan de moi-même, en même temps que seul demeurait le souvenir envolé, l'instant présent de cette journée toscane où le pain et le vin s'alliaient si bien en moi pour me donner l'envie de réapprendre à aimer.

Ces impressions à la fois très précises et confuses n'ont peut-être duré que quelques minutes, cinq ou six tout au plus, mais leur violence, ou plutôt leur soudaineté, a été telle que je crois bien que le cœur me battait plus fort. Après les crostini, on a servi des platées de rigatoni, de fettuccini, je ne sais plus, du lapin grillé aux herbes, je ne sais pas non plus, je revenais lentement de très loin ; le maire racontait la vie de sa commune, la jeune femme aux épaules carrées approuvait en silence. Le dessert était une salade de fruits arrosée de trop d'alcool, il n'y a pas eu de café, nous sommes repartis vers le village dans la vieille Fiat cabossée. « Je vous laisse avec Teresa », a dit le maire en nous quittant : il lui fallait passer deux heures sur ses terres à lui avant de rejoindre sa cellule de moine bien laïque sous l'ancienne salle peinte où les maires avant lui trônaient devant de longues tables de chêne nues de tout papier. La jeune femme nous a entraînés dans une visite du bourg où j'étais déjà venu, cinq ou six ans auparavant, en compagnie de Nicholas Pelley, anglais et marchand de tableaux, et d'autres amis établis comme lui en Toscane le temps d'une saison. Nous avons parcouru les rues vides du bourg, les ruines blanches de l'ancien château, un couvent qu'on visitait tout au bout d'une rue et le minuscule musée, parsemé de quelques panneaux de primitifs siennois et toscans. C'étaient des peintures simples, de peintres peu connus, méconnus — Bartolo di Fredi ou Lucca di Tommè —, qui représentaient tous des madones figées sur des trônes hiératiques. Le temps les avait marquées de balafres ouvertes, de croûtes craquelées que nulle restauration n'avait dissimulées : elles venaient de très loin, intactes en somme, telles que le temps, les siècles les avaient remodelées ; il y avait en elles un peu de la rusticité de ces goûts de Toscane que j'avais savourés ; et la lumière tiède et orangée où baignaient les salles ajoutait au calme qui revenait en moi. Que les attributions de telle ou telle de ces peintures à un Ambrogio Lorenzetti ou à un Sano di Pietro — ces roses rouges et blanches qui montaient vers la Vierge — fussent des plus fantaisistes importait peu : chacun de ces panneaux parfois écaillés jusqu'au bois brut me parlait davantage que les chefs-d'œuvre de Florence, quand bien même leur langue ne me parvenait qu'indistinctement, comme des éclats très brefs de lumière dans une journée grise ; ils me rassuraient ; me disaient eux aussi une Toscane campagnarde et simple qui recueillait des mains de peintres presque anonymes de modestes tableaux pour s'en faire un paysage. Dans la dernière salle, une procession de longues statues de bois peint qui étaient des Vierges et les Anges annonçaient la naissance de l'Enfant, ressemblait à une théorie de figures de proue aux couleurs effacées qui serait venue à ma rencontre pour me porter un message dont je ne savais pas encore déchiffrer le sens. Puis la jeune femme nous a conduits jusqu'à un porche, à une terrasse établie au-dessus de la vallée ; des tables de bois, des chaises de fer lui donnaient une allure de café ou de guinguette, avec ses girandoles d'ampoules accrochées entre les arbres. On nous a servi des cafés très forts ; la jeune femme nous a expliqué que c'était la permanence du PCI, le parti communiste italien, à Montalcino ; des gosses jouaient aux billes dans la poussière.

Aux questions que Luc lui a posées sur ce jumelage, auquel le maire semblait tant tenir, elle a répondu d'une voix un peu rauque, embuée de fumée ; oui, Barrachi avait voyagé en France, en Bourgogne : le vin de Montalcino était l'un des meilleurs du monde, il voulait qu'on l'appareillât avec l'un des crus les plus célèbres du monde. « Il croit en son vin comme on croit en Jésus », remarqua-t-elle. Elle a commandé un autre café, elle fumait cigarette sur cigarette et Luc, peu à peu, l'a fait parler.

Elle était diplômée de chimie, avait enseigné deux ans à l'université de Florence, puis elle était revenue au pays lorsque Luigi Barrachi avait été élu maire. « Il avait besoin de moi... », a-t-elle seulement remarqué ; comme on n'avait pourtant pas besoin d'un professeur de chimie, ni même de physique ou de mathématiques, elle s'était remise au latin. Elle avait à Florence un fiancé professeur, communiste comme Barrachi, mais communiste de la ville — elle l'appela « communiste des livres », avec un brin de nostalgie, un brin d'amusement dans la voix —, quand Barrachi était un communiste des champs. Barrachi était marié, elle était l'amie de sa femme — « je l'adore ! » s'exclama-t-elle —, mais on devinait qu'elle aimait ce gros homme lourd, à la moustache hirsute, d'un amour pétri de tous les dévouements du monde. Elle travaillait à ses côtés huit heures par jour, elle avait créé une maison des jeunes, une chorale, un orchestre aussi — qui « jouait de tout, même de la musique allemande, vous vous rendez compte ! » — et, le reste du temps, elle épelait pour des gamines Cicéron et Horace ; elle savait passionner ses élèves pour une poésie écrite voilà deux mille ans qu'elle traduisait pour elles en vers libres, aériens, dont elle tira de son sac une copie qu'elle nous lut, parce que Luc le lui avait demandé.

Lorsque la jeune femme nous a quittés car elle avait encore affaire à la mairie, elle n'était plus ni laide ni courtaude, aux épaules trop larges et sans cou, mais elle était belle « d'une beauté, me dit Luc, qui est celle de toutes les femmes amoureuses, quand bien même personne ne pourra jamais leur dire qu'elles sont aimées ».

La remarque de Luc m'avait touché. Le soleil était encore haut dans le ciel, et les forêts en dessous de nous. « Moi aussi, je suis venu ici avec Nicholas », a dit alors Luc qui avait connu notre ami anglais en même temps que moi, lors d'une équipée à Londres voilà plus de vingt ans. Nicholas travaillait alors pour Sotheby's, il achetait et vendait des dessins anciens ; c'est lui qui m'a donné cette belle sanguine de Jacopo della Bella posée sur mon bureau et devant laquelle j'ai si longtemps travaillé ; la mort y entraîne vers une tombe ouverte une belle jeune femme au visage déjà rongé par Dieu sait quelle innommable lèpre : le dessin est toujours à sa place, avec une rose dans un vase, mais je ne travaille plus. Tandis que nous buvions encore un verre de brunello dans un café 1900 sur la place de la mairie, parmi les miroirs biseautés et les banquettes de cuir rouge, Luc s'est souvenu de sa visite à Montalcino en compagnie de Nicholas et de Laura, sa femme, dont il avait déjà divorcé.

Nicholas avait rencontré Laura à Venise où, Anglaise, elle partageait un palais avec un chanteur de musique pop qu'on avait retrouvé mort un matin derrière un canapé, face au Grand Canal. Ce Fred se droguait, aimait les petits garçons ; Laura lui servait parfois d'entremetteuse. Elle était longue et pâle, les lèvres proéminentes, parfois teintées d'un violet naturel. Comme Nicholas, comme moi probablement, Luc en était tombé amoureux. Mais Laura était de ces femmes qui, s'étant fixé un but dans la vie, ne dévieront en rien du chemin qui doit y conduire ; à seize ans, elle avait décidé qu'elle serait riche et qu'elle vivrait en Italie. Elle avait épousé Nicholas qui étudiait à Rome et l'avait très vite trompée avec de jeunes Romains : ils roulaient en Lancia ou en Maserati et avaient tous un très arrière-grand-oncle un peu pape, ou du moins cardinal. Nicholas affectait de sortir avec des starlettes mais nous savions qu'il souffrait. Lorsque Luc avait à son tour couché avec Laura, il l'avait trouvée froide, distraite ; elle s'était laissé faire avec un sourire amusé puis elle avait allumé une cigarette avant de lui avouer, comme une bonne blague, qu'elle s'était toujours refusée à Nicholas ; Luc n'avait pas voulu la croire, c'était moins romanesque que sordide, mais elle avait haussé les épaules : Senta, leur fille, était d'un autre homme. « J'ai eu envie de la frapper, m'a raconté Luc, et je crois bien que je l'ai fait ; elle a eu un sourire plus provocant alors et je l'ai prise à nouveau ; je crois bien que, cette fois, elle a gémi... »

Lors de cette excursion qu'il avait faite à Montalcino en compagnie de Nicholas, celui-ci lui avait annoncé que Laura était sur le point de se remarier ; elle devait épouser un très vieux monsieur qui possédait des milliers d'hectares entre Montalcino, précisément, et Arezzo. Ce Blasetti avait des petits-enfants à peine plus jeunes que Laura ; du même ton amusé et railleur, la jeune femme avait expliqué à Nicholas qu'après avoir épousé le grand-père, elle coucherait avec les fils — puis avec les petits-fils et qu'ainsi, génération après génération, elle engrangerait de nouveaux champs de blé, étendrait ses vignes, multiplierait ses oliviers. « Tu vois, avait-elle ajouté, moi qui rêvais d'être une riche Italienne, je mourrai peut-être une très vieille et très riche Italienne. »

Nicholas avait raconté tout cela d'une voix ironique, amusée, comme s'il s'amusait lui-même beaucoup. Senta, qui avait alors six ou sept ans, l'accompagnait. Elle marchait devant lui dans la poussière de la rue. « Il faisait une incroyable chaleur ; c'était, je crois, l'été le plus chaud que j'aie jamais connu en Toscane. » On affirmait que des champs de blé s'étaient enflammés tout seuls, simplement parce qu'on y avait abandonné un tesson de bouteille. Il avait entraîné Luc dans les salles de ce petit musée de province où les plus beaux panneaux étaient déjà dans l'état de ruine où je venais de les revoir. L'un d'entre eux, que je n'avais pas remarqué, représentait une Madeleine agenouillée aux pieds d'un grand Christ blond, aux longs traits réguliers ; la pécheresse avait les lèvres gonflées, presque violettes, de Laura et ses mains enlaçaient les pieds du Christ. « Si tu savais quels rêves je peux faire devant cette peinture... », avait murmuré soudainement Nicholas. Luc avait deviné alors dans quels abîmes de tristesse il pouvait se trouver : Laura l'avait déjà quitté cent fois, mais c'était pour dix autres, pour personne ; et voilà qu'elle en épousait un autre, un seul. « Ce vieillard... », avait encore remarqué Nicholas. Puis il s'était retourné vers Luc : « Et toi ? Tu peux me le dire aujourd'hui, maintenant que c'est fini : est-ce que tu as couché, toi aussi, avec elle ? » Nicholas n'avait jamais joué que les cyniques, les désinvoltes ; il apparaissait à Luc subitement désemparé, désespéré ; et Luc avait toujours cru que Nicholas savait ce qui s'était passé un soir entre Laura et lui, à

Florence précisément, un soir où notre ami avait pris le train de nuit pour Paris. « Dis-le-moi, avait répété Nicholas : est-ce que toi aussi... ? » Il n'avait pas achevé sa phrase, cette fois, et Luc n'avait rien voulu dire. Il avait haussé les épaules : « Tu es fou ! » et Nicholas, dans l'immense lumière blanche de cet été chaud comme il n'y avait jamais eu d'été chaud en Toscane, s'était arrêté au milieu de la rue principale de Montalcino et avait pleuré. De bonheur. « Tu ne peux pas savoir combien tu m'as rendu heureux », avait-il dit à Luc. Luc avait baissé la tête.

« Que voulais-tu que je lui dise ? » Les souvenirs de Luc, soudain si parfaitement les miens : croit-il, Luc, que j'ai peut-être couché moi aussi avec cette Laura qui, aussitôt mariée à son vieil époux, s'est fait faire un enfant puis a enterré en trois ans le mari et ses deux fils aînés, amassant vignes et champs, fermes, forêts, châteaux de jadis au sommet de pitons — et couchant bel et bien, comme elle l'avait prédit, avec le plus jeune des petits-fils, un Angelo beau comme un jeune dieu qui la trompait (il fallait bien, tout de même, qu'il y ait une justice) avec des gamins de son âge. Mais Laura n'en savait rien, ou s'en moquait : elle régnait et possédait. A trente-cinq ans, elle avait gardé le même visage très pâle aux lèvres gonflées, bleues parfois, parfois mauves ; mais son corps était devenu énorme, elle marchait avec difficulté et attendait chaque année la mort d'un nouvel oncle ou d'un autre cousin pour agrandir encore ses terres. « Jamais je n'ai vu une femme déployer une telle énergie pour posséder et posséder encore. Lorsque j'avais rencontré Laura à Venise pour la première fois, a remarqué Luc, c'était au cours d'un bal masqué pendant le carnaval ; elle m'avait embrassé sous un porche, puis m'avait prévenu qu'elle avait la vérole — et à l'époque, c'était vrai », me dit Luc.

Je sens en lui le regret d'une Laura perdue, qu'il n'a qu'une fois possédée, et qui ne sera plus jamais l'inconnue au loup noir d'une nuit vénitienne. « Elle vit tout près d'ici, me dit-il, au milieu de ses terres ; pour rien au monde je n'irais la voir. »

Nicholas lui-même passe désormais plusieurs mois chaque année dans une villa qui appartient à son ancienne femme : Laura la loue très cher à quelques-uns de ces vieux messieurs anglais qui vivent en colonies d'hommes entre Toscane et Ombrie, dans des campagnes qu'ils ont si bien faites leurs que, britanniques jusqu'aux marches de Florence, ils parlent entre eux de « Chiantishire » pour évoquer les alentours de Greve ou de San Cacciano. « Si tu savais comme j'en suis arrivé à les haïr... », disait, comme Bernard Lew, Nicholas, qui vivait pourtant parmi eux. « Ils en savent davantage sur les plus inconnus des peintres de Sienne ou de Florence que le plus vieux des Florentins, ils découvrent, après Vasari et mieux que lui, de longues générations de Piero di Puccio et de Bicci di Lorenzo ; au premier coup d'œil, ils distinguent dans une fresque de tel ou tel Lorenzetti ce qui appartient à celui-ci ou ce qui revient à celui-là — mais c'est un savoir dont ils font tout au plus de savantes études pour des revues à tirage confidentiel, des notules, des appendices, des codicilles. Pour le reste, l'étendue de leur savoir sur la Toscane d'hier n'a d'égale que le mépris qu'ils ont pour les Toscans d'aujourd'hui. Il n'est jusqu'aux plus fameux rejetons des plus illustres familles qu'ils ne visitent avec ce mélange de paternalisme distant et de défiance amusée qu'affectaient leurs grands-oncles, tout drapés dans les plis d'un *Rule Britannia* encore flambant neuf, à l'endroit des rajas d'un Penjab ruisselant de diamants dont ils dérobaient allégrement les trésors. »

Et Luc d'évoquer à son tour ces cénacles de vieux messieurs et de jeunes éphèbes, quelques dames éphémères égarées parmi eux, qui rachètent villas et monastères, voire des villages entiers, pour y établir un ordre à eux, où il n'est jusqu'aux plus sublimes peintures, aux musiques qu'ils font jouer la nuit à la chandelle ou à la *pasta* la plus rustique qui ne portent leur empreinte et qui ne vous aient, dans un cloître trop bien restauré ou une salle aux voûtes miraculeusement retrouvées sous de faux plafonds, une odeur, des harmonies, des couleurs échappées au *drawing room* d'une *English country house* quelque part entre Gloucestershire et Devonshire.

Je me suis retourné vers Luc qui achevait sa longue diatribe et souriait en commandant un nouveau café : « Je croyais que tu aimais l'Angleterre et les Anglais. » Il m'a lancé un regard amusé. « Mais je les aime : comme toi, autant que toi ; je ne me sens vraiment moi-même que là-bas ou ici ; mais le mal que j'en dis, je le dirai de même des colonies de Hollandais dans le Périgord ou des Allemands à Marrakech : je ne peux supporter qu'on s'installe quelque part et qu'on vive sur le pays en oubliant ses habitants : leurs grands-pères ont fabriqué un peu de la beauté du monde et il n'est pas de journée où nous ne devrions en remercier les petits-fils. »

Mon ami consul, si bien établi en Toscane qu'il en arrive à haïr ceux qui lui ressemblent trop, a déplié d'un coup son long corps étroit d'échassier fatigué ; ses cheveux ébouriffés en un épi jaune lui font une crête sur le sommet du crâne : il a mon âge, cinquante ans et un peu plus, et ressemble à l'un de ces collégiens anglais dont il vient de si drôlement fustiger les vieux oncles. « Allons, viens, il te reste encore beaucoup à voir », m'a-t-il lancé en sortant de sa poche un billet froissé. La demoiselle de la caisse — trente ans, presque jolie — lui a adressé un sourire complice.

« Tu n'imagines pas le nombre de ceux qui viennent du monde entier pour se retrouver ici et affirmer haut et clair qu'ils y ont trouvé le bonheur ! » me dit-il avec un accent trop convaincu pour n'être pas, quelque part, ironique. Il ajoute : « Enfin, nous avons chacun notre bonheur, auquel nous tenons plus qu'à tout le reste ; nous nous y accrochons et le défendons bec et ongles, tout simplement parce que c'est le nôtre. »

Nous avons à nouveau quitté Montalcino pour reprendre vers l'ouest, la route des collines. Quelques longues courbes dans une campagne d'un vert très pâle, qu'on dirait tempéré d'un gris lumineux pour atténuer les éclats trop violents de la grande lumière. Luc l'a dit : la vraie campagne toscane, où l'on sarcle, où l'on bine, laboure, récolte et vendange. Les rangs d'oliviers, à main gauche, parsèment les champs aux longues pentes arrondies de touffes argentées aux troncs noueux : l'hiver d'il y a cinq ou six ans, il a tant gelé ici que tous les oliviers sont morts, ou ont failli mourir ; pendant deux années, ils n'ont plus été que des signes rabougris griffonnés au fusain sur les coteaux, puis la nature l'a emporté, ils ont redéployé leurs branches, rouvert leurs feuilles et le paysage, qui avait perdu le temps de quelques saisons leurs ondoiements d'argent clair, a retrouvé l'harmonie qui est la Toscane de toujours. Un peu plus loin, les rangées de cyprès ont dessiné leurs lignes magiques, horizontales subitement coupées, hachures de verticales à travers le vallonné des collines. A ma gauche, s'étendait ainsi un long versant doucement incliné que gravissait, en trois ou quatre élancées droites coupées d'un brusque angle aigu, un chemin de terre bordé de cyprès régulièrement plantés tous les dix ou quinze mètres. On aurait dit, venant de la ligne du ciel, une procession de cierges droits, noirs, gonflés puis effilés, qui descendaient sur nous en suivant le chemin cahoteux d'une route en zigzag. C'étaient ces statues de bois peint du musée de Montalcino ou encore, à flanc de montagne, l'infinie théorie des partisans qui renaîtraient toujours à la fin de *L'Espoir* de Malraux ; mais les cyprès ici étaient immobiles, ils balisaient un espace rigoureusement figé qui dégringolait de colline à colline jusqu'à l'église où nous nous rendions. « C'est un moment de beauté parfaite », a dit Luc qui s'est arrêté sur le bord de la route pour me montrer en contrebas l'ancienne abbaye de San Antimo, sertie dans l'entrelacs des tracés de cyprès. Luc a dit « moment » : l'instant où le paysage est contemplé, où le dessin de l'église, celui du clocher parmi les arbres sont observés par qui n'est venu que pour cela : voir et aimer. Et je crois bien que cet instant-là, comme le pain frotté d'ail à l'heure du déjeuner, je l'ai aussi goûté ; pendant les quelques minutes qu'a duré notre halte au-dessus de l'abbaye, perdu que j'étais avec un ami un peu oublié, subitement très cher et dont je savais pourtant que je le reperdrais bien vite, j'ai senti renaître en moi cette émotion trouble qui prélude au bonheur de voir ou d'écouter. Mais pour la première fois depuis que je suis à même d'aimer, d'entendre, de contempler, l'émotion était purgée de tout souvenir ; ce n'était pas parce qu'il y a dix ou quinze ans j'avais aimé de la même façon une église en Bavière ou un château dans le Périgord — en compagnie d'une femme, peut-être, qui m'aidait à mieux aimer encore — que l'harmonie rigoureuse de cette église au milieu des cyprès me donnait ce soir ce brutal coup au cœur : l'émotion ne montait plus des tréfonds d'un moi pétri d'autres images, de regards, de mains tenues dans la mienne ou de larmes versées un jour sur un amour perdu face à tant de beauté, mais de la beauté seule, unique, isolée de tout contact sentimental qui m'était, l'espace de quelques minutes, donné en partage. Puis une voiture est passée près de nous, qui m'a tiré de cette espèce d'euphorie nouvelle et, une fois de plus, je n'ai plus eu d'autre désir que repartir ; comme si le temps imparti à la beauté ne devait excéder une durée donnée et que ma capacité à aimer, voir, goûter n'était que de quelques secondes : il m'avait fallu plus de cinquante ans pour en arriver là.

Tandis que nous nous rapprochions de la belle abbaye romane qui figure en bonne place sur tous les guides et dépliants touristiques de cette partie de l'Italie, Luc m'a dit la raison de notre visite. Il était venu là — tournée consulaire oblige — pour faire signer quelques papiers, une procuration, que sais-je, à un moine français établi à San Antimo avec une dizaine de compagnons depuis le milieu des années soixante-dix. La petite communauté vivait en parfaite autarcie à deux kilomètres de là, et descendait chaque soir de l'abbaye chanter les vêpres en latin. « Tu as sûrement connu ce garçon, m'a dit Luc, aussi tu me pardonneras de ne pas te dire son nom : il est venu ici pour l'oublier lui-même et c'est à contrecœur que je viens le harceler de mes médiocres obligations consulaires. »

Nous sommes parvenus dans le fond du vallon où

les cisterciens du XIIe siècle ont construit l'un de leurs plus purs ensembles monastiques. « Rappelle-toi Sénanque », a simplement remarqué Luc — mais depuis Volterra je suis toujours sans souvenirs et même Sénanque au milieu des lavandes — Sénanque au cœur de l'hiver, sous une neige dorée où j'ai pu, peut-être, me trouver heureux — a basculé dans un lointain qu'aucune mémoire ne vient plus étayer. « Tu as dû connaître ce garçon, reprenait déjà Luc : nous avons tous été amoureux de la même fille que lui. »

L'ai-je jamais connu ? Un nom, en tout cas, m'est venu à l'esprit, et les traces d'un visage, comme sur une photographie ancienne et que le temps embue encore davantage : l'ai-je connu ? Je l'ai au moins reconnu. A vingt ans, dans ce mois de mai 1968 qui fut celui de toutes les illusions comme de tant de duperies, il faisait le coup de poing sur des barricades quelque part entre la rue Soufflot et la rue Gay-Lussac ; et il avait aimé, oui, aimé à la folie cette jeune fille que le hasard ou la présence d'esprit d'un photographe nous a laissée vivante à tous, jeune, rayonnante, parmi les journaux chiffonnés d'une révolution de papier : il s'agit de la jeune fille assise à califourchon sur les épaules d'un camarade et qui crie si fort sa joie de vivre. « Elle s'appelait Marie ou Sylvie, et le garçon l'aimait cent fois plus que sa révolution... » Ils couraient ensemble les amphis et les rues obstruées de pavés ; entre CRS et manifestants, ils s'amusaient comme des enfants, bernant les uns, berçant les autres de nouveaux slogans réinventés à deux comme on dit un poème. « Moi, remarque Luc, je vivais alors à Londres et je ne devinais rien de tout ce qui se passait ; mais ces deux enfants... ; ils avaient tous deux vingt ans et la révolution de Mai était un jardin où ils se promenaient en liberté. » Puis la grenade fumigène d'un CRS qu'ils avaient nargué de trop près leur avait explosé entre les jambes, la fille avait fait un saut de côté, le garçon n'avait pu l'éviter et c'était tout son ventre que des éclats avaient déchiré. Il était en morceaux, on l'avait emporté, couché sur un lit d'hôpital, bientôt sur une table d'opération. On l'a très vite recousu, rafistolé, bricolé ; très vite, il s'est remis à marcher ; il a vécu à nouveau comme avant — mais la blessure que la grenade lui avait faite au plus profond de lui-même ne pouvait guérir. « Il n'a jamais revu la gamine dont nous sommes si nombreux à avoir été les amoureux ; d'une certaine manière, on peut dire qu'il nous l'a laissée ; aurait-il continué d'être un homme comme les autres qu'il l'aurait épousée, engrossée, faite laide comme toi et moi ; alors que seule sur les épaules de son camarade inconnu, elle est restée une image, une photographie unique et qui nous a fait rêver. » Le garçon était d'abord parti pour l'Inde, où il avait traîné ; pour Bangkok, où il avait rencontré des amis, un vieil ambassadeur souriant, ironique, et un prêtre : il s'était fait moine et vivait désormais parmi ses frères de San Antimo qui chantaient chaque soir comme lui les vêpres en latin. « Il ne m'a parlé qu'une fois de son accident, m'a dit encore Luc : c'était pour déplorer que c'eût été après l'explosion de la grenade entre ses couilles qu'il se fût senti appelé, et non avant ; il m'a raconté qu'il s'étend chaque matin à plat ventre contre la pierre de la chambre qui lui tient lieu de cellule, pour s'en mortifier. »

Sur le seuil de l'église et sous le beau chapiteau qui raconte la naissance de la Vierge parmi les lis et les sarments de vigne, une jeune fille un peu épaisse lisait un livre de prières. Luc l'a saluée familièrement, elle lui a répondu avec un sourire de petite paysanne sage. « Elle vient chaque soir écouter les vêpres, m'a-t-il expliqué, je ne sais si c'est sa foi qui lui tient lieu d'amour, ou son amour pour l'un de ces hommes qui sont toujours des hommes qui lui sert de foi. » L'heure des vêpres est venue ; nous avons écouté le beau chant grégorien s'élever dans la nef blanche : par instants, peut-être, un accent me touchait ; mais mon esprit était une fois de plus ailleurs, nulle part en réalité, dans un rêve vague que je ne connais que trop. Les voix des moines se répondaient, j'ai ressenti subitement une forte fatigue et je n'ai pas eu la curiosité de voir vers lequel de ces hommes Luc s'est ensuite dirigé pour lui faire signer un papier quelconque, une procuration... Mon ami Luc est consul, il fait son métier de consul, le mien est de n'en avoir aucun. Nous avons gagné en moins d'une heure un autre village, j'ai dîné très vite et me suis couché. J'avais pourtant au fond de moi le goût de ce pain frotté d'ail et puis l'image de l'abbaye de San Antimo, instantané figé dans l'entrelacs des lignes de cyprès au milieu d'un paysage parfait dont il me restait une carte postale.

XI

C'est la rumeur qui m'a réveillé. Une rumeur tout à la fois montée de la campagne et née de la ville, des coups sourds et des appels, le chant d'une radio, des cris d'enfants, un chien. Étendu sur le dos dans le grand lit de bois d'une chambre d'hôtel aménagé dans ce qui fut un palais, à un jet de pierre de la place du Dôme et de la mairie, j'écoute les bruits de Montepulciano qui, depuis deux ou trois heures déjà, vit sa vie de petit bourg toscan : entre son passé de la Renaissance et l'aujourd'hui des vignerons qui est resté, comme à Montalcino, sa fortune, Montepulciano balance et cultive l'art de ne pas choisir. Les yeux à demi clos, je me dis que ce sont les marteaux de tonneliers qui résonnent dans le bas de la cité, le roulement des barriques sur le pavé de la ville haute et les enfants des vendangeurs qui s'en vont à l'école. Très loin, plus bas encore, le moteur asthmatique de l'autocar qui monte chaque matin de Florence et puis le chant de la radio qui reflue, comme une vague, une chanson populaire troublée parfois par les accents familiers d'un air de Verdi, *Traviata* ou *Rigoletto* confondus.

Je me souviens de livres, de romans célèbres qui ont raconté cet instant où un narrateur omniscient tente, à travers ses paupières fermées, de retenir le sommeil ; mais tout ce que je veux préserver, en ce moment d'avant le réveil, c'est le sentiment que j'éprouve de pouvoir encore continuer à sentir, à aimer, à entendre ; pourtant, peu à peu, les bruits se mêlent et se confondent, la rumeur devient un simple fond sonore où je ne reconnais rien et j'ouvre les yeux, je me lève : voilà seulement trois jours que j'ai quitté Florence.

Jane Rombaldini a quarante ans. C'est une femme solide, née dans ce Yorkshire où je me suis tant promené, jadis, en compagnie de Cordelia. Mais tandis que la veuve du bourgeois vigneron qui a repris la tâche de l'époux mort évoque les prairies de son enfance, le grand château proche de celui de Castle Howard où j'ai moi-même rendu visite à des oncles, des tantes de la jeune fille que j'aimais, je sais bien que le visage de Cordelia, qui fut si fort ancrée si longtemps au plus fort de ma vie, s'est bel et bien dissipé, comme les rumeurs ce matin de la ville, dans un trop-plein d'autres bruits, d'autres regards, où je ne discerne plus un nom, un trait, le dessin d'une bouche ni même l'arrondi d'une joue. Alors que les traits rugueux, un peu épais de cette Jane Rombaldini, née Ackroyd quelque part entre York et Grimsby, me sont subitement si familiers que j'ai le sentiment d'avoir toujours connu cette femme énergique, aux mains bien carrées, qui manie elle-même la tonne et le marteau.

A la mort de Rocco, dit-elle à Luc, j'ai bien cru que ma vie s'arrêtait... » Ce sont les paroles mêmes de Franca dans son grand palais sombre de Florence ; mais Giuliano, mon ami, travaillait dans l'ombre et sur des documents enfermés depuis cinq cents ans dans la grande bibliothèque circulaire de son aïeul Francesco ; aussi le visage de Franca a-t-il pris les couleurs pâles des manuscrits sur lesquels, parfois jusqu'à l'aube, elle passe ses nuits ; tandis que ce Rocco Rombaldini était vigneron et c'est debout au milieu de ses ceps qu'il est tombé foudroyé, un après-midi d'automne mordoré et lumineux — et le visage de la femme qu'il avait épousée vingt ans auparavant, petite fille tout juste débarquée pour un demi-été de son Angleterre natale et qui était demeurée avec lui tout le temps qu'il allait lui rester à vivre, a de belles couleurs toujours hâlées, brûlées de gel et de soleil. « Et puis, a poursuivi Jane Rombaldini comme Franca voilà huit jours à peine — comme la femme du cinéaste russe, aussi quelque part à travers le monde —, je me suis rendu compte que la seule façon de le faire vivre encore un peu, c'était de continuer après lui... » Le mot « énergie » qui résume si bien en ce moment mes aspirations et mes faiblesses m'est revenu à l'esprit. « Énergique » : cette femme est énergique ; elle « déploie une belle énergie » ; son visage « reflète une admirable énergie » — ou encore : une « énergie sereine » ; et je me suis surpris à envier le destin de cette Anglaise devenue plus toscane que beaucoup de mes amis et qui, levée à l'aube, couchée avec les poules, suit les vendangeurs à travers les vignes de l'automne, coupe avec ses ouvriers les sarments de l'hiver et, l'été venu, voit le raisin brunir.

Elle vit désormais dans un palais dessiné par Sangallo face au palais communal ; la façade en a la rigueur lumineuse, ses belles fenêtres à tympan soutenu par des colonnes ioniques que surmonte un second étage au baroque effervescent. L'ordre décoratif et pompeux de Castle Howard est si loin de ces lignes inventées par la seule raison. « Je ne suis jamais retournée dans mon Yorkshire, dit-elle ; je n'en ai pas eu le temps. » Après Laura qui accumule et possède, Jane est celle qui accumule mais qui fait, qui n'accumule que ce qu'elle fait : ces tonnes après des tonnes de bois doré d'un *vino nobile* célèbre qu'elle vendange sur ses terres et vend aux quatre coins du monde. « Vous, Français, vous méprisez nos vins d'Italie, dit-elle ; au mieux, vous les ignorez, vous ne les connaissez pas... » Elle a dit « nos vins » et, Anglaise du nord de l'Angleterre, elle est d'abord italienne et toscane. Elle s'est brusquement retournée vers moi et, à brûle-pourpoint, m'a lancé : « Mais vous êtes un ami de Dorothea, n'est-ce pas ? Alors vous savez peut-être un peu mieux ce qui fait notre fortune ! » Dorothea, c'est cette amie sculpteur, petite-fille du vieux sculpteur qui acheta le couvent de San Francesco di Paola où elle travaille aujourd'hui au-dessus de Florence. Que cette femme inconnue me connaisse ne me surprend qu'à moitié : de même qu'il existe entre les hommes de science ou certains écrivains d'obscurs réseaux qui unissent les plus dissemblables, de même ai-je eu subitement l'intuition qu'entre Jane Rombaldini, viticultrice anglaise devenue toscane, et mon amie Dorothea, sculpteur anglaise ou allemande, je ne sais plus, mais florentine aujourd'hui par l'art et la lumière, il existait une parenté d'esprit, un lien qui, au-delà du cœur et de la raison, pouvait unir les cœurs et la raison. « J'ai vu votre photographie chez elle, m'a-t-elle expliqué quelques instants plus tard, et il m'a bien semblé vous reconnaître... »

Après une longue promenade dans des caves de

pierre qui s'étendent sur trois ou quatre étages en dessous de la ville et sous la place du Dôme — et où s'alignent, côte à côte dans des parfums forts de terre tiède, d'alcool, de vendanges, les futailles grasses du vin qui sera mûr dans dix ans, nous sommes remontés vers la surface pour gagner l'étage noble du palais. Des fresques du Settecento y racontent les amours de Bacchus et d'Ariane, Naxos peuplé de vignes et la famille des Rombaldini, vignerons et paysans, puis bourgeois et paysans depuis dix générations qui ont fait bâtir, voilà quatre cents ans, cette demeure. Jane Rombaldini nous a offert trois verres de trois vins de trois années différentes ; elle a parlé un moment affaires avec Luc — il est, après tout, venu pour cela : un accord entre un château du Bordelais et ces cépages toscans — puis elle s'est à nouveau adressée à moi. « Je me souviens très bien de ce qui m'avait intriguée lorsque Dorothea m'a parlé de vous : elle m'avait dit que vous étiez écrivain, mais aussi ambassadeur, ou préfet, je ne sais plus ; je n'avais pas compris comment on pouvait faire pour partager son art... » C'est la question que me posait autrefois Dorothea elle-même, avec cette bonne conscience pétrie d'une très grande innocence de certains artistes pour lesquels il n'est d'autre vie que celle qu'ils passent enfouis au cœur de leur sculpture ou de leur poésie. Peut-être allais-je répondre, tenter de m'expliquer devant cette femme dont je ressentais la distance qu'elle prenait à mon endroit, me reprochant en somme le choix que je n'avais jamais voulu — ni peut-être su — faire. Mais elle se levait déjà, prenait congé de nous, elle avait trop de travail pour entendre des explications qui ne l'intéressaient probablement pas. Comme à n'importe quel touriste de passage, elle m'a tendu un carton de trois bouteilles de *vino nobile* et a pris très vite congé.

« Moi aussi, m'a dit Luc, j'ai eu quelque temps la tentation des honneurs... » Nous étions sur l'une de ces terrasses qui dominent de très haut la campagne : en dessous de nous, semblant monter de la vallée qui nous l'aurait offerte, l'église pure et claire de San Biaggio paraissait inaccessible. « Nous y descendrons tout à l'heure », a remarqué Luc avant de reprendre son discours : lui aussi avait eu, me rappelait-il, la tentation des honneurs. Je l'avais oublié, tant l'épisode avait été bref ; pourtant, pendant trois mois, il avait été sous-ministre chargé de quelque chose à son ministère des Affaires étrangères. Les huissiers l'annonçaient en redressant le torse : « Monsieur le secrétaire d'État chargé des questions européennes » — ou du pacte Atlantique, je ne me souviens plus, et je gage que Luc lui-même a voulu l'oublier. Il m'avait parlé, alors, de la rivalité de ses collègues, de la fausse affabilité des petits jeunes gens de cabinets — il les appelait les rats ; il y avait les bons rats et les rats méchants, les rats énervés et vengeurs qu'il appelait les ratons rageurs. Ç'avait été pour lui le temps de médiocres intrigues, de démêlés absurdes avec les journaux, la radio, les ministres plus gros que lui et qui voulaient le dévorer. « Mais j'avais ma voiture à cocarde et le chauffeur qui va avec ; on m'accueillait dans les dîners à la droite de la maîtresse de maison et le dernier café avalé, je devais repasser à mon bureau lire les télégrammes arrivés dans la soirée. » Dès la première semaine, il avait jugé la vie qu'il menait : sous-ministre doté d'un quart de portefeuille, il incarnait pourtant le pouvoir et ne représentait rien, surtout à ses propres yeux. Son ami Jean-Claude — le mari de Danièle — naviguait avec un sourire épuisé dans les hautes sphères de la même illusoire puissance, quand lui-même ramait fort et dur pour avoir droit une fois dans ce qui fut sa courte carrière à faire une communication en Conseil des ministres. « Mes rats avaient si bien rongé pour moi, que je ne savais même plus si le fromage que j'avais servi ce jour-là était emmenthal ou roquefort, plein de trous ou déjà moisi ; j'ai parlé de l'avenir en regardant en arrière pour être tout à fait sûr qu'on ne sciait pas la bûche sous moi ; bien m'en a pris : un ou deux collègues bien intentionnés ont posé la question qu'il ne fallait pas, j'ai donné une réponse trop péremptoire pour être vraiment informée, l'affaire a transpiré dans les journaux et ma première communication en Conseil des ministres, sollicitée par un directeur de cabinet trop zélé, s'est soldée par une démission presque honteuse, à la sauvette. J'ai regagné le consulat que je n'aurais jamais dû quitter quelque part en Amérique et j'ai su que je n'étais pas fait pour ces jeux-là. »

J'ai écouté Luc sans l'interrompre ; j'avais vécu de si près l'histoire qu'il venait de me raconter qu'elle aurait pu être la mienne. D'ailleurs, il m'a interrogé : « Je vais te poser une question idiote : tu as bien été ministre, toi aussi, un jour ? » J'ai secoué la tête : j'avais commis bien des bassesses, pas celle-là. Il a deviné mon mécontentement et a ri : « Ça peut arriver à tout le monde : ne te fâche pas... » J'avais failli, en effet, me fâcher. Et si Luc, à la manière de Vivienne voilà seulement quelques semaines, était devenu ma mauvaise conscience ?

« C'était pourtant une tentation insidieuse, parfois

violente... », a-t-il murmuré, presque à voix basse, l'esprit embué de souvenirs précis qui l'attirent encore et qu'il s'agit de repousser. Il a eu un sourire : la voiture et le chauffeur, la cocarde bleu-blanc-rouge éclairée sous le pare-brise et le klaxon deux tons pour forcer les embouteillages. Je me suis alors souvenu : Luc allait rendre visite à ses maîtresses en DS noire aux armes, ou presque, de la République. Son chauffeur l'attendait au volant, rue de Grenelle ou avenue Marceau, mais aussi dans des quartiers incertains, rue de Belleville ou rue du Télégraphe, aujourd'hui si bien ravagés que, de ces amours-là — elles-mêmes, les mignonnes, sont devenues des dames : elles avaient dix-huit ans —, il ne reste que l'image du chauffeur en complet bleu de nuit lisant *L'Équipe* devant la porte d'un hôtel meublé à l'enseigne d'un bar-tabac, un peu bougnat aussi pour faire bonne mesure de souvenirs sépia. Puis, dans la fin d'après-midi qui devenait maussade, Luc se laissait retomber sur les coussins de cuir de la voiture, composait le numéro de téléphone d'une autre femme puisque, ministre, on avait déjà le téléphone dans sa DS — et traversait Paris en un long glissement chuintant sur les chaussées mouillées, tandis que les piétons, entr'aperçus à travers les vitres teintées, semblaient les figurants d'un ancien film muet qui aurait raconté un Paris de nulle part. La radio de la voiture jouait une musique de Mozart ou de Schubert. Luc allumait la loupiote fixée près de lui à l'extrémité d'un cordon articulé, pour parcourir la première et la dernière page du *Monde*, la page des spectacles et le maigre carnet du jour qui n'exhibe guère que des préfets morts. Son bureau ouvrait sur une cour, rue de Varenne ou rue Saint-Dominique ; l'huissier noir qui en gardait la porte prenait à son arrivée un garde-à-vous douteux, *France-Soir* en vrac encore étalé sur sa table au vieux cuir maculé d'encre ; puis Luc retrouvait les piles de dossiers, le chef de cabinet trop attentif et tous les rats autour, qui guettaient, rongeant en silence leur ration de papier — leur fromage aussi, en somme. « Si je me surprends à rêver, disait-il, la sonnerie de l'interministériel me tire en sursaut des plus beaux voyages... » Il expliquait alors ce qu'était ce téléphone blanc à la sonnerie stridente qui réunit en ligne directe tous les ministres et tous les cabinets, le président de la République au plus humble des rats. « Quelquefois, avoua-t-il un jour où le JB l'avait rendu trop disert, je m'amusais à composer n'importe quel numéro de cinq chiffres, pour entendre la voix d'un inconnu (que je connaissais sûrement très bien) me répondre d'un “allo” avide (qui voulait quoi de lui ?) et raccrocher furieusement lorsque je constatais plus platement que nécessaire mon erreur. » Et puis, il y avait les réceptions officielles, les dîners, les collègues qui se ressemblaient tant que mieux valait n'en nommer aucun de peur de se tromper une fois et de les vexer tous. Et le retour, enfin, la nuit sur le boulevard Saint-Germain, le chauffeur maussade parce qu'il n'avait pas dîné, l'appartement désert, une sorte de fatigue béante de n'avoir, tout compte fait, rien fait : « C'est pour cela que je ne suis jamais devenu poète, moi ! » me lance Luc avec un bon sourire.

A trente ans, j'ai publié chez Gallimard une seule plaquette de poésie : depuis, je l'ai dit, je ne sais plus comment on fait pour écrire un seul vers.

« Montepulciano, me dit Luc, célèbre dans la lumière les noces de la vigne et de la pierre sur un balcon ouvert à toutes les campagnes. » Nous en parcourons les rues étroites au dallage de pierre, les cours sombres qui, la dernière porte passée, deviennent des jardins suspendus. Un peu plus loin, la maison de Politien : Luc me cite deux vers du poète ami de Lorenzo : « Il était le regard au début du printemps, le vent faisait ses cheveux auréole de sage... » Et puis la masse droite, comme cambrée, du palais Gnoli aux fenêtres en ogives où, me dit Luc, se réfugie notre amie Jane lorsque l'ombre de ses caves et les vapeurs de ses tonneaux deviennent si épaisses qu'elle est sur le point d'étouffer. « Mais je croyais qu'elle aimait cette vie... » Luc rit : « Bon gré mal gré, nous l'aimons, cette saloperie de vie : elle est la seule qui soit à nous... » Quelquefois, après un peu de temps en compagnie d'hommes et de femmes que j'admire et dont j'ai pu me dire que j'enviais la vie qui était la leur, j'ai pensé, les quittant, qu'ils avaient comme moi les mêmes indécisions, les mêmes médiocrités ; eux affectent de les ignorer, je ne peux pas ne pas les voir, c'est la seule différence. Un gardien bossu nous a ouvert les portes du petit musée communal fermé à cette époque ; l'humidité glaciale du palais clos nous a tout de suite pénétrés ; l'ombre aussi : les volets entrouverts ne laissaient filtrer qu'une maigre lumière sur des toiles qui me semblaient pourries : un faux Ghirlandaio, un Pinturicchio douteux et puis soudain l'une de ces Madeleines languides à la peau olivâtre d'avoir trop rêvé devant un crucifix dressé, les poches sous les yeux, les seins nus, cette *morbidezza* émilienne ou romagnole que j'avais oubliée à Parme, à Bologne et qui me donne les plus troubles pensées. « On ne peut rien y faire, remarque Luc qui s'est arrêté comme moi devant cette beauté triste, équivoque : il faut toujours qu'un soir d'accablement on revienne vers elles ! » Puis il a remarqué que nous étions en plein midi et qu'il ne sentait nul accablement. « D'ailleurs, regarde ce qu'elles nous promettent, nos enchanteresses pourrissantes ! » C'était la mort, tout à côté ; un curieux tableau dans le haut de ce salon du premier étage transformé en galerie de peintures à l'ancienne, placées côte à côte, trop serrées, souvent à peine visibles dans la pénombre : dans l'angle de la muraille, trois femmes voilées en veillaient une plus jeune, les cheveux peignés en bandeaux plats sur le visage au modelé de cire ; derrière le lit, une porte entrouverte et, par la porte, la mort qui entrait. C'était un jeune homme, beau, désirable à coup sûr, et qui avait ses yeux. « Voilà tout ce qu'on peut attendre d'elles, a repris Luc ; et nous les aimons pourtant, mais de quel amour ? »

J'ai failli frissonner. Nous avions quitté la grande lumière de ce matin d'hiver aux campagnes embuées de gelée blanche, étincelante, aux pierres nues, froides, vivantes, pour cette manière de tombeau qui était un musée de peintures mortes. Un tout petit Christ en croix, de l'école de Sienne, aux dorés effacés par le temps mais clairs encore, les traits parfaitement dessinés parmi ces autres saints aux chairs affaissées, semblait placé près de la porte pour baliser notre sortie et nous montrer le chemin de la cité vivante. « Les noces de la lumière et de la prière », a redit Luc. Sur la place du Dôme, le soleil, déjà, était haut. Luc n'avait pas voulu se souvenir de ces filles qu'il allait voir dans des sous-sols à Bayswater ou du côté de Notting Hill Gate, à Londres, mais aussi rue de Belleville ou rue de la Glacière, les sofas défoncés, les sous-vêtements douteux qui traînaient sur le tapis élimé, le feu éteint, la boîte de Nescafé qu'on avait laissée ouverte et le café qu'on faisait sous le robinet d'eau tiède ; elles nous montraient de mauvaises photographies du temps de leur splendeur, prises par de petits amis qui continuaient à les harceler ; elles avaient des parfums chers, pourtant, mais qui ne parvenaient pas à dissiper les odeurs de cigarettes éteintes et les gros mégots abandonnés dans des soucoupes. Elles entrouvraient des draps où on se glissait très vite, leurs corps avaient la même tristesse résignée que leurs petits baisers rapides, leurs cheveux qui balayaient nos visages, et elles avaient des petites filles, immanquablement des petites filles de six ou de sept ans, qu'une grand-mère gardait pour elles et dont elles nous disaient, ne les voyant qu'une fois par mois, qu'elles les aimaient plus que tout. Luc avait vécu parmi ces jeunes femmes solitaires qui couraient le cachet, le petit boulot, et se donnaient avec des petits hoquets de plaisir.

« Consuelo est d'une beauté radieuse », me dit-il en s'avançant à travers la place. L'instant d'avant, nous parlions musée, peinture, Pinturicchio ou Girolamo di Benvenuto, mais j'ai compris que sa remarque n'était que la conclusion, subitement naturelle, de cette demi-heure passée en compagnie de peintures éteintes. « Consuelo, c'est, en somme, la Toscane, remarque encore Luc : putain comme toutes ces femmes aux cheveux d'or qu'ont peintes Lippi ou Botticelli, mais lumineuses putains vêtues de soies qu'une seule agrafe retient ; que l'agrafe s'ouvre et les voiles tombent, c'est la *Naissance de Vénus*, nous sommes cinquante autour d'elle à la contempler aux Offices — et nous ne voulons plus savoir dans quels bras elle était, l'instant d'avant ; c'est le présent qui compte, et sa beauté. » Disputée par Florence et par Sienne, alliée tour à tour à l'une ou l'autre, battue, écrasée, riche de beaux meurtres sanglants, d'assassinats sordides, faite au poignard et au poison, Montepulciano reste la ville de ces noces que Luc a dites. Je le laisse aller devant, je demeure un moment à contempler d'en haut cette église de San Biaggio, tout en bas : très blanche, elle se dresse avec une grandeur inaltérable sur le flanc de la ville, dont elle est la plus noble blessure.

Nous ne pouvions pas nous dérober. Wilfrid Northing, l'un de ces Anglais établis la moitié de l'année dans une abbaye transformée en casa colonica à quelques kilomètres de Montepulciano, avait appris notre passage et Luc a trouvé en rentrant à l'hôtel une invitation comminatoire. « Nous serons entre nous », précisait notre ami au dos d'une carte gravée qui représentait sa terrasse, la façade michelangesque de sa maison parmi les ifs et les buis taillés. J'ai pourtant interrogé Luc : « Es-tu sûr que... ? » Il a secoué la tête : « Il faut que tu saches à quoi nous avons pu échapper. »

Northing nous attendait dans la galerie qui s'élève devant la terrasse. Il était en compagnie de trois ou quatre vieux messieurs, voûtés comme lui, anglais, vêtus de blazers et accompagnés de jeunes gens silencieux : une seule femme, brune, jeune, à la peau blanche, les lèvres charnues, presque violettes, les yeux très pâles au milieu de tous ces mâles ; j'ai compris qu'elle était la sœur de l'un des garçons. John Broadmore s'est levé à notre arrivée ; je ne l'avais pas reconnu tant il est resté ce qu'il était voilà vingt ans : le même grand monsieur pensif, à la huppe de cheveux blancs dressée sur le sommet du crâne, des lunettes rondes, un sourire de vieux gamin. Les années ont glissé sur lui sans l'atteindre, je sais qu'il mourra ainsi, d'un coup, octogénaire ou nonagénaire aux os cassants comme du verre, mais debout, figure de proue d'une Angleterre dont, sans le savoir, j'ai voulu balayer les dernières traces de ma mémoire depuis mon arrivée en Toscane. Il a longtemps dirigé la National Gallery, ou le département des dessins du Victoria and Albert Museum, on buvait chez lui des bordeaux fameux qu'il servait dans des carafes de cristal qu'il appelait des décanters — et a démissionné avec éclat de son poste lorsqu'on a imposé aux musées anglais de restaurer leurs Titien et leurs Véronèse en leur donnant des couleurs trop vives parce qu'elles étaient, prétendait-on, celles de l'origine. Broadmore m'a serré la main : ses os m'ont paru secs, sous la peau sèche ; le jeune homme qui l'accompagnait s'appelle John aussi, et lui ressemble déjà ; on m'a raconté que le vieux John a légué au jeune John une admirable collection de tableaux savamment achetés par notre ami au détriment des musées qui l'employaient. Pâle, le visage clos, la jeune fille aux lèvres violettes circulait avec un plateau, des verres, parmi les invités qui sont venus se joindre à nous, tous britanniques, à la rigueur américains, un gros Allemand à la voix suraiguë qui parlait du Fra Bartolomeo qu'il avait découvert sous la mauvaise copie d'un Andrea del Sarto.

On a servi le déjeuner à quatre heures de l'après-midi dans une salle en rotonde aux boiseries obscures, décorées de panneaux arrachés à des églises des environs par le père de Northing, en un temps où les primitifs florentins se vendaient quelques dizaines de livres sur les marchés étrangers. Un maître d'hôtel à la veste sombre passait des plats très fins qu'on mangeait avec une admirable indifférence : des tagliatelle au saumon, un filet de bœuf aux truffes ; la vaisselle était du *vecchio Ginori* ; au dessert, on a servi un château-yquem d'une très grande année, les verres portaient le triple croissant des Strozzi, notre hôte les avait achetés dans une vente. Deux vieilles demoiselles, dont j'avais à peine remarqué l'arrivée au moment où nous allions nous mettre à table, parlaient d'un couvent désaffecté que l'une d'entre elles venait d'acheter non loin de là, probablement pour y recréer un décor semblables à celui où nous étions. L'autre souriait à la ronde, d'un sourire figé. Elles étaient également grosses, également laides, le cheveu court et poivre et sel ; la plus courte a subitement prononcé le nom de Peter Walsh et je me suis retenu de lui dire combien j'avais été son ami. « A la fin, plus personne ne le recevait, a-t-elle remarqué : il sentait trop mauvais. » Walsh était mort d'une chose monstrueuse qui pourrissait au fond de sa gorge. John Broadmore a eu un geste de la main pour balayer un souvenir déplaisant. Je savais que mon ami comédien haïssait la petite bande de Broadmore et de ses compagnons parce qu'Il avait peur de se reconnaître en eux. S'il n'aimait pas non plus Bernard Lew c'est parce qu'au fond, Lew lui ressembait et avait le même mépris que lui pour ces Anglais installés en Toscane comme dans une colonie conquise.

On a servi le café sous la galerie ; le soleil tombait très vite ; des parfums montaient du jardin à l'italienne en dessous de nous : on se serait cru au printemps, s'il n'y avait eu les feuilles rouges d'un érable planté là il y a deux siècles par un abbé gallois. Puis Broadmore est allé chercher un petit tableau dont il venait de faire l'acquisition : c'était un panneau de bois où un Christ semblable à celui que nous avions vu ce matin même au premier étage du musée de Montepulciano se détachait, presque en relief, sur un fond d'or. « C'est Nicholas qui m'a dégotté ça », a dit Broadmore en français, en insistant sur le mot « dégotté » qu'il devait trouver exotique. Luc m'a lancé un regard rapide et j'ai compris que Nicholas Pelley avait joué à nos hôtes un tour de sa façon : le petit Christ aux mains clouées d'argent sur un tronc d'olivier était sûrement un faux et Nicholas avait dû éprouver un plaisir savoureux à le présenter comme un authentique Sasseta à l'ancien conservateur de musée qui n'en avait d'ailleurs peut-être rien cru, mais l'authentifierait une seconde fois avant de lui faire prendre place parmi les autres chefs-d'œuvre tout aussi ambigus qui ornaient la maison. Luc l'a alors interrogé sur ce brocanteur de Pise dont le neveu du vieux Salvi nous avait parlé : le connaissait-il ? Sur le ton de la confidence et pour attiser la curiosité de nos hôtes, il a prétendu savoir que l'homme possédait quelques panneaux dérobés dans des églises qu'il écoulait à des acheteurs japonais ou sud-américains. « Et pourtant, avec sa vieille camionnette bourrée de meubles pourris, il continue à faire les marchés », a murmuré Broadmore, affirmant qu'il connaissait bien le bonhomme. « C'est un personnage des plus curieux, a-t-il poursuivi, il vit six mois par an comme un miséreux dans une cabane entre Pise et Livourne et le reste du temps, il parcourt le monde, ne descend que dans des palaces et se paie les plus belles filles qu'il peut trouver : tous les goûts sont dans la nature », a-t-il ajouté en guise de commentaire. Comme s'il connaissait bien un personnage dont il ne m'avait jusque-là rien dit, Luc a enchaîné : l'homme qui possédait peut-être les manuscrits sur la piste desquels il m'avait lancé vivait entre trois femmes, la mère, la fille et la petite-fille, qui avaient toutes trois été ses maîtresses et dont deux d'entre elles étaient peut-être aussi ses filles. « Comme dans ces tableaux du XVIe siècle qui en disent la métaphore, ce Buongentili se réveille ainsi chaque matin face aux trois âges de la femme. » Il m'a adressé un nouveau clin d'œil : j'ai compris qu'il inventait sur la lancée de notre hôte.

Le soleil a fini par tomber derrière les collines ; on a allumé un grand feu de bois dans l'ancien réfectoire de l'abbaye transformé en salon de musique. Trois des jeunes gens qui avaient déjeuné en silence avec nous, sortis de nulle part, ont reparu vêtus de queues-de-pie : chaque heure qui passait dans cette fausse demeure anglaise réinventée au milieu de la Toscane ressemblait à un pastiche de Henry James ou à un chapitre d'un mauvais roman du début de ce siècle. Ils ont joué un trio de Schubert et je ne me suis même pas étonné de n'y prendre aucun plaisir. La jeune fille aux lèvres gonflées était assise près du feu ; les yeux fermés, parfaitement immobile, elle avait le masque d'une morte. Aussitôt le concert fini, nous sommes rentrés à Montepulciano.

Je n'avais pas sommeil, Luc non plus. Assis face à face dans les vieux fauteuils déglingués du minuscule salon de l'hôtel, nous avons parlé un moment. Pour la première fois, j'ai osé dire à quelqu'un ce que je ressentais — ou plutôt, ce que je ne ressentais plus : ce silence face à la beauté qui s'était si fermement installé en moi. Mais Luc s'est mis à rire : « Tu ne veux tout de même pas parler de la journée qui vient de s'écouler ? » Comme je demeurais sans réponse, il s'est levé pour se servir lui-même un grand verre d'une grappa que la patronne avait laissée en évidence sur une desserte. « Tu t'es bien rendu compte que tout ce que nous avons vu tout à l'heure, jusqu'à ce concert auquel nous avons assisté, dans ce salon trop admirablement décoré pour ne pas faire toc, était une caricature de ce que nous aimons dans ce pays : nous étions au théâtre et des fantoches nous jouaient la scène de l'amour de l'Italie. » Lorsque je lui ai demandé pourquoi il m'avait alors entraîné jusque chez Broadmore, il a vidé son verre d'un coup : « Mais peut-être qu'il fallait que tu voies ça pour éviter de t'inventer à ton tour un théâtre. » Il s'est à nouveau versé à boire ; l'alcool lui brûlait le visage, il était devenu très rouge et parlait d'une voix saccadée : « Et la gamine silencieuse, tu l'as reconnue, non ? » Il voulait parler de la jeune fille aux lèvres gonflées. Mais c'était le portrait vivant de ta Cordelia : tu ne t'en es même pas rendu compte ! » Il m'a fallu un instant pour retrouver, très loin en moi, le visage de la jeune fille anglaise dont j'avais pu, jadis, être tant amoureux : Luc avait raison, cette fille dont je n'avais même pas retenu le nom était bien le double de Cordelia — et je ne m'en étais pas aperçu. « Tu vois, il arrive un moment où il faut savoir faire table rase. »

Le lendemain matin, la campagne était à nouveau blanche de givre.

XII

Ce sont des coteaux où s'alignent des vignes ; un château ruiné domine la colline et puis, peu à peu, les vignes s'espacent, s'effacent. La terre devient plus grise, plus sèche, plus pâle, plus blanche. De longues coulées arrondies dessinent des courbes que suivent d'autres courbes et chaque fois, sur le sommet de la plus haute butte, une couronne d'arbres entoure une ferme, une villa, une église. La terre est riche et sèche, labourée de neuf, zébrée de ces rangées de cyprès qui me sont désormais aussi familiers qu'en Provence les platanes des bords de routes ; mais les platanes ne longent que des rebords d'asphalte quand les cyprès dessinent, jusqu'en plein ciel, ces sentiers fabuleux.

Nous nous sommes arrêtés en chemin. Luc a enfilé une vieille canadienne car le vent s'était levé dans le soleil ; je me suis moi-même jeté sur le dos une cape de berger qui traînait dans le fond de la voiture. Le froid me pique le visage. Au moment de quitter Montepulciano, le téléphone a sonné. C'était un appel de Franca, à Florence : elle était souffrante, voulait savoir si j'allais bientôt rentrer. Nous nous sommes assis tout en haut de l'une de ces lignes de coteaux nus qui ressemblent à des croupes d'animaux fabuleux : à dix heures du matin, le soleil était déjà haut. Luc, alors m'a parlé de Franca. Il m'a dit ce que tout Florence chuchote et que je n'avais pas su entendre : Giuliano s'est tué en voiture, mais ce n'était pas un accident. Luc avait allumé une cigarette et regardait l'ombre qui se dégageait entre les collines, comme si de grands nuages, un à un, quittaient pour des pays plus gris une Toscane où ils n'avaient rien à faire.

« Tu veux dire que Giuliano s'est suicidé ? » Luc a haussé les épaules : saurait-on jamais ? Giuliano était mort parce qu'il avait toujours refusé de vivre pour autre chsoe que pour la beauté qu'il cherchait dans des livres et des peintures, la poésie qu'il redécouvrait dans les textes anciens figés depuis des siècles parmi les rayons de la bibliothèque de son aïeul. « Giuliano vivait dans un monde qui n'était pas celui d'aujourd'hui... — On ne l'a quand même pas tué ? » Luc a haussé à nouveau les épaules. Face à ce paysage qui se faisait plus simple et plus grandiose à mesure que le soleil montait davantage dans le ciel, j'avais l'impression de lentement me réveiller. Pour la première fois depuis longtemps, je m'intéressais à un autre qu'à moi-même, et cet autre était un ami mort. « Saura-t-on jamais ? a répété Luc, qui a ajouté : c'est de la mort de Giuliano que Franca souffre comme d'une maladie dont elle ne guérira jamais, car elle croit que c'est arrivé à cause d'elle. »

On avait retrouvé la Maserati de Giuliano écrasée contre le tronc d'un olivier, en bordure de la route de San Gimignano. Il avait quitté Florence dans la nuit, après une scène violente avec Franca. « A cause de Bettino, bien sûr », a précisé Luc. Bettino était le fils de Giuliano, le frère jumeau de cette Donatella qui glissait la nuit dans les corridors glacés du palais Bancacci ; on le disait lié à des groupuscules d'extrême droite, à ces brigades noires que l'attentat de la gare de Bologne et le scandale de la loge P2 avaient révélées au grand jour. En dépit du questeur de Florence qui avait tenté d'intervenir, la police avait voulu poser des questions au jeune homme ; Franca l'avait aidé à s'échapper. « Giuliano savait où son fils s'était caché ; il a même essayé de prévenir la police, Franca l'en a empêché » : c'était au soir de la visite infructueuse du palais Bancacci par cinq ou six inspecteurs venus tout spécialement de Rome que Giuliano était mort.

Luc parlait d'une voix très calme, comme s'il racontait avec un parfait détachement le scénario d'un film noir qu'il aurait vu à la télévision : un voile se déchirait devant moi. Comme à Parme, où l'amour d'Angela pour Charles m'avait subitement ouvert les yeux sur un couple qui m'était cher et que je m'étais pris d'un coup à haïr, c'était l'envers d'une vie consacrée à l'étude qui se révélait à moi : une noirceur insoupçonnée au milieu d'un univers où tout me paraissait harmonie et beauté. « Franca aimait son fils d'un amour fou, passionné », m'a dit encore Luc. Je l'ai fait taire. Il y a dans les papiers que le vieux Salvi de Volterra prétend avoir découverts au fond d'une malle d'anciennes chroniques italiennes semblables à celles que Stendhal a déchiffrée voilà cent cinquante ans ; ce sont de sombres histoires d'amour et de mort, de familles déchirées, de parricides et d'incestes — et c'est peut-être seulement pour en retrouver la trace que j'ai suivi Luc au fond de la Toscane : des drames de la Florence d'aujourd'hui, je ne veux rien savoir et c'est aussi pour cela que j'ai quitté Franca : comme Giuliano, qui était un peu mon frère, je n'ai jamais su apprendre la vie que dans les livres.

XIII

Sur le trapèze de la place, le soleil dessine un tracé allongé, défini en une perspective par l'absurde des palais qui la bordent. Inventés par un architecte soucieux de dégager sur l'espace trop étroit de nouvelles mesures, ces demeures patriciennes ressemblent à de fausses façades : première ville qu'un urbaniste, en somme, ait conçue, Pienza est un jeu de surfaces de pierre. « C'est, me dit Luc, le lieu parfait du théâtre : celui où la scène qui se passe, à l'inverse de l'abbaye aux vieux messieurs de Montepulciano, est le théâtre vrai de la Renaissance. »

Luc s'est arrêté, le dos au palais communal : face à lui, la façade de travertin à pilastres réguliers de la cathédrale et, à droite, le dessin parfait, en retrait sur l'angle de la place, du palais des Piccolomini : c'est Enea Silvio, devenu Pie II, qui décida de redessiner sa ville. « Ici, me dit Luc, l'esprit asservit totalement la pierre ; il la modèle comme la poignée de glaise dont Dieu a fait le premier homme. » Nous sommes au cœur de l'espace le plus voulu qui soit en Toscane, alchimie concertée du marbre et de la pierre. Après les vignerons paysans de Montalcino et, à Montepulciano, les balcons de pierre sur des campagnes, c'est la pierre seule, désormais, ses angles, ses alignements aux rigoureuses verticales qui invente ici une ville à peu près idéale. « A peu près... », répète Luc, comme une mise en garde.

Un instant, tout alors s'est trouvé suspendu : le monologue de Luc, mes pensées, moi-même debout sans un geste, pétrifié en somme, au cœur de ce paysage de pierre ; chacune des façades de cette place déserte dans le silence, le gothique apaisé de l'ancien palais épiscopal ou l'église austère, étaient les éléments dressés pour l'éternité d'une manière de beauté immobile ; dans cet instant qui n'a peut-être duré que le temps d'un bref éclair de pensée, j'ai entrevu tout un ordre, et ce qu'il recouvrait : le cortile glorieux du palais du pape, les rumeurs des joutes qui s'étaient disputées, tous combats de l'esprit contre la matière. La cour carrée du palais, son portique, ses étages étaient une de ces demeures d'en haut, où les idées asservissent les formes, où les livres s'alignent en bibliothèques hiératiques dont les lettres disent des mots que saura seulement déchiffrer l'élu dont le maître aura touché l'épaule.

Le soleil était encore bas ; il a franchi la ligne médiane entre le petit musée et le palais épiscopal pour frapper de plein fouet l'une des vitres du palais de Rossellino ; poussée — par quelle main ? — la fenêtre éclairée s'est entrouverte et le rayon neuf du soleil réfléchi est venu jouer de biais sur mon visage ; d'un coup, la place jusque-là tout entière dans l'ombre s'est alors éclairée ; je ne respirais plus, j'ai respiré et nous avons enfin traversé dans sa plus grande largeur l'espace de pierre encaissé comme un vallon, étroit comme une scène. « Il ne reste, a remarqué Luc, qu'à trouver les mots qui pourraient dire tout cela. » Luc ne savait rien de ce que j'avais pu penser pendant ce bref instant, mais il est consul et gère nos intérêts jusqu'au fond de cette Toscane où je venais peut-être de retrouver mon souffle.

Nous arpentons les rues d'une minuscule cité où chaque pavé semble placé sur la chaussée pour recevoir ici le pas d'un ancien poète, là celui d'un homme qui fut évêque ou cardinal. Çà et là, de longues échappées de pierre conduisent à d'autres balcons, d'où, comme à Montepulciano, s'ouvre la campagne ; mais ici l'ordre est rigueur et pourtant souriant ; on dirait que quatre siècles d'habitants ont fait leur territoire de cette ville, ont arrondi les angles encore durs pourtant des palais et meulé doucement l'encoignure des portes : quatre siècles de pas sur une même pierre lui donnent un luisant tiède, lentement approfondi, qui devient vieux avec le temps sans que le temps n'y puisse rien.

Luc parle : « A quelques kilomètres d'ici, au bout d'une route de terre, poudreuse et jaune, s'élèvent encore les ruines d'un couvent qu'on essaie quand même de sauver ; le cloître est envahi d'herbes et la voûte de l'église, fendue, laisse voir un bout de ciel. Deux vieux petits moines se sont réfugiés dans l'ancienne salle capitulaire où ils ont tiré des planches, quelques pierres et placé un verre à moutarde en guise de vase à fleurs devant une image de la Vierge découpée dans un album saint-sulpicien. Ils traînent leurs pieds nus dans des savates de corde sur un pavé glacé en hiver — car la bise souffle fort sur ces hauteurs entre des villes qui sont autant de pitons que la main de l'homme a élevés ; l'été, la pierre brûle et le soleil inonde, très blanc, le gravier de la cour ; ils boivent l'eau d'une source qui naît, infime, entre deux rochers et les paysans d'alentour leur apportent des dames-jeannes de vin et d'huile dont ils frottent des quignons de pain cuit par eux dans ce qu'il reste du grand four de l'ancien couvent. Ils bêchent, ils sarclent, ils font pousser quelques tomates et deux vieilles chèvres leur donnent quand même du lait dont ils font des fromages ; une fois par mois, l'un d'eux prend un sac de toile et va les vendre en ville. Ce sont deux vieux petits moines, racornis, sales, desséchés, qui se rasent avec un couteau ébréché et dont les mains calleuses ont le toucher dur et sans froid ni chaleur d'une statue de bois qu'on aurait, étrangement, couverte d'un cuir épais. Tu nous vois, tous les deux, réfugiés parmi ces pierres écroulées ? » Luc rit. Il se verse un verre, deux verres, d'un vin épais dans un gobelet d'étain. « Mes deux moines, poursuit-il, veillent sur un chef-d'œuvre qui est une peinture au mur du réfectoire. Une grosse porte de bois barrée d'une poutre en interdit l'entrée ; pendant trente ans, tous deux ont su que la fresque était là, derrière la porte, aucun n'a repoussé la poutre. Aux visiteurs qui avaient entendu parler d'une peinture célèbre, à ceux qui l'avaient lu dans les livres, ils répondaient que tout était détruit, anéanti depuis longtemps. Ils montraient, dans la sacristie au toit percé, des traces d'une autre fresque sur un mur rongé par l'humidité, et disaient que c'était là l'ancien réfectoire — et ces traces rougeâtres tout ce qu'il restait de la fresque fameuse. Puis l'un d'entre eux est mort : va donc savoir lequel ! Ils étaient devenus si vieux, si petits, si racornis, ils en étaient arrivés à tant se ressembler qu'eux-mêmes ne savaient pas lequel avait été Pietro, fils de cordonnier à Borgo San Lorenzo, et Giovanni, héritier d'une des premières familles d'Arezzo qui avait reçu la tonsure soixante années auparavant dans un couvent florentin qui alors dépendait de Monte Oliveto Maggiore. La guerre les avait surpris dans leur sommeil : cela faisait quatre ans qu'elle durait, ils ne se doutaient de rien ; après la chute du mont Cassin, les Allemands en déroute avaient brûlé quelques villages — et leur couvent avait flambé entre minuit et deux heures du matin, avec l'abbé, le prieur, le frère portier et les cochons qu'ils élevaient pour rechercher des truffes. Les deux frères avaient erré dans les campagnes toscanes ravagées, pilonnées par les obus, l'artillerie, les bombes ; des partisans les avaient pris pour des espions déguisés en moines et avaient failli les fusiller, puis des Allemands égarés avaient à leur tour voulu les passer par les armes, car ils transportaient des papiers rédigés en vieux toscan que les soudards avaient cru être des documents secrets, les plans d'une attaque que les troupes américaines de Patton ou les forces françaises du général Juin auraient ainsi fait passer à travers les lignes ennemies. Ils avaient traversé de part en part la Toscane, parmi des forêts incendiées, des villages crucifiés. Puis le silence était venu ; ils n'avaient pas entendu les cloches sonner à tous les clochers et s'étaient enfermés dans ce couvent abandonné qu'entourait une haie de cyprès. Les murs s'écroulaient, ils en avaient relevé quelques-uns et, forçant une porte encombrée de gravats, découvert la formidable fresque qui représentait la Vierge et l'Enfant et, face à elle, la déposition du Christ. A genoux dans la poussière, ils avaient prié ; c'était un miracle. Puis ils avaient repoussé la porte du réfectoire, barricadé l'entrée et sarclé, biné leurs tomates, vendu leurs fromages de chèvre et prié, pendant trente ans. A la mort de Pietro ou de Giovanni, celui qui était resté s'était senti comme un veuf. Il croyait en la résurrection des âmes et son cœur n'avait pas pleuré, mais son corps avait maigri encore, s'il se pouvait, ses os s'étaient un peu plus desséchés. Et peut-être qu'il allait simplement se coucher et mourir à son tour quand, un matin, on avait frappé à sa porte. Il avait ouvert. C'était un très vieil homme, vêtu de gris, qui était arrivé seul au volant d'une antique Rolls couverte de poussière. Il paraissait épuisé. Le vieux petit frère qui restait s'était occupé de lui, l'avait fait asseoir, puis s'étendre, car il avait compris que le cœur de son visiteur était fragile ; la nuit était venue, l'Anglais — c'était un Anglais... — s'était endormi sur la paillasse du petit frère mort. A son réveil, un peu reposé, il avait expliqué qu'il revenait en Toscane après quinze ans d'absence. Chercheur, historien, il avait écrit le seul ouvrage qui fît référence sur le Sodoma, l'auteur des fresques du réfectoire — et il était venu jusque-là pour les revoir. Le moine ne savait pas le nom du peintre dont il veillait sur l'œuvre depuis tant d'années. Il avait servi un grand bol de lait de chèvre à cet homme qui lui semblait débarqué d'une autre planète puis, à coups de pioche et de marteau, il avait réussi à dégager la porte du réfectoire qu'ils avaient si bien refermée, son frère mort et lui, qu'elle paraissait scellée dans le mur. Le visiteur avait pu alors contempler les fresques. Il était resté huit jours à vivre devant elles, refusant de quitter le réfectoire, ne fût-ce que pour boire un verre d'eau. Le moine lui apportait du pain, des tomates, des olives, que l'homme laissait sécher à côté de lui. Un soir, enfin, il s'était couché et le lendemain, il était mort à son tour. Ce n'est qu'un ou deux mois plus tard que le consul d'Angleterre à Florence a débarqué au monastère ; on lui avait signalé dans les parages la présence de George B., disparu depuis plusieurs semaines au volant de sa vieille Rolls. George B. était l'un des plus fameux historiens de l'art de son temps ; il avait constitué à Londres, à New York, à Berlin, des collections fameuses pour de richissismes amateurs qui le payaient très cher pour découvrir des chefs-d'œuvre ; réfugié à Oxford à la fin de sa vie, il était revenu une dernière fois en Toscane, on l'avait vu à Florence, on avait perdu sa trace. Le vieux petit moine avait écouté le long consul maigre et roux qui l'interrogeait : avait-il vu George B., aperçu sa Rolls ? La voiture était probablement cachée sous un amas de branches mortes, le corps du savant anglais dissimulé dans un angle du cloître sous la même pierre que l'autre vieux petit frère, le moine avait secoué la tête : il n'avait rien vu. Le consul n'avait pas insisté, il était parti plus loin. Deux semaines plus tard, le second moine mourait à son tour, on retrouvait la Rolls ; le corps du dernier frère était étendu sur le pavement du réfectoire, devant la fresque du Sodoma. On avait sondé, fouillé le sol alentour : nul n'avait jamais retrouvé le corps de Sir George B. qui était revenu en Italie faire son dernier voyage et vivre la mort qu'il s'était rêvée. »

La voix de Luc s'est éteinte. Un autre moine nous entraînait à travers les salles du petit musée derrière la cathédrale ; j'y ai vu le Christ en bois doré de Sasseta dont celui de Montepulciano était seulement la copie. On l'avait trouvé récemment dans une niche, au milieu de la paroi à fresques du couvent des deux petits frères, intact, sans l'ombre d'une craquelure ou d'une trace du temps. C'était George B. qui, la veille de sa mort, avait découvert la niche derrière un panneau de bois, et l'avait entrouverte. « J'aime à imaginer, me dit Luc, que c'est la dernière vision qu'il a eue d'un monde qui était devenu le sien, celui d'un temps où peinture et beauté se conjuguaient au présent du mot silence. » J'ai pensé que la mort de ce vieillard célèbre, revenu s'étendre sur la pierre d'un couvent au cœur de son passé, était une belle mort et la mort que j'aurais pu moi aussi désirer ; encore aurait-il fallu que, tel ce George B. qu'il m'était arrivé de croiser dans des salons, j'eusse encore ancrée au fond de moi une passion qui m'avait si tristement — et depuis tant d'années — échappé : face à l'historien de l'art dont le sang était irrigué de Toscane, j'étais un homme sans qualité auquel, jadis, il était simplement arrivé, quelquefois, d'être heureux en Toscane. A mesure pourtant que je m'imaginais plus dépourvu encore de qualités, sur cette place de Pienza où nous étions revenus, je sentais pour la première fois depuis longtemps l'envie d'entrer dans l'église et de vraiment voir ; et je crois bien que, face aux grands panneaux de Giovanni di Paolo ou de Matteo di Giovanni, j'ai eu pendant quelques minutes et pour les Vierges, les Enfants et les saints qu'ils représentaient, un regard qui aurait pu être celui de Sir George B., historien de l'art britannique mort d'âge et de beauté devant un petit Sasseta niché derrière les masses voluptueuses des grandes fresques du Sodoma enfin découvertes au fond d'un réfectoire de monastère roman qu'on avait oublié dans les *coste* de Sienne.

Sur le coup de midi, à la table de l'auberge où on nous servait une *pasta* à l'ail et à l'huile, la « *pasta* du pauvre » qui emporte la bouche, j'ai eu envie, là, sur l'instant, d'écrire ce que j'avais ressenti. Mais mon esprit est gourd, encore, et mes mains peut-être figées par une vieille arthrose. Je savais néanmoins que, pour la première fois depuis combien d'années ? j'étais parvenu quelque part ; ce soir, demain, plus tard, j'allais repartir : c'était une étape, pourtant, et que je n'espérais plus. « Pienza veut presque dire sagesse », a remarqué Luc trop gravement pour ne pas, ensuite, lever son verre : « A la santé des fous. » Il est parti d'un bel éclat de rire.

Un peu plus tard, lorsque les ombres de la place en trapèze se sont déplacées de gauche à droite et que la belle corniche du palais Piccolomini a dessiné sur les grandes dalles unies un trait droit et parfait des marches du dôme jusqu'au palais communal, Luc m'a raconté l'histoire de l'homme aux abeilles. Il la tenait de ce libraire de Florence chez qui il fréquentait et dont la vaste librairie sombre avait longtemps été un paradis d'ouvrages rares, de ces impressions de Bodoni que j'avais moi-même — hier seulement : il y a tant de lustres, me semble-t-il aujourd'hui — collectionnées. L'homme aux abeilles était le grand-père de Baldi, le libraire. Né avant le siècle, il avait fait la Grande Guerre et, quelques jours après Caporetto, l'explosion d'un obus allemand l'avait enterré vivant ; il en était ressorti avec à peu près autant de blessures qu'il avait de membres, un souffle au cœur et de multiples fractures qui avaient très vite dégénéré en arthrose, arthrite, ankylose. A l'âge de cinquante et un ans, pesant à peine cinquante kilos pour un mètre quatre-vingts, il était pourtant instituteur à Prato mais son médecin ne lui donnait pas cinq ans à vivre. « Prends ta retraite et installe-toi à la campagne, Gianni ! » avait recommandé le médecin.

L'instituteur était désolé, il adorait son métier, ses gosses et, surtout, que diable allait-il pouvoir faire à la campagne ? « Élève donc des abeilles, avait suggéré le docteur : c'est distrayant, et puis une piqûre d'abeille par-ci par-là n'a jamais fait de mal à un rhumatisme et ça vaut bien mieux qu'une seringue dans les fesses ! » C'était une médecine connue dans les campagnes. Gianni Baldi discuta encore un peu, puis se laissa persuader. Il vendit tout ce qu'il avait, acheta un lopin de terre près de Pienza, deux ruches et s'installa là. Comme il ne savait guère s'y prendre, tous les matins une abeille ou deux le piquaient. Bientôt, ce fut pourtant lui qui se laissa piquer ; d'ailleurs, il se sentait mieux ; il acheta encore quatre ruches, six ruches, apprit qu'un bon apiculteur déplace ses essaims selon les floraisons et les saisons, et se sentit bientôt assez costaud pour trimbaler lui-même ses ruches dans une remorque accrochée à sa bicyclette. « Baldi, mon libraire, m'a raconté qu'à quatre-vingt-dix ans, son grand-père, condamné par la médecine et sauvé par ses piqûres d'abeilles, gavé de gelée royale qu'il avait appris à découvrir, promenait encore ses ruches dans toute la région de Pienza. La nuit, il couchait parfois dans les champs pour être plus près d'elles, se réveillait dans les oliviers ou parmi les lavandes, selon les paysages que ses abeilles avaient choisis pour lui ; il prétendait qu'il les entendait se parler et qu'il leur répondait. Il avait cent cinquante essaims, fournissait en miel les principaux commerçants de la petite ville et, bon pied, bon œil, aurait pu continuer encore vingt ans ! Las ! un matin, il se réveilla aveugle : c'était la vue qui avait craqué la première. Une fois encore, il s'en remit à ses abeilles et s'en posa une sur chaque paupière pour se faire piquer ; il revit assez pour se remettre au travail : sa vue faiblissait le soir, le matin il posait à nouveau une abeille sur ses yeux clos et la piqûre de ses amies lui redonnait la vue pour la journée. » Le grand-père de Baldi, condamné à mort à cinquante et un ans, est mort à quatre-vingt-onze ans d'un accident de bicyclette : tué sur le coup au milieu de ses ruches renversées ; mais à la fin de sa vie, il se demandait si le miracle des abeilles l'avait vraiment rendu heureux ; tous ses amis étaient morts, à peu près tous les écoliers qui avaient été ses élèves aussi, son petit-fils ne lui rendait plus que des visites épisodiques : il n'avait plus personne à qui parler. Les derniers jours, il était devenu triste, mélancolique, pédalait sans goût à travers la campagne. Son petit-fils, venu pour le dimanche à Pienza, l'avait interrogé : « Mais tu n'es pas seul : tu as tes abeilles ; je croyais que tu les entendais parler ! » le vieillard avait alors éclaté en sanglots : c'était cela, le drame : il devenait sourd ! Et si ses abeilles parvenaient à lui rendre la vue chaque matin, il avait beau essayer, elles ne pouvaient rien pour son ouïe ! On avait retrouvé son corps sur la petite route de terre qui conduit à Santa Anna in Camprena et parmi les ruches ouvertes, couvert de milliers d'abeilles qui semblaient le butiner ; le maire, qui avait veillé à ce qu'on l'enterrât dignement, l'avait assuré : le vieil homme souriait ; ses abeilles, enfin, lui avaient à nouveau parlé !

« Ce sont des histoires qu'on raconte ici, a remarqué Luc ; il y en a encore beaucoup d'autres ; en tout cas, nulle part en Toscane, le miel n'est meilleur qu'à Pienza... »

Le soleil, disparaissant au-delà du jardin suspendu (le *cortile pensile*) du palais Piccolomini, a laissé la place dans une ombre d'abord mauve, puis bleue, violette enfin ; ce sont les feux d'un théâtre de pierre qu'on éteint ; les ombres qui le traversent — des femmes que je devine, des gosses qui se mettent à rire, une jeune fille s'attarde sous les arcades du palais communal, seule... — sont les derniers acteurs d'une pièce qui s'est encore une fois jouée sans moi. Mais les regrets que j'en ai s'estompent.

Remonté dans une chambre d'hôtel à l'unique ampoule électrique fixée au bout d'un fil, j'ai cherché dans mes bagages ce cahier acheté à Florence dont la reliure marbrée, le dos de cuir bleu en font plus de la pacotille pour touristes qu'un objet de papeterie ; le clocher du dôme égrenait des notes ; comme à Montepulciano, j'entendais des appels venus de la ville basse : un cri d'enfant, un chien, une musique, un vieux ténor inconnu qui chantait un air de Verdi, « *la donna è mobile* », peut-être, ou le « brindisi » de *La Traviata* ; puis les voix se sont tues, les rumeurs, et la pleine nuit — comme on dit la pleine lune, d'ailleurs la lune était pleine et ronde au-dessus de l'arête en créneau d'un toit — a envahi ma chambre. J'ai ouvert le cahier ; une vieille angoisse m'habitait maintenant, mais c'était celle, chaleureuse, qui m'a souvent possédé dans ces moments anciens où, assis à une table de travail à Paris ou en Provence, il y a plus longtemps à Londres, à Pékin tout au fond de mon passé, j'ouvrais comme ce soir un cahier, je dévissais le capuchon de mon gros stylo noir : angoisse riche de promesses, bien aimée... Ainsi ai-je, de la même façon, décapuchonné mon stylo et, doucement, sans que je m'en rende compte, les mots sont venus sous ma plume. Ils glissaient, comme échappés à cet objet noir et or que je tenais en main qui dessinait sur le vélin blanc, légèrement teinté pour les touristes en veine de souvenirs florentins, de petits signes qui ressemblaient à des lettres, à des phrases. Je ne sais plus ce que j'ai alors écrit ; très vite, j'ai su que ce n'était pas bon et je l'ai déchiré, chiffonné en boule et jeté dans le foyer d'une cheminée éteinte ; mais c'étaient des mots qui disaient la journée écoulée, les vignes et le miel, Pienza, ces noces cette fois de la pierre et de l'art au-dessus des campagnes : je les avais écrits, c'était déjà un signe ; et je les avais détruits, c'en était un autre : ils avaient pu naître et j'avais su les piéger. Une étrange exaltation me saisissait, j'écrivis encore et je déchirai à nouveau : dans la cathédrale, les panneaux de Matteo di Giovanni et de Giovanni di Paolo dont les noms jouaient entre eux, se répondaient à travers l'espace du chœur et du temps, comme dans les broderies à l'infini de la chape d'apparat du pape Piccolomini aperçue au musée, où se mêlaient les noms d'artisans inconnus qui travaillaient en Angleterre à ceux de familles enfouies au fond de ma mémoire, Umbaldo ou Paléologue ; ces noms eux-mêmes et les images qu'ils appelaient étaient peut-être, déjà, poème : je ne sais plus. J'écrivais, raturais, déchirais, recommençais ; et puis, peu à peu, les mots se sont tus, ma main est retombée, je me suis endormi. Au matin, bien sûr, je ne me souvenais plus de rien ; il y avait ces boules de papier froissé dans la cheminée ; la petite angoisse que j'avais au fond du cœur n'était plus que celle de tous les matins, de la vie qui fait peur et de la peur de ne plus savoir sentir : celle que je connaissais bien. Mais les feuillets déchirés étaient là pour me dire que, pour la première fois depuis si longtemps, la nuit n'avait pas été vide.

XIV

Il y a sur Arezzo un vrai brouillard d'hiver ; ce soir, les rues en pente qui conduisent vers la cathédrale ou la grande Pieve romane sont luisantes d'une pluie fine qui n'est cependant pas tombée. Passant devant l'église San Francesco, Luc m'a entraîné : « Nous y entrerons demain » ; comme s'il existait là aussi une beauté qu'il fallait mériter. Nous avons marché à travers des rues que la nuit qui vient fait ressembler aux rues de n'importe quelle petite ville d'Europe à la morte-saison : quelques boutiques éclairées et absurdes où l'on expose des postes de radio et des grille-pain électriques, des vêtements de confection, des rangées de paires de chaussures ; c'est à peine si, ici ou là, une charcuterie ou un marchand de vin offre au passant des vitrines plus colorées, la *pasta* ou le jambon du pays qui sentent la Toscane ; pour le reste, Périgueux un samedi de novembre m'a paru aussi triste et sans âme malgré la foule des chalands.

En remontant vers la partie haute de la ville, nous avons gagné des quartiers plus déserts, espaces nus, plantés peut-être de buissons sur l'herbe détrempée d'un jardin public. Le brouilllard devenait plus dense, avec des trouées sous des murailles. « Regarde, m'a dit alors Luc : c'est un vendredi soir, demain la ville va être envahie... » Une étrange rumeur semblait venir par-delà le brouillard et j'ai vu, étouffées, des dizaines de lumières blanches, subitement très proches. C'étaient des phares de camions ; les moteurs tournaient au ralenti ; ils attendaient. Quelques pas encore et j'ai compris que la ville entière était cernée de camions, de remorques, qui montaient autour d'elle comme une garde ultime avant l'assaut final. A l'intérieur, dans les cabines et sur les prés, dans la rue, autour de braseros dont je devinais maintenant les feux rougeoyants, des hommes en casquettes, canadiennes, houppelandes, veillaient ou battaient la semelle. Ils formaient des groupes indistincts dont les ombres se mélangeaient, une silhouette se découpant subitement en contours très nets dans le faisceau d'un phare ou sur la flamme d'un feu de bois pour s'évanouir aussitôt, se confondre parmi les autres. Après les rues à peine animées de n'importe quelle ville de province dont les églises fameuses, la grande place centrale et la loggia de Vasari auraient disparu derrière les vitrines éteintes d'un triste quartier piétonnier, c'était un *no man's land* où camperait un peuple d'envahisseurs.

« Tu as compris, n'est-ce pas ? » m'a demandé Luc en riant ; il m'a expliqué. Les hommes qui tournaient autour de la cité étaient les brocanteurs du week-end ; ils attendaient qu'on déclarât Arezzo « ville ouverte » à la tombée de la nuit, pour avoir la permission d'y pénétrer ; mais les lois municipales ne sont pas celles du calendrier et la nuit était tombée depuis longtemps ; ils attendaient encore. « Ce sont toujours les mêmes images qui me reviennent ici, a poursuivi Luc dont les souvenirs étaient toujours les miens : Giorgiana en train d'acheter sur un étal devant la Pieve un petit tableau rond représentant une jeune fille 1900, un panier de fleurs à la main ; ou Danièle qui découvrait un livre rare dans une caisse de vieux bouquins... » Cette Giorgiana inconnue aurait dû s'appeler Cordelia ; Danièle était notre amie à tous : après la vision fantastique des camions qui ronronnaient dans le brouillard, j'étais revenu sur un territoire familier, où des amies que j'avais oubliées chinaient un samedi matin sur la brocante d'Arezzo.

C'était laisser trop peu de place à ce temps indéfini où, depuis Florence, Luc m'entraînait. Comme nous passions près de l'un de ces braseros où flambaient peut-être les planches d'un bahut qu'on avait dépecé parce qu'on avait froid, une silhouette à la casquette rabattue sur le visage s'est détachée du groupe de quatre ou cinq hommes qui étendaient leurs doigts gourds au-dessus de la flamme. « Laisse-moi un instant », m'a lancé Luc. Il a marché vers l'inconnu. A quelques pas de moi pourtant, je n'entendais pas un mot de leur conversation ; elle paraissait animée ; l'homme parlait en faisant de grands gestes de la main ; debout devant lui, Luc secouait la tête. Puis Luc a parlé à son tour, je ne voyais que son visage qui s'éclairait, sa main à lui qui se levait, comme pour menacer ; mais c'est le bras de l'autre qui s'est redressé soudain et l'homme, d'un coup, a frappé mon ami au milieu du visage pour revenir aussitôt à grandes enjambées vers le groupe qui n'avait cessé de se chauffer autour de son feu.

Avant que j'aie eu le temps d'intervenir — qu'aurais-je fait ? écrivain, donc lâche, je n'ai jamais su donner un coup de poing, de peur d'en recevoir dix autres... —, Luc s'est retourné vers moi. « Ce n'est rien, a-t-il dit en riant : une discussion un peu animée, comme tu as pu t'en rendre compte. » Sa lèvre inférieure saignait ; il a répété : « Ce n'est rien », en tamponnant la blessure avec son mouchoir. Sur le chemin de l'hôtel où je voulais tout de même qu'il se passât de l'eau sur le visage, il m'a expliqué que l'homme n'était autre que ce brocanteur à qui le protégé du vieux Salvi de Volterra avait, prétendait-il, vendu sa malle de livres. Le visage ahuri et bonasse du consul de France à Civitavecchia a traversé mon esprit : et s'il y avait quelque chose de vrai dans ce que j'avais pris pour une affabulation ? « Je ne savais pas que tu le connaissais », ai-je fait remarquer à Luc. Nous arrivions à l'hôtel, il a haussé les épaules : « Vois-tu, depuis le temps que je suis ici, je connais un peu tout le monde... » Je l'ai quand même interrogé : « Et les papiers de Stendhal ? » Il a de nouveau haussé les épaules : « Cet imbécile prétend qu'il a tout vendu, au hasard, sans regarder. »

Le lendemain, le brouillard s'était à peine dissipé ; il ne pleuvait pas mais la pluie était dans l'air, et le temps était à ce froid toscan, humide et gris, qui vous pénètre de partout à l'approche de l'hiver. Nous avons pris notre petit déjeuner dans une salle à manger aux tables recouvertes de nappes en plastique, et les tranches de pain de campagne étaient blanches, sans sel, sans goût, mais ce goût qui n'en était pas un me revenait pourtant à la bouche, comme une sensation que j'aurais connue, un jour, et que j'avais oubliée. « Très proustien, tout cela », a remarqué cette fois Luc avec un sourire un peu narquois. Il m'a annoncé que Danièle venait de l'appeler de Florence où elle était arrivée pour ce procès dont il m'avait parlé ; l'audience avait été remise de quelques jours ; après un saut à Cortona où son client était incarcéré, elle nous rejoindrait peut-être le lendemain ou le surlendemain à notre étape suivante. J'ai ri : « Tu avais combiné tout ça ? » Il a ri à son tour. « Je ne combine jamais rien : les choses arrivent et je m'en émerveille ! » Il a avalé une dernière bouchée de pain et fait signe à l'aubergiste ; à ma grande surprise il l'appelait Marcel. Il s'adressait à lui en français et s'est attardé quelques instants en sa compagnie. L'homme avait un visage poupin et de longues mains aux doigts fins qui faisaient un curieux contraste avec sa rondeur rougeaude. « Si je te disais, m'a dit mon ami en me rejoignant dans la rue, que ce gentil monsieur bonasse a passé dix ans en tôle pour meurtre sans trop de préméditation... » Nous remontions déjà la longue rue pavée qui conduit à la Piazza Grande ; sur les deux trottoirs, les brocanteurs avaient maintenant disposé leurs tréteaux : les lourdes silhouettes qui, la veille, émergeaient en canadienne du brouilllard étaient devenues des marchands affables ou rigolards, accompagnés d'épouses et d'enfants qui exposaient pêle-mêle fausses toiles du Seicento et vraies carafes en verre de Venise ébréché des années 1900, bijoux de grand-mères et magazines du temps de la guerre tous remplis du visage du Duce. « Tu sais qu'il entre dans mes fonctions de visiter les Français retenus prisonniers dans les pénitenciers de ma circonscription... », a commencé Luc.

Le thé du petit déjeuner était médiocre, nous avions besoin d'un café ; nous sommes entrés dans un étroit établissement, rempli de marchands et de leurs premiers clients du matin. La serveuse aux bras nus, chairs lourdes, visage fatigué, ressemblait à cette *Maddalena* bolognaise qui me dévisage à

Paris, quand je rentre chez moi trop tard et plus fatigué qu'elle : en le remarquant, je me suis rendu compte que c'était là le premier souvenir à me revenir depuis que j'avais quitté Florence et qui fût vraiment à moi. « L'autre année, je suis allé à la prison de Pianosa, j'avais emmené Consuelo... », a continué mon consul d'ami. Jadis, Luc savait surtout se taire ; j'aimais ses silences amis, ses regards, le sourire qu'il avait pour ne rien dire et nous parler pourtant. Et puis, avec les années, il a pris goût aux histoires : les siennes, celles qu'il me raconte sur un ton désinvolte, parfois ironique, et qui toutes, ou presque, auraient pu m'arriver. Il m'a ainsi raconté la nuit passée à Piombino, puisque Pianosa est une île au large de l'île d'Elbe. Après avoir traversé les campagnes de Massa Maritima, qui sont vertes et tout hérissées de collines pointues où des abbayes décapitées dressent ce qu'il leur reste de toit sur des gazons presque anglais, ils étaient arrivés à la nuit dans une manière d'enfer gris, fait d'usines déjà désuètes après des kilomètres de gazomètres et de raffineries pétrolières encrassées. La chambre d'hôtel qu'on lui avait louée au prix d'une suite à Milan, car Piombino la bien nommée est l'étape obligée de tant d'industriels, était éclairée d'une barre de néon ; dans la salle de douche sans baignoire, les serviettes étaient ces minces chiffons délavés à l'eau de Javel qui tiennent lieu de draps de bain aux alentours de la rue Saint-Denis. La salle à manger était à l'avenant, la *pasta* épaisse et tiède, les convives, des hommes seuls, attablés devant un journal du soir. Mais dès le lendemain, quand le ferry blanc qui faisait le service des îles avait quitté le port, celui-ci, au loin, était redevenu un port, la mer une mer de pays du sud ; puis Elbe d'abord, l'îlot de Pianosa ensuite, étaient apparus comme les rivages étincelants de nos vacances d'été. Pour débarquer à Pianosa, il avait pourtant fallu montrer patte blanche : toute l'île était alors un pénitencier ; l'unique village, à quelques centaines de mètres de la double enceinte de murs de la prison, n'abritait que des gardiens, leurs familles et les rares épouses qui entreprenaient encore le voyage pour visiter leurs maris prisonniers. Des gardes-chiourme munis d'armes automatiques tenaient des chiens en laisse à l'arrivée du bateau, et mon ami avait bien failli se faire refouler parce qu'il lui manquait un tampon sur son autorisation d'aborder ; après l'intervention d'un caporal, suivi d'un sergent puis d'un lieutenant, un capitaine lui avait enfin donné le blanc-seing nécessaire. Le directeur adjoint du pénitencier arrivait d'ailleurs déjà, au volant d'une voiture tout-terrain, et Luc et son amie traversèrent bientôt l'île dans sa plus grande longueur — un ou deux kilomètres, tout au plus. « C'était un paysage étonnant, comme échappé du pinceau d'un peintre surréaliste qui aurait voulu montrer les déserts de la lune... » De hautes concrétions de pierres blanches aux formes tourmentées, trouées comme du gruyère, semblaient d'immenses statues rongées par le temps au-dessus d'une seule surface plane qui s'arrêtait à la mer ; le village lui-même était bâti entre trois ou quatre de ces tours naturelles auxquelles il s'appuyait ; on apercevait de loin en loin des chevaux qui paissaient en liberté sur le caillou blanc. « La seule distraction des officiers était de monter à cheval : chaque jour, ils faisaient vingt fois le tour de l'île au galop et le directeur adjoint qui nous conduisait avait l'allure, mince et basané, d'un joueur de polo. » Parvenu à la porte de la première enceinte, le cavalier soudain égaré dans son monde à la Tanguy ou à la Chirico avait confié Luc à un surveillant-chef pour proposer à Consuelo de lui faire visiter les ruines d'une villa romaine en bordure de la mer : il y restait, affirmait-il, de très beaux restes de mosaïques. C'est donc seul que Luc avait pénétré au cœur de la prison qui était l'image parfaite d'un univers carcéral d'un autre temps, véritable enfer blanc écrasé de soleil au milieu des cailloutis d'une île isolée, cernée de rochers dangereux. Les hommes vivaient là dans un état de dénuement extrême et les quelques Français qu'on avait présentés au consul étaient de malheureux êtres hâves, maigres, mal rasés, qui paraissaient flotter dans des vêtements de toile. Tous se plaignaient, bien sûr, du sort qui leur était fait ; mais tous, aussi, remarquaient avec un bel ensemble qu'il y avait sur l'île un autre Français plus malheureux qu'eux, gardant toutefois un silence prudent sur celui qu'ils appelaient seulement Pierrot. Interrogé davantage, l'un d'eux — le plus maigre, peut-être, qui grelottait de fièvre dans le parloir chauffé à blanc sous le soleil où ils recevaient leurs visites — avait fini par donner le nom de l'infortuné Pierrot Malacci, un Marseillais que les autorités de l'île auraient, selon lui, maintenu en « régime spécial » depuis plus d'un an. Son nom ne figurait pas sur les listes du consul, qui avait questionné le gardien ; gêné, celui-ci en avait référé à un chef et on avait fini par amener à Luc non pas un, mais deux autres prisonniers. L'un, moins dépenaillé que ses compagnons, ressemblait pourtant à tous les autres : le second, rasé de frais, sentait bon le patchouli ; vêtu d'un survêtement de sport, il avait l'allure d'un sportif des beaux quartiers qui revient de son jogging : c'était ce Malacci, « chimiste » de son état et condamné à dix ans de prison pour trafic de drogue par la justice italienne. A ne s'y pas tromper, c'était le caïd de la prison, il donnait ses ordres aux gardiens et recevait assez d'argent du continent pour se procurer les mille suppléments nécessaires au maigre ordinaire de l'île. Il expliqua sans détour qu'il avait lui-même demandé que les autorités françaises ignorassent sa présence dans l'île, pour des raisons sur lesquelles il refusa de s'attarder. Ne l'ayant jamais rencontré car il bénéficiait ainsi d'un régime bien spécial en vérité, tous ses compagnons étaient persuadés que Malacci crevait de faim au fond d'une cellule solitaire alors qu'il avait droit quand il le voulait à la bistecca fiorentina arrosée d'excellent chianti ; il s'était, à bon compte, forgé une réputation de martyr et il n'était pas un prisonnier dans l'île qui, le moment venu, ne se fût proposé à l'aider à s'évader, ce qui devait d'ailleurs arriver peu après le passage de Luc, avec la complicité des gardiens qu'il arrosait grassement. Quant à son camarade, c'était ce Marcel, que nous venions de voir à l'hôtel d'Arrezo ; il achevait alors de purger sa peine et servait, en quelque sorte, de valet à Malacci. Ce dernier plastronna encore un moment, gonflant sous son sweat-shirt des muscles qu'on devinait savamment entretenus et Luc dut demander au surveillant de le faire sortir pour rester seul avec Marcel. Après le départ du caïd, l'autre ne fit pas de difficulté pour reconnaître qu'il servait d'esclave — et plus — à Malacci. « Bien sûr, au début, je n'aimais pas trop me faire enc..., mais on s'habitue à tout ! » remarqua-t-il avec un sourire un peu voilé. Luc allait en rester là quand la réponse que fit ce Marcel à une question posée au hasard le retint pourtant. Au consul qui lui demandait ce qu'il faisait toute la journée pour ne pas s'ennuyer — « Question absurde, reconnut Luc : que pouvaient bien faire tous ces hommes sur cette île nue sinon simplement attendre ! » —, l'homme à tout faire du caïd avait simplement répondu qu'il lisait beaucoup. « Quoi donc ? » s'était enquis Luc ; et c'est le plus naturellement du monde que l'autre avait répondu qu'il lisait du Balzac, dont la bibliothèque de la prison possédait une collection des œuvres complètes en français ! Ainsi, le consul en visite dans un pénitencier perdu au large des côtes italiennes avait découvert qu'un détenu français, dont l'éducation n'avait pas dépassé le certificat d'études, passait sa vie parmi les Diane de Maufrigneuse et les princesses de Cadignan dont il n'était pas un moment de la carrière mouvementée qui lui fût étranger. Semblable à ce personnage d'un roman d'Evelyn Waugh qui retient prisonnier en pleine jungle amazonienne un aviateur tombé du ciel pour qu'il lui lise Dickens, ce Marcel vivait depuis dix ans en symbiose étroite avec tous les personnages de Balzac parce qu'une vieille demoiselle française morte à Porto Ferraio avait légué une partie de sa bibliothèque aux prisonniers français de Pianosa ; et cet homme qui ne savait même pas qui était Balzac s'était pris d'une passion pour ses héros, dont il reconstituait à travers toute *La Comédie humaine* les généalogies, les mariages, les alliances et les destins. C'était Balzac, en somme, qui l'avait sauvé de la déchéance où ses compagnons étaient tombés ; l'arrivée de Malacci dans l'île avait fait le reste, celui-ci l'avait pris à son service et versait de l'argent pour lui sur un compte bancaire à Piombino.

Luc était resté un moment à évoquer avec le prisonnier les mille et une passerelles entre les Scènes de la Vie de province et celles de la Vie privée, puis le gardien qui l'accompagnait l'avait reconduit en voiture jusqu'à l'unique bar du village construit hors de l'enceinte ; Consuelo n'était revenue que beaucoup plus tard de sa promenade avec le beau joueur de polo ; elle était rouge, parlait trop fort de la villa romaine où Auguste avait relégué Agrippa avant de le faire assassiner ; le consul avait deviné à son animation que le trop charmant guide avait dû, parmi les mosaïques anciennes, lui parler d'autre chose que d'histoire romaine. « Mais je te l'ai dit : de toute façon et sans qu'elle s'en doute le moins du monde, Consuelo m'a toujours donné la meilleure part d'elle-même. Le reste est sans importance. »

« Quelques mois après, a conclu Luc, mon Marcel était libéré ; trois semaines plus tard, il se mettait en ménage avec la veuve de l'homme qu'il avait assassiné pour quelques grammes d'héroïne ; son compte en banque à Piombino lui a permis de s'acheter cet hôtel ; il vit ici, heureux, et il a oublié Malacci et le reste », conclut mon ami. J'ai interrogé : « Et Balzac ? »Luc a payé son café à la Maddalena du comptoir : « Balzac ? Il l'a oublié avec le reste. Le soir, il regarde les matches de football à la télévision ! »

Dehors, la foule du samedi matin montait à l'assaut des échoppes et nous avons dû jouer des coudes pour atteindre la rue. Le récit de Luc me troublait : peut-on ainsi vivre si près du monde de l'esprit comme l'avait fait ce Marcel, pour s'en éloigner aussitôt ? Après l'histoire de l'homme aux abeilles, celle du prisonnier qui lisait Balzac : j'ai eu brusquement le sentiment que mon compagnon s'amusait à me voir envahi par le destin des autres. Mais Luc m'a attrapé par le bras ; on aurait dit qu'il avait deviné mes pensées : « Rassure-toi, pour ce pauvre bougre, Vautrin et Rubempré, c'était une sorte d'immense polar dans lequel il s'était laissé emporter, faute de mieux ! » L'énergie qu'avait mise le prisonnier de Pianosa à survivre — tous les autres étaient devenus ces épaves... — me bouleversait pourtant.

Bric-à-brac en désordre par toute la ville, les étals des brocanteurs deviennent, sur la Piazza Grande, des greniers dévalisés où s'accumulent les meubles les plus lourds, bahuts fracassés, bancs de ferme, grille désossées, tables en morceaux dont les dernières planches ont échappé aux braseros des soirées de brouillard. Sous la pluie fine qui commençait à tomber, les marchands faisaient le dos rond tandis que l'eau du ciel achevait de ruiner ces carcasses et ces fers rouillés. Nous avons gagné un abri sous la longue loggia qui borde un côté de la place ; là se regroupent plus volontiers des vendeurs de tableaux ou de satuettes d'un peu meilleure provenance peut-être que sur le reste de la brocante. Un marchand proposait un lot de dessins anciens, assez beaux au demeurant, qui représentaient tous, à l'encre rouge, des vues de Rome ou de Florence. Luc, à l'écart, marchandait un encrier ancien ; étonné de ma trouvaille, je l'appelai ; il connaissait le propriétaire des dessins et le salua. Comme je m'intéressais à une vue du palais de Franca, précisément, le vendeur me la retira précipitamment des mains, en proposant à la place une assez bonne gravure du siècle dernier. Je m'étonnais devant Luc de la manœuvre : « Tu n'as pas compris que ce sont tous des faux ? m'expliqua-t-il ; je connais le type qui a dessiné ces vedute : c'est un peintre plein de talent qui n'a jamais pu vendre une toile ; alors, il fabrique de petits faux en série, si bien imités qu'on s'y méprendrait s'il ne prenait soin de marquer chacun de ses chefs-d'œuvre d'un signe que lui seul peut retrouver mais qui suffirait à prouver sa vraie fausse bonne foi si on venait à l'inquiéter. » Luc m'a alors montré, dans l'angle de chaque dessin, caché parmi les herbes d'une ruine ou jusque dans les pierres du palais Bancacci, la minuscule silhouette d'une femme nue, outrageusement obscène qui, de dessin à dessin chaque fois répétée, semblait narguer le gogo qui s'était laissé prendre. « A l'aide d'une loupe, m'expliqua encore Luc, on peut découvrir que, loin de se ressembler, chacune de ces petites dames est différente, et mon ami Camillo qui les a dessinées affirme qu'elles représentent toutes, dans l'attitude qui leur était plus familière, des femmes qu'il a possédées : c'est sa manière à lui de demeurer fidèle à ses souvenirs. » « Ce Camillo est très lié à Franca, a remarqué Luc un peu plus tard, pour préciser ensuite et plus encore à son fils Bettino, peut-être... » :

« Je vois de temps en temps Bettino », a murmuré encore Luc en caressant de la main une petite dame en bronze qu'on a stupidement montée en lampe. J'ai sursauté : « Je croyais que... » Mais Luc, sans lever les yeux de la figurine aux formes patinées par d'autres mains qui se sont attardées comme les siennes sur les hanches et sur les seins jusqu'à donner là au bronze des reflets plus clairs, a poursuivi : « Bien sûr, Bettino se cache ; mais c'est Franca qui le cache, et chez elle : il n'a pas quitté le palais ; d'ailleurs, le questeur qui conduit l'enquête le sait bien ; mais il a trop d'affection pour Franca pour en rien dire à ses hommes. »

Nous étions toujours arrêtés devant l'étal du vendeur de dessins ; la pluie qui tombait avec une effarante régularité enveloppait la place en contrebas d'un même rideau uniforme et presque transparent, qui donnait aux hommes, regroupés par quatre ou cinq sous des bâches ou des parapluies parmi les meubles éventrés, l'allure de personnages de théâtre aperçus à travers une gaze. Luc n'avait cessé de manipuler la figurine de bronze et je devinais qu'il prenait une sorte de plaisir machinal à en effleurer les formes du bout de l'index ; dans le même temps, il contemplait comme moi cette place tout encombrée d'objets hétéroclites et de silhouettes incongrues, encapuchonnées, caparaçonnées de cuir ou de capes de berger, mais avec une autre attention. Son regard bleu brillait, sa narine palpitait, je devinais qu'il jouissait profondément, intensément, du seul plaisir de se trouver là, dans cette loggia bourdonnante des conversations des brocanteurs, tout en observant en bas le spectacle à la fois parfaitement irréel et réaliste à la Bruegel de ces marchands emmitouflés sous la pluie comme des patineurs sur un lac glacé. Je le regardais d'abord à la dérobée, puis sans chercher à dissimuler mon intérêt : il humait l'air frais, les odeurs de feu de bois — des fumées s'élevaient çà et là malgré la pluie —, bientôt celles de saucisses grillées, car sous les arcades de la mairie on mangeait déjà ferme, et je comprenais qu'il savourait ces parfums, jusqu'aux effluves mêmes du brouillard — puisque le brouillard a son odeur pour qui sait la deviner. Le profil tendu, le nez, les yeux aux aguets, il prolongea encore quelques secondes son attention, puis tout son visage sembla se détendre, il reposa la statuette de bronze sur le tréteau devant lui pour me sourire de l'air un peu navré du jouisseur pris en faute. « Eh oui, me dit-il, je savoure l'instant, et pour n'en faire rien d'autre que ressentir le bonheur du moment, dût-il ne durer que quelques secondes... » Luc avait trop bien compris tout ce que je n'avais pas dit ; je pouvais donc l'interroger : « Et le souvenir, ensuite ? » Il alluma une cigarette, aspira longuement la fumée — plaisir, aussi — qu'il rejeta dans l'air : « Le souvenir ? s'il reste un souvenir, oui, pourquoi pas ? c'est aussi le plaisir ; mais le souvenir n'est pas le plus important. » Pour Luc, seul comptait le bonheur vécu au présent. « Je suis consul, après tout, s'excusa-t-il, et je ne connais que des joies simples et administrativement définies : je ne tire de plan ni sur l'avenir ni sur la mémoire, moins encore sur la comète écriture ; je regarde et je profite, un point c'est tout ! »

La pluie semblait s'éclaircir. Je voulus l'interroger à nouveau sur Franca, Bettino ou sa sœur, il esquiva la réponse : « La vie de nos amis Bancacci est si bien repliée, comme lovée autour de la bibliothèque circulaire du vieux Francesco, qu'aucun de nous ne peut rien pour aucun d'entre eux ; tout juste le procureur peut-il fermer les yeux et savoir ne pas trop voir. Quant à moi, je ne peux pas ne pas voir, mais je ne veux rien en savoir. » Giuliano avait été son ami bien avant d'être le mien et, le premier, Luc avait connu Franca jeune fille qui allait se marier en blanc dans une robe dessinée par son ami Tirelli, costumier de tant de reines brisées et autres vestales immolées sur les scènes de tous les opéras d'Italie. On avait célébré les noces dans une villa du plein Chianti ; un cousin cardinal avait dit la messe dans la chapelle dessinée par Michelozzo pour quelque Médicis et puis on avait tendu des voiles sur la terrasse au-dessus de la vallée : « Je n'ai jamais vu de mariée plus belle que Franca ce jour-là... » J'ai lancé un regard à Luc : « Je croyais que le souvenir... » Il a haussé les épaules : « Ce ne sont pas des souvenirs : tout au plus de vieilles photographies que je n'ai pas déchirées. »

La pluie a soudain redoublé d'intensité ; les marchands éparpillés au milieu de la place et qui se protégeaient jusque-là comme ils le pouvaient sous leurs bâches ont couru vers la loggia et se sont entassés dans les deux ou trois cafés déjà pleins d'odeurs, de fumée et des relents un peu aigres de vin blanc ; comme les autres, Luc a commandé un verre, puis deux, puis trois, de la vernaccia transparente que produisent les vignes Bancacci de San Gimignano.

A mesure que la matinée s'écoulait, la foule dans les rues devenait plus dense : un week-end par mois, l'immense brocante d'Arezzo — l'une des plus célèbres d'Italie — s'étale dans toute la ville, monte à l'assaut des ruelles les plus escarpées, des rampes d'escaliers pour s'achever sur ce passagio del Prato où j'avais vu la veille au soir les camionneurs battre le pavé autour des braseros, en une sorte de débarras plus hétéroclite encore, fait des objets ou des meubles les plus humbles, les plus dépenaillés que des chiffonniers exposent là comme aux puces les plus mornes de Paris, entre les portes de Gentilly et de Châtillon.

C'est là-haut, au sommet de la ville, que nous nous sommes retrouvés, peut-être simplement parce que les curieux en mal de curiosités et les chineurs de tout poil y étaient un peu moins nombreux. Arezzo s'étendait au-dessous de nous, uniformément grise, à peine trouée des clochers pointus qui la marquent, çà et là.

« Un jour, je suis venu jusqu'ici avec Consuelo ; j'avais voulu visiter la maison de Vasari, que je ne connaissais pas, et mon amie Consuelo s'était ennuyée ; elle n'aimait guère ces grandes compositions trop académiques et je n'avais pas tenté de lui expliquer le plaisir que je tirais parfois de leur répétition. C'était un matin de brume comme aujourdhui mais la ville était déserte. Elle était aussi grise qu'en ce moment, c'est à peine si on devinait la masse des collines au-delà des dernières maisons, et Consuelo a bâillé : à quoi bon faire tout ce chemin pour se retrouver dans une banlieue de Turin ou de Milan ? Sa Toscane à elle était celle de tous les touristes ou des petits-bourgeois de Florence qui ne savent aimer de leur province que les grands paysages des week-ends à la campagne, lumineux sous le soleil, les rangées de cyprès qui barrent une colline et surtout la maison amie piquée sur son sommet, où l'on passe des heures de farniente à bavarder sur une terrasse parmi les orangers en pot. Nous savons bien, pourtant, que la Toscane peut être belle sous la pluie et dans le brouillard ; qu'il y a au travers de l'Apennin des vallons sinistres et sublimes, des forêts dont on ne voit pas la fin, des carrières de marbre à Carrare et simplement des matins gris comme celui-ci où, par-delà des nuages et des rues mouillées, au cœur d'une église, une fresque peut, comme ici et d'un coup, vous faire tout oublier, simplement parce qu'elle surgira à vous des profondeurs d'une pénombre où, souvent sans le savoir, vous l'attendiez... Consuelo bâillait donc au-dessus de cette ville de province grise, quand le ciel a paru s'entrouvrir ; un rayon de soleil, venu d'entre deux nuages soudain écartés comme de fabuleuses portes, a frappé de plein fouet le clocher de San Francesco ; alors, pendant quelques secondes, c'est un pont de lumière irisée qui a traversé la ville de part en part. Le temps de ces quelques secondes, Arezzo est devenue une cité irréelle, suspendue au milieu d'une masse éthérée, une ville du rêve, la construction chimérique d'un peintre qui n'aurait jamais vu que la face cachée des portes et des murailles. Et ma Consuelo, qui bâillait toujours, est demeurée la bouche ouverte, stupéfaite devant tant de beauté. Ce n'est pourtant pas la ville au-dessous de nous que j'ai alors regardée mais le visage de mon amie étonnée, que transfigurait, au sens propre du mot, la splendeur de ce qu'elle découvrait. La fantastique beauté de la Toscane faisait de la jeune femme à mes côtés une inconnue à la beauté plus stupéfiante encore. Tout cela n'a duré que ces quelques secondes, un nuage est revenu qui a verrouillé la porte de lumière ; je ne sais pas ce qui s'est passé ensuite, nous avons dû déjeuner quelque part, boire un verre ou deux puis repartir vers Florence, mais je me sentais plus riche et plus fort, simplement parce qu'il y avait eu ce moment d'une Toscane unique et Consuelo, belle au-delà des mots, qui la contemplait. »

Nous étions parvenus à l'extrémité du parc public ; une échoppe était installée en plein air où on débitait du vin d'un tonneau ; Luc s'en est approché, a bu deux verres coup sur coup ; son visage était rouge, j'ai deviné qu'il était un peu ivre.

C'est en redescendant vers le centre de la ville que nous sommes passés devant le plus volumineux amas de meubles pourris et de planches en désordre ; des caisses étaient ouvertes sur le bord du trottoir, un tapis fangeux débordait sur la chaussée. Luc s'est arrêté. La jeune femme qui présidait aux destinées de ce triste déballage, emmitouflée dans un pull-over de grosse laine blanche, un bonnet sur la tête, nous tournait le dos. Luc l'a interpellée par son nom : Maria-Teresa. Elle s'est retournée, le visage pâle aux yeux cernés de bleu sous la laine mouillée ; reconnaissant Luc, elle a rougi brusquement et arraché son bonnet ; des cheveux blonds ont coulé sur ses épaules : elle avait de bonnes joues rondes, le front un peu bas, une certaine beauté cependant. Luc s'est approché et lui a pris la main qu'il a, curieusement, baisée. Avec un petit rire gêné la jeune fille l'a laissé faire. Presque trop cérémonieusement, mon ami m'a alors présenté ; j'ai compris que la petite antiquaire s'appelait Buongentili, du nom du brocanteur qui avait frappé Luc. D'un ton narquois, Luc l'a confirmé : « Eh oui, Maria-Teresa est la petite-fille de notre ami... » Je me suis souvenu des récits de l'Anglais de Montepulciano sur le brocanteur de Pise qui faisait les marchés entre ses trois femmes. « Heureusement que ton grand-père n'est pas là, a remarqué Luc : il n'était pas vraiment d'humeur à plaisanter, hier soir ! » La gamine n'a pas répondu. « Alors, a continué Luc : il paraît que tu as quelque chose à me montrer ? »

Le visage de la jeune fille s'est empourpré davantage ; on aurait dit qu'elle hésitait ; Cordelia, autrefois, rougissait lorsque je lui faisais une demande trop précise ; à voir cette Maria-Teresa mal à l'aise, qui se balançait d'un pied sur l'autre, on aurait bien dit que la question de Luc était trop précise, elle aussi : debout devant son étalage misérable, elle me paraissait belle, maintenant, épaisse peut-être mais jolie et pulpeuse comme peut l'être une paysanne de seize ans. J'ai pensé : fantasmes ! Fantasmes ! Mais Luc a insisté : « Alors, ce livre ? Tu l'as trouvé ? » Maria-Teresa a eu un oui complètement désespéré de petite fille aux abois : le visage de Luc, d'habitude souriant, sinon ironique, était devenu dur, et j'ai eu brusquement la certitude que toute la promenade que nous avions faite depuis le matin dans la ville, voire à travers la Toscane depuis que nous avions quitté Florence, n'avait d'autre but que d'en arriver là. La petite marchande retenait son souffle, immobile — j'allais dire : pétrifiée ; alors, la voix de mon ami est devenue rauque de colère : « Tu l'as, ce livre, oui ou non ? » La gamine a secoué la tête une dernière fois, puis elle est revenue derrière son bric-à-brac, s'est accroupie parmi les meubles défoncés, pour soulever un couvercle et se relever, tendant à Luc, sans un mot, un gros volume relié de cuir fatigué. Luc a pris le livre ; il a eu vers moi un regard de triomphe puis s'est retourné vers cette Maria-Teresa, qui pleurait maintenant, sous la pluie qui s'était remise à tomber. « Tu es une bonne petite fille, Maria-Teresa, merci... » Le livre sous le bras, il m'a entraîné dans le bas de la ville.

Lorsque nous sommes entrés dans le grand café qui fait face à l'église San Francesco, Luc a commandé un pichet de vin blanc ; ensuite, comme s'il ne s'agissait que d'une formalité, il a ouvert le livre, en a feuilleté quelques pages et posément, coup sur coup, a encore vidé trois verres de vin. Je l'ai alors interrogé : « Tu savais que tu le trouverais, n'est-ce pas ? » Il a secoué le menton : « Bien sûr. Maria-Teresa me l'avait promis. » Il a baissé la voix. Autour de nous, des brocanteurs et des villageois avalaient de gros sandwiches qu'on apportait par platées entières des cuisines ; d'une salle voisine venait le bruit de boules de billard qui s'entrechoquaient ; quelques touristes, un trio de Français à deux tables de nous, parlaient trop fort. « C'est probablement tout ce qu'il reste de ta fameuse malle de Stendhal, a-t-il murmuré : je n'allais pas le laisser passer comme ça ! — Et la gamine ? — Oh ! elle... » Il s'est tu un moment avant d'ajouter : « Disons qu'elle me veut du bien et que je ne lui veux pas trop de mal. »

A sa voix plus mordante que d'ordinaire, je devinais que ce n'était toujours pas le Luc souriant et désabusé des jours de Ménerbes ou même de Florence qui était en face de moi. L'avidité avec laquelle il caressait de la main le plat du volume posé devant lui me rappelait d'ailleurs un homme que j'avais bien connu, autrefois, il y a si peu de temps, qui courait de libraire en libraire à travers l'Europe, achetant toujours, achetant encore pour remplir, rayon après rayon, une bibliothèque infinie qui avait peu à peu constitué entre le monde et lui une barrière infranchissable faite des idées des autres, de leur image, de livres en somme — et cet homme était moi. Luc, alors, me raillait : « Tu ne crois pas que tu vas finir par ne plus savoir lire ? » Je protestais avec indignation, mais je savais bien, au fond, qu'il avait raison. C'était pourtant Luc qui, ce matin, venait de faire pleurer une petite fille avec laquelle il avait probablement couché un jour, pour obtenir le volume posé sur la table, entre nous, et dont je n'avais même pas demandé ce qu'il était. Luc n'attendit d'ailleurs pas que je le fisse ; peut-être estimait-il qu'il me devait une explication.

« Tu sais, ce n'est qu'un vieux bouquin d'histoire ; une chronique florentine, attribuée sûrement de manière apocryphe au vieux Francesco Bancacci, dont la famille, indignée par les relents de soufre qui s'en émanaient, a fait rechercher et brûler tous les exemplaires après sa mort. » Je me souvenais du véritable travail de sape que faisait Franca dans la bibliothèque circulaire du palais Bancacci, à la recherche, m'avait-elle assuré, d'un volume qu'elle ne retrouvait pas ; je me souvins aussi de ce poème laissé sur la table de pierre dure qui parlait d'une histoire perdue. Mais Luc poursuivait déjà : « Tiens, c'est d'ailleurs un récit qui aurait sûrement plu à l'ami Beyle : une belle chronique d'amour et de mort sur fond de double inceste dans un palais toscan. » Sa voix tremblait, éraillée ; il était maintenant tout à fait ivre et ne demandait qu'à parler ; en quelques phrases, il me raconta une histoire qui évoquait celle des Cenci, dont Stendhal lui-même avait tiré l'une de ses plus fameuses *Chroniques italiennes* : un couple de jumeaux qui s'aimaient d'un amour interdit, le père qui avait voulu s'interposer, le fils qui avait possédé la mère pour qu'elle l'en empêchât et puis le meurtre du père, jamais résolu par un juge amoureux de la mère et décidé à ne pas voir la vérité. Comme il achevait son récit, ce n'était plus pourtant à la belle et infortunée Béatrice Cenci que je pensais. « Eh oui, conclut Luc en m'adressant un clin d'œil, mais l'histoire ressemble trop au drame qui aurait pu se dérouler l'an dernier au palais Bancacci pour qu'il y ait quoi que ce soit de vrai dans les ragots qui ont couru à l'époque à Florence ; il existe parfois des coïncidences si troublantes qu'elles sont seulement là pour donner à rêver, quand la réalité est simple et banale. » Je l'arrêtai : « Dis-moi alors la vérité, Luc : comment est mort Giuliano ? » Luc a reposé son verre avant de me répondre, avec un sourire qui n'était qu'ironie. « Mais de quoi veux-tu qu'il soit mort ? D'un accident d'automobile, et voilà tout. » Il était deux heures de l'après-midi. J'ai pris le livre entre les mains et j'ai lu jusqu'à cinq heures, sans m'interrompre. A la fin de ce récit dont l'auteur, si l'on en croyait la page de titre, était bien Francesco

Bancacci, historien de Florence, le père de Domitilia et de Benito, les jumeaux incestueux devenus parricides, mourait sous les coups de poignard de deux valets de la maison qui se laissaient pendre sans avouer autre chose qu'un crime commis pour un peu d'or. Le cadavre, qu'on avait découvert le long du mur du corridor de Vasari, avait été atrocement mutilé. Quant à la mère, Francesca, elle errait, folle, dans les corridors de la maison.

J'ai reposé le livre sur la table ; en dépit des dénégations de Luc, je me posais encore bien des questions, mais mon ami avait retrouvé son calme ; il souriait, vaguement narquois, comme il l'avait toujours fait : « S'il n'y a rien de vrai dans cette histoire, puis-je savoir pourquoi tu tenais tellement à obtenir ce livre ? » Il m'a regardé, l'air étonné. « Et c'est toi, le collectionneur, le bibliophile, le boulimique de bouquins, qui me poses cette question ? » Je lui ai expliqué que là était précisément la différence entre nous : j'étais collectionneur et lui ne l'était pas. Il a eu le même regard faussement naïf. « Et alors ! On peut imaginer une collection d'un seul livre, non ? » Puis, comme s'il voulait changer de sujet, il m'a demandé : « Tu connais l'histoire de ce petit employé de bureau grec qui était bibliophile ? « Mais je n'étais pas d'humeur à l'entendre me raconter des histoires. Les personnages de la chronique de Francesco Bancacci venaient à moi comme les héros des romans que je suis sur le point d'écrire et qui ressemblent si souvent aux plus chers de mes amis ; Franca et Francesca ; Donatella, Domitilia ; Benito, Bettino et leur père Giuliano qui m'appelait son cousin de France et qui s'était tué en voiture en revenant de sa villa de San Gimignano. Alors Luc a éclaté d'un bon rire, de ce rire fraternel que je lui connais si bien : « Ah ! non ! tu ne vas pas te remettre à écrire un cent et unième roman qui ressemblera à tous ceux que tu as déjà écrits ! Je ne t'ai pas emmené jusqu'ici pour ça ! Si j'ai bien compris, tu es venu en Italie pour te changer les idées et pas pour foncer, une fois de plus, tête baissée, sur le premier chiffon rouge que ton imagination agite devant toi ! » Il s'est levé, renversant les verres devant lui dans un geste trop brusque, et a repoussé sa chaise : « Viens, c'est le moment. » Fendant la foule toujours aussi pressée des consommateurs, il sortait déjà du café et c'est moi qui suis revenu en arrière pour prendre le livre qu'il avait laissé sur la table ; un peu de vin poisseux en maculait la couverture. « Bon Dieu ! J'allais l'oublier ! » Luc en riait. Comme nous quittions enfin le café, il m'a encore lancé : « S'il te fait envie, mon bouquin, tu peux le garder ! » Nous avons traversé la place où les brocanteurs du samedi soir recouvraient déjà leurs étalages ; la nuit commençait à tomber. Une messe s'achevait dans l'église San Francesco quand nous y sommes entrés.

Les grandes fresques de Piero della Francesca, sur les trois parois du chœur de San Francesco d'Arezzo, représentent la légende de la Sainte Croix ; l'image la plus célèbre est celle où la reine de Saba s'incline devant le bois de la Croix, ses dames d'honneur debout derrière elle ; l'une d'elles, coiffée de blanc, les yeux lourds, nous regarde. Je suis demeuré deux heures dans le chœur illuminé de l'église, immobile, cette fois bel et bien pétrifié. Toute la beauté du monde que j'avais pu aimer jadis à travers le monde entier, musique et peinture, poésie, théâtre confondus, me revenait à la mémoire, à la tête et au cœur.

XV

Le lendemain matin, il pleuvait toujours ; j'ai pris seul la route de Borgo Sansepolcro.

Tard dans la nuit, Luc était resté à boire avec moi dans l'arrière-salle du café de Marcel, le prisonnier français de l'île de Pianosa. Il me parlait de Consuelo et de la Toscane, des amis qui s'en allaient ou qui mouraient, de la jeune femme qu'à vingt ans il avait épousée en Amérique et qui était morte aussi, sur une plage de Nouvelle-Angleterre. « Nous avions vingt ans tous les deux et nous nous promenions des journées entières dans des bois mouillés. Alexandra écrivait des poèmes où elle racontait des histoires de chats et de petite fille, elle jouait de la guitare et chantait un peu faux de vieilles ballades d'Écosse ou d'Amérique ; un jour, à la tombée de la nuit, nous avions découvert au milieu d'un bosquet d'érables rouges un cimetière où tous les morts avaient vingt ans et s'appelaient Perceval. » Et moi — qui avais comme lui découvert en compagnie de Cordelia, quelque part au nord de l'Écosse, un cimetière rouge aux morts de vingt ans — je l'écoutais parce que c'était ma propre vie qui se déroulait ainsi, par bribes, autour de bouteilles de vernaccia que Marcel, silencieux, posait sur la table avec des olives noires et de petits crostini au foie de poulet dont le goût m'était devenu si familier que je ne m'en étonnais plus. Le visage congestionné, les yeux injectés de sang, Luc parlait et buvait. Avec moi, il se souvint à nouveau de Danièle qu'il avait aimée et que j'ai peut-être aimée, de Jean-Claude qui était son ami comme il était le mien et d'une soirée sur la terrasse face au Luberon où Danièle, la femme forte et belle, décidée, sûre d'elle et des idées pour lesquelles elle se battait, s'était laissée aller contre lui, un peu ivre, en disant doucement que la vie, parfois, était lourde et difficile ; il me raconta comment il l'avait trouvée quelques heures plus tard inanimée, un tube de comprimés vide à côté d'elle ; comment il l'avait transportée de nuit à Cavaillon tandis que Jean-Claude, à Paris pour quarante-huit heures, n'en avait jamais rien su ; et c'était l'image de Claudia dans la villa de Fiesole, qui me revenait à la mémoire : Claudia, comme Danièle, un soir... J'avais appelé l'ambulance et nul n'en avait plus rien su ; pas même moi, qui avais voulu l'oublier. Le nom de Danièle dura encore un peu, comme une musique triste : elle allait bientôt nous rejoindre, oui, mais à quoi bon ? Puis Luc passa à d'autres noms, d'autres visages, d'autres femmes. Il parlait seul, d'une voix rauque et que la fumée des cigarettes, qu'il allumait l'une à l'autre, obscurcissait encore : mes souvenirs répondaient aux siens par un jeu de miroirs où l'un appelait l'autre, et je me disais que mon ami consul dont j'avais toujours envié la belle nonchalance, la désinvolture tout juste un peu résignée, était un pauvre homme en qui je frémissais maintenant de trop me reconnaître. Mais le visage de la dame au turban blanc et au regard lourd de la reine de Saba s'imposait à moi, et la haute stature des figures peintes à Arezzo voilà cinq cents ans par Piero della Francesca, mort aveugle trente ans plus tard, calmait mes angoisses à chaque instant de doute. Tout à fait ivre, Luc pleurait maintenant en face de moi. « Tu comprends pourquoi, malgré tout, et presque malgré elle, je tiens tant à Consuelo ? pourquoi je suis accroché à elle simplement parce que son corps est beau et que je suis un vieil homme ? » Il me dit encore la peur qu'il avait, comme une douleur à travers les tripes, de voir les femmes jeunes et qu'il aurait pu aimer se détourner toutes, tour à tour, de lui ; il me dit les putains qu'il se payait la nuit du côté des Cascine parce que aucune autre n'avait répondu, le soir, à ses appels ; il avoua l'horreur fascinée qu'il avait éprouvée, dans une chambre d'hôtel de la via del Prato, lorsqu'il avait découvert que la gamine ramassée dans les allées du jardin public était un travesti — et les gestes qu'il avait laissé faire : chaque parole, très crue, m'éloignait maintenant davantage de lui.

Il me parla enfin du livre qu'il avait toujours voulu écrire et n'avait jamais commencé. Il me montra le volume des chroniques de Francesco Bancacci : « Même ça, dit-il, ne me servira à rien ! » Il avait pourtant espéré, tenté, joué avec mille projets qui s'étaient tous évanouis devant la feuille blanche. « Je me disais qu'on écrit comme on bande, et je bandais si bien », gémit-il ; pour ajouter dans un sanglot qu'il savait maintenant qu'il ne banderait plus.

J'aurais voulu me lever, mettre un terme à ces aveux qui me semblaient, comme tous les autres, subitement insoutenables, obscènes, mais je buvais peut-être autant que lui, j'étais incapable d'un autre geste que celui de porter mon verre à ma bouche : seul le visage de la servante souveraine peinte par Piero della Francesca m'éclairait dans la nuit où, tâtonnant, je m'enfonçais avec Luc. Lorsque je me suis enfin endormi, je ne sais qui m'a aidé à marcher jusqu'à ma chambre. Je me suis réveillé tard, le dimanche matin ; Marcel, l'aubergiste, m'a annoncé que Luc était reparti en train pour Florence ; il m'avait laissé sa voiture.

Cela fait six ans que je ne conduis plus. Quand me suis-je arrêté de conduire ? Je ne le sais pas très bien. J'ai commencé par avoir un accident quelque part sur l'autoroute de Chartres ; à cent trente kilomètres à l'heure, j'ai perdu le contrôle d'une voiture qu'on m'avait prêtée, je portais une ceinture de sécurité, elle m'a sauvé ; ensuite, j'ai eu peur. J'ai d'abord conduit moins vite, moins souvent, et je n'ai plus conduit du tout. Lorsque je m'en suis rendu compte — parce que j'ai encore mis quelques mois à m'en apercevoir —, j'ai pensé qu'après m'avoir fait arrêter le ski, puis les randonnées à pied dans la montagne, c'était encore un point qui marquait l'âge sur moi : je ne conduirais plus. J'ai dit comment, de la même façon, je m'étais habitué à ne plus écouter, à ne plus voir, à ne plus aimer et — depuis mon arrivée en Toscane — à ne plus me souvenir : ce doit être dans l'ordre des choses et conforme à la marche du temps, à la mort lente mais sûre de ces petites cellules qui sont en nous pour nous aider à penser, à goûter, à nous souvenir ou à monter un escalier en courant ; un jour, on se souvient moins bien, on recherche un nom qu'on a sur le bout de la langue et qui ne revient plus, puis un autre, un autre encore, et on constate avec un sourire navré : « Je commence à perdre la mémoire. » De la même façon, Luc l'a dit hier soir, on remarque un jour : « Je ne bande plus » et c'est encore un rideau qui se tire entre l'homme qu'on était et celui qu'on est devenu. Hemingway, Montherlant se sont tiré une balle dans la tête mais je suis cet écrivain dont j'ai pu dire tant de fois, pensant au personnage de *La Mouette* de Tchekhov : « Lorsque je serai bien mort et qu'on viendra sur ma tombe, on dira : oui, Trigorine n'était pas un mauvais écrivain ; mais ce n'était pas Pouchkine ! ni Tolstoï ! » Pourtant quand je ne pourrai plus baiser, ou écrire, ou sentir, je ne me tirerai pas une balle dans la tête pour autant ; je vis déjà si bien — si mal ! — dans l'impuissance de sentir : je multiplierai mes impuissances et voilà tout ; je survivrai encore. On s'accroche à ce qu'il nous reste de corps (ce qu'il nous reste d'esprit) quand il ne nous en reste plus beaucoup ; le peu qui demeure, c'est alors tant ! et un gamin qui se flingue à vingt ans ne sait pas ce qu'il fait, voilà sa seule excuse.

Aussi est-ce avec une curieuse appréhension, faite d'un peu d'inquiétude, d'excitation pourtant, que j'ai pris le volant de la grosse voiture bleu de nuit que m'a laissée Luc ; pendant les premiers kilomètres, l'inquiétude est devenue plus forte — j'ai failli rater un tournant — puis l'excitation a pris le dessus, et ensuite une étrange ivresse : je savais encore conduire, je conduisais ! Je jouais de mon volant, des pédales à mes pieds, du changement de vitesse avec une aisance déconcertante. Mais la veille, devant les fresques de Piero della Francesca, et l'avant-veille, dans l'odeur de brouillard sur Arezzo, quelques jours plus tôt quand j'avais goûté le pain et le vin, à Montalcino, n'avais-je pas déjà vu, humé, et pour tout dire, aimé ? Frappé de bonheur total face à la dame d'honneur de la reine de Saba qui me regardait, j'avais même senti sans autre arrière-pensée que ressentir : savourer la joie pure, celle de l'instant. Alors que jusqu'à ces derniers jours, éternel Trigorine selon Tchekhov, je ne pouvais admirer la forme d'un nuage dans le ciel (il ressemblait à un piano ou à un éléphant !) ni respirer l'odeur d'héliotrope dans le soir (chez moi de lavande), sans me dire : « Tiens : il faudra que je retienne ça, ça pourra servir un jour dans un roman ! » —, dans le chœur de l'église d'Arezzo je ne cherchais plus rien à retenir : je respirais seulement très fort, parce que j'étais face à la beauté et que je m'y trouvais bien.

De la même façon, au volant de la voiture qui me conduit sous la même pluie fine à travers cette Toscane centrale, montagneuse, ravinée, je me sens « bien » ; et le seul fait que j'aie décidé d'aller seul jusqu'à Borgo Sansepolcro suivre à la trace les peintures de Piero della Francesca qui dessinent à travers cette partie de la Toscane un itinéraire fabuleux accroît encore mon excitation : que j'aie peur, que je redoute sourdement, arrivé dans le petit musée de la ville où naquit le plus grand peintre de cette fin du Quattrocento, de retomber dans mes impuissances — ne pas voir, ou voir si mal, le grand *Christ sortant du tombeau* — rajoute à cette fébrilité le frisson du danger.

La route serpente à travers les premiers contreforts de l'Apennin jusqu'au col de la Scheggia — l'Écharde... — où mes amis Lorenzi avaient une maison sur la croupe d'une colline : qu'on en gagnât le sommet, et c'était précisément l'arrière-plan du *Christ ressuscité* de Piero della Francesca qui se dévoilait : Piero avait dessiné de là, un jour où il avait fait halte entre Sansepolcro et Arezzo, dans le relais de poste qui existe toujours en bordure de la route ; de la Scheggia, on reconnaît chaque courbe du terrain, qu'on retrouve sur sa peinture, jusqu'au château de Montaiuto qu'on aperçoit sur la montagne en face. Je sais que je ne verrai rien, que le brouillard, plus épais encore à l'approche du col, m'empêchera d'aller redécouvrir en pleine campagne un des plus grands tableaux du monde, mais peut-être ne suis-je pas encore prêt à revenir dans la grande maison de la Scheggia où j'ai tant de fois, intensément, aimé ces fragments de beauté.

Dans les derniers tournants avant le col, le souvenir de Luc, ivre et en larmes dans l'auberge de son ami Marcel, m'est revenu au cœur comme une petite angoisse ; mais aussi une forme d'espoir : en le laissant derrière moi — quand bien même c'était lui qui m'avait quitté —, ce pouvait être tout ce qu'il y a de gris et de tiède en moi, mes indécisions, mes grandes peines et mes menus effrois, qui m'avaient abandonné. Tandis qu'on me conduisait, ivre moi aussi, jusqu'à ma chambre, on me dépouillait de cette part du vieil homme qui me colle à la peau ; et peut-être qu'en cette nuit passée sur un mauvais lit dans la mauvaise chambre d'un mauvais hôtel dont je n'ai gardé aucun souvenir, quelque chose de neuf est ressuscité en moi. Ainsi, Luc m'aurait délibérément conduit jusque-là, me forçant presque à le suivre, pour me laisser lui prendre tout ce qu'il y avait en lui d'un peu fort, d'un peu riche, d'un peu jeune encore — et il aurait accepté de recevoir le reste en échange : mes terreurs et mes faiblesses. Pourquoi pas ? Après tout, ce sont des morts qu'échangent entre elles la mère supérieure du Carmel de Compiègne et la petite sœur Blanche de La Force dans la pièce de Bernanos : échanger des vies n'est sûrement pas plus difficile ! Et je me prends à prononcer à haute voix le nom de Luc avec un sentiment de reconnaissance infinie, quand, d'un coup, ma voiture oblique à gauche ; je veux la redresser, elle dérape sur le gravillon mouillé, fonce vers le talus, revient à droite et s'immobilise net au bord du vide. Le sang me bat aux tempes, mon souffle s'est arrêté, je reprends ma respiration avec difficulté : tout n'est pas si facile ! Lentement, je dégage l'avant de la grosse Renault suspendu dans les ronces — au-delà, il y a l'abîme ; crispé sur le volant, le pied enfoncé sur la pédale de débrayage, j'achève une marche arrière hésitante et, lentement, plus lentement encore, je reprends la direction du col. J'ai eu très peur. J'ai encore peur.

C'est le grand-père de Giancarlo, le vieux Lorenzo Lorenzi, fabricant de pasta, d'huile, de conserves, que sais-je encore ? de panettoni à Noël, qui a acheté au lendemain de la Première Guerre mondiale l'immense domaine de la Scheggia, avec ses dix ou douze grosses fermes et les milliers d'hectares de forêt qui les entourent. La maison principale est laide, franchement laide, grande et lourde bâtisse de pierre grise qu'on dirait simplement faite de blocs montés les uns sur les autres dans l'unique repli de terrain, peut-être, d'où l'on n'ait absolument aucune vue ; aussi les fils, puis les petits-fils de ce Lorenzo Lorenzi, ont-ils construit autour de la demeure du patriarche des villas à peine moins laides, mais confortables et d'où la vue s'étend cette fois très loin sur les deux versants du col : d'un côté, c'est la vallée de l'Arno, de l'autre celle du Tibre, nous sommes sur l'étroite ligne des crêtes :

la lame du couteau, au point de rencontre de deux civilisations, deux époques, deux mondes, Florence qui l'emporte sur Rome et Rome enfin qui gagne, pour mieux, lentement, mourir, pourrir.

Je venais à la Scheggia en compagnie d'une jeune Américaine qui s'appelait Nancy et étudiait l'histoire de l'art à l'université de Florence ; elle travaillait, précisément, sur Piero della Francesca et me disait que là, au sommet du col d'où on pouvait imaginer que s'était levé du tombeau le Christ ressuscité de Sansepolcro, on se trouvait au carrefour central d'un itinéraire fabuleux qui était celui de l'histoire de la peinture dans cette fin du Quattrocento : Melozzo da Forli, Andrea del Castagno, Domenico Veneziano et Piero lui-même étaient les quatre points cardinaux d'un art qui se détachait des mièvreries d'une religion affadie comme des sophistications de l'esprit à la mode de Florence, pour isoler l'homme dans un univers où il était seul, face à lui-même, et pouvant parler d'égal à égal avec Dieu. Dix ans plus tard, je retrouverais Nancy à la Scheggia, où Giancarlo lui avait laissé une maison. Elle avait hérité de son père une fantastique fortune, des journaux, une maison d'édition à New York et quelques chaînes de télévision ; elle possédait un appartement sur trois étages de Park Avenue et des kyrielles de secrétaires, assistantes, hôtesses, toutes blondes comme elle, décolorées, le nez chaussé de grosses lunettes d'écaille et qui la suivaient dans chacun de ses déplacements. Protestante, presbytérienne, je crois bien, elle s'était convertie au catholicisme, et entraînait dans son sillage un père Falconetti, jésuite romain rencontré dans une soirée sur Madison Avenue, qu'elle avait pris à son service, confesseur et aumônier particulier tout à la fois. Elle faisait maigre le vendredi, se faisait célébrer sa messe à elle tous les matins par le père Falconetti, fût-ce dans une chambre d'hôtel, et revenait en Italie pour acheter des tableaux : on affirmait dans les salles de vente que ses moyens dépassaient ceux de la Fondation Getty et qu'elle pouvait tout s'offrir ; elle achetait dès lors à tour de bras et on achetait pour elle d'un bout à l'autre du monde ; mais elle n'achetait que la peinture de la Renaissance et le père Falconetti avait dû soudoyer suffisamment de curés de campagne à travers la Toscane et l'Ombrie car elle avait dans son appartement-coffre-fort de New York assez de retables florentins ou siennois pour faire pâlir de dépit tous les conservateurs des grands musées du monde. Son seul regret était de ne pas posséder — et pour cause ! — de Piero della Francesca. Lorsque je l'avais revue, elle m'avait alors expliqué qu'elle revenait chaque année s'installer plusieurs semaines à la Scheggia pour, de là, rayonner à travers le pays de Piero : « Je regarde de loin la seule chose au monde que je ne pourrai jamais m'offrir : tu vois, il y a une morale dans la vie, même pour les pauvres petites filles riches comme moi ! » A vingt ans, elle était déjà solide, bien en chair, dix ans plus tard, elle avait seulement pris quelques kilos, son visage s'était élargi, elle était peut-être plus désirable, je l'avais à nouveau désirée ; elle m'avait laissé lui caresser la main, lui donner peut-être quelques baisers dans le cou ou sur les lèvres, puis elle avait refusé : elle était croyante, me dit-elle, et « ne pratiquait plus la fornication en dehors des liens sacrés du mariage » — ç'avaient été ses mots, mais elle y avait mis quand même ce qu'il fallait d'ironie pour me faire sourire. Hélène m'avait quitté, nous venions de divorcer, j'ai lancé à Nancy, comme une boutade : « Très bien, dans ce cas, nous allons nous marier. »

Elle m'a regardé gravement, a paru hésiter un moment avant de répondre, puis m'a interrogé : « Tu le veux vraiment ? » J'ai cru qu'elle plaisantait ; j'ai répondu : « Pourquoi pas ? » Alors, son regard est devenu triste : « C'est une vraie demande en mariage ? » (*Is it a real proposal ?*) ; j'avais perdu un peu de mon assurance ; j'ai tenté de jouer : « Bien sûr ; tu es riche, je veux t'épouser pour ton argent. » Elle est devenue plus triste encore ; elle avait compris que je plaisantais : elle a secoué la tête : « Tant pis : ç'aurait pu être bien, tous les deux. »

Pendant la nuit qui avait suivi, la remarque de Nancy avait trotté dans ma tête. « Ç'aurait pu être bien, tous les deux... » : ce sont les derniers mots de Lady Brett à Tyrone Power, impuissant, dans un taxi qui traverse Madrid au petit jour ; dans le film pas si mauvais que ça que Henry King a tiré du *Soleil se lève aussi*, Ava Gardner joue Lady Brett et sa petite phrase a longtemps été pour moi un grand moment de l'histoire du cinéma, comme les derniers mots du capitaine de Boïeldieu dans *La Grande Illusion*, la mort de James Mason qui étend son peignoir sur la plage avant de s'avancer dans la mer pendant une chanson de Judy Garland ou le ton rauque de Mireille Balin pour dire à Jean Gabin qui va la tuer à la fin de *Gueule d'amour* : « J'ai tellement envie d'être bonne avec toi... » Ce n'étaient pourtant pas mes souvenirs de jeune cinéphile impénitent qui me hantaient, cette nuit-là, mais l'espèce de tentation fulgurante et malsaine ; épouser Nancy, riche, millionnaire, milliardaire : pourquoi pas ? Sans me l'avouer, j'ai sûrement envié mes amis riches et il n'y a pas si longtemps, ayant acheté la veille un bel exemplaire — sans plus — des *Fleurs du mal*, je me suis surpris à caresser d'un drôle de regard celui que me montrait mon ami M., en plein maroquin d'époque et orné d'un superbe envoi à Schlésinger, l'Arnoux de *L'Éducation sentimentale* ; pour achever d'aviver mon envie, M. a sorti alors d'un tiroir, comme s'il s'était agi de quelques lettres reçues la veille d'un ami, deux autographes de Baudelaire qu'il venait d'acheter à Drouot, une longue lettre, un poème ajouté aux *Fleurs du mal* avec, pour faire bonne mesure, un admirable dessin de Baudelaire lui-même, qui représentait une femme coiffée d'un catogan, à la manière de Devéria. Je me suis extasié le temps qu'il fallait, mais avec quelle amertume, rentré chez moi, ai-je feuilleté mon édition originale de Baudelaire, toute simplette en « cartonnage d'époque »... Le lendemain, un libraire qui avait assisté à la vente de Drouot m'a dit le prix qu'avait payé M. pour ses lettres, son poème et son dessin : c'était très exactement cent fois ce que j'avais mis, au prix d'un bel effort, pour acquérir mes *Fleurs du mal*... J'épouserais Nancy, avec son appartement sur Park Avenue bourré de primitifs siennois : combien de poèmes autographes de Baudelaire pourrais-je acheter ? et d'éditions de Stendhal annotées par lui-même ? Le seul problème serait, dès lors, de les trouver : tout seul, dans cette chambre de la Scheggia où, dix ans auparavant, j'avais tenu Nancy dans mes bras, je tirais des plans sur la comète, je m'inventais des collections infinies, des bibliothèques de Babel que j'aurais, jusqu'à la fin des temps — c'est-à-dire les quelques années qu'il me resterait à vivre — enrichies, complétées, en sachant que jamais, bien sûr, je n'en verrais le dernier livre, mais que ce dernier livre, désormais, le plus riche manuscrit à figures du XIIIe siècle — un *Roman de la Rose* enluminé tel que celui que j'ai vu passer en vente voilà quelques semaines — appartiendrait quand même au domaine des possibles : je me racontais, en somme, ce soir-là, une histoire pour ne pas m'endormir, comme les histoires de jeunes femmes trop aisément consentantes que je m'inventais autrefois chaque nuit.

J'étais probablement sur le point de succomber au sommeil ; l'image de la Nancy d'il y a dix ans traversait les rangées des livres inabordables, soudain presque accessibles, quand la porte de ma chambre s'est ouverte. C'était la Nancy d'aujourd'hui qui se glissait dans mon lit en murmurant : « Tant pis : je ne pouvais pas ne pas venir. » La nuit, alors, avait été horrible : je ne retrouvais rien du corps gracile de la Nancy d'hier dans les formes, pourtant à peine alourdies, de la femme de trente-cinq ans qui soupirait en s'arc-boutant contre moi ; elle avait bu pour se donner le courage de commettre ce qu'elle a dû appeler plus tard un péché, son haleine empestait l'alcool, elle s'agrippait à moi et je me souvenais avec douleur de la nuit passée avec Claudia dans la villa de Fiesole : la même terreur de ne pas parvenir à la prendre ; mais c'était cette fois une manière de répulsion, de dégoût physique que j'éprouvais pour une femme, jeune encore, chez qui il ne restait pourtant aucune trace de ce que j'avais un jour aimé d'elle.

Le lendemain matin, nous n'avions plus parlé de rien, ni de la nuit écoulée ni, bien sûr, de mariage : même si je me persuadais que l'idée ne m'en était pas vraiment venue, j'éprouvais un sentiment de honte à avoir pu jouer un moment avec elle ; je me disais que ç'aurait été payer trop cher la plus belle *Chartreuse*, l'*Armance* la plus rare du monde — jusqu'à cette malle entière de notre ami Beyle que j'avais cru pendant quelques jours poursuivre à travers la Toscane —, mais cette dernière pensée me rendait plus honteux encore, car elle prouvait que, quelque part au fond de moi, j'aurais pu, fût-ce dans un demi-sommeil, la caresser. Plus tard, lorsque nous avions fait dans l'après-midi la promenade de Borgo Sansepolcro, Nancy avait eu devant le grand *Christ* triomphant — et les soldats endormis en qui nous sommes si nombreux à nous être si bien reconnus — les mêmes paroles lumineuses et simples pour expliquer l'art du peintre, sa réflexion sur les hommes et sur Dieu. Je m'étais dit alors — et c'était le coq qui chantait pour la troisième fois : pour la troisième fois, j'avais honte de moi — qu'il y a les femmes qu'on aime, qu'on baise, fût-ce pour les quitter — et celles qu'on écoute, les amies, nos consciences : Vivienne hier et demain, Claudia avant-hier, cette Nancy ce jour-là. Ayant appris un peu plus tard que l'Américaine avait épousé un gros Allemand aussi riche qu'elle, qu'elle avait bradé ses journaux et ses chaînes de télévision pour venir s'enterrer dans une villa-forteresse gardée par des vigiles en armes et des chiens policiers — terrorisme oblige ! — dans la banlieue de Dusseldorf, je ne suis pas certain d'avoir été vraiment consolé. Le père Falconetti s'est défroqué, il vit avec un romancier californien, je ne suis plus revenu chez mes amis Lorenzi.

J'étais arrêté depuis un moment au sommet du col ; à droite, au-delà d'une grille rouillée, le chemin de la Scheggia s'enfonçait entre deux rangées de cyprès ; à gauche, c'était la route escarpée du château de Montaiuto où Giancarlo m'avait amené un soir rencontrer un couple d'adolescents tout justes mariés qui m'avaient paru étonnamment séduisants et pervers — j'en ai fait, en d'autres temps, les héros d'un roman que je n'ai pas encore osé publier ; devant et derrière, c'était le brouillard. Je savais que, remonté en voiture, j'allais aussitôt plonger dans une masse cotonneuse et je redoutais quelque peu les tournants dangereux avant la vallée : la belle allégresse du départ était bien envolée ; jusqu'à l'image de la jeune femme à la belle coiffe en triangle de Piero della Francesca qui m'échappait. Pendant un instant, j'ai pensé que, ligoté par les angoisses qui me retenaient si bien prisonnier, c'était peut-être là la dernière étape avant la liberté ; mais cet espoir, à peine entrevu, s'est aussitôt dissipé. L'auberge du col — l'ancien relais de poste où les gens d'Arezzo viennent aujourd'hui faire des noces et des banquets — était fermée, volets clos, porte verrouillée, cadenassée ; devant la plaque de marbre qui porte en lettres d'or effacées dans une anfractuosité du rocher les noms de six patriotes fusillés par les Allemands dans les derniers jours de la guerre, on avait coincé un petit bouquet de fleurs — et les fleurs étaient fraîches ; parmi ces noms, celui du père de Barrachi, maire de Montalcino, se détachait en lettres plus claires.

Un message m'attendait à l'hôtel de Borgo Sansepolcro : Danièle m'avait téléphoné de Cortona, où elle devait passer la journée ; elle se proposait de me rejoindre le soir même. Je me suis à nouveau posé la question : Luc ne m'avait-il pas précisément quitté à Arezzo parce que la mission que lui avaient assignée des forces supérieures, auxquelles lui comme moi ne pouvions qu'obéir, s'arrêtait là ? Il m'avait conduit aussi loin qu'il devait aller puis, sur un sanglot d'homme ivre destiné à le rendre à mes yeux plus misérable encore, il s'était éclipsé sur la pointe des pieds. Assis devant l'assiette de pasta aux cèpes, succulente — en compagnie de Nancy, dix ans plus tôt, mais de Cordelia avant elle, et d'Hélène encore avant, j'avais mangé les mêmes cèpes, un peu plus tard les mêmes truffes imbibées du jus des malfatti auxquels ils donnaient une belle couleur sombre — je me doutais bien qu'encore une fois j'étais en train de me raconter une histoire, d'inventer à Luc des comportements et des arrière-pensées, de nous découvrir à nous deux des puissances supérieures et occultes qui n'existaient que dans mon imagination, mais ces nouvelles coïncidences étaient tout de même troublantes. « Allons, avait dit Luc : il y a des coïncidences si étranges qu'elles sont seulement là pour nous donner à rêver... » J'ai repris des malfatti, des cèpes, des truffes, un verre encore d'un *vino nobile* de Montepulciano qui portait l'étiquette des caves de notre amie Jane ; j'ai mangé un *tiramisu* dont j'avais aussi gardé le souvenir : crémeux, léger comme on n'en peut trouver d'autre en Toscane puis, après deux cafés sans sucre, seul et d'un pas résolu, j'ai pris le chemin de la petite pinacothèque communale : il fallait que je me retrouve en tête à tête avec le *Christ* de Piero.

Deux heures plus tard, j'étais de retour sur la place principale que les promeneurs de la fin du soir n'avaient pas encore envahie ; comme à Arezzo et pendant deux heures, en face de la grande peinture de Piero della Francesca, j'avais d'abord été frappé de la même stupeur émerveillée, puis, peu à peu, j'avais retrouvé les chemins disparus d'une rêverie qui devenait méditation attentive, tendue, exigeante ; quittant la grande salle du musée où est exposée la figure fameuse, j'avais pris le temps de m'attarder devant trois ou quatre beaux panneaux de Signorelli que j'avais jusque-là négligés puis, regardant ma montre, je m'étais étonné de la rapidité avec laquelle était passé tout ce temps : ainsi pour la première fois depuis des années je n'étais pas dans un musée avec, pour seul objectif, l'idée d'en sortir bien vite après l'avoir parcouru à grands pas, et de griller une cigarette sur le seuil.

Un jour, peut-être, je pourrai dire les pensées qui m'ont traversé hier devant *La Reine de Saba*, cet après-midi devant *La Résurrection* ; un éditeur ami me demande, depuis combien de temps ? de lui donner un livre qui serait consacré à un peintre ; j'ai longtemps joué avec les noms de Giorgione ou de Tiepolo : je voyais de l'un à l'autre un formidable arc tendu qui raconterait trois siècles d'histoire de la peinture dans la lumière de Venise ; le *Rêve fait à Mantoue* d'Yves Bonnefoy m'a toujours paru le modèle du livre que — quoi que j'en veuille et quoi que j'en fisse — je ne pourrai jamais écrire ; et pourtant, tout à l'heure, devant cet homme, le regard droit et qui se lève, si pleinement Dieu qu'il rendrait la foi au plus déterminé des apostats, j'ai su que le livre dont je caressais le rêve depuis que j'ai commencé à écrire ces histoires qui ne font, en somme, que toutes se ressembler, était là, devant moi, dans le mouvement du corps du Fils de l'Homme pour sortir du tombeau, un genou plié, une main qui retient les pans d'étoffe, l'autre qui brandit l'étendard et les yeux qui voient au-delà de moi en train de le contempler — tandis que les trois soldats qui ne sont que le reflet de mes béances dorment effondrés devant le caveau. Le quatrième soldat, qui se réveille et se frotte les yeux, aurait dès lors été moi, à l'instant où je m'en aperçois.

Le livre est là, oui... Encore faut-il l'écrire et c'est là que je sens, déjà, mes forces me trahir. J'ai bu un chocolat amer dans le fond d'une pasticceria éclairée de lampes de cristal. L'heure tournait lentement et des doutes m'envahissaient à nouveau : cette angoisse de la solitude quand le soir va tomber. J'avais repris pied, certes, dans la dérive qui me ballottait jusque-là ; mais je passais trop aisément de l'exaltation la plus débridée à cet accablement devant ma tasse vide, qui me faisait presque regretter maintenant l'arrivée de Danièle parce qu'elle allait m'empêcher de rentrer dans ma chambre d'hôtel, de fermer mes volets, tirer mes rideaux et, boules Quiès dans les oreilles et masque de sommeil sur les yeux, de ne plus rien attendre.

Je dois bien, pourtant, en arriver à parler de Danièle, et je n'ai que trop tardé. Je l'ai connue en Auvergne, il y a très longtemps, elle avait sept ans, huit ans peut-être, et j'en avais quinze. Ses parents étaient amis des miens ; sa mère, surtout, avait été une camarade de mon père : on disait, dans la grande maison sur les plateaux, qu'il avait été un de ses « danseurs ». Toute la famille avait débarqué, à la maison, un après-midi d'août et longtemps après je me suis souvenu de la petite fille, cheveux courts et garçon manqué, qui me défiait : « Je te parie que je suis avant toi tout en haut du sapin ! » Le sapin, au bout de l'enclos, était mon domaine, j'en connaissais chaque branche, aussi l'avais-je laissée partir la première ; je n'étais pas arrivé à mi-hauteur qu'elle était déjà parvenue au sommet et me faisait un superbe pied de nez. Nous étions redescendus, on avait bu du sirop de grenadine à l'ombre d'un ormeau mort depuis ; et je ne l'avais pas revue pendant sept ou huit ans encore. Lorsque je l'ai retrouvée, c'était encore l'été et les vacances ; Danièle dansait alors avec d'autres garçons à toutes les surprises-parties où j'étais invité. Les yeux verts, les cheveux châtain clair, ce n'était plus la gamine insolente qui grimpait aux arbres : de toutes les jeunes filles de ces soirées auvergnates où l'on s'embrassait si peu dans les recoins des jardins, elle était la plus jolie, paraissait flirter avec tous et n'embrassait personne. Mal dans ma peau, je la regardais de loin et je crois bien que je n'ai dansé qu'une seule fois avec elle de tout cet été-là mais, rentré à Paris, je me souvins si bien d'elle que j'en fis l'héroïne de l'un des dix ou quinze romans que j'écrivais alors sur des cahiers d'écolier ; elle s'y appelait Marianne, j'étais amoureux fou d'elle, elle m'aimait bien. Mais Danièle était encore lycéenne, je préparais l'ENA, nous ne nous étions plus jamais croisés. Il a fallu cet après-midi de grande chaleur pour que je l'emmène avec moi sur une terrasse du Luberon et c'était Jean-Claude qu'elle avait choisi.

Il y a dans nos vies des journées qui sont vides à force d'être trop remplies : les rendez-vous, les visites se succèdent, le temps n'existe plus et nous n'avons rien fait ; d'autres au contraire où le long ennui d'un après-midi désœuvré s'écoule en somme si vite que le soir arrivé, on ne l'attendait pas si tôt... Ainsi cette journée déserte à Borgo Sansepolcro que seule a éclairée — mais de quelle lumière ! — la figure du Christ qui se lève et qui nous voit. Pour le reste, j'ai traîné. A dix-sept ans, je traînais ainsi des journées entières dans des quartiers qui étaient pour moi exotiques — j'habitais sur la rive droite, du côté de la place Clichy — et qui, le boulevard Saint-Michel surtout, ressemblaient à un impossible mais bientôt proche paradis. Le mot « étudiant » cristallisait toutes mes attentes : un jour, je serais à mon tour étudiant ; d'ici là, j'errerais, désœuvré parmi les libraires qui parsemaient, encore nombreux, le quartier Latin. Les boutiques de fripes les ont peu à peu chassés, le Capoulade est mort, on mange des fast-food et des quick-burgers là où on dégustait des marrons ou des crêpes à la confiture et je ne suis plus certain que les après-midi perdus sur un Boul Mich au néon aient la même vertu d'attente que ceux que j'y passais à vingt ans. D'ailleurs, qui parle encore de quartier Latin ? Aux rayons des librairies, les livres étaient recouverts de papier cristal et les rangées des volumes de la collection la Pléiade, étiquetés d'un rond de papier collant, me semblaient un trésor inaccessible ; je lisais alors tous les livres que j'achetais. Ces longs après-midi où je me promenais entre les marchands de krapfens et la Seine étaient vides, mais riches ; ils passaient vite, je les savourais longtemps ; mes errances d'aujourd'hui durent à peine quelques heures, désolées, et me paraissent souvent des journées entières.

Ainsi, les quelques heures où j'ai attendu Danièle dans cette petite ville perdue dans le brouillard m'ont-elles semblé interminables et, l'éternel volume de Stendhal pourtant posé à portée de la main, je n'ai ni lu ni rêvé. Voilà bien des années, après le départ d'Hélène, c'est Proust qui m'a accompagné de la sorte dans mes désœuvrements ; j'en lisais tout au plus cinq à six pages par jour, mais je n'aurais su me passer de ces volumes usés, racornis, gris à force d'avoir été maniés, qui m'accompagnaient à travers Paris où j'étais revenu vivre — comme à travers le monde où mon métier m'envoyait trop souvent. Je ne lisais donc guère, néanmoins les personnages de *La Recherche* étaient les seuls vrais amis auxquels je pus me raccrocher. J'en étais alors à relire *Le Côté de Guermantes* et les rues de Doncière où je m'égarais cependant si peu m'étaient devenues plus familières que celles de Paris que je ne voyais plus. Dans le même temps, toute l'acrimonie que j'avais parfois pu éprouver à l'endroit du style de Proust me revenait par grandes bouffées d'indignation ; aussi la description qu'il faisait dans ces premières pages de *Guermantes* d'un univers de sourd où le lait bout en silence dans les casseroles, la surface qui s'en gonfle, les « étoiles neigeuses » qui s'y soulèvent me semblaient insupportables ; quant aux Demoiselles du Téléphone, « servantes toujours irritées du Mystère, ombrageuses prêtresses de l'Invisible », elles me donnaient tout bonnement envie de rire. De la même façon, les éternelles forfanteries de l'ami Beyle en arrivaient à me rendre grotesques des sentiments qui m'ont toujours paru les plus délicats qui se puissent imaginer ; et pourtant, je ne pouvais me détacher de ce volume d'*Écrits intimes* que je ne lisais même plus. Étendu sur le dos dans un mauvais lit de fer, toutes lampes éteintes, les yeux grands ouverts, je regardais le vide éclairé seulement des rais de lumière de la rue qui passaient à travers les persiennes.

De cette chambre en promontoire au-dessus de la place, j'entendais les foules déambuler et parler à voix haute malgré le froid et la brume qui s'était épaissie. On se serait cru en été, c'était le début de l'hiver, à partir de six heures du soir on faisait pourtant la promenade. La rumeur montait à moi, comme une houle indistincte de paroles mêlées, d'où émergeait parfois un mot, une exclamation que je pouvais reconnaître ; c'était un prénom, une interjection sans importance, mais qui me rappelait que je n'étais pas en train de rêvasser, les yeux ouverts sur mon lit ou sur un canapé de l'appartement du boulevard Saint-Germain, mais ailleurs, en une Italie soudain improbable, faite seulement de bruits italiens, de parfums italiens — l'odeur d'ail et de tomates cuites qui montait des maisons — et d'un lit de fer aux ressorts grinçants qui ne pouvait, lui aussi, et dans cette chambre aux tommettes usées, être qu'italien.

J'ai fini par m'endormir : je ne me trouvais plus nulle part, le livre retombé à côté de moi n'était qu'un volume usé et pourtant, dans cette sorte de demi-sommeil qui est celui des fins d'après-midi désœuvrés, quelque part au fond de moi, je me savais encore en Italie et je sentais que c'était toujours Stendhal qui m'accompagnait ; et alors même que je savourais la vague somnolence où je me trouvais — italienne de surcroît, donc différente —, je devinais qu'elle ressemblait à tant de mornes après-midi que j'avais passés à Paris, incapable d'aimer, de sentir, de trembler. Lorsque, sur la table de nuit, la sonnerie du téléphone a retenti, je me suis redressé en sursaut : cette fois, je ne savais plus du tout où j'étais ; j'avais oublié tous les frémissements que j'avais pu croire éprouver à nouveau ; j'étais horriblement malheureux.

Danièle m'attendait dans l'étroite entrée de l'hôtel devant un verre de vin blanc. Elle m'a embrassé avant de s'inquiéter de l'absence de Luc. « Il était donc si pressé de regagner Florence ? » Son visage m'a paru plus étroit, les pommettes hautes, les lèvres amincies. « Oui, je ne suis pas très contente de moi », a-t-elle tout de suite remarqué pour répondre à la question que je n'avais pas posée. Puis elle a enfilé l'imperméable doublé de fourrure qu'elle avait posé sur une chaise à côté d'elle et m'a entraîné vers la rue. « Marchons un moment, veux-tu ? » Je n'ai jamais connu Danièle que confiante et combative, je la trouvais abattue.

« Marchons » : nous avons marché. La foule d'avant-dîner était bien celle que j'avais devinée de ma chambre, nombreuse en dépit du froid qui s'abattait plus rigoureux avec le soir — et la rumeur à laquelle je me trouvais maintenant mêlé était tout aussi indistincte, plus confuse même ; jusqu'aux mots isolés qui montaient tout à l'heure vers ma chambre, qui m'échappaient maintenant. Ce n'était plus la Toscane, ni même l'Italie, mais n'importe quel quartier animé, n'importe où dans le monde ; les enseignes, aux vitrines de quelques boutiques, y étaient d'une désolante banalité.

Danièle a pris mon bras. Elle m'a raconté la raison de son désarroi : un procès qu'elle avait perdu ; les nouvelles qu'elle venait d'en recevoir. Elle défendait un jeune homme de vingt ans qui avait tué simplement « pour voir ». Il avait tiré six coups de revolver sur un garçon de son âge, qu'il ne connaissait pas ; à l'audience, il avait proclamé haut et fort qu'il ne regrettait rien ; somme toute, ç'avait été plus excitant pour lui que de boire ou de se piquer : s'il en avait l'occasion, il recommencerait, pour voir encore. De part et d'autre de la salle du tribunal, la mère de la victime et celle de l'assassin se ressemblaient ; elles avaient les mêmes yeux rougis, le foulard humblement noué autour des cheveux et, de toute la durée du procès, elles avaient évité de se regarder. Lorsque le jury avait annoncé le verdict, le garçon avait haussé les épaules : « Tant pis ! J'aurai vingt ans à attendre, mais celui que je descendrai le jour de ma sortie, il ne perd rien pour attendre lui non plus. » Danièle s'était retournée vers lui pour saisir sa main, l'obliger à se taire : il s'était dégagé doucement. « Laissez-moi, voulez-vous ? Vous n'y pouvez rien. » Les gendarmes l'avaient entraîné ; Danièle avait réussi à obtenir un pourvoi en cassation pour Dieu sait quel vice de forme, mais elle savait que dans six mois, dans un an, le garçon aurait la même froide résolution pour annoncer qu'il recommencerait. Il avait d'ailleurs déjà prévenu le directeur de la prison : qu'on le laisse seul dans sa cellule, sinon il ferait son affaire au compagnon qu'on lui donnerait. « Avec une fourchette, la nuit : quand on s'en rendra compte, ce sera trop tard ! » Je m'imaginais l'assassin résolu, impénitent : jeune et beau — rempli de toutes les énergies que j'avais perdues.

Sans que nous nous en soyons aperçus, nous étions arrivés à ces boulevards extérieurs qui bordent toutes les villes. Le froid était maintenant intense et le brouillard devenait plus dense ; les phares des rares voitures y faisaient une trouée de buée claire. J'ai interrogé Danièle : « Veux-tu rentrer ? » Elle a eu un frisson : « Continuons encore un peu » ; elle a ajouté : « Il y a des jours, tu vois, où tout paraît trop difficile. » J'ai passé un bras autour de ses épaules : à côté de Danièle la solide, Danièle droite et sûre qui savait si bien où elle allait, je devenais tout d'un coup l'homme fort, et c'était là un rôle que je ne connaissais pas. Je la pressai un instant contre moi, je la sentis qui se laissait aller, elle s'abandonnait, et je pensai que j'aimais ce rôle inattendu, moi que tant de femmes fortes ont si souvent consolé. J'ai dû prononcer alors des paroles banales, les mots appris qui réconfortent ; après un moment, Danièle s'est détachée de moi ; il m'a semblé l'entendre reprendre son souffle, j'ai deviné qu'elle se redressait. Une fois encore, elle a soupiré, puis elle a remarqué, avec un drôle de petit rire gêné : « Je me sens déjà mieux, tu vois... » Je me suis retourné vers elle ; à la clarté trouble d'un réverbère, son visage avait retrouvé un peu de cette sérénité dont j'avais si bien l'habitude que sa soudaine désespérance m'avait désemparé. Quelques instants encore, et d'une voix parfaitement assurée, elle m'a raconté le coup de téléphone reçu le matin même à Cortona : c'étaient les autres prisonniers qui avaient tué son jeune assassin ; on l'avait retrouvé dans sa cellule vidé de son sang, littéralement saigné — à coups de fourchette. « Le pauvre garçon, a-t-elle encore remarqué : si tu savais comme il était laid ! » Elle marchait maintenant d'un pas décidé : en moins de dix minutes, elle avait regagné cette incroyable énergie qui fait d'elle une femme toujours sur pied de guerre pour défendre l'indéfendable.

Elle a repris mon bras et m'a entraîné le long des boulevards déserts. « Il faut raconter ses mauvais souvenirs pour les conjurer. » Après un moment de silence, elle a ajouté : « Moi aussi, je me tais trop souvent... » Quelques femmes, çà et là, semblaient attendre le long des anciens remparts, enveloppées de fourrures miteuses comme dans un film de Fellini ; c'étaient des putains qui battaient le pavé dans l'espoir qu'un automobiliste s'arrêterait en quête d'un peu de chaleur. L'une d'elles nous a apostrophés : « A trois, on est mieux qu'à deux : ça vous dirait ? » Danièle a souri : « Qui sait ? » La fille a ri, elle s'est approchée de nous ; elle était grosse, rougeaude, pas vraiment laide. Elle tremblait de froid. « Sans rire, vous m'offririez à manger, que je me contenterais bien de dîner à trois, et que je ne demanderais rien d'autre. » Elle avait le nez camus et la bonne face ronde d'une paysanne égarée dans la banlieue des villes. « Pourquoi pas ? » a répondu Danièle, qui a pressé le pas. La fille nous a suivis ; elle tremblait de tous ses membres ; nous sommes rentrés à l'hôtel.

Le visage de Danièle a seize ans m'est revenu à la mémoire : le premier, soudain, de ces femmes qui, fût-ce de très loin, ont croisé ma vie et qui se sont tous dissipés dans la lumière toscane. C'était à l'une de ces soirées auvergnates de nos jeunesses. Elle portait une robe blanche à fleurs jaunes et vertes et un collier tressé de coquillages ; je crois bien qu'elle avait des fleurs dans les cheveux. Dans la grande maison accolée à la ferme où nous dansions, son cavalier la tenait pressée contre lui et je suis sûr, maintenant, que nos regards se sont croisés — comme si c'était une question qu'elle voulait me poser et que je ne devinais pas. Quinze ans plus tard, mariée à Jean-Claude, elle s'est souvenue de la robe, du collier, jusqu'aux fleurs dans les cheveux : « J'étais très malheureuse, ce soir-là ; ça ne se voyait pas trop ? » Il était plus de minuit, nous étions à la Closerie des Lilas, elle buvait du Jack Daniel ; Jean-Claude était en mission quelque part dans le monde. « Ma mère était déjà très malade, a-t-elle poursuivi ; j'avais peur. » Elle a vidé son verre puis a eu un petit rire qui ne riait pas vraiment : « C'est drôle, les derniers temps, ma mère m'a beaucoup parlé de ton père, j'ai découvert qu'elle l'aimait beaucoup. » Il y a eu un silence. Le pianiste du bar jouait la musique de *Casablanca* : « We must remember when... » Serge, Stéphane, qui se suiciderait quelques jours après, étaient assis à côté de moi. Charles leur parlait du film qu'il ferait un jour, Boris de celui qu'il ne pourrait jamais faire. Alors Danièle a levé les yeux vers moi : « Tu sais que je me suis demandé quelquefois si entre ton père et ma mère... Enfin : ce serait drôle, non ? » Et puis, à brûle-pourpoint, elle m'a lancé : « Le plus drôle, ce serait que, toi et moi, nous soyons frère et sœur ! »

Cette fois, elle riait vraiment. Mais longtemps, quand nous nous revoyions, l'un de nous a toujours fait une allusion amusée à cette improbable éventualité : « Improbable, mais pas absolument impensable », a remarqué un jour Danièle. Puis ni l'un ni l'autre n'avons plus parlé de rien. J'ai pourtant gardé longtemps le souvenir d'une impossible petite sœur perdue et retrouvée. Mais nous avions grandi et c'est du garçon manqué de sept ou huit ans, de la jeune fille au collier de coquillages que j'avais été presque amoureux ; Danièle, elle, était la femme de Jean-Claude, mon ami et le grand amour impossible de Luc ; c'était déjà beaucoup, et pourtant...

A table, un peu plus tard, la putain nous a raconté ce qu'elle appelait sa putain de vie ; Danièle l'écoutait avec une attention qui tendait tous les traits de son visage. La fille s'appelait Margarita, on l'appelait Marga, elle avait été servante dans un café d'Anghiari, tout près de là. Les garçons lui mettaient la main aux fesses, elle laissait faire ; lorsqu'ils en avaient fait un peu plus, elle avait encore laissé faire, mais on payait maintenant pour la culbuter le soir dans l'encoignure des portes. Le patron du café avait sa part des bénéfices, aussi la patronne l'avait-elle chassée ; elle avait appris à boire, à « rouler », disait-elle. Un soir, on l'avait retrouvée à demi morte sur le bas-côté d'une route de campagne ; six garçons l'avaient emmenée en promenade et s'étaient « amusés » avec elle ; lorsqu'elle en avait eu assez, elle l'avait dit, ils n'avaient pas écouté ; elle l'avait crié, ils l'avaient fait taire à coups de poing, à coups de pied. Excités par le sang, par leur propre violence — les marques rouges et bleues qui marquaient le corps nu —, ils avaient continué toute la nuit. « Mais ce sont des choses qui arrivent », a-t-elle seulement remarqué. Puis, montrant son gros nez écrasé : « Ils m'ont tout de même laissé ça : c'est pas bon pour les affaires ! » Elle buvait verre sur verre et engloutissait des platées de pâtes avec la voracité de qui n'a rien mangé depuis quarante-huit heures ; bientôt, elle rota, puis s'assoupit sur sa chaise, ivre peut-être, sûrement morte de fatigue et du froid de la nuit.

« Est-ce que nous osons vraiment regarder en face toutes les misères qu'il nous arrive de rencontrer ? » m'a demandé Danièle. A son tour elle a parlé de son métier ; de sa vie, de son voyage jusqu'au fond de la Toscane. Elle m'a dit les procès qu'on perd et qui vous désolent, ceux qu'on gagne et qui vous navrent encore plus. A demi effondrée devant nous, la fille ronflait, elle était presque belle : la fatigue qui donnait à ses traits leur laideur pâteuse s'était évanouie. « J'en ai connu une comme elle », a dit Danièle. La gamine n'avait pas quatorze ans et c'était une vraie putain qui couchait avec tout ce qui se trouvait à sa portée, pour de l'argent, pour rien, pas même le plaisir : parce qu'il lui fallait ça, comme on bouffe, comme on boit, comme on défèque. Elle avait commencé avec son père, qui était mort en prison pour en avoir violé une autre, avec ses frères qui la battaient, avec des cousins ; à l'école ensuite, d'où on l'avait renvoyée. Tous les garçons y passaient, on faisait la queue devant les toilettes où elle levait ses jupes. Et puis, il y avait eu l'affaire : un procès qui avait défrayé la chronique. Comme Marga endormie en face de moi, elle avait suivi quatre ou cinq garçons dans une ruelle écartée, des pauvres types d'une banlieue du nord de la France, grise et mouillée comme Borgo Sansepolcro ce soir. Après un moment, peut-être qu'elle aussi n'avait plus voulu, mais eux voulaient encore ; elle s'était un peu débattue, peut-être. Quelques jours après, une copine lui avait conseillé de porter plainte — « Ça rapporte, tu sais ! Et puis, t'aurais ta photo dans les journaux ! » — et Danièle avait plaidé pour elle. Avec succès : les garçons en avaient écopé pour dix ans : viol collectif, aggravé de violence car l'un au moins l'avait frappée au visage : elle exhibait une cicatrice rougeâtre ; ils étaient aussi pauvres, aussi démunis qu'elle et c'était un procès gagné dont Danièle avait eu presque honte. « Mais il y a des principes, et puis le reste : si je devais être fidèle à une seule chose en ce monde, ce serait ces principes-là... »

Je savais que je n'avais rien à dire. D'ailleurs, Danièle ne regrettait rien. Elle secouait la tête en énonçant ce qui était pour elle une règle de vie et, peut-être, une bonne raison de ne pas mourir ; elle avait les lèvres de nouveau pleines, le visage empourpré par le brunello que je lui avais fait boire, ses traits étaient animés d'une étonnante détermination. « Partons d'ici. » Nous avons quitté la salle à manger où la fille dormait toujours ; la salle voisine du bar était pleine des buveurs du dimanche soir. Les banquettes étaient poisseuses, craquelées ; Danièle a commandé un grog, j'ai bu un verre, deux verres de grappa.

« Quant au garçon de Cortona... » C'était l'affaire qui l'avait amenée jusqu'ici. Luc m'avait dit deux mots de ce Français qui avait tué le mari de sa maîtresse. « Il s'appelle Pierre, vois-tu, et je n'ai jamais su tout à fait résister à un homme qui s'appelle Pierre : nous avons chacun nos faiblesses... » Elle affectait de rire, mais son ton était grave.

Ce Pierre Martin apprenait depuis six mois le

métier de graveur sur or chez un artisan de Cortona. Il avait d'abord voulu être médecin, mais avait interrompu ses études après deux ans, à la mort de son père, chirurgien célèbre ; il avait alors parcouru le monde, cheveux longs et sac au dos, parce que ce n'était plus la mode, puis il avait traîné entre Apt et le plateau de Vaucluse ou celui d'Albion où des groupes de vieux jeunes gens hirsutes essaient de croire que la génération de soixante-huit n'est pas tout à fait morte. L'un d'entre eux martelait des bijoux de cuivre : Pierre avait décidé de travailler l'or, il avait pris le chemin de l'Italie. Dans sa valise, il y avait des livres de Faulkner, d'Hemingway, Musil même, et Stendhal. « Je ne savais qu'une chose, avait-il dit à Danièle, c'est que je ne savais rien, que je n'aimais rien et que, toute ma vie, je n'en saurais pas plus, je n'en aimerais pas plus. »

Dès son arrivée à Cortona, il avait couché avec la femme de son patron ; avant même le crime, ils formaient déjà un trio de roman noir. Le vieux Claretti était un colosse d'une étonnante laideur, le buste couvert de poils roux, le crâne chauve ; Danaé, sa femme, avait trente ans de moins que lui, il l'avait épousée parce qu'elle était sa nièce, qu'il l'avait violée à treize ans et qu'elle était seule au monde. « Pierre l'a reconnu : elle était un peu simple », a remarqué Danièle, pour préciser encore qu'elle n'était pas très jolie. Mais le Français s'était pris d'une folle passion pour cette femme-enfant qui pleurait sur son épaule en racontant les tourments que lui infligeait son mari. « Pierre ne l'aimait pas au sens vrai du mot aimer : il avait une immense pitié pour elle. » C'était cette pitié qui l'avait poussé à décider avec elle de tuer le mari et de s'emparer de tout l'or enfermé dans le coffre de son atelier : « Elle voulait l'or, tu comprends ; peut-être même qu'elle ne voulait que cela. » Comme Claretti était fort comme un bœuf, ils avaient échafaudé ce que la presse avait appelé un plan « diabolique » ; la jeune femme avait fait boire son mari, puis l'avait emmené se coucher : c'est pendant qu'il lui faisait l'amour — les voisins ont rapporté qu'elle poussait des cris suraigus dans ces moments-là — que Pierre avait frappé. Le mari avait résisté, il s'était débattu, avant que le Français l'égorgeât comme un cochon. Alertés par les cris de la victime, les voisins, toujours eux, avaient appelé la police qui était arrivée presque aussitôt ; nue sous le corps du mort, la femme ne parvenait pas à se dégager, rouge du sang de son mari. Lorsqu'elle avait repris ses esprits, elle avait tout nié, assuré que Pierre avait imaginé seul d'assassiner l'orfèvre — et le Français n'avait pas voulu démentir. « Il a tout pris sur le dos, ce n'est qu'à moi qu'il a dit la vérité, après m'avoir fait jurer de ne pas m'en servir contre sa maîtresse. » En prison depuis six mois, Pierre lisait Steinbeck et Faulkner, ces récits de crimes fous, commis par des fous, en pays de fous ; et il lisait Stendhal qui aurait bien pu, lui aussi, raconter le meurtre qu'il avait commis : l'orfèvre aurait été un vieillard rapace, la jeune femme une sorte de Mathilde de la Môle ou de Vanina Vanini, ivre d'amour jusque dans le mensonge, froide et lucide pourtant, jusqu'au cœur de sa passion ; quant à Pierre — Julien, Fabrice ou simplement Lucien — il aurait été le héros beylien dont l'énergie à conquérir n'a d'égale que celle qu'il met à se perdre.

« Je passe souvent plusieurs heures au parloir de la prison avec lui : il s'inquiète du sort de Danaé. » Le jeune homme tenterait d'obtenir d'un oncle qui gère la fortune de son père qu'il lui verse de l'argent ; il suivrait avec beaucoup plus d'attention l'instruction du procès de la jeune femme qu'il ne porterait d'intérêt au sien ; il accumulerait les preuves de sa culpabilité et réinventerait celles de l'innocence de sa maîtresse avec une volonté qui serait bien celle des personnages de Stendhal. « La passion... », ai-je remarqué. « Non : la pitié », a corrigé Danièle, qui a ajouté : « Mais la pitié peut être passion. C'est un ver qui vous ronge alors le cœur, qui s'attaque toujours au meilleur pour n'en laisser que le noyau mort et les peaux sèches... » Pour parler du cœur de Pierre, l'assassin de Cortona, et de ce que la femme du joaillier assassiné avait laissé de lui, la voix de Danièle devenait presque incantatoire.

« Marchons, veux-tu... » Nous sommes à nouveau sortis dans les rues de Sansepolcro maintenant désertées de tous leurs promeneurs ; la pluie avait cessé de tomber, même la bruine : seul un brouillard très dense enveloppait tout ; nous avancions dans un univers cotonneux qu'éveillait, de temps en temps, une cloche sonnant le quart ou la demie au campanile d'une église, ou un air d'opéra échappé d'une radio à travers des volets clos. Comme lors de notre promenade en fin d'après-midi, Danièle s'appuyait contre mon épaule et j'avais passé un bras autour de sa taille ; nous aurions pu être n'importe quel couple de vieux amants qui déambulent la nuit dans une ville inconnue ; nous aurions pu rêver, divaguer côte à côte dans le brouillard ; je devinais pourtant que l'assassin de Cortona occupait toute son attention et que, l'esprit en éveil, elle réfléchissait intensément à ce qu'elle pourrait faire pour lui éviter le pire sans trahir la confiance qu'il lui avait faite : elle avait juré de ne pas dire la vérité et entendait respecter son serment. Et, tandis que nous avancions ainsi, sans but, à travers les places fantômes, les colonnades à demi effacées, sur le pavé luisant d'une cité de la brume, je sentais que la formidable énergie de ce Pierre avait renforcé tout ce qu'il y avait de solide et de fort en Danièle — son énergie profonde, en somme — et que cette énergie-là me gagnait à mon tour ; elle m'exaltait, me faisait envier la folie du Français qui avait tué par pitié et s'acharnait maintenant à se perdre lui-même pour sauver une femme pour qui il n'éprouvait que cette pitié-là, mais si puissante et si absolue qu'elle valait toutes les passions amoureuses de la littérature. Je me sentais aussi subitement prêt, non pas à tuer, certes, mais à pouvoir aimer ainsi : à la folie.

Les cloches de Santa Maria dei Servi sonnèrent deux coups, puis un encore, il était deux heures du matin, deux heures et quart, nous marchions toujours, en silence maintenant. Je me devinais à cet instant-là plus proche de Danièle que je ne l'avais jamais été d'aucune autre femme bien que je la sentisse si loin de moi que jamais elle ne me donnerait rien d'autre d'elle, que cette nuit-là — car nous étions tous les deux seuls et pleins de la même énergie dans une ville perdue où hormis Danièle et moi rien en somme n'existait d'autre qu'un Christ ressuscité qui se lève du tombeau dans un musée désert.

« Il y a Jean-Claude, vois-tu... », a murmuré Danièle comme nous reprenions le chemin de l'hôtel. Elle était serrée maintenant contre moi, et je sentais son souffle dans mon cou quand elle parlait presque à mon oreille. Elle me disait l'amour qu'elle avait pour son mari, celui qu'il avait pour elle, la force qu'ils se donnaient l'un à l'autre. « Un plus un, Jean-Claude et moi, c'est beaucoup plus que deux, c'est beaucoup plus que mille... » Sa voix était saccadée, un murmure, une confidence. Elle m'a avoué qu'elle le trompait parfois, souvent, et qu'elle revenait toujours vers lui en l'aimant un peu plus ; alors que lui ne la trompait jamais et l'aimait peut-être encore davantage. « Nous donnons ce que nous pouvons à qui nous aime et à qui nous aimons : je lui donne, jusqu'à travers les autres, ce que j'ai de meilleur ; lui me donne tout et je crois bien qu'à ma façon, c'est tout aussi que je lui donne : dans les bras des autres, je me lave de ce qui m'est ordinaire ; il a la meilleure part. » Ailleurs et autrement, entendant une autre femme me faire ces aveux-là — sur ce ton, avec cette conviction —, j'aurais souri : je ne souriais pas ; je crois bien que je comprenais. J'avais à la fois envie de la tenir plus serré encore dans mes bras, et de m'asseoir à ma table et d'écrire : de tenter de raconter cela, dans cette ville, avec le Christ mort qui se lève et pardonne.

Nous nous sommes retrouvés dans ma chambre — ou la sienne : qu'importe ? Je l'ai aimée comme je n'avais pas aimé de femme depuis que je me souvenais d'avoir aimé des femmes ; tout en l'aimant, je savais qu'elle serait partie le lendemain ; je savais aussi que je n'avais plus besoin d'elle : après Hélène, après Vivienne, après Claudia et toutes ces femmes fortes qui m'ont abandonné un peu d'elles-mêmes pour qu'à mon tour je sois un peu plus fort, Danièle, la femme de mon ami Jean-Claude — me donnant si peu d'elle : tout était à Jean-Claude, jusqu'à ses bras qui se refermaient sur moi —, m'avait donné la soirée qui s'écoulait, cette nuit : elle avait achevé de me redonner à moi-même. Je me suis endormi contre elle ; c'était bien la petite sœur retrouvée, l'amour unique et qu'on ne peut dire, l'amour qui n'a pas pu durer — le seul pourtant, à cacher son nom d'amour.

Danièle n'a repris qu'après le déjeuner la route de Cortona. Avant son départ, nous sommes encore allés jusqu'à Montarchi, ce petit village à quelques kilomètres de Borgo Sansepolcro où Piero della Francesca, toujours lui, a laissé au mur de la chapelle d'un cimetière une Vierge sur le point de donner le jour au Christ, et qui sourit. C'est *La Madonna del Parto*, la madone enceinte aux amples vêtements rouges et bleus, les bras ouverts pour que s'y réfugient les anges qui l'entourent et les pécheurs qui vont reposer à l'ombre de la chapelle — ou Danièle et moi, simplement venus lui rendre visite.

Un jour, Hélène m'avait accompagné là. Les souvenirs ne me font plus peur ; je ne m'en effraie ni ne m'y complais : les moments du passé appelés par la mémoire sont un peu de moi-même — comme ceux qui surgiront tout à l'heure, demain, l'an prochain, sont déjà l'autre versant d'une route de montagne qui serpente à travers ma vie, tours et détours, longs escarpements, longues dérobades. Hélène voulait désespérément cet enfant dont je ne sais plus aujourd'hui si je le voulais autant qu'elle — et c'était une manière de pèlerinage qu'elle avait accompli jusqu'ici ; je la suivais, en pensant à quelle Véronique, quelle Cordelia que j'avais quittée pour accompagner ma femme — et j'avais un peu honte de n'avoir pas sa ferveur pour s'agenouiller devant l'image de la Vierge, allumer un cierge, prier, elle qui croyait moins encore que moi à la vertu des prières et me reprochait parfois de me réfugier dans la pénombre des chapelles quand la grande lumière du ciel et de la vérité pouvait me faire peur. Elle était pourtant venue jusqu'à Montarchi avec une étrange détermination. C'était au début d'avril et dans le cimetière, toutes les fleurs de la campagne éclataient en un semis de tapisserie or et blanc sur un fond de verdure ; elle n'avait rien voulu en voir et s'était tout de suite avancée jusqu'à la chapelle ; la Vierge de Piero n'était plus pour elle un des chefs-d'œuvre de la peinture de tous les temps, mais seulement une icône au pied de laquelle on allumait de petites flammes. Et là, j'avais vu les lèvres d'Hélène, qui ne croyait qu'aux hommes, bouger devant cette madone en Gloire.

« Je crois que, ce matin, je peux tout te dire », a murmuré Danièle. Nous étions au royaume de Piero della Francesca, en un pays inventé par l'art et par Dieu où beauté s'épelle aussi vérité : la Reine d'Arezzo et ses suivantes, le Christ qui se lève à Sansepolcro nous en ont montré le chemin. Elle m'a regardé : « Je me suis fait avorter, tu sais ? » J'ai eu un haut-le-corps : elle qui, depuis toutes ces années et comme Hélène jadis, désirait un enfant. « Oui, je ne pouvais pas, tu comprends ? Je ne voulais pas... » C'était Jean-Claude et non elle qui ne pouvait avoir d'enfant : Jean-Claude qu'elle aimait comme une épouse peut aimer un mari dans les légendes du Moyen Age. Aussi, elle qui voulait cet enfant plus que tout au monde, lorsqu'elle s'était trouvée enceinte d'un autre, avait fait disparaître l'enfant dont elle ne voulait avec nul autre qu'avec lui. J'ai posé ma main sur sa nuque, ce geste que Jean-Claude a si souvent pour elle, et je n'ai rien dit. « Il n'en saura jamais rien, n'est-ce pas ? » Elle implorait presque, mais elle savait bien que je ne dirais rien. J'ai resserré l'étreinte de mes doigts sur sa nuque. Il est entre les hommes et les femmes qui s'aiment, et jusqu'aux inconnus qui parfois les approchent, des forces qui sont d'autres forces que celles que nous éprouvons tous les jours. La Vierge de Montarchi, grosse du Fils qui va venir, est la même que celle au mur du chœur d'Arezzo ; mais l'Ange qui là-bas s'agenouille deux doigts levés au-delà d'une colonne n'annonce pas la naissance de l'Enfant ; c'est la mort du Christ qu'il dit à la femme au vaste manteau qui va souffrir : chacun des gestes des figures hiératiques que le peintre de Sansepolcro a dressées est un signe qui s'adresse aussi à moi.

Nous nous sommes séparés là. Danièle a repris la route de Cortona ; j'allais achever à Urbino mon pèlerinage au pays de Piero della Francesca.

XVI

L'air est si pur, la lumière si parfaitement claire qu'on peut voir, à des dizaines de kilomètres au-delà, la crête infinie de l'Apennin : j'ai rêvé de nuages qui seraient de cristal. Chaque rangée de pierres au flanc du palais, chaque loggia invente des lignes de fuite qui se perdent à l'horizon en perspectives idéales ; de longues diagonales de marbre blanc traversent les cours pavées de briques en chevrons ; les fûts rudes et droits des colonnes des cours portent des chapiteaux d'où s'élancent des arcs en plein cintre pour soutenir un bandeau de lettres à la gloire du Prince ; les plafonds à caissons dessinent au-dessus des hommes des vues qui divergent d'un point de vue unique ; sur les portes aux marqueteries blondes, les mêmes palais déserts bordent les rues vides de la ville idéale : après tant d'années d'errance, je suis revenu à Urbino.

Sur la grand-route de Pérouse il pleuvait encore, et les pneus des voitures chuintaient sur la chaussée comme dans n'importe quelle banlieue parisienne en hiver. Il faisait nuit à midi. Je conduisais machinalement, sans m'étonner davantage de savoir encore passer les vitesses ou freiner doucement quand les feux arrière de la voiture qui me précédait apparaissaient dans une éclaboussure diffuse. Des convois de camions se suivaient le long de stations-service et d'entrées d'autoroutes qui menaient à d'autres routes noyées sous le même déluge : uniforme autour de moi, le gris du ciel fondu à celui de la campagne n'était troué que du pinceau des phares des voitures que je croisais.

Je n'ai pas vu le panneau qui marquait à ma gauche la route d'Urbino et j'ai dû faire demi-tour sur une aire de stationnement pour rebrousser chemin dans de grandes flaques de boue ; roulant plus lentement, j'ai aperçu enfin la pancarte et la route qui se perdait tout de suite entre les façades lépreuses d'un hameau au bord du chemin.

Étroite, la route a d'abord traversé des prairies incertaines, des vignes gorgées d'eau et quelques champs aux oliviers noircis, foudroyés debout par le gel d'un autre hiver ; au village de San Giustino, elle a enfin abordé l'Apennin, serpentant entre des rangées d'arbres puis sur les flancs nus de la montagne. A mesure qu'elle montait plus rudement, le paysage se faisait plus dépouillé mais la brume, qui était devenue nuages bas accrochés aux pentes en lourds paquets poisseux, me le cachait parfois complètement ; il me fallait alors ralentir davantage et me guider en suivant la lumière des phares sur le bas-côté rocheux, ruisselant d'eau. Comme à la Scheggia, la masse des nuages devint plus opaque à l'approche du col qu'un panneau signala enfin, surgi du vide à l'improviste ; un tournant encore, et la Bocca Trabaria était là : je la franchis et, avec elle, le mur des nuages. La Toscane s'arrêtait là ; au-delà les Marches s'étendaient jusqu'à la mer sous un ciel subitement très bleu, très pur, une immense lumière claire qui était celle des fresques de Piero della Francesca.

Un miracle s'accomplissait. J'ai arrêté ma voiture sur un bas-côté et j'ai mis pied à terre dans l'herbe neuve et sèche. Aucun nuage n'encombrait plus l'horizon ; chaque sommet, chaque colline et les routes dans la plaine, les châteaux et les tours qui en parsemaient l'étendue se détachaient avec une netteté qui m'en faisait découvrir le plus petit détail. A la lumière tant aimée de Giorgione et de Venise, un peu brouillée, éclatante et cependant diffuse, comme réfractée par des myriades de minuscules gouttes d'eau suspendues dans l'air en une vapeur gazeuse et parfaitement transparente pourtant, répondait ici une autre qualité d'espace lumineux qu'on aurait dit purifié de toute atmosphère, une manière de vide absolu, impossible et bien réel que le ciel aurait porté, jusqu'à l'approfondir encore et encore, à l'infini. *Le Triomphe de Malatesta* au musée des Offices, *Les Anges musiciens* de Londres ou le cortège de la reine de Saba se détachent sur les mêmes arrière-plans non pas noyés de lumière, mais bien au contraire lavés par elle et comme vibrants de ce qu'ils révèlent d'horizons sans limite : qu'ils fussent étendus devant moi était déjà miraculeux, mais que je susse les lire, comme on déchiffre avec une ébouriffante facilité une peinture surgie du fond de la mémoire dans le même temps qu'elle apparaît au mur du musée qu'on visite, était plus prodigieux encore.

Je suis resté longtemps à contempler cette immense vision dont je me disais que, comme un reflet apaisant et bouleversant à la fois des Toscanes que je venais de quitter, c'étaient là les Marches tout entières étendues devant moi. Il m'avait fallu traverser Montepulciano, Arezzo, Sansepolcro pour arriver à elles ; Pienza en avait déjà été le signe prémonitoire, comme les deux doigts levés de l'Ange devant la Vierge qui va savoir — et ma longue errance, lentement éveillée, mettait enfin au monde ce que, sans le savoir, j'étais venu chercher. C'était un livre que je relisais, un poème, une musique éthérée, Ravel un jour, Debussy là, ou les perpétuelles reprises du thème inépuisable des *Variations Goldberg*. Mais rien des souvenirs qui ont toujours pétri mes émotions du visage des femmes qui les accompagnaient, ni ce désir presque douloureux que j'avais jusque-là d'en prolonger le goût dans les quelques lignes que j'en aurais tirées, n'entachait cette fois le plaisir pur et sans mélange que j'éprouvais face à ce paysage étendu à mes pieds comme une fresque inaccessible et dans laquelle je devinais pourtant qu'il me suffirait de remonter en voiture, de claquer la portière et de reprendre la route pour m'y anéantir sans qu'un instant — je le savais aussi — je perdisse conscience de la beauté où j'allais m'avancer.

Urbino, dans les Marches, est bien au bout de toutes les Toscanes. Très jeune, j'y suis arrivé pour la première fois par une nuit de pleine lune. Le palais ducal se développait devant moi, murailles de briques roses régulièrement percées de pierres claires ; sous la lumière de la lune, le vertigineux alignement des façades s'y partageait avec une incroyable netteté en zones claires plaquées d'ombres bleues : c'était le haut et long décor d'un fabuleux théâtre qu'on aurait éclairé pour moi seul. Montant du bas de la place inclinée, celui-ci s'élevait lentement jusqu'à la dernière arête de pierre où le ciel devenait une sorte de cyclorama parfaitement étoilé. J'avais retenu mon souffle et ralenti le pas pour que la vision durât ; toutes les pièces que j'avais aimées sur toutes les scènes du monde me revenaient à la mémoire : seul au milieu de la place, j'en étais l'unique acteur. Et ce matin, dans la grande lumière claire, c'est le même décor autrement éclairé. Des balcons du palais accrochés comme des nacelles de marbre, on découvre un autre ciel au-delà des mêmes murailles. Les linteaux des fenêtres, l'encadrement des portes dessinent ainsi de longues horizontales blanches coupées à intervalles réguliers d'espaces nus ; en dessous, ce sont des arcs ajourés, des rosaces rares, la colonne unique et fine d'une fenêtre qui s'ouvre en une double élancée d'arcs jumeaux finement ciselés mais, au-delà de chaque détail précieux, c'est la même somptueuse masse du palais qui dresse sur le flanc de la ville une barrière colossale à l'indicible et rigoureuse élégance vers laquelle, sur le pavé de dalles plates, je m'avance à nouveau.

Comme Luc la nuit au-dessus d'Arezzo, je hume l'air ; mais mon ami consul goûtait là-bas une brume mêlée de fumée alors qu'ici j'aspire et respire à pleins poumons un air pur et froid, coupant comme l'arête des pierres auxquelles il donne leurs lignes si nettes. Un couple vient vers moi, qui me croise, me rend le salut que je lui fais et s'éloigne : elle a la démarche haut perchée d'une jeune danseuse ; plus lourd, il semble fort et marche d'un pas assuré ; la langue qu'ils parlaient m'était inconnue, âpre et nordique, gutturale comme le toscan de Florence vers laquelle je sais maintenant que je pourrai bientôt revenir.

Je franchis la première porte, le vestibule, et la

cour dessinée par Laurana étale devant moi son carré parfait que deux rangs de colonnes et de fausses colonnes encadrent, blanches encore une fois sur la même brique rose, de leur frise de pierre savamment réfléchie. L'espace ainsi circonscrit ressemble à la case unique d'un impossible échiquier ; les tours et les reines y ont un jour été dressées par la main même de celui qui en traça sur le papier la première esquisse. M'avançant au centre du quadrilatère, ébloui par le soleil de givre qui m'atteint de plein fouet, je reconnais tout : chaque détail de cette architecture de la raison est un moment de tous les livres que j'ai aimés, la sérénité d'un paysage, cette sonate arachnéenne qu'un pianiste inconnu ne jouait que pour moi — ou les foudroyantes retrouvailles avec l'un de ces chefs-d'œuvre qui, depuis que je suis en âge de les découvrir, ont peuplé les couloirs du musée idéal où je ne savais plus revenir : je suis revenu.

L'éblouissement dure : ce moment où le vertige assaille celui qui contemple ; cette minute de silence avant l'andante qui va vous apaiser ; cette peinture vivante levée dans le ciel clair. L'extase dure : c'est bien le doigt de l'Ange venu pour annoncer. Dès lors, et dans ce moment qui n'a aucune borne, tout ce que je n'ai pas su voir au long de mon périple me revient à la tête, purifié de tous les souvenirs gluants où je me délectais jusque-là. On dirait qu'un long retour en arrière énumère des lieux, des heures ou des minutes, le Christ de Sansepolcro, la théorie des femmes à l'église Saint-François, la campagne et l'église blanche sous le balcon de Montepulciano, l'espace du théâtre à Pienza... Mais au-delà de ce qui fut mon itinéraire d'hier, c'est de plus loin encore que refluent les images, les musiques enfin lavées de ce qui n'était qu'images sur l'image, petite note, petite phrase dans la musique. A ce cortège de dames qui se dressent, qui s'inclinent et qui prient sur le bois de la Sainte Croix, répond, au fond de la province du Chan-si, en Chine, une autre théorie de reines et de servantes, figées et pâles sur le mur d'un temple : elles ont les mêmes profils très purs et là-bas, aussi, une servante à la coiffure haute me regardait. Que ç'ait été Hélène ou Cordelia, alors à mes côtés, est désormais sans importance : d'Hélène ou de Cordelia, il reste d'autres souvenirs, Hélène à Ménerbes et face au Luberon ou Cordelia dans une chambre sur un parc en Angleterre ; mais là-bas, dans ce temple des environs de Sian et avant-hier encore à Arezzo, c'est seul que j'ai su contempler les dames d'honneur d'une impératrice cruelle ou la reine de Saba tout de bleu vêtue ; c'est seul à Londres que j'ai pleuré de bonheur en écoutant trois femmes chanter Strauss ; c'est seul, à quinze ans, que *Les Années de pèlerinage* m'épelaient l'Italie. J'aimais, j'étais aimé, oui... ; et j'aimais aussi, ou je désirais — pourtant, au-delà du désir ou de l'amour, Liszt et Mozart, Piero della Francesca, le peintre inconnu de Sian et Stendhal, bien sûr, ne parlaient qu'à moi. Et seul aujourd'hui au milieu de la cour pétrifiée de gel et de soleil du palais d'Urbino, je sais que Piero et Laurana, Alberti qui dessina peut-être cette ville idéale n'ont besoin d'aucune voix qui ne soit la leur pour me donner en un éclair, ou des heures durant, le message que depuis cinq cents ans ils ont porté aux hommes.

Deux fois, trois fois dans ma vie, j'ai déjà connu semblable éblouissement. Ç'avait été à Pékin, un matin de très grand froid. Je m'avançais vers le Temple du Ciel et, dans une lumière limpide qui était bien celle d'Urbino, chaque branche du parc où s'élèvent les toits couronnés de bleu, les feuilles mortes, la moindre brindille était caparaçonnée d'une couche de givre parfaitement transparente et qui était glace et cristal tout à la fois. Le froid était si intense que je ne ressentais rien d'autre que cette incroyable, inaltérable et pleine clarté qui m'envahissait de partout et dont je savais — comme je le sais aujourdhui — qu'il n'est pas de mots pour la dire : j'étais heureux au-delà des mots, et voilà tout. Seul, ou avec cette femme près de moi que j'aimais, je jubilais de bonheur.

Un peu plus tard, ce fut une nuit de neige et de lune en Bavière, au bord d'un lac où des voix se sont élevées et ont chanté pour moi ; une autre fois encore dans le silence de la haute forêt du Waldviertel : là-bas encore, parmi les longs fûts des sapins comme ici, sur cet échiquier de marbre, j'étais pétrifié de bonheur. Exaltation, jubilation, joie, soif, désir : tout en moi se confondait pour me faire vivre à jamais— quelques secondes à peine, pourtant — une ineffable éternité. Chaque fois, une voix (ce fut Mozart ou Strauss : qu'importe ?) a murmuré des mots, des notes, et l'Ange de Piero della Francesca, le doigt levé, m'a dit la route à prendre. A Pékin, comme en Bavière, en Autriche hier, à Urbino en cet instant, j'ai vu s'ouvrir le Ciel.

Ainsi l'heure de tout silence autre que la voix de l'Ange dure et perdure et se perpétue ; le bonheur d'être seul devant elle m'inonde, m'irrigue, monte en moi comme une sève neuve ; l'esprit se délie comme les membres lourds d'un homme de cinquante ans qui aurait en quelques secondes réappris l'immense terrain de la beauté en friche ; mon cœur bat plus vite, je respire plus fort et, lorsque le soleil découvre lentement la façade entière de la cour magique, c'est pour me montrer le couloir dallé de marbre qui va à l'escalier, l'escalier qui conduit à l'étage et les grandes salles nues que je vais, une à une, redécouvrir.

Les portes de bois marquetées de tours et de palais conduisent encore vers d'autres portes ; les chambres carrées se succèdent en un rigoureux entrelacs qui est celui de la raison conjuguée à tous les temps d'un beau idéal dont Urbino entier est la marque dans la chair d'une Italie jamais assez revisitée : au cœur de nos vies, l'Italie est la mémoire absolue de toutes les beautés.

C'est ainsi que tout ce que j'avais pu oublier d'elle quand je déambulais dans Parme parmi des amis perdus ou dans les brouillards de Ferrare, à Florence trop riche pour moi qui ne savais plus voir, s'ordonne maintenant en un itinéraire très pur qui est celui de mon présent retrouvé. Le passé m'appartient : je n'ai plus besoin de l'entendre jouer ses airs nostalgiques derrière le grand rideau d'une scène où les acteurs ont joué, eux, pour l'éternité ; je balaie aujourd'hui les poussières qui l'encombrent. Parme était féminine et tendre quand je la voyais molle, bassement offerte ; la place de Mantoue annonçait déjà celle d'Urbino et les grandes figures des Gonzague avaient dans la Chambre des Époux la noblesse de celles, ici, de Piero ; à Ferrare, je lisais des messages ambigus, vaguement obscènes, quand je sais maintenant qu'ils sont les mystères d'un autre culte dont on doit approcher comme de la Table. Quant à Florence, elle est au commencement de toute histoire, à la source du plus minuscule fragment de beauté égaré dans nos vies. J'avais encombré mon amour pour elle de trop d'amours : le grand air pur et clair d'Urbino a balayé d'un coup les brumes de la mémoire et je sais qu'il faut aimer Florence pour elle, l'Italie pour elle, la beauté pour elle : dans ces salles et sur ces murs, sur les pavements rouges ou blancs des sols, je suis admirablement seul et la jouissance que j'en éprouve m'enivre comme la première rencontre, jadis, avec chaque musique, chaque tableau qui m'a touché.

Oh ! Je sais aussi qu'il sera difficile, le chemin de ce retour ; frivole, je continuerai à butiner avec en tête d'autres images, je ferai encore mon miel des lavandes où des jeunes femmes en capeline d'été passeront ; à écouter Mozart ou Liszt, je reverrai malgré tout les yeux, je sentirai la bouche, les lèvres de celles qui les ont entendus près de moi. Mais je saurai que toutes, Hélène et Cordelia, Isabelle jadis en Nouvelle-Angleterre, ont pu aimer — ont su aimer, aussi, l'espace d'un regard ou le temps d'une vie — Mozart pour Mozart, et Piero pour lui seul, unique et debout, lumineux, au bout du dernier salon de ce palais d'Urbino où me voilà enfin parvenu.

Le *Christ flagellé* de Piero della Francesca raconte ici tout à la fois la Passion du Sauveur, l'histoire d'une ville, les haines et l'espérance, dans le jour infini d'un autre palais dans le palais, plus parfait encore que ce palais, car il est celui que l'artiste a porté en lui (perspectives d'une absolue rigueur où le rêve, pourtant, nous entraîne) quand il a décidé de donner aux hommes la vision qu'il portait de la souffrance, de l'amour, de la beauté de sa cité. Face à lui, dans l'angle, une ultime Vierge apaise ; madone aux yeux baissés (fulgurant souvenir du Corrège sous le regard de Stendhal), elle tient l'Enfant-Roi, l'Enfant-nous dont la main levée fait le signe de l'Ange — et les Anges derrière, bras croisés, attendent le miracle avec nous, comme nous.

Le soir tombe ; tout le jour, j'ai marché dans ce palais, dans la ville, cette cathédrale de la pensée dont l'art est le ciment. Je redescends lentement les degrés de la longue place : je sais maintenant que j'étais seul lorsqu'il y a vingt ans j'y suis venu pour la première fois. Ce visage de femme que j'ai tant cherché à retrouver, le nom de celle dont je croyais qu'elle m'accompagnait pendant mon premier voyage était seulement un leurre ; c'était l'alibi que je donnais à mes impuissances ; — et c'est seul, je le sais aujourd'hui, que j'avais su découvrir la vérité d'Urbino. Ou alors, l'ombre qui marchait près de moi n'était que moi encore, jeune homme, enfant — enfant lourd de sa découverte : enfant-moi dont le profil blond est encore celui d'un Gonzague ou d'un Este, ici celui d'un Montefeltre-enfant exilé dans un miroir, ailleurs.

Je n'ai plus peur. Danièle, Luc, jusqu'à cette femme de quarante ans à Bagno Vignoni qui vivait dans le souvenir d'un cinéaste mort m'ont donné tour à tour un peu de la force qui était en eux : c'est l'énergie de mes vingt ans retrouvée. J'écrirai d'autres livres, j'aimerai si je peux d'autres femmes et j'essaierai de relire Stendhal dans des livres pris n'importe où, achetés sur le quai d'une gare — quand bien même aux murs de ma bibliothèque j'en aie des volumes rares : ni Stendhal ni moi n'avons besoin de ces reposoirs.

A l'entrée d'un portique, une boutique était encore éclairée dans une rue en pente ; j'en ai poussé la porte. La vieille femme qui la tenait étalait tout un bric-à-brac de meubles noircis, de toiles percées et de pauvres statuettes, d'étains, de vieux cuivres. Me lançant un simple *buona sera*, elle ne s'est pas levée du grand fauteuil paillé où elle se chauffait devant un poêle et m'a laissé fouiller parmi ces débris que l'enseigne du magasin qualifiait pompeusement d'*Antichità*. Il y avait quelques livres dépenaillés sur les rayons d'un vaisselier où je n'ai remarqué qu'une grammaire française du début du XVIIIe siècle ; sans trop savoir pourquoi je l'ai feuilletée, pensant à mon ami Serge qui, après avoir écrit sur Léonard, s'intéresse maintenant aux anciens dictionnaires et aux grammaires françaises du siècle des Lumières. Le livre était à demi arraché de sa reliure, il en manquait un cahier entier, mais quelques annotations manuscrites en marge du texte ont attiré mon attention ; je me suis approché de l'unique lampe allumée près de la vieille qui m'a indiqué le fauteuil en face d'elle, où je me suis assis. Une émotion que je connaissais bien m'envahissait, car cette petite écriture cahotique et filiforme, ces lettres pointues et à peine fermées qui s'enchaînaient dans le désordre, il m'a semblé tout de suite les reconnaître. Je me suis souvenu du bel envoi sur la page de garde d'un exemplaire des *Mémoires d'un touriste* que j'avais acheté chez un libraire ami de la rue des Saints-Pères : en marge d'une grammaire en lambeaux, c'étaient bien les mêmes griffonnages que je retrouvais, et mon cœur s'est mis à battre plus fort, comme chaque fois que je découvre un volume précieux entre tous dont je devine sur l'instant que je suis le seul à savoir ce qu'il est ; ainsi cette grammaire de Wailly, dont des dizaines d'éditions se sont succédé pendant près d'un siècle, avait-elle été annotée par Stendhal.

Indifférente, la vieille femme avait fermé les yeux ; un énorme chat jaune s'étirait devant le poêle qui chauffait à peine le magasin où achevaient de pourrir des débris d'objets que le temps avait recouverts d'une sorte de carapace uniforme de suie et de poussière ; mais le livre que je tenais en main valait cent mille fois pour moi — et au-delà — tout le contenu de la boutique : c'était l'ultime rendez-vous que mes deux amis consuls, à Florence et à Civitavecchia, m'avaient donné ensemble au bout de la Toscane, dans cette ville d'Urbino qui en était la frontière extrême : ni l'un ni l'autre ne m'avait trahi. Quittant pour la dernière fois Civitavecchia, le 22 octobre 1841, le consul Beyle avait bien laissé derrière lui une malle de papiers qui avait échappé à la fureur maniaque du collectionneur Gentile et qu'au hasard de ses pérégrinations Otrick avait pu découvrir ; cette malle avait dû rester pendant des années à La Folia, enfouie sous des monceaux de documents où je n'avais pas su la chercher ; Luc en avait ensuite trouvé la trace chez le vieux Salvi de Volterra, il m'avait guidé juqu'à ce brocanteur qui voyageait entre Pise et Arezzo, puis m'avait laissé achever seul le périple qui m'avait conduit ici. De tous les papiers qu'avait contenus la malle, des manuscrits peut-être, des livres ou de ces chroniques anciennes qui avaient appartenu à Stendhal, il ne restait que ce volume en lambeaux ; ce n'était même plus un livre, tout au plus des feuilles déchirées, parfois arrachées, sous une reliure morte, criblée de trous de vers et de taches sombres, un débris qu'ailleurs et autrement il ne me serait même pas venu à l'esprit de prendre en main ; mais c'était Urbino, le bout du chemin, et quelques feuillets portaient, irréfutable, la marque de ce que j'étais venu chercher.

Lorsque je lui ai demandé le prix, la vieille femme a émis un bruit qui ressemblait à un sifflement ; je lui ai compté cinq billets de mille lires qu'elle a enfouis sous la ceinture de sa robe, dans une sorte de poche de laine tricotée, et je suis ressorti. La nuit tombait ; il me semblait que des semaines s'étaient écoulées depuis qu'au col de Trabaria, j'avais franchi la barrière de nuages bas qui me séparait d'Urbino : tout le temps qu'avait duré l'éblouissante lumière de cette journée d'hiver, j'avais enfin déambulé hors du temps — et la nuit m'avait apporté ce que je n'espérais plus.

Ce n'était pas encore la nuit d'Urbino que j'avais connue lors de ma première visite solitaire ; l'obscurité était tombée, des lampes brûlaient aux fenêtres et quelques réverbères éclairaient çà et là des escaliers, d'autres rues en pente, mais le ciel était seulement sombre ; aucune étoile, ni la lune, n'était encore montée en lui. Cachant ma trouvaille dans une poche de mon manteau, je me suis hâté vers l'hôtel où j'avais pris mes quartiers. C'était une vieille auberge, sans charme particulier, simplement installée dans l'une des maisons de la rue qui prolonge jusqu'à la maison natale de Raphaël la place principale où ce qu'il restait d'animation dans la petite cité s'était réfugié. Là-bas, dans les deux cafés qui se faisaient face, quelques jeunes gens buvaient et parlaient fort ; il y avait de la buée aux vitres, on devinait les salles enfumées, les odeurs de vin âcre ; à cent mètres de là, la rue et mon auberge étaient silencieuses. On me servit un pichet de vin, des pâtes, une viande trop cuite ; je refusai le dessert glacé fabriqué en usine qu'on me proposa et bus seulement deux cafés très forts.

Quand je suis sorti à nouveau, la lune se levait enfin ; elle n'était pas encore très haute, dans l'axe de la place qui conduit par degrés au palais ; déjà, pourtant, elle donnait à la façade de la cathédrale que je longeais cette allure de décor construit avec du bois et du plâtre pour qu'on y jouât une pièce de la Renaissance, toute pleine de beaux meurtres et de grandes passions. M'arrêtant un instant sur les marches d'un perron, j'allumai une cigarette dont je ne tirai que deux bouffées, la rejetant aussitôt. Fumer me paraissait sacrilège, dans l'espèce de calme figé de cette nuit qui devenait déjà, avec la lune qui montait haut et vite maintenant, la nuit vécue ici même et voilà combien de temps : il est des lieux, les églises ou les musées, les grands palais du monde, d'où certains gestes familiers sont bannis, et telle était cette place, cette nuit.

J'ai repris ma marche au beau milieu de ce théâtre de vraies pierres et de vrais murs sous un vrai ciel inondé d'une vraie lune qui, à mesure qu'elle montait plus haut encore, inondait d'une lumière blanche et bleue les pavés de la place, les margelles des palais, l'encadrement plus sombre des fenêtres très loin sur l'à-pic des murailles de briques dont le rose vieilli avait viré à un bleu très pâle, très froid, un bleu de glace dure.

Parvenu à l'extrémité de la place, je me suis retourné ; chaque détail de la longue et fabuleuse architecture se développait avec la rigueur d'une épure, plus net encore qu'au plein soleil de l'après-midi. Derrière moi, la lune était ronde, pleine. J'ai mis la main dans une poche de mon manteau et j'ai senti le grain usé de la vieille grammaire de Wailly qu'avait annotée Stendhal ; mon doigt jouait entre les pages, dans la déchirure de la couverture qui s'effritait sous mes doigts : sans m'en rendre compte, j'achevai de la décoller — et c'est alors que j'ai senti le feuillet glisser sous le cuir pourri.

Il faisait clair et bleu ; à la lumière de la lune, j'ai lu la lettre que j'en ai tirée. Elle était écrite d'une belle écriture très fine, sans aucune de ces roussures auxquelles virent avec le temps les encres anciennes.

« Cher Dominique », écrivait la femme inconnue qui appelait Henri Beyle par l'un des noms qu'il se donnait lui-même, cher Dominique, mon Dominique, « vous m'avez si souvent demandé de vous écrire et j'ai si longtemps refusé cette lettre qu'elle vous arrivera peut-être au moment où d'autres femmes, plus aimées de vous désormais, vous prodigueront les tendresses que je ne pouvais vous donner moi-même. Vous lirez alors mes lignes avec un sourire amusé, dont j'espère pourtant qu'il sera un peu — rien qu'un peu : je vous en supplie, donnez-moi ce petit peu — attendri. Et vous direz : "J'ai aimé celle-là qui m'a aimé, peut-être, et ne me l'a pas montré." Que ne l'avez-vous su lire, Dominique, mon ami, dans les gestes mêmes que je ne me sentais pas le droit de faire mais qui tous tendaient vers vous. Ainsi la promenade que nous fîmes, en silence, ce dernier matin : vous souvenez-vous de mon air embarrassé quand vous me parlâtes d'un livre que vous vouliez écrire et dont j'aurais été à la fois le caractère central et la dédicataire ; je vous l'ai interdit, bien sûr, mais ma voix tremblait en vous disant ce non. Vous avez haussé les épaules et avez fait quelques pas en soupirant devant moi. Je vous regardais pourtant qui marchiez, l'air boudeur, dans ces buissons d'épineux où ma robe se prenait, mais vous seriez-vous retourné alors que vous auriez vu que mes yeux, toute mon âme vous en remerciaient. Je parle de cette promenade à deux pas de la villa où vous m'étiez venu voir parce que je ne veux pas parler de la soirée de la veille et

— oserais-je vous l'avouer aujourd'hui ? — du loquet que je n'avais pas poussé.

» Mon ami, mon grand ami, en dépit de tout ce que vous annonciez de ce ton sentencieux qui vous va si mal, c'est donc moi qui vais m'en aller la première. Je sais que vous quitterez bientôt l'Italie pour Paris où le grand destin que je sais appelle mon Dominique. Je sais aussi que ce destin-là ne vous fera pas perdre la tête, car si certains artistes ne voyagent ou n'aiment que pour en tirer la matière d'une œuvre, d'autres, dont vous êtes, n'ont jamais aimé et voyagé que pour le seul plaisir des rencontres du bord du chemin : ceux-là n'attendent pas une grande gloire ; ils n'espèrent d'autre bonheur que d'être lus (me l'avez-vous assez dit !) par une femme sensible qui saura aimer la main qui a écrit autant que le livre qu'elle a laissé. Ce bonheur, mon ami, mon Dominique, sans que vous l'ayez jamais su, je vous l'ai donné ; j'aurais voulu vous en donner mille autres, je le pourrais aujourd'hui puisque me voilà libérée, mais cette liberté-là ne permettra plus qu'à nos âmes de se retrouver : sachez que la mienne sera au rendez-vous que vous lui avez donné. »

J'ai relu deux fois, dix fois cette lettre, qui ne portait en guise de signature qu'une seule initiale, tracée d'une main qui avait dû trembler ; c'était un S, ou un E ; et la date qu'elle portait, écrite d'une autre main en bas de la dernière page, était celle du 21 mars 1840. Quinze jours plus tard, le 6 avril 1840, Henry Beyle avait écrit : « Une fois arrivé à Civitavecchia, le 23 mars, je n'ai plus pensé du tout *to Earline.* » Depuis plus de cent cinquante ans nous sommes quelques-uns à nous interroger : qui était cette femme, cette Anglaise, peut-être, que Beyle avait baptisée Earline ?

J'ai passé toute la journée du lendemain à Urbino : moi qui, arrivé, n'ai jamais songé qu'à partir, j'ai réappris à rester, à faire durer le plaisir et les plaisirs. Le palais ducal était devenu une gigantesque métaphore et c'était tenter d'en épuiser tous les sens que le parcourir. L'entreprise est sans fin et pourtant à la mesure de l'homme, car la succession de cours et de corridors, les grands escaliers blancs, les salles qui s'ouvrent sur d'autres salles semblent définir des perspectives infinies au sein d'un univers pourtant clos, à la manière d'un labyrinthe savamment dessiné.

Le cœur battant, je gravis l'échelle de Jacob que les Montefeltre ont lancée de leur paradis. Dès lors, dans ces grandes salles vides où la tommette est usée, bénie de tous les pas qui l'ont foulée, j'avance dans le monde à proprement parler du re-nouveau — qui n'a jamais cessé d'être.

Mais le miracle, c'est que les ombres familières dont je peuple ma cité ne me détournent en rien de l'essentiel — comme rien sur les murs n'éloigne ici le visiteur de ce qui seul compte : l'ordonnancement d'un univers. Les figures nées de tous nos passés, ceux des Montefeltre et les miens, viennent à ma rencontre avec une aisance si familière que je sais maintenant ne les avoir jamais quittées. A l'angle d'une cheminée, la petite Iole de marbre aux seins polis d'avoir été si souvent caressés reconnaît ma main comme elle a su deviner depuis cinq cent ans le désir de chacun de ceux qui m'ont précédé ; jusqu'au regard vide d'une sainte de bois incrusté dans la marqueterie d'une porte qui m'interroge : tu es donc revenu ? Ainsi, à la différence de ma visite d'hier, qui était l'euphorie enivrante d'un face-à-face enfin solitaire avec tant de splendeur, me suis-je réconcilié ce matin avec tous mes fantômes. Hélène ou Cordelia, Isabelle, Danièle s'avancent avec moi dans ce prodigieux entrelacs d'espaces grands comme des villes où chaque fois les mêmes portes ouvrent sur d'autres cités. Je rêve de banquises, de terres inexplorées, très policées pourtant, qu'un groupe d'hommes et de femmes qui se sont aimés viendraient à parcourir à travers cinq siècles de visages très purs ou de corps offerts, de lignes claires ou de clairs-obscurs complices, de livres vierges ou de manuscrits raturés. Tous les désirs, dès lors, se confondent : ceux qu'on a eus un jour et ceux auprès desquels on n'a fait que passer. Les visages comme la main donnée, l'épaule abandonnée, les amis retrouvés croisent mon chemin, s'écartent ou me rejoignent. Hélène ou Cordelia, Isabelle des bords de l'Amérique, ou Danièle, petite sœur d'une seule nuit : elles sont avec Luc, avec Jean-Claude et Bruno, Charles qui est mort, Serge qui nous regardait, compagnes et compagnons de cette femme qui écrivait à Dominique qu'elle aussi l'avait aimé, sans qu'il en ait jamais rien su. Sa lettre est dans ma poche, E ou S — ou B, encore, qu'en sais-je ? —, elle écrivait pour moi et pour que je sois présent ce matin au rendez-vous qu'elle m'a donné. Mais si l'émotion que j'éprouve à nous trouver ainsi réunis se mêle étroitement à cette fulgurante beauté, je sais que l'une et l'autre, tissées des mêmes fils, ouvriront mêmement sur d'autres souvenirs qui seront livres ou musiques, visages, émotions. Toutes les muses sont revenues de Florence et d'ailleurs — le palais Corsini sur l'Arno où je les ai aperçues dans la lumière chiche d'une fenêtre entrebâillée — pour orner à nouveau les flancs étroits d'une chapelle dont les peintres d'Urbino avaient fait un temple élevé à tous les arts. La viole en main ou le tambour — le pied ganté de fer et de cuivre qui danse —, elles m'adressent un demi-sourire en coin, complice, amusé, qui me défie : tu es donc revenu, l'ami ? Sauras-tu aller plus loin ?

Je sais aller plus loin. Je gravis des marches pour parvenir à des tours ; j'en descends d'autres, profondes et glacées, je parcours jusque dans les caves l'itinéraire double de celui que j'ai suivi en haut ; les boyaux sous la terre sont larges comme des avenues et les salles ouvertes dans les fondations du palais deviennent à leur tour des villes. Je reviens alors, j'ose enfin revenir aux deux tableaux de Piero della Francesca qui ornent à l'étage noble deux murs de l'ultime salle : je sais maintenant que si j'étais seul, la première nuit, à déambuler sous la lune, c'est en compagnie de tous ceux que j'ai pu aimer, fût-ce très vite, de loin, à la sauvette, que j'ai contemplé dans cette dernière salle l'homme qu'on appelle Christ et qu'on outrage, la Vierge, ici femme, et qu'on adore. Dès lors, comme aux panneaux de bois marquetés des portes ouvertes sur d'autres mondes, je découvre d'un balcon de pierre au flanc du mur nu le fantastique paysage de toutes les campagnes que j'ai jusqu'ici parcourues. Il y a des collines et des montagnes, l'allée de cyprès qui conduit à un dôme, le campanile qui se dresse pour épingler le ciel et puis, très loin, tout près, à la ligne des crêtes, la Toscane : je suis bien revenu chez moi.

XVII

J'ai fait à rebrousse chemin tout le chemin qui m'a conduit à Florence. L'Ange a parlé. J'ai reconnu les rangées de collines, les murs, les fresques, et les vallées : cette fois, je prenais tout le temps qu'il fallait pour les voir et savoir les aimer.

Un jour, dans un film un peu niais, j'avais vu un paysage de Toscane qui ressemblait à celui-ci. C'était au sud de Sienne, et les « côtes » de terre sèche moutonnaient en à-pics soudains devant une *casa colonica* transformée en résidence secondaire pour couple italo-américain à la dérive. Le père buvait et tapait des articles sur une vieille Remington qui faisait bien dans l'image et la mère, encore belle, mourait lentement d'un cancer. La fille revenait s'y réfugier à la fin d'un amour et au matin, sa mère morte, elle contemplait ces lignes entrecroisées de terre et de ciel où des rangées de cyprès zèbrent la terre labourée de frais comme on peigne une allée de sable. L'actrice qui jouait le rôle de la jeune fille était belle. A revoir ce paysage, elle retrouvait une énergie nouvelle ; moi, j'avais pleuré. Non de la mort de cette mère qui préparait trop bien les spaghetti avec le sourire las de Claudia Cardinale, mais simplement de renouer avec une manière de bonheur perdu qui avait été mes Toscanes. Et les larmes niaises comme était niais ce joli film de femme étaient quand même des larmes de bonheur.

Toscane en larmes   Toscanes
Où née du fleuve plane pleine l'âme grise
et lourde et partout   monte
à l'assaut des collines   Seul
émerge le regard — et l'ange

Par la fenêtre ouverte le vide est béant d'eau
Des silences   répondent
Tous les échos   sont tus

Reste la pâleur du geste   la figure lasse
ou cette terre moite le moment aboli de sa fortune
Crève comme une bulle remontée de très loin
Ou son cœur encore   plus

Crêtes de Sienne ou terres d'Orcia, ces brèves croupes que le désordre accumule dans un ordre rigoureux, bosselures, effritement d'une terre sèche et grise, subitement violette ou rousse dans le soleil. De longues traînées de labours la déchirent avec une effarante régularité jusqu'à l'horizon où se détachent, très proches, deux arbres, une *fattoria*, le toit d'une bergerie. Des chemins dessinent d'autres lignes souples, interrompues, et je pense à certaines terres de Chine, autrefois, au-dessus de Sian. Dans une grotte, des paysans avaient découvert des statues de bois qu'ils avaient, dirent-ils, brûlées : c'était au début de la Révolution culturelle. Ici, des armées ont parcouru la campagne et le cavalier à la lance de Simone Martini, monté sur son cheval tout caparaçonné de blanc et d'or, menait ses guerriers en campagne là où la large route de Sienne à Grosseto tranche à vif le même paysage de collines brûlées où naissent pourtant des villes.

L'Ange a parlé : au mur d'Arezzo, j'ai su entendre sa voix ; mais à Florence aussi, dans l'ombre de la Santa Felicità, ou sur le panneau fameux de Simone Martini du musée des Offices dont la Vierge, éblouie comme nous, détourne à demi le visage face aux mots qu'on a trop déchiffrés. Mots dès lors de l'Ange, bribes, paroles — et la Toscane autour qui les répète à l'infini.

Dalles carrées brisées   poussière roc et cailloux soleil darde   la pluie l'avait aussi   soleil dure au flanc ouvert de la montagne   la blessure.

Il faut prendre la route à midi pour aller plus loin   Blocs de pierre taillés au pic   rude pente droite comme un coup de trique   (il a neigé une saison)   éboulis cahoteux tout en bas le chaos   et en haut

Le chemin douloureux comme une découverte casse éclaté le marbre   coupe   aiguë sait la blessure et pure pourtant la plaie   portant haut des palais   raboteux le rocher dont on fait la muraille en pointe de diamant.

Le brouillard se dissipe en parvenant au col Encoignure géante   la porte murmure la dalle la lumière Carré plus que parfait.

Nous avons élevé des églises, balisé la plaine sondé le fleuve   nous avons labouré les places de place en place   places faites ne plaise à Dieu   qu'un autre saint que nous en dessine le cercle clos

Nous avons donné du pain aux pauvres humble miséricorde au poids de la gloire   et de la main tendue calleuse craquelée luisante de lumière   attrapé le soleil au mur réfléchi

Nous avons parcouru des villes   certaines mesuré l'espace d'ici-bas à l'aune des grands saints aux couleurs éteintes   à jamais debout dans le chœur obscur de l'été neuf

Nous avons posé des pierres   verni des tuiles   écrit des chants   épousé des langueurs minérales. Nous avons deviné le nombre d'or : devinez pourquoi   : la plaine   l'église le pain   la main   le saint   le cours le chant

C'est aujourd'hui demain   Gloire.

Toscanes, tu disais   la plaine au bout des murs la douve   murmure avec le soir Toscanes debout se lève

Grisante amoureuse et fragile   sourit, défie le temps défie le marbre   caresse   épouse trop fidèle d'un soldat de fortune   (on tourne sur les murs   longtemps)

Toscanes,   étendue sur la rive   plane comme une paume offerte   comme une grive   ivre de ce vin-là

On tourne un tour encore   les portes sont levées   l'arène ouverte en creux   les tuiles

chaudes   le corps de la reine morte frôle de
mes lèvres le coussin de soie.

Toscane aride et veuve   Toscane fleuve
roc et caillou pierre cailloutis rocaille pierraille
Toscane fleuve et charrie des orages
dans l'herbe rare et rase   grise
Toscane vise   à la postérité

Colline après falaise rond mamelon en orbe
dune de pleine terre dévorée par des vagues d'argile
c'est la soif à midi   c'est l'olivier
sur les terrasses en marées   en à-pic
toujours plus neuve dans sa grande clarté
Toscane nue

Il y a près de Sienne des tempêtes de sable
qui lavent tout   la mer est grasse
de gravelle séchée : comme un lent paysage
de terres et terres encore renouvelées où
les lignes de cyprès sont celles de la main

Toscane écrue et rude toile et le pain huilé d'ail
A l'ombre du pignon
on a tendu des voiles sur la poussière brûlée
le vent a fait le reste   la craie glisse
entre nos doigts   pouvoir la retenir
elle est éternité.

Murs et murailles : titans vassaux   murailles
fracassées levées sur le tranchant du glaive
prisons de roche   où affleure le marbre
trois mille ans d'éternité :   des dieux avant les
dieux ont inventé les prêtres

Troie ravagée a replanté sa Troie   et les rites
anciens ont tu leur langue   à jamais.
On a construit une prison
Des urnes gemellées disent l'époux l'épouse
et puis rien, les poudres poussière   aux cendres
ont fait des flancs d'albâtre   j'y mesure
une histoire qui n'est pas.

Formidable éboulis de pierres encore dressées :
plus haut monte la pierre le mur et dure   plus l'âge
sèche debout les ombres qui sont passées
plus le temps remonté se fige dans le marbre
plus j'écoute un silence qui ne sait plus parler.

D'en haut on découvrait l'âge du feu ou de l'amour
Les fumées des enfers montent droit vers le ciel
et le métal affleure et le sol plus loin   l'herbe
jaunit debout   il faut un paysage   des traces
aux failles de la roche   j'entends le chant du
prisonnier.
Tout est désert de meule et de moëllon de bloc
de roc de dalles et de veines
le caillou devient cailloutis et la voûte gravats
Lapidaire furtif j'herborise des fers
rouillés dans le rocher   le profil d'un roi.

Plus la tour oblique aux voyageurs dit
qu'il faut se taire
Pétrifié   les balzes éboulés sont égrenés en nefs
battues à tous les vents   souterrains éventrés
des rares indigènes qu'on veut apprivoiser :
plus l'urne est familière plus secret le sourire
plus rare la prière   : à moi de l'inventer
on ramasse à midi des éclats de soleil.

Murs alors titanesques   remparts qu'on a rasés :

à Semifonte les guelfes n'ont rien laissé   ici
tout s'accumule toit sur toit strate sur strate
stratège divin du roi qui te dérobes   je tente
de ramasser les miettes   poudrée de blanc
tu files lézard entre lézarde   ortie ronce clochette
scarabée noir et dur   agate   gemme
au cœur des diamants la pointe   arase
écrase les palais fracassés.

Deux enfants le frère la sœur chantent dans l'eau
sombre
ils sont les derniers de la race   géants
les dieux s'en sont allés   on a brûlé les yeux
de ceux qui savaient voir   La prison   seule
dure   et les prisonniers en costume bleu
répondent à la tombée du jour au prêtre qui bénit
par des jurons   je cherche
mon chemin dans l'éboulis de la mémoire.

Tu chanteras Toscanes   cette langue serpente
Longue sous l'olivier   le pin   l'orangeraie
Aux collines du ciel tu t'es tant étendue
Tendrement   Durement   givre et noces
quand
au milieu du banquet passaient les chiens la vierge
nue
Le chevalier   Tu leur dirais Toscanes
Demain servira d'heure lige   alors est bellement
          la pierre rose l'herbe rase   rouge le lys
ronde l'anse   danse le printemps
sans ruse
Tu souriras Toscanes d'avoir tant attendu
qu'ici s'élance la jetée des mots le mur et l'eau
l'ange   l'âge
et la saison   me donne enfin raison.

XVIII

Ainsi, je suis bien revenu : de Lucca à Volterra, j'ai renoué avec toutes les Toscanes et j'ai pu rentrer dans Florence après un long exil ; c'est la Porta Romana que prolonge jusqu'à l'Arno une rue étroite, commerçante, vivante, tremblante aussi du fracas des autobus jaunes.

Franca m'attendait. La veille, son fils avait quitté le palais Bancacci avec l'aide du questeur pour gagner la Suisse, elle paraissait soulagée. Le questeur avait promis de faire enterrer l'affaire ; il s'était d'ailleurs révélé que le jeune homme n'avait participé, fût-ce de loin, à aucun attentat ; tout au plus pouvait-on lui reprocher ce qu'il est convenu d'appeler des amitiés compromettantes. « J'avais si peur, tu comprends... », m'a dit Franca aussitôt que nous nous sommes retrouvés dans le grand salon aux turqueries du siècle dernier. Elle avait écarté les rideaux et la lumière inondait la pièce. Son visage paraissait reposé ; elle n'avait plus cet air d'attendre et de redouter qui marquait ses traits lors de mon dernier passage à Florence. Donatella nous a rejoints ; elle-même semblait moins tendue, plus affable, presque souriante. Elle s'est assise sur le bras du fauteuil de sa mère ; celle-ci, avec un petit clin d'œil, m'a annoncé « la bonne nouvelle » : sa fille allait se marier avec le fils de nos amis B., la cérémonie aurait lieu au printemps. Subitement bavarde, Donatella s'est lancée dans de grandes explications sur la villa proche de Massa Maritima où son mari et elle s'installeraient, pour cultiver leurs terres mais aussi faire venir des amis, redonner vie à un village presque abandonné, organiser des concerts ; son visage s'animait, elle paraissait soudain si naturellement enjouée, enfantine dans la description émerveillée de la vie qui l'attendait, que je pouvais me demander si tout ce que j'avais remarqué — ou cru remarquer — lors de mon précédent séjour au palais Bancacci n'était pas seulement le produit de mon imagination : assises l'une près de l'autre dans un grand fauteuil de tapisserie claire, sous une fresque qui représentait un mamelouk enlevant une belle esclave, j'avais en face de moi deux jeunes femmes amusées qui riaient très fort en buvant un spumante transparent.

Après le déjeuner, Franca m'a entraîné jusqu'à la bibliothèque en rotonde : Luc lui avait rapporté le livre de chroniques trouvé à Arezzo, elle s'était enfin mise au travail ; elle lisait, relisait, annotait, et avait décidé de préparer une édition moderne de ces anciens textes qui parlaient de sa famille. « Giuliano aurait aimé ça », a-t-elle murmuré en caressant de la main le gros volume que je connaissais déjà. Puis, d'une voix un peu sourde, embuée par la tendresse, elle m'a dit que son mari s'était bien suicidé, comme j'avais pu le deviner, mais pour une raison horriblement simple : Giuliano était malade ; il avait consulté des spécialistes à Milan et à Genève, il se savait condamné et n'avait pas voulu infliger à sa femme le spectacle de sa déchéance. « Il m'aimait, vois-tu, et je l'aimais... » C'était lui qui, le premier, avait deviné l'existence du gros livre de chroniques dont le vieux Salvi lui avait parlé un jour à Volterra, et c'était autant pour son ami mort que pour Franca vivante que Luc était parti à sa recherche.

Elle m'a montré les premières notes qu'elle avait prises et les livres sur les rayons de la bibliothèque en face d'elle dont elle se servirait pour commenter le texte ancien. « Ainsi, vois-tu, Giuliano ne sera pas tout à fait mort ; l'éditeur qui publiera le livre a déjà accepté que nos deux noms figurent l'un à côté de l'autre sur la couverture : à Florence, le temps n'existe pas vraiment, et même après la mort de Giuliano, nous restons encore un couple, lui et moi. » Il y avait tant d'animation dans sa voix, tant d'espoir aussi, que je ne pouvais pas sourire de cette excitation presque enfantine : c'était la joie, une joie pure, souveraine, qui illuminait le visage de la femme de mon ami ; elle avait retrouvé l'énergie de ses dix-huit ans, quand Giuliano et elle parcouraient ensemble tout à la fois la campagne toscane et les rayonnages de cette bibliothèque, à la recherche des bribes d'un passé qui était bel et bien devenu leur présent à tous deux. Cette énergie, c'était d'ailleurs aussi la mienne, lorsque je me lançais jadis à cœur et corps perdus dans un nouveau livre ou une nouvelle amitié. « Tu sais que je suis presque heureuse », m'a encore dit Franca lorsque je l'ai laissée dans la pièce, entourée par ces livres de tous les temps qui ne lui apportent rien de moins qu'un second souffle et une nouvelle vie.

Je suis remonté dans ma chambre ; j'ai disposé une table de noyer face à la fenêtre et au balcon ;

en face, de l'autre côté du jardin, et au sommet du mur qui le clôture à l'est, je devinais le corridor de Vasari qui décrit à travers la ville son itinéraire magique ; loin au-delà, dans le plein soleil d'une matinée d'hiver, les premières collines et San Miniato avaient les couleurs pâles et lumineuses d'un arrière-plan de fresque du Quattrocento. Il y avait du papier sur la table, des crayons, j'ai sorti mon gros stylo or et noir — et j'ai pris quelques notes rapides : ce voyage qui arrivait à son terme, Florence.

Sir Bernard Lew donnait un dîner le soir même, il m'avait invité en compagnie de Franca ; je devais y retrouver Luc qui avait amené Consuelo, ainsi que quelques-unes de mes belles amies de Florence, et puis Vittorio Bardi, Marcello échappé encore une fois aux vapeurs de Ferrare et Luigi Gozzli, enfin, le poète de la ville. « Savez-vous, a murmuré Lew à mon oreille, qu'on parle beaucoup de lui pour le Nobel ? » Luigi Gozzli est un vieux petit monsieur aux yeux bleus, à la chevelure très blanche découpée en belles boucles légères, qui ne parle que très peu, par petites phrases rapides, comme si chaque mot échappé de lui dans une conversation mondaine était autant de moins qu'il apporterait à son œuvre. « Je crois que notre ami Gozzli a compris qu'on ne pouvait parler de Florence qu'à travers un poème ou une peinture qui la représente », a remarqué Bardi, sanglé dans un smoking étroit qui ressemblait à un justaucorps d'un autre temps. Tout de suite, en effet, la conversation avait roulé sur Florence, comme si la ville était tout naturellement au cœur de la vie et de la pensée de chacun des convives.

« Il faut bien comprendre, a commencé Sir Bernard en s'adressant à moi, que la grandeur de Florence repose d'abord sur un malentendu. Rappelez-vous votre retour parmi nous, voilà à peine quelques jours : comme vous, de Montaigne à Stendhal, les voyageurs qui venaient autrefois à Florence y arrivaient par Bologne et l'Apennin ; ils traversaient des gorges profondes, des cols qu'ils disaient redoutables avant d'aborder le massif du Mugello, ses forteresses et ses châteaux où naquirent les Médicis. C'est après un difficultueux cheminement dans un paysage austère et sombre qu'ils découvraient enfin la ville dans les derniers tournants de la vieille via Bolognese : on la voyait alors d'en haut, étalée dans sa cuvette de part et d'autre de l'Arno qui dessine au coucher du soleil un serpent de lumière ; au-delà, c'était déjà la ligne des collines, vierges encore, qu'épinglaient çà et là, à Bellosguardo ou à San Miniato, des villas, une tour, un campanile, et puis d'autres collines, d'autres sommets. La route zigzaguait encore un moment entre les murs de grandes villas médicéennes, des parcs où des géants de pierre dominaient des bassins et des allées de buis : après l'émotion du voyage, c'étaient les premiers pas au pays de l'ordre renaissant : on n'avait plus qu'à gagner une auberge sur le Lungarno et, comme notre ami Stendhal qui était un sentimental, courir aussitôt à l'église de la Santa Croce se recueillir sur la tombe d'Alfieri. » Il y avait un peu d'ironie dans la voix du vieil Anglais, mais je savais que l'émotion qu'il décrivait était bel et bien celle qu'il éprouvait lui-même chaque fois qu'il revenait en Toscane.

Vittorio Bardi, aussi florentin que l'était Sir Bernard, né dans le Dorset, a pris la parole à son tour : « Il a fallu pourtant longtemps pour que la beauté de Florence apparaisse dans toute sa vérité à ceux qui faisaient du voyage en Italie un pèlerinage aux sources de leur culture. C'était Rome, d'abord, et Naples qui les attiraient ; de Nîmes ou Orange à Saint-Rémy en Provence, ils avaient suivi un chemin parsemé de colonnes antiques, d'arènes, de chapiteaux : c'était cet ordre-là qu'ils venaient chercher en Italie. On arpentait les ruines des forums, on marchait sur les pas de Romulus et des Césars comme, un peu plus tard, on découvrirait sous la cendre les cités d'Herculanum et de Pompéi. L'humanisme renouait avec ses racines antiques. Ou alors, on venait adorer la Rome papale, ses ors et ses pompes, et ce sont ces deux Rome-là que Montaigne a pu admirer. Florence ? On ne faisait qu'y passer et si le Duomo ou le campanile de Giotto méritaient qu'on les contemplât, toute la peinture qui vous attire aujourd'hui aux Offices était bien ignorée. Quant au reste... » Je savais ce que mon ami voulait dire : c'était le Président de Brosses qui affirmait : « Les palais de Florence sont en grand nombre et fort vantés : malgré cela, je préférerais Bologne à Florence. » D'ailleurs, Vittorio Bardi continuait : « Il n'est jusqu'à Stendhal, puisqu'en votre présence nous en revenons toujours à lui, qui admire le Guide à Rome, les Carrache à Bologne et surtout le Corrège à Parme, mais ne s'arrête vraiment à Florence que pour s'attendrir sur les petites pythies maniéristes du Volterrano à Santa Croce : Cimabue et Giotto, Fra Angelico et Piero della Francesca n'existent pas pour lui ! Ce sera votre XIXe siècle bourgeois qui saura remettre les choses à leur place, et le *Voyage en Italie* de Taine — il ne date que de 1866 ! — est à peu près le premier des récits de voyageurs qui donne au Quattrocento la place qu'il mérite — sans pour autant négliger le

Guide et le Guerchin qu'il est de si bon ton, de nos jours, de superbement ingorer. »

Luc caressait la nuque de Consuelo : dans la lumière dorée des grands lustres hérissés de bougies dont Sir Bernard éclaire ses salons les soirs où il reçoit ses amis, elle avait bel et bien les traits de Simonetta Vespucci rêvée par Botticelli quelque part parmi les fleurs du *Printemps*. Le regard de Luc a croisé le mien ; il m'a adressé un sourire. Vittorio Bardi s'était tu, c'est mon ami le consul qui a poursuivi pour lui.

« Je crois que si Florence est bien aujourd'hui cette ville unique où tout, en somme — tout ce qui nous a fait ce que nous sommes —, a commencé, sa place dans nos itinéraires sentimentaux demeure ambiguë. Bien sûr, nulle ville d'Italie, hormis Venise et Rome, ne voit comme elle déferler des hordes de touristes ; Florence, dès le début du printemps, devient si peuplée de curieux ébahis qu'elle est parfois irrespirable pour chacun d'entre nous. Mais le voyageur amoureux d'une certaine idée de l'Italie affirme revenir vingt fois rêver à Venise, ou dix fois à Rome pour écouter chanter les fontaines ; alors qu'il visite Florence, y retourne parfois, mais prétend surtout la connaître et n'y revient souvent qu'après de longues absences. » J'avais déjà dit la suite : Venise, vénéneuse, attire, on s'y promène ; déclamatoire, Rome fascine, on s'y promène aussi : on ne se promène pas à Florence ; austère, il faut savoir la posséder : elle se mérite et se gagne. Et qui n'a pas su la gagner n'y verra très vite que quelques monuments célèbres, admirera le musée des Offices et parcourra au pas de charge les grandes salles de Vasari au palais communal avant d'aller respirer ailleurs une beauté plus facile.

Bardi, Sir Bernard, Luc — le Florentin, l'Anglais,

le Français — se répondaient maintenant l'un l'autre ; c'était comme la musique d'un trio dont chaque instrument également accordé célébrait tour à tour la ville qui était si bien devenue la leur. « Naturellement, a remarqué Sir Bernard, tout n'est pas si simple, mais Venise et Rome séduiraient les plus rebelles par la façon qu'on a d'y vivre ; l'une et l'autre sont le produit de l'art, bien sûr, et des hommes qui les ont faites, mais aussi de notre imagination. Le grand canal au crépuscule, les souvenirs de la Rome ancienne ou la véhémence du Bernin enchantent : les hauts palais de pierre sombre de Florence, l'harmonie sur un mur blanc d'une porte en *pietra serena* sont le résultat d'une pensée qui, quelque part à la fin du XIIIᵉ siècle, a commencé à redessiner le monde. D'abord éparse, écartelée entre toutes les Toscanes qui font la Toscane, elle va peu à peu se concentrer sur une seule Toscane, celle de Florence même et, s'unifiant, conjuguera en un formidable pluriel des forces admirablement singulières. »

C'est Vittorio Bardi qui a cité à nouveau la célèbre lettre d'Alberti, le géomètre visionnaire de Santa Maria Novella, qui inventa des volutes de marbre pour multiplier l'espace. S'adressant tout à la fois à Orcagna, à Ghiberti, à Brunelleschi et à Donatello qu'il appelait par leurs prénoms, Alberti s'étonnait de ce que tous, ensemble, avaient réussi à créer en si peu de temps, et dont il ne voyait d'équivalent qu'au siècle de Périclès. Aux architectes et aux sculpteurs répondaient les humanistes, aux peintres les philosophes et bientôt les princes eux-mêmes épris de poésie : « En quelque trente ans, au début du XVᵉ siècle, c'est un système entier, philosophique et humaniste, qui s'est spontanément organisé à Florence, traduit d'abord par les œuvres de ses artistes : comment voulez-vous, dès lors, qu'au promeneur de hasard dans les rues de la ville, une construction intellectuelle aussi rigoureuse apparaisse avec la même évidence que le charme langoureux de la lagune ou que l'ostentatoire déclamation baroque qui l'entraîne à Rome dans le flot volubile de ses séductions ? Ici, il faut savoir avant de voir, posséder l'histoire et l'esprit avant de se laisser aller à la seule contemplation d'un tableau, d'un palais. Écrasé contre le mur qui fait face au palais Rucellai, via della Vigna Nuova, qui devinera la sobre et rigoureuse construction de la façade, s'il n'a déjà su ce qu'en était le dessin d'Alberti ? »

Comme en écho aux paroles de l'aristocrate devenu homme d'affaires et symbole de sa cité, la voix de Gozzli, le poète, s'est alors élevée : « Il en va des villes comme de la poésie et des musiques : certaines nous enchantent tout de suite, sentimentales ou lyriques, d'autres sont moins accessibles à la première écoute mais, le moment venu, savent mieux nous retenir dans les rets d'un verbe ou de quelques accords d'une fulgurante et difficile beauté ; il y a Verlaine et puis Mallarmé, un quintette de Schubert et les derniers quatuors de Beethoven, pour en rester aux siècles qui ne sont pas le nôtre ; Musset dit aisément Venise et Chateaubriand chante les ruines à Rome : Florence, elle, est au cœur de *La Divine Comédie* ; elle a besoin pour s'ouvrir, d'une tout autre rigueur ; elle est école en même temps que beauté. Il n'est jusqu'à Boccace réfugié sous la loggia d'une villa de Fiesole pendant la peste noire, qui n'ait assorti chacun de ses contes joviaux d'une réflexion sur le savoir qui était celui de sa ville : patrie de l'esprit pétrie de marbre et de bronze, Florence est d'abord le lieu idéal à partir duquel on peut concevoir l'univers ; et l'exil loin de cette patrie est la plus terrible des sentences que puisse encourir un homme. » La voix du vieux poète tremblait : c'était l'ordre fasciste qui l'avait envoyé méditer quatre ans sur une île d'où il rêvait encore de Florence ; jamais je ne l'avais entendu parler si longuement. Comme chez Marie-Laure, on servait un cuissot de chevreuil ou de sanglier, mais j'étais à mille lieues des dîners parisiens que j'avais fuis : quelques hommes, ici, me parlaient d'histoire et de beauté et je savais les écouter.

« Comment voulez-vous, dans ces conditions, que Florence soit autre chose pour nous, Florentins, que le paradigme du bonheur absolu — fût-ce dans la détresse — comme de la sagesse, de la beauté, et de la vertu — jusque dans la honte, répondait déjà Vittorio Bardi au poète. Il n'est aucun art, aucune science qui n'ait, d'une manière ou d'une autre, vu à Florence un peu du jour qui l'a fait naître ; et si Galilée est né à Pise, ce n'est peut-être dû qu'à un accident du terrain ! Pic de la Mirandole, Florentin d'adoption, réunissait d'ailleurs toutes ses vertus et l'opéra lui-même trouve ses sources non pas à Venise comme on le prétend à tort et à travers, mais à l'académie des Bardi, chez l'un de mes ancêtres, où officiait Vincenzo Galilei, le père de Galileo. »

Il y a eu un silence. Je regardais les femmes qui nous entouraient : aucune n'avait pris la parole jusque-là, et je devinais pourtant que chacune participait intensément à cette manière de musique de chambre pour vieux messieurs seuls qui redécouvraient l'amour d'une ville ; Sir Bernard, répondait à Vittorio, Gozzli à Sir Bernard, mais Cristina, Bona, Franca leur faisaient elles aussi écho ; c'était ici un regard, là un signe... Est-ce, dès lors, Vittorio Bardi ou telle ou telle de nos amies, qui a poursuivi :

« Chaque panneau, chaque toile du Quattrocento se déchiffre comme un rébus où, jusque dans une Vierge de Botticelli, la religion s'efface derrière une autre science, plus secrète. Tenez, même sous l'influence "obscurantiste" de Savonarole, le Botticelli de *La Calomnie* peint d'étranges et bien païens mystères dont nous cherchons encore la clef. » Est-ce Cristina, Franca ? qui a continué : « Si l'on veut poursuivre la comparaison, Rome est chrétienne, bien sûr, Naples superstitieuse ; Venise mécréante et cruelle et c'est pour cela que nous l'aimons ; mais dès la fin du XIVᵉ siècle, Florence a choisi le parti d'un monde où Dieu n'existe pas — sinon en apparence : c'est en cela qu'elle ne pouvait qu'élever un bûcher à Savonarole dont Botticelli fut un bien piètre disciple ; quant au frère Angelico, c'était un saint : les Florentins le lui ont pardonné. Mais quand Masaccio, qui fut son condisciple, peint le Christ en croix, ce n'est pas le Fils de l'Homme qu'il crucifie aux murs de Santa Maria Novella : il y trace un emblème quasi maçonnique, la Trinité inscrite dans le cadre rigoureux d'une épure d'architecte où les théories de Brunelleschi tiennent lieu de dogme. » Franca, Irina répondit-elle ? « Il n'est jusqu'aux grands crucifix de Donatello ou de Brunelleschi lui-même qui ne soient d'abord un défi lancé à la matière, aux volumes, à l'espace, comme l'est la coupole du Dôme : partout, à partir du Quattrocento, Florence s'inscrit dans un cadre qui est celui d'une entité abstraite, idéale, difficile. »

Nous nous sommes levés de table. Dans le grand salon qu'illuminaient quelques primitifs siennois — cette *Annonciation* dont Sir Bernard aime à croire qu'elle est de Sasseta —, on a servi une très vieille grappa qui vient des vignes de Bona ou de Cristina. On a encore parlé de Florence et de beauté, mais je savais maintenant pourquoi, après Urbino, j'étais revenu parmi mes amis. Cité de l'abstrait, du signe, du génie en action, Florence est d'abord la cité de l'homme, mais de l'homme qui pense ; et nulle part en Italie (sauf à Urbino précisément, mais c'était à une tout autre échelle), l'humanisme n'a exprimé si totalement sa foi dans l'esprit de l'homme considéré comme le facteur unique de toute création. Jusque sur son lit de mort, Laurent de Médicis se fait bercer par des contes qui lui disent l'histoire de l'homme qui pense : c'est le savoir de Pic de la Mirandole et la poésie du Politien qui sont à son chevet, pas les prêtres ; et toute ma vie, je n'ai moi-même balancé qu'entre ces deux tentations : le poème et l'envie d'en savoir toujours plus — avec ces femmes autour de moi, sans qui je ne saurais vivre.

Qu'on ne se méprenne pas : la Florence d'hier comme celle d'aujourd'hui est remplie de tous les charmes du monde, avec ce que le mot charme entraîne de connotations pittoresques et plaisantes. Il y a les rues nobles et celles qu'on dit populaires, les orgueilleuses perspectives, les places pompeuses, où le royaume piémontais a tranché au vif dans les quartiers anciens que là-bas comme ici du temps d'Haussmann, on a si allégrement sacrifiés. Il y a les artisans aux échoppes ouvertes sur les rues de l'Oltrarno, l'odeur du bois qu'on rabote, de la colle, la peinture qui se mêle à celle du capuccino ; il y a les marchés de plein air, la place de Santo Spirito avec ses étals de fruits, de légumes et de fromages ou les foires pittoresques de la place de la Santissima Annunziata. Et puis, il y a les collines, la magie des coupoles et des palais qu'on découvre des marches de San Miniato ou de la petite église des franciscains à Fiesole ; il y a aussi les murs qui bordent, le long des routes et des chemins de terre, les grandes villas patriciennes à Maiano, à San Domenico, à Bellosguardo : rien de spirituel ici, en apparence, ni rien d'éthéré, de mystérieusement grave ou de simplement abstrait, si tant est que Florence a peut-être d'abord été l'illustration d'une idée abstraite de la beauté. Et pourtant, jusque dans les jardins de la plus modeste villa de San Domenico, on en trouve encore les traces visibles dans la disposition des buis d'un jardin ou le dessin d'un linteau sur une porte.

« Voilà pourquoi je ne peux, moi aussi, que revenir ici. » J'ai levé les yeux. C'était Dorothea, la petite-fille du sculpteur allemand de la place San Francesco di Paola qui nous avait rejoints et c'était elle qui, levant son verre de grappa vers moi comme pour me souhaiter la bienvenue parmi mes amis retrouvés, semblait conclure pour moi la conversation de la soirée.

Nous sommes restés encore un moment à parler autour d'un grand feu de bois qu'un domestique en veste rouge bordée d'un galon sombre venait de ranimer. Dorothea m'a parlé de cette œuvre qu'elle était en train d'achever et qui représentait, précisément, Florence. « J'ai passé dix mois sur cette fichue statue, et j'ai pourtant le sentiment que c'est le travail de toute une vie. » Puis nous nous sommes séparés. Dans la voiture qui nous ramenait vers la ville, Franca a posé sa joue sur mon épaule. Nous nous sommes arrêtés devant le palais Pitti, figé dans la nuit ; c'était, comme à Urbino, le long décor d'un théâtre auquel je savais désormais que j'appartenais pleinement. Tout contre les formidables murs du palais, on avait ouvert la chaussée et les fouilles qu'on y conduisait révélaient une ville sous la ville : c'était Florence avant que Florence fût, peut-être, la banlieue de la cité carrée que les Romains bâtirent quelque part sous l'Étrusque Fiesole. Des chats se battaient parmi les pierres écroulées que dominait, au-delà de l'espace de la place, la grande façade bleu de nuit, givrée, du palais Bancacci. Franca est descendue pour en pousser la porte cloutée, elle a rangé sa voiture dans la cour où trois statues 1890 montent une garde équivoque : ce sont trois déesses inutiles que le temps a déjà rongées, il n'en reste que les formes déformées. Arrivée dans le patio qui sépare ses appartements des chambres d'invités, Franca m'a donné un baiser rapide ; j'ai entendu ses pas s'éloigner sur les grandes dalles noires et blanches. Rentré dans ma chambre, j'ai encore pris quelques notes rapides, puis j'ai posé mon stylo : je me sentais en paix avec cette ville, donc avec moi-même ; les mots viendraient plus tard pour le dire.

J'ai passé ma dernière journée à Florence en compagnie de Luc.

A l'heure du déjeuner je suis remonté avec lui jusqu'à sa villa. Je n'étais pas revenu à La Folia depuis le séjour que j'y avais fait en compagnie de Claudia, J'ai reconnu l'ancienne cour de ferme et l'escalier qui longe le flanc de la villa, la fontaine à la fresque éteinte mais dont l'eau coule jour et nuit et le jardin à l'italienne où des citronniers en pot dessinent dès le début du printemps une manière d'échiquier fabuleux, feuilles et pierre mêlées. Consuelo nous attendait au premier étage où mon ami a aménagé un bureau dans la pièce qui avait servi à Otrick à entreposer ses dossiers sur Florence. La même frise d'angelots à demi effacés court en haut des murs et des livres encombrent en rangs serrés les rayons de la bibliothèque. Luc a disposé une belle et grande table face à la vue qui s'étend sur la vallée. Il y fait son courrier, répond aux lettres de ses amis ou étudie chaque jour un peu davantage l'histoire de la ville. Dans des boîtes à chaussures, il a classé des photos, des cartes postales qui, toutes, représentent des vues de Florence ou de Toscane. L'une des boîtes est consacrée aux Offices ; j'ai feuilleté un jeu de reproductions où je devine que mon ami se promène aussi aisément que dans les longs couloirs du musée ; moi-même, j'ai reconnu au hasard des visages amis, la dame sur fond bleu de Pollaiolo ou une *Vierge à l'Enfant* de Filippo Lippi : chacune, à sa manière, me raconte un peu de Florence. « Emporte-les, m'a dit Luc en refermant le carton à chaussures qu'il a sanglé d'un élastique avant de me le mettre sous le bras ; emporte-les : tu en as plus besoin que moi, puisque je peux les voir chaque jour et que tu t'en vas ce soir. » La dernière image que j'avais aperçue avant que Luc ne fermât le carton était une hautaine et pâle figure du Bronzino. Une carte postale était restée sur la table, la *Madone au long cou*, du Parmesan : à quinze ans, j'étais amoureux d'elle parce qu'une de mes cousines lui ressemblait. J'ai glissé la reproduction dans ma poche, Parme et Florence réconciliées.

Nous avons passé l'après-midi à parler, tandis que le soleil déclinait son orbe d'or, orangé, puis rouge vif, rouge sombre enfin, face à nous, au-dessus de la ville. Danièle était repartie pour Paris, elle reviendrait en Toscane pour le procès de son jeune assassin, mais Luc n'était pas triste ; Consuelo avait accepté de l'épouser. Donatella, Consuelo, Luc : tout finissait par des mariages. Plus tard, Luc quitterait Florence ; il rêvait de partir pour Vienne ou pour Prague retrouver une autre forme de beauté. « La nuit, me dit-il, il y a sur le pont Charles des silhouettes de femmes qui passent très vite parmi les statues de pierre dressées sur les ponts ; elles se hâtent vers d'obscurs rendez-vous dont j'ai longtemps rêvé, mais je ne crains plus rien, Consuelo sera avec moi... » Il a ouvert une bouteille d'un vieux bordeaux dont Danièle lui a envoyé quelques caisses et s'en est versé plusieurs verres qu'il a bus coup sur coup. « Tu vois : après tout, je reste fidèle à ma légende puisque tous les consuls boivent ; c'est une question de vie ou de mort en littérature. » Dans la lumière de cette fin d'après-midi d'hiver, ses traits me paraissaient plus flous, comme ceux de Consuelo qui se penchait presque tendrement sur lui, mais qui le trahirait peut-être le soir même avec un voyou du côté de la gare : tous deux devisaient, comme Franca et ses enfants, comme mes vieux amis, les Bernard Lew et les Vittorio Bardi qui discourent à perte de vue sur leur ville, comme Gozzli lui-même, le poète, ou Dorothea Manners qui se battait au corps à corps avec la pierre, autant de personnages de roman parmi lesquels je n'aurais fait moi-même que passer. On parlait déjà de dîners dont je ne serai pas, d'une soirée de musique dans un palais, d'une fête que Bona ou Cristina allait donner pour les vingt ans d'une nièce qui s'appelait Bianca ou Gianina. Des ombres remontaient de plus loin, dans la nuit qui tombait maintenant : Mina qui regardait si tristement la place de l'Annunziata et son balcon ; ou Cordelia aux lèvres gonflées dont les gestes après l'amour étaient ceux d'une petite fille boudeuse ; Hélène, enfin, qui n'avait pas su m'attendre. Je n'en redoutais plus aucune : chacune avait sa place dans un passé qui était ma jeunesse ou mon âge mûr mais dont j'avais lentement appris à ne plus m'effrayer de la fuite. Le temps n'était plus un ennemi et ses fantômes avaient été mes complices. Je regardais Luc, ivre maintenant, qui s'affaissait mollement dans les bras de Consuelo et je sentais monter en moi l'envie dévorante d'aller plus loin, de croiser d'autres visages, d'entendre d'autres musiques.

Un vieux domestique chinois m'a ramené en ville : je ne lui ai pas demandé s'il était le boy qui gardait la villa, du temps où Claudia l'habitait. Franca m'attendait à la gare avec mes bagages. A dix-huit heures trente-cinq, le train de Paris s'est ébranlé ; sur le quai, Franca agitait la main. J'ai soudain été triste de quitter Florence, mais très vite, un curieux sentiment que je croyais avoir oublié l'a emporté : c'était l'excitation des retours.

XIX

Peut-être que, les premiers instants, j'ai eu peur : retrouver mon appartement, mes livres, la table de travail devant la fenêtre et les arbres du boulevard Saint-Germain. Mais Vivienne est venue me chercher à la gare, elle a préparé du café, m'a aidé à dépouiller le courrier qui s'était accumulé pendant ces semaines : tous les huit jours, elle était venue le trier, avait payé pour moi les factures, répondu aux messages les plus urgents ; elle m'avait fait suivre quelques lettres à Florence : la pile qui encombrait une table à côté de mon bureau était celle, familière, des catalogues de librairies, des cartes et des invitations sans importance. Un mot de Marie-Laure me souhaitait un bon retour, un autre me proposait un concert pour le lendemain. « Tu ne vas pas y aller, a protesté Vivienne : après cette nuit dans le train, tu dois être crevé ! » Mais je me sentais reposé ; Vivienne m'a regardé avec un drôle d'air, on aurait dit qu'elle ne me reconnaissait plus tout à fait.

Après son départ, j'ai d'abord défait mes bagages, puis j'ai posé sur ma table le carton à chaussures que m'avait donné Luc. Une carte postale a glissé ;

c'était la reproduction de cette *Hérodiade* de Bernardino Luini que Stendhal appelait « Salomé » et qui ressembait à Métilde, qu'il aimait à la folie ; tout d'un coup, quelque chose a tremblé en moi et j'ai reconnu ce tremblement. La femme que mon ami Beyle croyait peinte par Léonard me regardait de côté ; elle s'adressait à moi. J'ai posé près d'elle une feuille de papier blanc : j'étais prêt, peut-être. Mais il était encore trop tôt. Je me suis levé, j'ai rangé dans la bibliothèque quelques livres que j'avais commandés avant mon départ chez un libraire belge et que j'avais oubliés ; de beaux volumes précieux aux reliures romantiques : Pétrus Borel, cette *Mademoiselle Justine de Liron* de Delécluze qu'on attribua, dit-on, à Stendhal, et deux volumes de Stendhal lui-même, les *Promenades dans Rome*, que je n'avais pas encore. Un moment, ma main a couru sur les rayons : ils étaient bien tous là, mes compagnons de toujours ; je reconnaissais le grain d'un cuir, la couleur d'une reliure, le format même d'un petit volume patiné par deux siècles d'intimité et de lectures répétées. Ils étaient chaleureux, amicaux ; ce n'était plus une barrière entre le monde et moi, mais le chemin rempli d'odeurs de vieux cuir et de cire blonde qui s'ouvrait vers le monde ; j'ai passé la journée en leur compagnie. Je suis sorti le temps de déjeuner : je n'avais qu'une hâte, les retrouver et, le soir venu, j'étais encore à me promener parmi eux : j'aurais voulu les relire tous — et les noms des héroïnes de Stendhal se mêlaient à ceux de Mme de Staël ou de Balzac ; ne les avais-je pas toute ma vie toutes aimées, les Armance et les Mina de Vanghel, Corinne, Béatrix, jusqu'à Diane de Maufrigneuse ou la princesse de Cadignan, cruelle mais si belle, comme tant de celles que j'ai aimées ? Autant qu'Isabelle, jadis en Amérique ou

Cordelia dans la campagne anglaise, qu'hier encore Dorothea Manners ou la fille de mon ami Giuliano, Vanina Vanini et Mathilde de la Môle, la pauvre Esther Gobseck ou Mlle Justine de Liron et sa sœur Dona Olympia sont bien vivantes en moi, parce que ma vie est faite de leurs visages autant que du sourire de celles que j'ai croisées — et que toutes, Cordelia ou Armance mêlées, l'*Hérodiade* de Bernardino Luini et Métilde, m'ont fait ce que je suis. Pendant des années, avant de m'endormir, je me racontais des histoires où je les retrouvais ; et puis, depuis cinq ans, dix peut-être, j'en étais arrivé à redouter de me retrouver seul en leur compagnie comme en celle de leurs souvenirs : ce premier soir à Paris, nous nous sommes endormis réconciliés.

Le lendemain, Marie-Laure donnait son concert. Chez elle, j'ai revu Anselme et Vivienne, un vieux critique et un jeune romancier, comme lors de son dernier dîner, un diplomate beau parleur, un jeune et fin politicien : c'étaient les mêmes, ou d'autres, ils se ressemblaient. Il y avait même une jeune femme silencieuse au long collier de perles sur un joli décolleté, qui se taisait à merveille. Je les ai écoutés, la conversation a roulé sur la musique, le théâtre ou sur quelques beaux scandales financiers qui les éclaboussaient tous d'un peu près, d'un peu loin ; j'ai souri, joué le rôle qu'on attendait de moi, mais cette fois, je savais qu'à Florence, quelque part dans une salle du musée des Offices, il y avait le tableau de Bernardino Luini qui me racontait une longue, une impossible histoire d'amour qu'il avait déjà dite, voilà près de deux cents ans, au pauvre gros garçon amoureux d'une belle Milanaise qui se refusait à lui.

J'ai joué mon rôle, oui : j'ai mieux joué que depuis bien longtemps. Je répondais aux questions qu'on me posait, je m'inventais une œuvre en cours et j'avais une opinion sur tous les sujets qu'on abordait. Le diplomate s'est fâché contre le vieux critique, Anselme a fait la roue devant la jeune femme aux perles, à peine un peu plus bête que ne l'était celle du dîner précédent. Lorsque mon ami académicien m'a interrogé, le regard plein de sous-entendus, sur mes ambitions du moment, j'ai mis autant de sous-entendus dans ma voix pour éluder les questions trop précises ; il était ravi. Le jeune romancier me jetait des regards torves ; inquiet du bien qu'il devrait peut-être dire de mon prochain roman, le vieux critique était aux aguets. Lorsque le jeune ministre s'est fâché tout rouge contre un journaliste que je n'avais pas remarqué, le ton est monté d'un cran, on a parlé élections, liberté d'expression, démobilisation des électeurs et je me suis surpris à observer avec une attention renouvelée chacun de mes commensaux ; le tic de celui-ci, le mouvement nerveux de celui-là, le visage lisse de la dame au collier : tous portaient un masque qui était celui d'un rôle dans la commedia dell'arte mondaine qui se joue chaque soir à Paris, à Milan, à New York ou à Londres où, sur un thème cent fois rabâché, on improvise un peu en faisant beaucoup de grimaces. Chaque bribe de dialogue avait déjà été écrite et souvent répétée ; et c'est lorsque le ministre est devenu subitement grave, quand le journaliste nous a pris à témoin pour affirmer la noblesse et la grandeur de son métier que l'un et l'autre ressemblaient le plus à des figurants maladroits auxquels on aurait donné au débotté quelques lignes à dire sur un thème assez éculé pour n'embarrasser personne.

J'ai reculé ma chaise ; cette fois pourtant, je savais bien que j'étais ailleurs, peut-être avais-je repris cette route qui, de Sansepolcro à Urbino, traverse des montagnes brumeuses avant de déboucher sur la grande lumière d'un matin italien ; au bout, brique et pierre, murs, arcs et diagonales de marbre, il y avait le palais des Montefeltre et le Christ battu de Piero della Francesca, mais aussi cette lettre à Dominique signée d'un S qui était peut-être l'E d'Earline ; il y avait encore mon retour à Florence et la petite reproduction de l'*Hérodiade* posée sur mon bureau. Les autres, dès lors, pouvaient discourir, j'étais ailleurs mais n'en éprouvais, cette fois, aucun malaise.

On s'est levés de table. Henry a passé les alcools blancs, Vivienne m'a rejoint sur un coin de canapé puis on a fait silence : c'était le moment prévu pour le concert. Une très jeune femme s'est approchée des grandes fenêtres aux rideaux ouverts sur le parc. En robe noire, un col qu'on aurait dit Claudine et des souliers plats, elle tenait un violon à la main. Son teint était pâle, ses lèvres plus foncées, elle avait des cernes sous les yeux et des cheveux ramenés en arrière qui dégageaient son front : ni jolie ni laide, elle semblait timide, un peu triste.

Au premier coup d'archet, j'ai reconnu. C'était, venue de très loin dans ma mémoire, une partita de Bach, la deuxième et, subitement, ce tableau un peu convenu d'une jeune fille pâle qui joue dans un salon a basculé. Les premières notes, tenues, déchirées, m'ont plongé dans cet état presque cataleptique qui, si souvent, était pour moi synonyme de bonheur : bonheur dans la beauté, mais aussi bonheur dans le souvenir. Des sons oubliés, des images, des visages me revenaient à la mémoire en même temps — et c'était là le miracle — que je jouissais parfaitement, pleinement, idéalement de chaque coup d'archet.

Il y avait eu, jadis, dans un château normand, cette petite Tchèque tout juste partie de Prague, maigre, hâve et les yeux plus cernés encore que ceux de la jeune femme de ce soir, qui nous avait toute une nuit chanté Bach ou la sonate de Bartok sur un Amati qu'elle avait rapporté avec elle, caché dans un sac de couchage : la chaconne de la deuxième partita, la *Melodia* de la sonate de Bartok nous transportait si loin, en des zones incertaines où le soleil aussi émerge des brouillards que je m'étais retrouvé à trois heures du matin, en larmes, sur le perron face aux grandes pelouses ; ou, encore avant, il y avait eu aussi, et je l'ai dit ailleurs, ce grand garçon sombre qui jouait à cœur perdu dans la cour de pierre d'un autre château sous la lune : nous avancions vers lui, puis nous nous sommes arrêtés sur le gravillon qui crissait, loin encore de lui, comme frappés de bonheur. Je crois bien que j'avais pleuré aux premières notes d'une *Arabella* qui disait à Vienne l'époux qu'elle attendait, au chant de cette chanteuse morte qui murmurait avec Schumann l'époux qui vient, l'époux qui meurt et le bonheur qui pourtant demeure.

Lequel, parmi ces visages qui ont hanté mes musiques, était là, ce soir-là, ou cet autre jour quand Poppée et Néron se disaient leur amour ? Cordelia, Isabelle, Véronique ? Danièle qui les emportait toutes parce qu'elle était la petite sœur attendue toute ma vie ? Visages perdus, traits retrouvés, la musique et ce violon dans un salon sur le parc Monceau me les ramenaient tous et toutes, avec le chant ineffable qu'une gamine inconnue faisait naître d'une boîte de bois.

J'ai bien regardé le visage, alors, de la jeune

violoniste : il reflétait cette transfiguration que je me suis si souvent émerveillé de découvrir sous les traits d'un musicien, une manière de beauté déchirante, déchirée, souveraine qui efface les laideurs de ce qui l'entoure, le souffle suspendu aux mouvements de l'archet qui glisse sur les cordes. Je buvais à proprement parler la musique qui se déversait sur nous, m'inondait, en même temps que les souvenirs ameutés en moi et que la fulgurante et douloureuse expression de bonheur de la jeune fille : c'était la fusion de tout cela qui me revenait au cœur et à l'esprit, comme le reflet bien vivant d'une joie retrouvée.

Peut-être qu'en ces quelques minutes d'un mouvement lent qu'elle faisait plus tendu encore, mais aussi plus riche, plus prometteur, suis-je tombé amoureux fou de la jeune femme : qu'importe ? C'est là une habitude et je ne regrette plus rien de ces passions-là. Mais au moment où l'archet est enfin retombé, j'ai aperçu derrière la violoniste le profil de Danièle qui se découpait, très clair sur la masse sombre du parc au-delà des fenêtres. Une lampe l'éclairait et faisait ressortir les pointes aiguës de ses pommettes, le trait net et droit du sourcil, les lèvres à peine entrouvertes. Avec une violence extrême, la jeune violoniste a soudain attaqué une gigue endiablée et le regard de Danièle s'est dirigé vers moi. Dans la petite foule des autres convives que j'avais oubliés, elle a trouvé mon regard et m'a souri. J'ai vu alors la haute silhouette de Jean-Claude se rapprocher d'elle, il a posé une main sur son épaule et je lui ai rendu son sourire.

Deux heures plus tard, assis devant ma table de travail, entouré de mes livres et le visage de l'*Hérodiade* redevenue *Salomé* posé devant moi contre la lampe, j'écrivais éperdument.

DU MÊME AUTEUR

Aux Éditions Albin Michel

ORIENT-EXPRESS I.
ORIENT-EXPRESS II.
DON GIOVANNI, MOZART-LOSEY, *essai.*
PANDORA.
DON JUAN.
MATA-HARI.
LA VIE D'UN HÉROS.
UNE VILLE IMMORTELLE
Grand prix du Roman de l'Académie française, 1986.
ANNETTE OU L'ÉDUCATION DES FILLES.

Chez d'autres éditeurs

LE SAC DU PALAIS D'ÉTÉ, *Gallimard, Prix Renaudot 1971.*
URBANISME, *poèmes, Gallimard.*
UNE MORT SALE, *Gallimard.*
AVA, *Gallimard.*
MÉMOIRES SECRETS POUR SERVIR A L'HISTOIRE DE CE SIÈCLE, *Gallimard.*
RÊVER LA VIE, *Gallimard.*
LA FIGURE DANS LA PIERRE, *Gallimard.*
LES ENFANTS DU PARC, *Gallimard.*
LES NOUVELLES AVENTURES DU CHEVALIER DE LA BARRE, *Gallimard.*
CORDELIA OU DE L'ANGLETERRE, *Gallimard.*
SALUE POUR MOI LE MONDE, *Gallimard.*
UN VOYAGE D'HIVER, *Gallimard.*
ET GULLIVER MOURUT DE SOMMEIL, *Julliard.*
MIDI OU L'ATTENTAT, *Julliard.*
LA VIE D'ADRIAN PUTNEY POÈTE, *La Table Ronde.*
LA MORT DE FLORIA TOSCA, *Mercure de France.*
LE VICOMTE ÉPINGLÉ, *Mercure de France.*
CHINE, UN ITINÉRAIRE, *Olivier Orban.*
LA PETITE COMTESSE, *Le Signe.*
CALLAS, UNE VIE, *Ramsay.*
SI J'ÉTAIS ROMANCIER, *Garnier.*
LE DERNIER ÉTÉ, *Flammarion.*
COMÉDIES ITALIENNES, *Flammarion.*
DES CHÂTEAUX EN ALLEMAGNE, *Flammarion.*
BASTILLE : RÊVER UN OPÉRA, *Plon.*
COVENT GARDEN : ROYAL OPERA HOUSE, *Sand.*

Cahiers de l'Herne

(Extrait du catalogue du Livre de Poche)

Julien Gracq 4069
Julien Gracq, le dernier des grands auteurs mythiques de la littérature contemporaine. Par Jünger, Buzzati, Béalu, Juin, Mandiargues, etc.

Samuel Beckett 4934
Mystères d'un homme et fulgurance d'une œuvre. Des textes de Cioran, Kristéva, Cixous, Bishop, etc.

Louis-Ferdinand Céline 4081
Céline dans sa somptueuse diversité : le polémiste, l'écrivain, le casseur de langue, l'inventeur de syntaxe, le politique, l'exilé.

Mircea Eliade 4033
Une œuvre monumentale. Un homme d'exception, attaché à l'élucidation passionnée des ressorts secrets de la vie de l'esprit. Par Dumézil, Durand, de Gandillac, Cioran, Masui...

Martin Heidegger 4048
La métaphysique, la pensée de l'Être, la technique, la théololgie, l'engagement politique. Des intervenants prestigieux, des commentaires judicieux.

René Char 4092
Une écriture au lyrisme incantatoire, qui a le style d'un acte et les leçons d'un optimisme en alerte. Par Bataille, Heidegger, Reverdy, Eluard, Picon, O. Paz...

Jorge Luis Borges 4101
Enquêtes, fictions, analyses, poésie, chroniques. L'œuvre, dérive dans tous les compartiments de la création. Avec Caillois, Sabato, Ollier, Wahl.

Francis Ponge 4108
La poésie, coïncidence du parti pris des choses et de la nécessité d'expression. Quand le langage suscite un strict analogue du galet, de l'œillet, du morceau de pain, du radiateur parabolique, de la savonnette et du cheval. Avec Gracq, Tardieu Butor, Etiemble, Bourdieu, Derrida...

Henri Michaux 4107
La conscience aux prises avec les formes et les intensités de la création. Par Blanchot, Starobinski, Lefort, Bellour, Poulet...

Carl Gustav Jung 4140
Le déchiffrement des symboles qui révèlent les grands schèmes de l'inconscient collectif et marquent le lien de l'expérience individuelle à la gnose.

Composition réalisée par C.M.L., Montrouge

IMPRIMÉ EN FRANCE PAR BRODARD ET TAUPIN
Usine de La Flèche (Sarthe).
LIBRAIRIE GÉNÉRALE FRANÇAISE - 6, rue Pierre-Sarrazin - 75006 Paris.

ISBN : 2 - 253 - 05759 - 2 30/7301/2